AF577939

Rainer Schäfer

Aus der Erstarrung

Hellas und Hesperien im
›freien Gebrauch des Eigenen‹
beim späten Hölderlin

Meiner

Bibliographische Information der Deutschen Nationalbibliothek

Die Deutsche Nationalbibliothek verzeichnet diese Publikation in der Deutschen Nationalbibliographie; detaillierte bibliographische Daten sind im Internet über ‹http://portal.dnb.de› abrufbar.

ISBN 978-3-7873-3712-5
ISBN eBook 978-3-7873-3713-2

www.meiner.de

 Satz: 3W+P GmbH, Rimpar. Druck und Bindung: Druckhaus Nomos, Sinzheim. Werkdruckpapier: alterungsbeständig nach ANSI-Norm resp. DIN-ISO 9706, hergestellt aus 100% chlorfrei gebleichtem Zellstoff. Printed in Germany.

Für Irene

»›Nachahmen soll ich nicht, und dennoch nennet
Dein lautes Lob mir immer Griechenland?‹
Wenn Genius in deiner Seele brennet,
So ahm dem Griechen nach. Der Griech' erfand.«
Friedrich Klopstock[1]

»Der Künstler ist zwar der Sohn seiner Zeit, aber schlimm für ihn, wenn er zugleich ihr Zögling oder gar noch ihr Günstling ist. Eine wohltätige Gottheit reiße den Säugling beizeiten von seiner Mutter Brust, nähre ihn mit der Milch eines besseren Alters und lasse ihn unter fernem griechischem Himmel zur Mündigkeit reifen. Wenn er dann Mann geworden ist, so kehre er, eine fremde Gestalt, in sein Jahrhundert zurück; aber nicht, um es mit seiner Erscheinung zu erfreuen, sondern furchtbar wie Agamemnons Sohn, um es zu reinigen.«
Friedrich Schiller[2]

»Entweder vertritt der Ethnograph die Normen seiner eigenen Gruppe, dann können ihm die anderen nur eine vorübergehende Neugier einflößen, bei der die Missbilligung niemals fehlt; oder er ist imstande, sich ihnen völlig auszuliefern, dann ist seine Objektivität beeinträchtigt [...]. Wie kann der Ethnograph den Widerspruch überwinden, der sich aus den Umständen seiner Wahl ergibt? Er hat eine Gesellschaft vor Augen, die ihm immer zur Verfügung steht: seine eigene; warum beschließt er, sie zu verachten und sich anderen, weit entfernten und völlig anders gearteten Gesellschaften mit einer Geduld und einem Eifer zu widmen, die er seinen Mitbürgern versagt?«
Claude Lévi-Strauss[3]

»Bleib uns nur fremd, bis wir uns fremder sind.«
Ingeborg Bachmann[4]

»Wir aber sind
Gemeinen gleich,
Die, gleich
Edeln Gott versuchet, ein Verbot
Ist aber, deß sich rühmen. Ein Herz sieht aber
Helden. Mein ist
Die Rede vom Vaterland. Das neide
Mir keiner. Auch so machet
Das Recht des Zimmermannes
Das Kreuz.«
Friedrich Hölderlin[5]

Inhalt

Einleitung

Hölderlin entwirft mit der sog. »abendländischen Wendung« und der »vaterländischen Umkehr« – zwischen Hellas, antikem Griechenland, und Hesperien, Deutschland bzw. dem Westen in Hölderlins Zeit – eine neuartige, die Dichtungs-, Tragödien-, Geschichts- und Götterkonzeption seiner letzten bewussten Jahre (etwa 1800 – 1804/06) durchziehende metaphysische Auffassung des Verhältnisses von Antike und Moderne.[1] In dieser mythologischen Hermeneutik kreuzen sich dichterisch-ästhetische, interkulturelle, theologische, geisttheoretische, historische, ethnographische und politische Motive.[2] Der Grund, weshalb dieser Ansatz für einen Philosophen interessant ist, liegt einerseits darin, dass ein zentrales Problem der gegenwärtigen Semantik von Hölderlins Theorie der »abendländischen Wendung« behandelt wird, nämlich das Verhältnis von Sinnlichkeit und Denken, das in der Sprache vor einem kulturellen Hintergrund spezifischer Lebensformen auftritt und das Verstehen von Bedeutung ermöglicht; Hölderlins Idee einer »Phänomenalisierung des Begriffs« spielt in seiner späten konkreten Metaphysik eine entscheidende Rolle in der Vermittlung von Sinnlichkeit und Intellektualität. Andererseits ist Hölderlins »abendländische Wendung« für einen Philosophen wegen der von ihm in dieser ästhetischen Hermeneutik herausgearbeiteten Disziplinen verbindenden, genuinen Form des Verstehens interessant, denn dieses Verstehen von Bedeutung entspringt nicht einer einzelnen Disziplin, sondern einer ihnen als Einzeldisziplinen gegenüber vorgängigen Geistigkeit. Diese Geistigkeit ist eine ursprüngliche Fähigkeit des hermeneutisch-ästhetischen und interdisziplinären Verstehens, aus dem ein in einzelne Disziplinen aufgeteiltes und spezialisiertes Verstehen allererst folgen kann. Den umfassenden Geist der Dichtung beschreibt Hölderlin in einem erst vor kürzerer Zeit aufgefundenen Brief an Johann Gottfried Ebel vom 6. Juli 1799:

> »Grösstentheils schränkte sich mein Nachdenken auf das, was ich zunächst trieb, die Poësie ein, insofern sie lebendige Kunst ist und zugleich aus Genie und Erfahrung und Reflexion hervorgeht, und idealisch und systematisch und anschaulich individuell ist.«[3]

In früheren Deutungen der sog. »abendländischen Wendung« des späten Hölderlin liegt der Fehler, dass diese als eine Umwendung oder Umkehr Hölderlins zum Abendland, insbesondere zu Deutschland gesehen wurde. Das zeigt sich natürlich paradigmatisch bei dem Erfinder der These, bei Wilhelm Michel. Doch dies krankt gleich an drei Fehlern: 1. war sich Hölderlin natürlich auch in der Zeit vor 1800 bewusst, dass er selbst Teil des Abendlandes ist. Man denke nur an die Scheltrede an die Deutschen im *Hyperion* oder seine das Vaterland verherrlichenden Gedichte. Er brauchte sich also nicht erst nach 1800 dem Abendland zuzuwenden, er war ihm immer schon zugewandt; 2. hat sich der späte Hölderlin natürlich nicht von Hellas abgewandt, er hat sich vielmehr immer intensiver, aber auch immer selbständiger und mit größerer Differenz zum »üblichen« Klassizismus mit dem Abgründigen, Wüsten, Wilden, Zornigen, Verbrennenden und Aorgischen des Hellenischen beschäftigt. Hätte er sich vom Griechischen abgewandt, wären z. B. seine späten Übersetzungen von und die *Anmerkungen* zu Sophokles' *Antigone* und *Ödipus* sowie seine Übersetzungen von Pindar nicht zu erklären. Schließlich unterschätzt die These 3. in ihrem herkömmlichen Verständnis das Anliegen des späten Hölderlin, wenn sie Abendland und »Deutschland« miteinander identifiziert. Dass »Hesperien« und »Abendland« in der Gegenwart Hölderlins für ihn einen viel umfassenderen, ja globalen Sinn haben als das enge Territorium von »Deutschland«, hat die Hölderlin-Forschung der letzten Jahre immer klarer herausgearbeitet. Das abendländische Hesperien reicht bei Hölderlin bis Amerika; Hellas reicht bis an den Indus und Asien und tief in den Orient. Abendland und Hesperien bezeichnen – wie auch Hellas – vielmehr weltumfassende geistige Prinzipien. Ich deute die »abendländische Wendung« des späten Hölderlin daher überhaupt nicht in jenen engen Kategorien, sondern so, dass es Hölderlin um eine radikal befreiende Wendung *im* und nicht zum Abendland ging. Das weltumspannende und dennoch zugleich an konkrete Orte und Vorkommnisse gebundene geistige Prinzip des Abendlandes sollte sich umkehren, das war Hölderlins Forderung an den Geist der Zeit. Das geistige Prinzip von Hesperien besteht in gesetzmäßigem, ordnendem Regelfolgen, um Klarheit zu generieren. Das führt aber ohne seine beiden Gegenpole, einerseits die Erkenntnis von Eingebundenheit in nicht von Menschen gemachte Ordnungen, das Schicksal, und andererseits ohne

Leidenschaft/Pathos, zu Selbstüberhebung und Erstarrung in kontingenten Ordnungsgefügen. Aus der Erstarrung soll die Wendung *im* Abendländischen führen. Diese Befreiung im Abendland soll nun aber nicht anarchisch dazu führen, dass einfach gesetzmäßige Ordnung aufgegeben wird, denn das führt ebenso in den Untergang wie das Festhalten an der Erstarrung. Der »freie Gebrauch des Eigenen«, der eigenen Ordnungen im Rahmen eines größeren Seinszusammenhangs, ist vielmehr das Ziel der »abendländischen Wendung«.

Paradigmatisch für diesen umfassenderen Anspruch dokumentiert sich in Hölderlins Wendungen zwischen antik griechischer und neuzeitlich deutscher Kultur eine eigentümliche Form des Verstehens fremder Kulturen, die wiederum eine Grundlage für die Erklärung des Verstehens überhaupt ist. Dabei wird ein ursprüngliches Verstehen des Anderen sichtbar, das die Grundlage für spezifischere Formen der Auseinandersetzung mit Fremdem bildet. Die Dichtung hat daher einen hermeneutisch-auslegenden Charakter. Am Ende der zweiten Fassung der Ode *Stimme des Volks* (von 1801) wird das Hermeneutische von Hölderlins Dichtung deutlich:

[…], und wohl
Sind gut die Sagen, denn ein Gedächtniß sind
Dem Höchsten sie, doch auch bedarf es
Eines, die heiligen auszulegen.[4]

Wenn man z.B. gegenwärtige Erklärungen des Verstehens von Sprachspielen und ihrer Bedeutung, wie sie der späte Wittgenstein in den *Philosophischen Untersuchungen* analysiert und wie sie Quine in *Word and Object* mit seiner These von der »radikalen Übersetzung« liefert oder auch Davidsons »radikale Interpretation« mit Hölderlins »abendländischer Wendung« vergleicht, dann wird deutlich, dass die gegenwärtige Radikalität in der Semantik einerseits nähere Präzisierung und andererseits weitere Radikalisierung verträgt, denn Quines und Davidsons Variante setzt z.B. 1. das erkenntnistheoretische Prinzip der Induktion voraus und 2., dass man nur vor dem Hintergrund der eigenen Kultur (bzw. der eigenen natürlichen Sprache) und aus ihm heraus die fremde Kultur verstehen kann, dass man also schon über eine Sprache verfügen muss, um die fremde Sprache zu verstehen; – Quine verwendet das Modell eines Feldforschers, der

Dschungeleinwohner antrifft, deren Sprache er zu übersetzen versucht, um zu erklären, wie überhaupt Sprache erlernt wird und wie die Sprache ihre Bezeichnungsfunktion erfüllen kann – und 3. setzen Quine und Davidson Sinnesreize und deren Kausalität voraus; Quine bezeichnet dies als »Reizbedeutung«, bei Davidson gibt es eine kausale Relation zwischen äußeren Sinnesreizen und der Verarbeitung durch das Gehirn; bei beiden analytischen Denkern ist dies wohl als ein unbewältigter Rest des älteren logischen Positivismus zu sehen.[5] Mit Hölderlin lässt sich dieses Erklärungsmodell für die bezeichnende Funktion der Sprache präzisieren. Denn nach ihm ist es nicht einfach so, dass wir unsere eigene natürliche Sprache klar und deutlich beherrschen und dann nur eine Transferleistung zu erbringen hätten, bei der wir unsere Bezeichnungsstrukturen in der anderen Sprache wiederfinden, um zu erklären, wie überhaupt die Sprache eine bezeichnende Funktion haben kann. Um zu verstehen, wie das erlernende Verstehen unserer eigenen Sprache entsteht, genügt es nicht, nur zwei natürliche Sprachen miteinander abzugleichen. Denn das würde für das Erlernen der eigenen Sprache schon voraussetzen, dass wir über eine Sprache verfügen. Für Hölderlin geht diesem Spracherlernen vielmehr eine Lebenswelt oder Lebensform voran, ein Horizont oder Hof, in dem sich dann das erlernende Verstehen immer schon aufhält. Erst aus der Einsicht, dass im Übersetzen bestimmte Projektionen nicht funktionieren, sehen wir dann die relative Bedingtheit und Begrenztheit der eigenen Lebensform ein und können sie nun erst dank der Fremdheit verstehen.

Beim antiken Hellas ist diese Lebensform eine Konstellation aus Lebendigkeit/ursprünglichem Feuer und Ordnung; die Prävalenz liegt bei dem ursprünglichen Feuer; die Griechen bemühten sich daher wesentlich um Ordnung. Dies kann man folgendermaßen in eine gegenwärtige philosophische Argumentation übersetzen: Der Horizont des Verstehens ist nicht nur als eine kulturelle Habitualität zu verstehen, sondern ebenso als eine leibliche Disposition; daher spricht Hölderlin in diesem Kontext von der »Athletentugend« oder auch von »Totalwahrnehmung«. Hesperien bzw. das Deutschland zu Hölderlins Zeit hat dieselben Ingredienzien, nur dass hier die Ordnung prävaliert und wir uns um das ursprüngliche Feuer/Leidenschaft/Pathos bemühen müssen. Auch dies lässt sich in gegenwärtiges Philosophieren übersetzen: Die begrifflichen Ordnungsschemata stehen in Gefahr, sich zu verselbständigen, werden sie nicht an konkrete leibliche Erfahrungen zurückgebunden, die auch vorpropositionale Aspekte haben. Das impliziert jedoch keinen Sinnesdatenfundamentalismus, weil die Grenze zwischen begrifflichen Ordnungsschemata und Sinnesdaten unscharf, teils fließend und kulturell veränderlich ist. – Den Hinter*grund* dieses philosophischen Problems einer Rechtfertigung des Zusammenhangs von Begriffsschema und Sinnesdaten bildet natürlich nach wie vor die These Kants von den zwei Stämmen der Erkenntnis: Sinnlichkeit und Begriff; insgesamt bewegt sich die Problematik, ob gewollt oder ungewollt, also im Fahrwasser der Erkenntnistheorie Kants; wobei Kant selbst natürlich noch einerseits zwischen Wortsprache und Begriff sowie andererseits zwischen Form der Sinnlichkeit und gegebenem Inhalt der Sinnlichkeit differenziert. –

Mit Wittgenstein lässt sich das Konzept der »radikalen Übersetzung« von Quine, das ja erklären soll, wie die Sprache ihre Funktion der Bezeichnung von Bedeutungen erfüllen kann, kritisieren. Schon der späte Wittgenstein reflektiert die Möglichkeit, die Sprache dadurch zu erklären, dass man eine Übersetzung analysiert, und er kommt – in seinem Kontext allerdings (teilweise und nur in bestimmten Hinsichten) gegen Augustinus gerichtet – zu einem kritischen Einwand, nachdem er genau Quines Ansatz vorwegnimmt, inklusive der Unbestimmtheitsproblematik:

> »Wer in ein fremdes Land kommt, wird manchmal die Sprache der Einheimischen durch hinweisende Erklärungen lernen, die sie ihm geben; und er wird die Deutung dieser Erklärungen oft *raten* müssen und manchmal richtig, manchmal falsch raten. Und nun können wir, glaube ich, sagen: Augustinus beschreibe das Lernen der menschlichen Sprache so, als käme das Kind in ein fremdes Land und verstehe die Sprache des Landes nicht; das heißt: so als habe es bereits eine Sprache, nur nicht diese. Oder auch: als könne das Kind schon denken, nur noch nicht sprechen. Und ›denken‹ hieße hier etwas, wie: zu sich selber reden.«[6]

Dieser Reflexion Wittgensteins ist zu entnehmen, dass das Erlernen von Sprache überhaupt und ihre grundlegende Funktion des Bezeichnens zu begreifen etwas grundsätzlich Anderes ist, als eine *andere* Sprache zu lernen. Wittgensteins Reflexion kann man auf den Punkt bringen, dass die Erklärung von Augustinus (und in gewissem

Sinne damit auch die von Quine) einen Zirkel begeht, denn sie setzt Sprache voraus, um Sprache zu erklären. Man kann auch die Frage aufwerfen, woher ich als spracherlernender Feldforscher überhaupt weiß, dass ich zu einem anderen Stamm, einer anderen Sprachgemeinschaft bzw. zu einer anderen Kultur komme, die spricht? Dann muss ich ja schon über Wissen von Sprache, Stamm oder Kultur verfügen. Es ist nicht so, dass Wittgenstein generell Augustins Verständnis der Sprache als einer Be-deutung von Gegenständen durch Worte sowie das Übersetzungsparadigma zurückweist, er sagt einschränkend, dass diese Bilder nur eine sehr primitive Form der Sprache, sehr rudimentäre Aspekte der Sprache beschreiben und somit nicht jeder Form der Sprache gerecht werden. Wohl mögen jene Modelle ausreichen, um einige rudimentäre Sprachaspekte zu beschreiben, wie z. B. Kinder einiges in ihrer Muttersprache durch Abrichtung erlernen; im Anschluss daran entwickelt Wittgenstein bekanntlich seinen eigenen Begriff des Sprachspiels, mit dem er uns vor genau solchen Übergeneralisierungen warnen möchte.[7] Die tiefere Einsicht Wittgensteins besteht jedoch in der Erkenntnis der natürlichen Begrenzung der Grammatik:[8] Sofern Sprache letztlich auf Konvention beruht – also darauf, einer Regel zu folgen – und Konvention wiederum auf Lebensformen, hat die Sprache hier ihren festen alltäglichen Grund, denn die konkrete Lebensform ist ein natürliches Ende dafür, wie Sprache gerechtfertigt sein kann.[9] Berühmt ist Wittgensteins »Spaten-Metapher«:

> »›Wie kann ich einer Regel folgen?‹ – wenn das nicht eine Frage nach den Ursachen ist, so ist es eine nach der Rechtfertigung dafür, dass ich *so* handle. Habe ich die Begründungen erschöpft, so bin ich nun auf dem harten Felsen angelangt, und mein Spaten biegt sich zurück. Ich bin dann geneigt zu sagen: ›So handle ich eben‹.«[10]

Ab einem bestimmten Punkt beruht also unser sprachliches Verstehen auf einem blinden, robusten, naturwüchsigen Regelfolgen, das mit einem setzenden Verweis auf die Praxis endet bzw. sich wieder in höhere Schichten des Erdreichs zurückgräbt. Wittgenstein sagt nicht, dass das immer so ist oder es hier gar eine semantische Notwendigkeit gibt; er beschreibt nur, dass er in solchen Fällen »geneigt« ist, mit jener Strategie einer einfachen Bekräftigung zu reagieren.

In diesem Zitat wird auch deutlich, dass Wittgenstein zwischen Ursache und Rechtfertigung sehr genau differenziert. Ihm stellt sich mit dem rechtfertigenden Grund sprachlichen Verstehens ein begriffliches Problem, kein kausales; wenn er nach dem Grund des Regelfolgens fragt, fragt er nach der Berechtigung, dies zu tun, nicht nach physiologischen, entwicklungspsychologischen, genetischen, neuronalen oder biologischen Ursachen; es geht ihm um ein Begriffsproblem. Die großartige Einsicht Wittgensteins besteht darin, dass er verdeutlicht hat, dass Rationalität und Gewissheit darin bestehen können, einer Regel zu folgen, dass man aber nicht hinter dem Regelfolgen wiederum nach höher zu verortenden Regeln und Interpretationen suchen darf, die erklären oder rechtfertigen, wie man Regeln folgen kann, weil man sich damit in einen Zirkel verfängt. Die Fähigkeit, einer Regel zu folgen, also letztlich das komplexe Problem der Bildung von Konvention, ist der Rationalität nicht äußerlich, sondern macht sie aus; zwar ist die Rationalität umlagert von harten Felsen, hinter die sie nicht zurückfragen kann, aber diese robuste Einbettung hindert nicht, dass sie sich nur selbst begründen kann, nämlich als das nach Gründen Fragende. Man darf es sich hier also nicht zu einfach machen und die Konventionsbildung als einen einfachen Nominalismus abtun oder sie in diese Schublade einordnen, denn das übersieht einerseits die Rationalitäts- und andererseits die Lebensweltaspekte der Konventionalität. Man darf aber andererseits auch nicht Regelfolgen und Rationalität miteinander identifizieren, denn manchmal ist es rational, einer Regel nicht zu folgen, neue zu (er)finden oder eine Re-volution zu vollziehen. Jedenfalls geht schon Hölderlin dieser Verankerung von Regeln im Leben nach. Die »abendländische *Wendung*« ist eben Revolution in genau dem Sinne, dass z.B. die Hesperier, die modernen Deutschen in Hölderlins Zeit, sich dem Regelfolgen zu sehr verschrieben haben und sich dem Ausgleich einer Umkehr zu mehr Leidenschaft, Feuer oder, wie Hölderlin auch sagt, »Geschick zu haben« zuwenden sollten, weil in der Moderne die Regel allbeherrschend geworden ist.[11]

Die von mir vertretene These besagt, dass Hölderlin mit seiner Analyse der geistig-leiblich-ästhetischen Haltung von Hellas und Hesperien in seiner »Theorie« der »abendländischen Wendung« mit dem antiken Griechentum und dem gegenwärtigen Deutschland genau solche Lebensformen analysiert, um spezifisches Sprachverhalten und -verstehen zu erklären und damit Wirklichkeitserfahrungen aus ihrem jeweiligen ästhetischen Horizont heraus zu begreifen. Dabei ist es für Hölderlin wesentlich, dass man sich nicht an den rudimentären Spracherscheinungen bei einem Kleinkind orientieren sollte, sondern an den höchsten, komplexen literarischen »Sprachspielen«, genauer: dort, wo im Drama oder im Gedicht die lebensweltlich-existentielle Szene ihren Höhepunkt erreicht. – Analog wie man sicherlich die Prinzipien der Fortbewegung auch an einem Floß oder an einer Rakete studieren kann, so zeigt die Rakete doch Möglichkeiten auf, die beim Floß verborgen bleiben. –

Hier kann auf den philosophischen Begriff des »Szenischen« verwiesen werden, wie ihn Wolfram Hogrebe entwickelt hat. Danach ist die Szene eine existentielle Eröffnung für spezifischere Deutungen eines Auf- oder Abtritts einer Person. Die Szene ist analog zu einer Variablen, die sich in der Lebenswelt unmittelbar und als eine anfängliche Situation als die Grundlage einer deutenden Praxis zeigt.[12] Hellas und Hesperien sind bei Hölderlin Lebensformen, in denen Sprachspiele allererst verständlich werden; diese können nicht bloß in einer prosaischen oder einer kalkulierend-rechnerischen Übertragung von einer Sprache in die andere übersetzt werden, das ist zwar auch für Hölderlin ein wichtiger Aspekt (»das kalkulable Gesetz«), aber dieser löst nicht das ganze Problem sprachlichen Verstehens und seiner Wurzeln, sondern hier, an dieser Schnittstelle zweier szenischer Lebensformen, wo das Geben und Nehmen der Gründe und der Rechtfertigungen an ein Ende gelangt, hat die Dichtung ihre vermittelnde, spezifische, spracherweiternde Rolle. Die szenische Einbettung des Verstehens wird bei Hölderlin besonders im Phänomen des Tragischen deutlich. Der tragische Held erkennt mit gewollter, ungewollter oder halbgewollter Verspätung seinen Fehler und wird dadurch auf sein Sein, seine fragile leibliche Existenz in der Zeit und die Präsenz des Todes zurückgeworfen. Gegenwärtig wird oft behauptet, wir lebten in einer Zeit, die mit der Kategorie des Tragischen nichts mehr anzufangen weiß; doch dies scheint mir unplausibel und nur ein Fehler der richtigen Übersetzung dieses Phänomens in unsere Zeit. Das zeigten schon die Studien zur Tragödie von Szondi und Botho Strauß' *Anschwellender Bocksgesang*. Hölderlins Gedanken des Tragischen präzisierend und in die Gegenwart übersetzend kann man sagen, dass gerade im Tragischen das begriffliche Verstehen, seine

Einbettung in eine leiblich sinnliche Gegebenheit, die Zeit und unser Sein zum Tode paradigmatisch erlebt werden. Das Tragische ist das paradigmatische Erleben der ganzheitlichen Struktur des Menschen aus Sinnlichkeit, Freiheit, Zeitlichkeit, Tod, Todesbewusstsein und dem Versuch, dies begrifflich zu erfassen, d. h. eine bestimmte Kultur auszubilden. Daraus folgt natürlich nicht, dass alles im menschlichen Dasein tragisch ist, damit hätte man sicherlich zu viel bewiesen; aber das Tragische ist durchaus ein paradigmatisches Moment, in dem die Ganzheit menschlicher Existenz aufscheint.

Die Verdrängungsmechanismen und Techniken, das Tragische auszublenden, sind dabei selbst Teil des tragischen Geschehens, weil sie dazu dienen, die wesentliche Erkenntnis des Zusammenhangs von Sein, Zeit, Leib und Tod im rechten Zeitpunkt auszublenden. Diese Nichterkenntnis des Wesentlichen zum rechten Zeitpunkt war schon von alters her integraler Bestandteil des Tragischen und des schuldhaft-schuldlosen Verstrickungszusammenhangs. Die Oberflächlichkeit gegenwärtiger Medien und Medieninhalte sowie die Technik als selbst mechanisch-tote Todesverdrängung dienen z. B. der Wissensvermeidung bezüglich der tragischen Dialektik des menschlichen Leibes, der insofern dialektisch ist, als er einerseits unser Leben ermöglicht und uns ebenso sterben lässt. Das Tragische besteht darin, dass Leben und Sterben durch genau dasselbe vollzogen werden, zwei Seiten unserer Leiblichkeit sind. Wenn Hölderlin davon spricht, dass wir bzw. der Held im Tragischen dem Göttlichen zu nahe kommt, dann ist damit diese Einsicht in die Wechselseitigkeit von Leben und Tod sowie von Sinnlichkeit und Intelligibilität gemeint.

Wie zu untersuchen sein wird, identifiziert Hölderlin Zeus im Moment des Tragischen mit der Zeit: Das was uns Bewusstsein und Leben schenkt, nimmt es auch, die zeitlich-leibliche Existenz. Hamlets tragische Frage nach »Sein oder Nichtsein« vereinheitlicht Leben und Tod ebenso wie schon Heraklits Deutung der Dialektik des Dionysischen als unbewusste Einheit von Tod und Leben. Indem Heraklit die Lebensform der religiösen Praxis der Anhänger des Dionysos als Schauplatz für die Widerspruchseinheit von Leben und Tod reflektiert, zeigt er, dass schon am vorsokratischen Anfang des Abendlandes die Einheit von Sinnlichkeitserlebnis, Begriffsschema, Vorlauf in den Tod und Kulturpraxis steht.[13]

Die Lösung des Problems sprachlichen Verstehens bei Wittgenstein ist natürlich bahnbrechend und Maßstäbe setzend. Seine Antwort auf die Frage nach der Übersetzbarkeit von einer Sprache in die andere besagt, dass es eben die »gemeinsame menschliche Handlungsweise«[14] ist, welche die Deutung der fremden Sprache in der eigenen Sprache ermöglicht; und die Gemeinsamkeit besteht wiederum in »Gepflogenheiten«, »Gebräuchen« und »Institutionen«. »Eine Sprache verstehen, heißt eine Technik beherrschen.«[15] An dieser Stelle verschmilzt bei Wittgenstein – ähnlich wie später bei Quine – die Frage nach der Übersetzbarkeit von einer Sprache in die andere mit der Frage nach dem Bezeichnen und der Entstehung einer Sprache überhaupt. Denn auch Wittgensteins Antwort auf die Frage, wie eine Sprache überhaupt die Funktion des Bezeichnens erfüllen kann, besteht darin, dass sie eine Technik, ein institutionalisierbarer und durch Abrichtung erlernter Gebrauch von Worten ist, der in Lebensformen verwurzelt ist, die beherrscht sein wollen. Das macht allerdings das Verstehen einer Sprache nicht nur zu einer bloß technischen Angelegenheit, denn Wittgenstein betont, dass das Verstehen in der *Beherrschung* einer Technik besteht, also darin, souverän und frei mit Sprachspielen umgehen zu können. Dieses Erlernen von Freiheit und Souveränität im Umgang mit Ausdruckstechniken thematisiert Hölderlin. Die Verwurzelung von Sprachspielen in Lebensformen kann man mit Hölderlins »Theorie« der »abendländischen Wendung« – manchmal gibt es hier auch Nähen zu dem von Hölderlin als »vaterländische Umkehr« bezeichneten Prozess – näher untersuchen, denn sie erhellt den Übergang von der Lebensform zur sprachlichen Darstellung.[16] Mit Hölderlin lässt sich gegen ein technizistisches Verständnis von Sprache zeigen, dass Sprache wesentlich gar keine Technik ist und sich nicht instrumentell begreifen lässt. Natürlich hat auch schon der späte Heidegger gegen die aufkommende sprachanalytische Philosophie betont, dass ein technisch-instrumentelles Sprachverständnis zu kurz greift. Das zeigt sich, wenn die Untersuchung der Sprache nicht bei dem Bezeichnen von Bauklötzen, sondern bei der Deutung von Dichtung ansetzt. Das scheinbar Technisch-Semantische der Sprache, wenn sie Bauklötze bezeichnet, und die hervorgebrachte dichterische Wirklichkeit des Gedichts bilden zwei Extreme der Sprache, und es ist gerade die höchste Erscheinungsform der Sprache in der Dichtung, in der das

Wesen der Sprache sichtbar wird, am unteren Ende ist es nur verschleiert präsent.

Im zweiten Teil der *Philosophischen Untersuchungen* wird Wittgensteins Verknüpfung der Themen (1.) Fremd(sprachen)verstehen, (2.) Erlernen der eigenen Sprache und (3.) Anlangen auf dem Grund der Praxis besonders deutlich:

> »Wir sagen auch von einem Menschen, er sei uns durchsichtig. Aber es ist für diese Betrachtung wichtig, dass ein Mensch für einen anderen ein völliges Rätsel sein kann. Das erfährt man, wenn man in ein fremdes Land mit gänzlich fremden Traditionen kommt; und zwar auch dann, wenn man die Sprache des Landes beherrscht. Man *versteht* die Menschen nicht. (Und nicht darum, weil man nicht weiß, was sie zu sich selber sprechen.) Wir können uns nicht in sie finden.« Und kurz darauf folgt die konsequente Applikation auf das Mensch-Tier-Verstehen: »Wenn ein Löwe sprechen könnte, wir könnten ihn nicht verstehen.«[17]

Wittgenstein plädiert hier natürlich nicht – auch wenn es oberflächlich so klingen mag – für ein Privatverstehen, wenn er sagt, dass »ein Mensch für einen anderen ein völliges Rätsel sein kann«[18] oder dass wir Löwen einfach nicht verstehen. Doch wie können sich dann trotzdem Menschen mit unterschiedlichen Lebensformen miteinander verständigen? Wieder durch Abrichtung? Und wie funktioniert dies bei Lebensformen, die sich aufgrund ihrer Lokalisierung in unterschiedlichen historischen Epochen gar nicht begegnen können? Wie ist historisches Verstehen möglich? Wer richtet dort wen ab? Der Frühere den Späteren oder umgekehrt? Welche Rolle spielt beim sprachlichen Verstehen die Freiheit? Wie kann es Toleranz zwischen verschiedenen Lebensformen geben, wenn sie letztlich bloß auf ein blindes Regelfolgen hinausliefen? Hölderlin gibt auf derartige Fragen mit seiner These von der »abendländischen Wendung« implizit Antworten, die ich im Folgenden explizit machen möchte. Auch für Hölderlin sind Lebensformen ein Letztes, ein Boden, an dem sich der Spaten zurückbiegt, d.h. ein Gegebenes, das sich nicht mehr begründen lässt, aber es muss nicht unerschlossen bleiben, es kann (z.B.) im Verstehen von Dichtung zumindest miterschlossen werden. Hölderlins »Übersetzung« ist in dem Sinne radikalisiert, als selbst die Lebensformen – z.B. die von Hellas und Hesperien – ineinander übersetzbar sind; das zeigt sich besonders an seinen Übersetzungen von Pindar und Sophokles. Dazu ist aber nicht mehr die *ordinary language* fähig, die nur simpelste Referenzen auf Bauklötze vor Augen hat, sondern die Sprache muss sich ins Gedicht transformieren, um allererst im ästhetischen Rahmen ihre wahre Geistigkeit entfalten zu können, die ein zeichenhaftes Deuten – keine projizierende Vereinnahmung – des Anderen ist. Das wird deutlich, wenn Hölderlin in der *Friedensfeier* (Herbst 1802) dichtet:

Viel hat von Morgen an,
Seit ein Gespräch wir sind und hören voneinander,
Erfahren der Mensch; bald sind wir aber Gesang.
Und das Zeitbild, das der große Geist entfaltet,
Ein Zeichen liegts vor uns, daß zwischen ihm und andern
Ein Bündniß zwischen ihm und anderen Mächten ist.[19]

Man darf auch nicht einfach, wie Quine, das erkenntnistheoretische Prinzip der Induktion voraussetzen, um das Erlernen von Sprache zu verstehen.[20] Vielmehr ist es nach Hölderlin ein Kennzeichen der uns zunächst und zumeist zu eigenen natürlichen Sprache, dass wir ihre Regeln so sehr durch Abrichtung und Regelfolgen habitualisiert und internalisiert haben, dass wir paradoxerweise unserem eigenen kulturellen und sprachlichen Horizont entfremdet sind, ihn selbst also allererst erlernen müssen. Induktionsschlüsse anzustellen ist auch eine Lebensform unseres natürlichen Bewusstseins, die souverän und in Freiheit beherrscht werden muss, um uns tatsächlich Informationsgewinn einbringen zu können. Insofern kann Induktion als eine Technik, die beherrscht werden will und durch souveräne Ausübung in einen unbewussten Hintergrund tritt, beschrieben werden. Wenn man dann induktive Sprachspiele souverän beherrscht, ist es eben nicht mehr nötig, sich jeweils klar zu machen, dass man gerade einen Induktionsschluss anstellt und dass dieser epistemische Unsicherheiten enthält. Müsste man sich das jeweils beim Ziehen eines Induktionsschlusses klar machen, verlöre man die Sache, um die es gerade geht, aus dem Blick. Macht man sich die Kontingenz des Induktionsverfahrens, nachdem man es erlernt hat, nicht deutlich, kann eine problematische Übergeneralisierung eben schnell passieren, die sich z. B. in der simplen unbegründeten Voraussetzung zeigt, dass man Sprache durch Induktion erlernt. Das Induktionsverfahren ist einem dann eben zu selbstverständlich, als dass man seine begrenzten und arbiträren Aspekte sähe.

Das Erlernen des Eigenen, das eigentlich schon ein zweites Erlernen der natürlichen Sprache ist, wird erst über die Einsicht in die andere natürliche Sprache möglich. – Hierin ist auch eine Parallele zwischen Hölderlin und Wittgenstein zu erblicken: Ist für Wittgenstein das genaue Hinsehen auf die Grammatik der Sprachspiele eine Therapie gegen eine fehlgeleitete Philosophie, so will Hölderlin analog mit seiner Dichtung eine Kritik an der Seinsvergessenheit der seine Zeit beherrschenden Ich-Philosophie Kants, Reinholds, Schillers und besonders Fichtes erreichen. Auch für Hölderlin erscheint die eigene Gegenwart therapiebedürftig, bedürftig einer Therapie gegen den sog. »subjektiven Idealismus«, gegen eine das menschliche *Ego* geradezu vergöttlichende und das Ich überhebende Philosophie und gegen eine solipsistische Geisteshaltung, die in der Demut lehrenden Tragödie besteht. Hölderlin hat mit der tragischen Begegnung von Gott und Mensch, in der das endliche menschliche Bewusstsein zerstört wird, natürlich einen Extremfall eines *alter ego*, ein nicht-menschliches Andres vor Augen. Die Enge des Bewusstseinszimmers und die Fensterlosigkeit der Monade werden durch die Wucht der göttlichen Zerrüttung in der Tragödie als fehlgeleitete epistemologische Konstruktionen aufgebrochen. – Das bedeutet nicht, dass Hölderlin Selbstbewusstsein generell verwirft, er stellt ja gerade dar, wie menschliches Selbstbewusstsein sich angesichts der Zerrüttung durch die Begegnung mit dem Göttlichen zu retten versucht. – Dieses durch Technik nicht beherrschbare tragische Geschick lehrt eine Demut und Freiheit, die uns Heutigen zwar essentiell abgeht, die wir aber durch immer neue Ausblendungstechniken und mit immer lauterem Eigendünkel übertönen. Tatsächlich sind gegenwärtig vielfach Bekenntnisse zur Größe einer anderen Kultur zu bloßen Versuchen herabgekommen, sich nicht wirklich mit ihr beschäftigen zu müssen. Mittels einer oberflächlichen Toleranz werden die bei intensiver Beschäftigung mit einer anderen Kultur fälligen Kritikpunkte gar nicht erst erreicht. Bei Hölderlin führt die Intensität seiner Beschäftigung mit den Griechen dazu, dass er von einer überwältigenden Trauer befallen wird, dass es diese Welt nicht mehr gibt und auch nicht mehr geben kann, es also eine kitschige Wirklichkeitsflucht bildet, wollte man die antiken Götter auferstehen lassen. Dabei übersieht Hölderlin aber auch nicht jene Aspekte, die notwendigerweise zum Untergang der antiken griechischen Kulturwelt geführt haben, die Schwäche der Griechen wird nicht ausgeblendet, auch von ihr will Hölderlin lernen. Gleichzeitig strebt Hölderlin eine Transformation griechischer Lebensform in seine gegenwärtige an.

Ein wesentlicher Unterschied zwischen Wittgenstein und Hölderlin ist nicht zu übersehen, die Rolle der Ontologie: Schaltet der späte Wittgenstein die Seinsfrage aus, so wendet sich Hölderlin mit dem Sein, mit einem spezifischen Erleben der Zeit und der Begrenzung menschlicher Subjektivität in der Zerstörung durch Göttliches, das dem Selbstbewusstsein Grenzen aufzeigt, der Ontologie zu. Dies ist eine Ontologie, die sich gegen die idealistischen Ich-Überschätzungen wendet und dagegen, das Ich zum Prinzip zu erheben.[21] Ein weiterer Unterschied besteht darin, dass nach Wittgenstein die Lebensform als Grund der Sprachspiele vorgegeben ist, dagegen ist bei Hölderlin auch die Lebensform ein Resultat von Lernprozessen. Lernen ist die Lebensform des Geistes und in dieser Lebensform, sofern sie sich mit anderen Lebensformen koordiniert, findet eine höhere Form der Freiheit statt, nämlich die anderes anerkennende Akzeptanz, dass der Geist mannigfaltige Erscheinungsformen hat, die über die bloße Notdurft, das für das Überleben Notwendige souverän hinausgehen. –

Man kann mit Hölderlin ein zweifaches Erlernen der Sprache differenzieren: zunächst ein ungeistiges, abgerichtetes Regelfolgen und dann ein geistiges Erlernen mit und in dem Kontrast zu einer anderen natürlichen Sprache bzw. kulturellen Lebensform. Die anfängliche Entfremdung gegenüber der eigenen Kultur wird also durch eine zweite Ent-Fremdung (im wahrsten Wortsinne) überwunden. Es wird deutlich, dass auch epistemische Methoden wie z. B. die Induktion oder die Transferleistung der Übersetzung u. ä. mittels einer bestimmten Grammatik bereits einer kulturellen Prägung entspringen, die wiederum – wie Hölderlin betont – einer grundsätzlicheren Seinsdisposition des Verstehenden entspringt.

Hölderlin verdeutlicht eine existentielle und ästhetische Dimension von Tod, Zeit, Ordnung, Lebendigkeit, Tragischem, Natur und leiblichem Dasein, die in den beiden Kulturen Hellas und Hesperien gleichermaßen als Horizont gemeinsam da ist und vor deren Hintergrund als Lebensform allererst ein übersetzendes Verstehen der je eigenen und je anderen Kultur/Lebensform möglich wird. Hierin erblicke ich den zuvor genannten dritten Aspekt, der in Quines Theorie des sprachlichen Bezeichnens wesentlich ist, die »Reizbedeutung« bzw. die Ebene konkreter Sinnlichkeit. Mit Hölderlin lässt sich das dahin gehend präzisieren, dass die existentielle Dimension z. B. des tragischen Todes eine solche Leiblichkeit und Sinnlichkeit erlebbar macht, vor der als gemeinsamem Hintergrund die kulturellen Bedeutungen allererst ausdifferenziert werden können. Hölderlin spricht in diesem Kontext vom »Athletischen des südlichen Menschen«, dem »heroischen Körper«, der »Athletentugend« und der »Phänomenalisierung der Begriffe«.[22] Hölderlin würde also Quine dahin gehend weiterführen, dass das wahre Verständnis des Eigenen allererst durch das Verstehen des Anderen ermöglicht wird; ohne Fremdverstehen bleibt man sich selbst fremd. Zugleich steckt darin eine ontologische Dimension, auf die Hölderlin aufmerksam macht; wenn man seinen Gedanken hier der theologischen Spekulationen entkleidet, bleibt der semantisch bedeutsame argumentative Kern übrig, dass alle grammatische Konstruktion von Wirklichkeit letztlich auf eine sinnliche Gegebenheit auch des eigenen Leibes verwiesen ist, die als Lebensform da ist, eine Seinsfügung. Hölderlin bezeichnet diese Ebene einer Vorgabe von Sein auch als eine »Totalwahrnehmung« oder als »intellektuelle Anschauung«, der gegenüber sprachliche Urteilung und Differenzierung abkünftig ist, mit dem Wort von Hogrebe: eine »riskante Lebensnähe«.[23]

Die vorliegende Studie, die immer wieder Hölderlins Konzept der »abendländischen Wendung« mit neueren Ansätzen der Sprachanalyse, Semantik und Hermeneutik vergleicht, fällt selbst in eine historische Wendezeit. D. h., Hölderlins abendländische Wende wird selbst aus dem Kontext einer geschichtlichen Wende gesehen; in philosophiegeschichtlicher Perspektive aus dem engeren Kontext des *linguistic turn* oder in größerer historischer Dimension im Kontext der Globalisierung. Innerhalb der Globalisierungen gibt es natürlich auch spezifischere kulturelle Wendungen, z. B. vom »alten Europa« zur »Neuen Welt«.[24] Hölderlins Wende von Hellas zu Hesperien wird also vor dem gegenwärtigen Wendungskontext der Globalisierung gesehen. Man kann selbstverständlich auch eine Art »abendländischer Wendung« in europäisch-chinesischen Beeinflussungen sehen; wenn z. B. in China Karl Marx ein Denker von staatstragender Bedeutung ist.[25] Allerdings darf der Begriff der »abendländischen« oder der »vaterländischen Wendung« natürlich auch nicht unzulässig verallgemeinert und damit inhaltsleer werden; sonst könnte man in die Gefahr geraten, mit Husserls Gedanken aus der *Krisisschrift*, die »Europäisierung der Menschheit« als sich allein schon durch Verwissenschaftlichung erfüllendes Projekt zu sehen. Daher soll der Begriff im Folgenden nicht generell jede nationale und internationale Beeinflussung bezeichnen, und obgleich viele der spezifischen Einsichten Hölderlins gerade im Kontext gegenwärtiger Globalisierung gültig sind, soll er doch vor allem eine moderne europäische Beeinflussung bezeichnen.[26] Deren philosophische Reflexion in dieser Studie fällt eben auch in eine geschichtliche Wendezeit im Sinne Hölderlins. Er brachte damit offenbar nicht nur einen spezifisch für seine eigene Dichtung und sein eigenes Denken wichtigen Zusammenhang auf den Begriff, sondern erschließt zugleich ein politisch-pädagogisch-philosophisch-hermeneutisch-ästhetisches Phänomen von generellem Rang. Die Reflexion auf diesen Kontext stellt also eine Art mentalitätsgeschichtlicher Selbstanwendung der These Hölderlins dar, nämlich der These, dass sich Lebensformen in ihrer Eigenheit nur dann *frei* verstehen können, wenn sie sich selbst aus dem Fremden heraus allererst ein zweites Mal selbst erkennen und dann, bereichert um das Andere, sich selbst neu erfinden und ihre eigentlichen Bedürfnisse sowie die Dürftigkeit der eigenen Zeit frei erkennen können. Das bedeutet, die europäische Traditionslinie kann sich selbst erst dann frei erkennen, wenn sie sich aus der andersartigen Lebensform reflektiert. Dabei besteht eine Parallele zu Hölderlin darin, dass sich analog zur Entwicklung von Hesperien aus Hellas Amerika aus dem »alten Europa« entwickelt und vorhandene Traditionslinien solcherart radikalisiert hat, dass sie zu etwas Anderem geworden sind. Eine ganz ähnliche Entwicklung kann derzeit im Verhältnis von Amerika und China gesehen werden, denn der dort propagierte »Chinesische Traum« ist sicherlich durch den »Amerikanischen Traum« inspiriert und muss sich in der Dialektik zwischen liberaler Ökonomieauffassung und »Sozialismus mit chinesischem Charakter« zurechtfinden, droht sich aber in der Fremde (von amerikanischem Kapitalismus und europäischem Kommunismus) zu verlieren, wenn er nicht wirklich frei zu einem Eigenen findet.

I. Zeitenwende und Untergang des Vaterlandes – Anfänge und Formen ›abendländischer Wendung‹

Hölderlins Liebe zum Vaterland ist religiös bedingt. In der zweiten Fassung von *Der Wanderer* (wohl im Spätsommer 1800 entstanden) dichtet er:

Und so bin ich allein. Du aber, über den Wolken,
Vater des Vaterlands! mächtiger Aether! und du
Erd' und Licht! ihr einigen drei, die walten und lieben,
Ewige Götter! mit euch brechen die Bande mir nie.
Ausgegangen von euch, mit euch auch bin ich gewandert,
Euch, ihr Freudigen, euch bring' ich erfahrner zurük.
Darum reiche mir nun, bis oben an von des Rheines
Warmen Bergen mit Wein reiche den Becher gefüllt!
Daß ich den Göttern zuerst und das Angedenken der Helden
Trinke, der Schiffer, und dann eures, ihr Trautesten! auch
Eltern und Freund'! und der Mühen und aller Leiden vergesse
Heut' und morgen und schnell unter den Heimischen sei.[1]

Hier ist das »euch bring' ich erfahrner zurück« ein zentraler und changierender Gedanke: Die Göttlichen sind permanent präsent, bilden unsere Gegenwart, »mit euch brechen die Bande mir nie«. Die Realpräsenz der Göttlichen wird nun einerseits vom »Ich« erfahren, komparativisch sind sie nun mehr vom Ich erfahren. Andererseits handelt es sich aber auch für die Göttlichen um einen Zuwachs an Erfahrensein, sie wurden intensiver zu Erfahrenen. Damit deutet sich ein neuartiger Erfahrungsbegriff an, der sich auch gegen das transzendentalphilosophische Verständnis von Erfahrung bei Kant oder Fichte wendet, denn dass man die Götter bzw. rein Intelligibles *erfahren* kann, wäre aus transzendentalphilosophischer Sicht ein Widerspruch in sich. Erfahrung setzt dort ein Mannigfaltiges der Empfindung voraus, das begrifflich synthetisiert wird. Hölderlins Empfindungsdaten des Göttlichen sind ihm aber konkret gegeben, er »erfährt« sie. Eine solche Konkretion des Göttlichen ist aus der Sicht einer am spontanen, apriorischen Subjekt orientierten Transzendentalphilosophie nicht möglich. Hölderlins Metaphysik ist konkret. Wolfram Hogrebe[2] legt für den frühen Hölderlin des *Hyperion* einen »mantischen Empirismus« einleuchtend dar und dass uns mit der protosemantischen Wahrnehmung und Sensibilität für die Natur ein Sein anspricht, das semantischem Bedeutungswissen »ummantelnd« vorhergeht und das Bedeutungswissen ermöglicht. Natur ist ein »subsemantisch Entgegenkommendes«,[3] eine Ansprache durch die Dinge für unser ontologisches Resonanzorgan. Damit unser Resonanzorgan funktionieren kann, ist aber das entgegenkommende Sein von uns auch in einer Projektion zu beseelen, d. h., es muss für uns sein können. »Es gibt also ein Registrieren, das uns, die Registrierenden zwar nicht vergessen sein läßt, aber ebenso weiß, daß das Registrierte sich in einer Weise darbietet, die *nicht allein* durch Verweis *auf uns* verständlich gemacht werden kann.«[4] Die Besonderheit von Hölderlins epistemischer Pointe bestehe darin, beide aufeinander zugehenden und Bedeutung konstituierenden Richtungen gesehen zu haben. Dies bilde eine genuine erkenntnistheoretische Leistung Hölderlins, die sich auch gegen Fichtes Verabsolutierung des Subjekts richte. – Man kann noch im Sinne Hölderlins ergänzen, dass diese bipolare Erkenntnisbewegung insbesondere dichterische Mittel erfordert, um tatsächlich beide Seiten zur Geltung kommen zu lassen. Denn mit Lawrence Ryans brillanter *Hyperion*-Deutung kann man den Hauptsinn dieses Romans in einer Beschreibung des Werdens eines Dichters sehen.[5] – Die bipolare Erkenntnisbewegung in Bezug auf den späten Hölderlin weiterführend, kann man sagen, dass dort jene entgegenkommende Bewegung als »Naturmacht« und als uns treffendes göttliches Sein im Tragischen für uns bedrohlich und feindlich ist, denn es ist nun eine »Einung im Zorn« und die »Naturmacht« wirkt bewusstseinszerstörend, wie »Verräter« und in beidseitiger »Untreue« verhalten sich dann Gott und Mensch, wenn sie sich begegnen, und der Gang der Natur ist »ewig menschenfeindlich«. Damit versucht der späte Hölderlin – im Unterschied zum frühen, bei dem jene bipolare Begegnung eine harmonische Entgegensetzung innerhalb eines in sich unterschiedenen Einen ist – in seinem Konkretismus noch stärker gegen Fichtes Ichphilosophie aufzuweisen, dass die Ein- und Abkapselungsstrategien des endlich-menschlichen Selbstbewusstseins als Resonanzboden zerstört werden, wenn die konkrete Erfahrbarkeit jener Seinsebene durch einen transzendentalen Apriorismus ausgeblendet wird. Die fast schon solipsistische Abkapselung des menschlichen Selbstbewusstseins ist für den späten Hölderlin nicht einmal mehr eine Leistung des endlichen Selbstbewusstseins, sondern die Göttlichen und das Sein lassen dies zu, damit die Menschen umso schmerzlicher, d. h. deutlicher, wieder ein Resonanzboden sein können. Die Erfahrbarkeit impliziert nämlich von Zeit zu Zeit, »damit der Weltlauf keine Lücke« hat, dass der bewusste Resonanzboden von seinen Vorurteilen in einem tragischen Geschick gereinigt wird. Die Tragödie rückt die Verhältnisse zurecht und zeigt die den Menschen konstituierende Eingebundenheit in das konkrete Sein. Da diese bipolare Begegnung von entgegenkommendem Sein und Bewusstsein nach dem späten Hölderlin für den Einzelnen tragisch endet, wird der Dichter umso wichtiger, denn nur er kann nach dem Tod oder der Zerrüttung des Helden dieses Ereignis weitergeben. Es gibt aber auch unabhängig vom Phänomen des Tragischen für den Menschen die Begegnungsmöglichkeit mit der Natur bzw. der Naturmacht. Auch hier bewährt sich der mantisch-hermeneutische Deutungsansatz von Hogrebe. In der dritten Fassung von *Griechenland*, einem der letzten hymnischen Entwürfe, dichtet Hölderlin:

Denn lange schon steht offen
Wie Blätter, zu lernen, oder Linien und Winkel
Die Natur
Und gelber die Sonnen und die Monde,
Zu Zeiten aber
Wenn ausgehen will die alte Bildung
Der Erde, bei Geschichten nemlich
Gewordnen, muthig fechtenden, wie auf Höhen führet
Die Erde Gott. Ungemessene Schritte
Begränzt er aber, aber wie Blüthen golden thun
Der Seele Kräfte dann der Seele Verwandtschaften sich zusammen
Daß lieber auf Erden
Die Schönheit wohnt und irgend ein Geist
Gemeinschaftlicher sich zu Menschen gesellet.[6]

Die Natur steht unserem Lernen offen wie Blätter/Bücher, die Erde verfügt über eine alte Bildung und Gott begrenzt die menschliche

Seele, sofern sie unangemessene (Interpretations)Schritte vornehmen möchte. Durch die göttliche Begrenzung unserer Seele wird Raum für die irdische Ansprache an uns durch Schönheit und Geist geschaffen. Dass Schönheit und Geist auf der Erde sind, bedeutet in Hölderlins spätem metaphysischen Konkretismus, dass sich dies in einer ganz bestimmten Topographie und bestimmten historischen Situation ereignet. Diese »Mantik« bedarf einer epistemischen Enthaltsamkeit durch das deutende Subjekt, das sich ansprechen lassen muss. Darin steckt für den späten Hölderlin aber auch eine Gefahr, denn das epistemisch offen-unbestimmte Moment dieser Mantik kann schon wieder als eine Leistung des Subjekts missverstanden werden. In dem Entwurf *Wenn aber die Himmlischen* … führt Hölderlin aus:

> *Noch aber hat andre*
> *Bei sich der Vater.*
> *Denn über den Alpen*
> *Weil an den Adler*
> *Sich halten müssen, damit sie nicht*
> *Mit eigenem Sinne zornig deuten*
> *Die Dichter, wohnen über dem Fluge*
> *Des Vogels, um den Thron*
> *Des Gottes der Freude*
> *Und deken den Abgrund*
> *Ihm zu, die gelbem Feuer gleich, in reißender Zeit*
> *Sind über Stirnen der Männer,*
> *Die Prophetischen, denen möchten*
> *Es neiden, weil die Frucht*
> *Sie lieben, Schatten der Hölle,*
> *[…]*
> *Denn es hasset*
> *Der sinnende Gott*
> *Unzeitiges Wachstum.*[7]

Die Dichter haben sich an Zeichen zu halten, d. h., sie deuten die Adler (bzw. den Flug der Adler) als Zeichen des göttlichen Seins, sie können das uns übersteigende göttliche Sein nicht direkt deuten, das führt nämlich wieder in Selbstüberhebung; daher betont Hölderlin hier, dass der zu deutende Sinn nicht mit »eigenem Sinne« vollzogen werden darf, dieser Eigensinn des mit mantisch-epistemischer Bescheidenheit auftretenden Dichterdeuters könnte nämlich auch schon wieder dialektisch in Unbescheidenheit und Zorn umkippen. Sich für die Ansprache des Seins und der Göttlichen offen zu halten, beweist nicht, dass in dieser Mantik doch das Subjekt das letzte Wort hat und mit seinem Zulassen die Macht darüber hat, was es angeht und was nicht. Man darf die Ahnung des Resonanzbodens nicht schon wieder als Wissen der Ahnung verbuchen. Über dem Adler, den die Dichter als Zeichen göttlichen Seins deuten, befinden sich wiederum die Sterne und Sternbilder (»gelbem Feuer gleich«, »*über* Stirnen der Männer«, »die Prophetischen«, in der folgenden Strophe erwähnt Hölderlin die Dioskuren, Kastor und Pollux und spielt damit wohl auch auf das Sternbild der Zwillinge an),[8] die nochmals den »Thron des Gottes der Freude« weiter dem Blickfeld des Dichterdeuters entziehen. Mit diesem onto-kosmologischen Bild wird die doppelte Vermitteltheit dichterischen Deutens deutlich und damit die vorsichtige epistemische Enthaltsamkeit. Wer diese nicht übt, zieht sich den Hass des »sinnende[n] Gott[es]« zu, denn schon solche Überheblichkeit, die im *Wissen* des Nichtwissens stecken kann, ist »unzeitiges Wachstum«. Das ahnende Deuten des Dichters ist nicht nur in die Richtung des Himmels begrenzt, sondern auch an Zeiten und Orte der Erde zurückgebunden.

Aus einem einzigen Grund ist daher das Vaterland in Gesängen zu verehren, weil es einen Ort im religiösen Geschehen der Erscheinung des Göttlichen einnimmt und somit zwischen den Himmlischen und den Menschen vermitteln kann.[9] Landschaften können dadurch mit mythologischer Bedeutung aufgeladen werden. Äther, Sonne, Erde und Licht *sind* Götter. Flüsse werden zu Halbgöttern, die die Erde beleben und kultivieren. So zeigt z. B. die Richtung eines Flusslaufes (z. B. Ister/Donau und Rhein) an, aus welcher Richtung die Götter früher gekommen sind oder auch in Zukunft kommen werden. Städte stehen für Stationen der Epiphanie; Zug, Flug und Gesang der Vögel künden das Stadium der Gotteserscheinung an; Pflanzen – wie z. B. der Weinstock – alludieren Eigenschaften der Götter; Wetterlagen, Windrichtungen oder Jahreszeiten spiegeln die Empfindungen der Götter.[10] Das bedeutet nicht, dass Landschaften, Flüsse, Vögel nur Metaphern des Göttlichen sind, vielmehr sind sie selbst Erscheinungen des Göttlichen. So haben z. B. der Rhein oder die Donau beim späten Hölderlin jeweils ein bestimmtes Schicksal, einen persönlichen Charakter und eine göttliche Funktion inne. Insofern versteht man Hölderlins »Vaterländisches« von vornherein falsch, wenn man es als politisch motiviert deutet; es ist vielmehr eine Art Natur- und Gottesdienst.[11]

Erhellend erläutert Helmut Hühn im Anschluss an Hölderlins Aufsatz *Das untergehende Vaterland:*[12]

> »Hölderlin versteht das »Vaterland« als geschichtliche Gestalt der Wechselwirkung von Natur und Menschen. Wirkt die Natur etwa durch ihre geographischen und klimatischen Bedingungen auf die Sphäre der Gesellschaft und beeinflusst so die Herausbildung bestimmter Lebens- und Arbeitsformen, so wirken die Menschen durch ihre Form der Organisation gesellschaftlichen Lebens und die Kultivierung der Natur auf diese ein. Der Begriff ›Wechselwirkung‹ meint also, dass beide, Natur und Menschen, gleichermaßen Subjekt und Objekt ihrer Wirkungen sind, dass diese Wirkungen aufeinander sich gegenseitig bedingen und begrenzen.«[13]

Indem eine geschichtliche Lebensform, d.h. ein Vaterland, aus dem Bezug auf eine andere geschichtliche Epoche entsteht, findet ein Hervorgang einer Lebensform aus einer anderen statt. Zwar ist in diesem Kontext die Rolle der Religiosität bei der Bestimmung des Vaterlandes nicht berücksichtigt, doch ist sie natürlich in den Lebensformen enthalten. Wichtig ist die Betonung der gleichermaßen naturhaften wie gesellschaftlichen Entstehung verschiedener Lebensformen auseinander, sie stehen nicht kollageartig nebeneinander. Hölderlin bestimmt im genannten Aufsatz *Das untergehende Vaterland* das Vereinigende der ineinander übergehenden und sich miteinander auseinandersetzenden Lebenswelten auch als Genetisierung eines Moments, d.h., Zukunft und Gegenwart treffen sich in einem geschichtlichen Moment während einer Epochenwende und bilden so den Anfang einer neuen Zeit bzw. einer spezifischen neuen Welt. Hölderlin führt aus:

> »Denn die Welt aller Welten, das Alles in allen, welche immer ist, stellt sich nur in aller Zeit – oder im Untergange oder im Moment, oder genetischer im Werden des Moments und Anfang von Zeit und Welt dar, und dieser Untergang und Anfang ist wie die Sprache Ausdruk

> Zeichen Darstellung eines lebendigen, aber besonderen Ganzen, welches eben wieder in seinen Wirkungen dazu wird, und zwar so, daß in ihm, sowie in der Sprache, von einer Seite weniger oder nichts lebendig Bestehendes, von der anderen Seite alles zu liegen scheint.«[14]

D.h., den verschiedenen Lebensformen ist gemeinsam, dass sie in die Zeit fallen, insofern ist die »Welt aller Welten« das Vereinigende aller Lebensformen in »allen Zeiten« bzw. allzeitlich. Eine besondere Zeit oder Epoche der Geschichte, die von der Allzeitlichkeit der Welt aller Welten jedoch unterschieden ist, da sie nur einen Ausschnitt aus ihr repräsentiert, diese besondere Zeit bildet ein wesentliches Moment der Lebensform als solcher und wird insbesondere im Werden oder im Untergang von einer Lebensform zur nächsten manifest. An dieser Stelle muss also eigentlich zwischen der »Welt aller Welten« einerseits und andererseits spezifischen Epochen der Geschichte, besonderen Welten, die gerade erst z. B. entstehen, über- oder untergehen, unterschieden werden. Der Unterschied muss gemacht werden, da Hölderlin ausdrücklich sagt, dass die »Welt aller Welten« »immer ist«, sie ist also unvergänglich und stellt sich eben in allen Zeiten dar, nicht nur in besonderen Epochenwenden; dagegen können einzelne Welten offenbar unter- oder übergehen.[15] Das »untergehende Vaterland« ist also »nur« eine besondere Welt, die vergeht.[16] Der Sprache und der Lebensform (Vaterland) ist gemeinsam, dass sie spezifische Typen von Ganzheit bilden, nämlich eine Ganzheit, die a) nicht in sich ununterschieden, einfach, eines wäre, sondern Sprache und Lebensform ist b) spezifizierte Ganzheit, die ein Mannigfaltiges auf spontan andersartig kombinierbare Weise in sich enthält (in der Sprache sind dies Worte, Sätze etc., in den Lebensformen Verhaltensweisen, Institutionen etc.), und c) lebendige Einheit.[17] Das besondert und bestimmt spezifische (Lebens-)Welten, die aber gerade wegen dieser Besonderheit auch wieder untergehen müssen, weil sonst Einseitigkeit herrschen würde; um einer neuen Welt willen und der Realisation der mannigfaltigsten Möglichkeiten muss das alte Vaterland untergehen. Der Moment des Unter- oder Übergangs ist modal gesehen besonders interessant, denn wenn etwas Wirkliches vergeht, tritt es zurück in eine bloße Möglichkeit, etwas anderes, ein neues Vaterland tritt dagegen aus der Möglichkeit in die Wirklichkeit hervor. Im Moment des Wechsels von Wirklichkeit in Möglichkeit oder von Möglichkeit in

Wirklichkeit liegt aber eine gewisse Indeterminiertheit, denn wenn erst einmal ein Vaterland/spezifische Welt wirklich ist, zeigt sich dessen Bestimmtheit in historischen Prozessen und aktuellen Wechselwirkungen deutlich. Doch der Moment des Über- oder Untergangs ist indeterminierter, denn nicht mehr ganz Wirkliches hört auf zu wirken, noch nicht ganz Wirkliches kann noch keine aktuelle Determination entfalten, deutet eher an, was alles sein könnte. »Im Zustande zwischen Seyn und Nichtseyn wird aber überall das Mögliche real, und das wirkliche ideal, und diß ist in der freien Kunstnachahmung ein furchtbarer aber göttlicher Traum.«[18]

Daher ist der Moment des Über- oder Untergangs des Vaterlandes besonders relevant, weil hier eine Nähe zur »Welt aller Welten« vorliegt, diese ist nicht besondert, spezifiziert, determiniert auf ein spezifisches Vaterland hin, sie ist Ganzheit in einem höheren Sinne; doch im Untergangsmoment zwischen besonderen Welten berührt sich die Indeterminiertheit im Verlauf der Geschichte und im Epochenwechsel mit der Indeterminiertheit oder Freiheit des Gesamtprozesses. Daher eignet sich das »untergehende Vaterland« besonders zur Darstellung der »Welt aller Welten« oder des »Alles in Allen«. Der Zug zur Determination in den Einzelwelten in ihren besonderen Zeitabschnitten ist notwendig, weil nur dadurch etwas lebendig und wirklich sein kann.

> »Im lebendig Bestehenden herrscht eine Beziehungsart, und Stoffart vor; wiewohl alle übrigen darinn zu ahnden sind, im übergehenden ist die Möglichkeit aller Beziehungen vorherrschend, doch die besondere ist daraus abzunehmen, zu schöpfen, sodaß durch sie Unendlichkeit die endliche Wirkung hervorgeht.«[19]

Der Epochenwechsel im untergehenden Vaterland enthält den Neuanfang des nächsten Vaterlandes als Ahnung aber auch schon in sich, denn die Auflösung des Alten ist gepaart mit dem Vorblick auf die neuen Epochenbestimmungen. Wenn eine Epoche an ihr Ende kommt, ist das sich Auflösende als solches nur erfahrbar, wenn zugleich schon die Möglichkeiten des Neuen mitgegeben sind. Das Zukünftige muss im Vergehenden vorpräsent sein.

> »Dieser Untergang oder Übergang des Vaterlandes (in diesem Sinne) fühlt sich in den Gliedern der besonderen Welt so, daß in eben dem

> Momente und Grade, worinn sich das Bestehende auflöst, auch das Neueintretende, Jugendliche, Mögliche sich fühlt. Denn wie könnte die Auflösung empfunden werden ohne Vereinigung, wenn also dass Bestehende in seiner Auflösung empfunden werden soll und empfunden wird, so muß dabei das Unerschöpfte und Unerschöpfliche, der Beziehung und Kräfte, und jene, die Auflösung, mehr durch diese empfunden werden, als umgekehrt, denn aus Nichts wird nichts, und diß gradweise genommen heißt so viel, als daß dasjenige, welches zur Negation gehet, und insofern es aus der Wirklichkeit gehet, und noch nicht ein Mögliches ist, nicht wirken könne.
> Aber das Mögliche, welches in die Wirklichkeit tritt, indem die Wirklichkeit sich auflöst, diß wirkt, und es bewirkt sowohl die Empfindung der Auflösung als die Erinnerung des Aufgelösten.«[20]

In Epochenwenden gilt also in gewissem Sinne, dass die Zukunft die Gegenwart bewirkt, denn nur durch sie wird das sich Auflösende als solches erfahrbar. Hölderlin setzt dabei das Philosophem »Aus Nichts wird nichts« voraus; die Lückenlosigkeit der Zeit muss gewahrt bleiben, weil man sonst einen kompletten Neuanfang der Zeit vor sich hätte, und nicht eine kontinuierliche Geschichtszeit mit ihren Revolutionen, Paradigmenwechseln, Über- und Untergängen. Wenn Hölderlin später in den *Anmerkungen zum Ödipus* sagt, dass eine Lücke im Weltlauf nicht eintreten darf und sich deswegen Gott und Mensch auf tragische Weise begegnen müssen, wenn eine solche Lücke droht, dann liegt der Grund dafür offenbar darin, dass aus Nichts nichts wird. Das Tragische geschieht, um die Kontinuität der Zeit selbst in radikalen Zeitumbrüchen, Revolutionen und Epochenwenden aufrecht zu erhalten; es ist »das sich Auflösende im Zustande zwischen Seyn und Nichtseyn«.[21]

Der Zeitpunkt der Epochenwende ist als Kreuzung von Vergangenheit und Zukunft eine Präsenz von Entgegengesetztem, und insofern spiegelt sich die Welt aller Welten, das Alles in Allen im Moment des untergehenden Vaterlands, es ist

> »jener Punct in seiner Auflösung und Herstellung mit dem Totalgefühl der Auflösung und Herstellung unendlich verflochtner [ist], und alles sich in Schmerz und Freude, in Streit und Frieden, in Bewegung und Ruhe, und Gestalt und Ungestalt unendlicher durchdringt, berühret, und angeht und so ein himmlisches Feuer statt irdischem wirkt.«[22]

Es ist eine Erscheinung der harmonischen Entgegensetzung, des Unendlichen in einem temporären Übergang, welches das Tor zur Erscheinung des Göttlichen in der Zeit öffnet. Himmlisches Feuer führt aus der Erstarrung.

Daher spielt die Religion hier eine entscheidende Rolle, denn in der Zeitenwende ergibt sich ein Vorschein des Göttlichen. In dem Fragment *Über Religion*, das in denselben zeitlichen Kontext gehört, also auch um 1799 entstanden ist, betont Hölderlin bezüglich der Verbindung des Menschen mit dem Göttlichen:

> »Jene unendlicheren mehr als nothwendigen Beziehungen des Lebens können zwar auch gedacht, aber nur nicht blos gedacht werden; der Gedanke erschöpft sie nicht, und wenn es höhere Geseze giebt, die jenen unendlichern Zusammenhang des Lebens bestimmen, wenn es ungeschriebene göttliche Geseze giebt, von denen Antigonä spricht, als sie troz des öffentlichen strengen Verbots, ihren Bruder begraben hatte, – und es muß wohl solche geben, wenn jener höhere Zusammenhang keine Schwärmerei ist – ich sage, wenn es solche giebt, so sind sie in so fern sie blos für sich und nicht im Leben begriffen werden, vorgestellt werden, unzulänglich, einmal weil in eben dem Grade, in welchem der Zusammenhang des Lebens unendlicher wird, die Thätigkeit und ihr Element, die Verfahrungsart, und die Sphäre in der sie beobachtet wird, also das Gesez, und die besondere Welt in der es ausgeübt wird, unendlicher verbunden ist und eben deswegen das Gesez, wenn es auch gleich ein für gesittete Menschen allgemeines wäre, doch niemals ohne einen besondern Fall, niemals abstract gedacht werden könnte, wenn man ihm nicht seine Eigentümlichkeit, seine innige Verbundenheit mit der Sphäre in der es ausgeübt wird, nehmen wollte.«[23]

Es liegt also an der spezifischen Unendlichkeit, mit der göttliche Zusammenhänge, die den Menschen über die Notdurft erheben, in Verbindung mit dem konkreten Leben von Einzelnen in deren historischer Situation stehen, dass das bloße Denken, die bloß philosophische Reflexion sie nicht erfassen kann. Hölderlin unterscheidet zwischen notwendigen und göttlichen Verhältnissen/Beziehungen. Die notwendigen Beziehungen sind entweder physisch oder moralisch. Die Göttlichen lassen sich weder auf physische Notwendigkeit noch auf moralisch verantwortliche Pflicht herunterbrechen. Zwar kann man wie z. B. Kant mit seiner Ethikotheologie, Postulatenlehre oder Fichte mit seiner Transformation dieser Postulatenlehre in der Rechtsphilosophie und in der politischen Philosophie über die göttlichen Zusammenhänge reflektieren, aber ein endliches Denken kann die Unendlichkeit, die sich in der harmonischen Entgegensetzung und Vereinigung in der konkreten Lebens-Welt jenseits von physischer und moralischer Notwendigkeit ereignet, nicht erfassen. Hölderlin kritisiert hier also nicht die theoretische oder praktische Vernunft wegen ihrer Restriktionen, sondern stellt heraus, wie minutiös die Verbindung des Göttlichen mit dem Einzelnen und seinem historisch-natürlichen Kontext ist, es geht ihm um den Eigenwert des Religiösen, jenseits des Physischen und des Moralischen.

Wenn die göttlichen Zusammenhänge gedacht – und nicht er-lebt – werden, besteht die Gefahr, dass sie Schicklichkeitsregeln sinnentleerter Pflicht, »arrogante Moral«, »zum Theil eine eitle Etiquette oder auch eine schaale Geschmacksregel« werden.[24] Gegenüber der Freiheit des Religiösen bildet z. B. das moderne Verständnis des Rechts lediglich eine Reziprozität von Tun, Unterlassen, Erlauben, Gebieten an.[25] Die »Alten« hatten »darum Recht«, denn sie erlebten die »zarten Verhältnisse« als genuin religiöse, d. h. als Verhältnisse, in denen ein bestimmter situativer Geist herrscht. – Hieran ist interessant, dass Hölderlin der Moderne jene unendlichere Geistigkeit ab- und der griechischen Antike zuspricht. Das zeigt, dass man seine »abendländische Wendung«, die später diese Gedanken aus der Zeit um 1799 ausbaut, nicht einfach als affirmative Zuwendung zu Hesperien bzw. Deutschlands Gegenwart und als Abwendung von der griechischen Antike deuten darf, die Hölderlin nach 1800 vollzogen hätte. –

Das intrikate religiöse Lebensverhältnis wird am tragischen Beispiel der Antigone deutlich. Eine moderne Pflichterfüllung, die sich ausschließlich nach der Verallgemeinerbarkeit einer Maxime fragen würde, kann das Ineinander und die prekäre Partikularität von Antigones Situation nicht erfassen, in der sich Trauer um den Bruder, der Wille, die Familie nicht auseinanderzubringen, und dann doch auch Auflehnung, religiöse und familiäre Pflichterfüllung sowie die Empfindung der historisch problematischen Lage ihrer Polis mischen, weil in Antigone eine harmonische Entgegensetzung, eine religiöse Begeisterung herrscht, in der die verschiedenen Strebungen alle ihr Recht haben.

Daher ist in diesem Zusammenhang der Komparativ »unendlicher« angemessen, um die Geistigkeit der Situation zu beschreiben; beim »Unendlicheren« handelt es sich nicht nur um eine Unendlichkeit in eine Richtung, z. B. um die unendliche Aufgabe der Pflichterfüllung, sondern ebenso um die Unendlichkeit der Beziehungen in der Polis und um die Unendlichkeit der individuellen Verwobenheit der Stimmungen, mehrere entgegengesetzte Unendlichkeiten sind mitanwesend. Hölderlin bezeichnet diese minutiöse Verwobenheit des konkreten Lebens als Geist bzw. Gott, der in der Welt existiert.[26] Die Geistigkeit besteht also nicht so sehr darin, dass bloß mehrere Unendlichkeiten präsent sind, sondern darin, dass diese Eines sind, das Eine in sich unterschiedene. »Und diß ist eben die höhere Aufklärung die uns größtentheils abgeht.«[27] Insofern ist Hölderlins Religiosität nicht antiaufklärerisch, sondern höhere Aufklärung über die Unendlichkeit des Lebens-Geistes.

Die unendlichere Situiertheit des Göttlichen im Einzelleben des Menschen partikularisiert aber auch das Göttliche; jeder – der den unendlicheren Zusammenhang wahrzunehmen in der Lage ist – hat dann seinen eigenen persönlichen Gott. Doch da die Menschen gemeinsam leben und eine gemeinsame Sphäre bilden, verschmelzen auch ihre Götter. Die gemeinschaftliche Gottheit ist Resultat der Verbindung der Vielen, die jeweils für sich jene »zarten und unendlichern Verhältnisse«[28] erleben. Das schließt natürlich nicht aus, dass in einer bestimmten Epoche ebenso Menschen leben, die diese Verhältnisse jenseits von physischer oder moralischer Notwendigkeit gar nicht wahrnehmen; die Gottlosen leben gemeinsam mit den Geistigen. Der Charakter einer jeweiligen Epoche wird durch das Mischungsverhältnis und jeweilige Machtverhältnis dieser Gruppen bestimmt.

Die Verschmelzung und der Synkretismus der Gottesvorstellungen ist Teil der höheren Aufklärung:

> »Also, wie einer die beschränkte aber reine Lebensweise des andern billigen kann, so kann er auch die beschränkte, aber reine Vorstellungsweise billigen, die der andere von Göttlichem hat. Es ist im Gegentheil Bedürfniß der Menschen, so lange sie nicht gekränkt und geärgert, nicht gedrükt und nicht empört in gerechtem oder ungerechtem Kampfe begriffen sind, ihre verschiedenen Vorstellungsarten von

> Göttlichem eben wie in übrigem Interesse sich einander zuzugesellen, und so der Beschränktheit, die jede einzelne Vorstellungsart hat und haben muß, ihre Freiheit zu geben, indem sie in einem harmonischen Ganzen von Vorstellungsarten begriffen ist, und zugleich, eben, weil in jeder besonderen Vorstellungsart auch die Bedeutung der besonderen Lebensweise liegt, die jeder hat, der nothwendigen Beschränktheit dieser Lebensweise ihre Freiheit zu geben, indem sie in einem harmonischen Ganzen von Lebensweisen begriffen ist.«[29]

Die Geselligkeit ist ein ursprüngliches Interesse des Menschen, in ihr ist er frei. Die religiöse Intoleranz bildet daher ein Verfallsprodukt von Religion, die aufgrund ihres Gehaltes – des Göttlichen – und aufgrund der ursprünglichen Interessiertheit der Menschen zur ergänzenden, kongenialen Vereinigung von unterschiedlichen Gottesvorstellungen tendiert. Hölderlins Freiheitsbegriff fügt sich in diese höhere, religiöse Aufklärung, weil Freiheit Einfügung in eine in sich unterschiedene Einheit bedeutet. Das gilt sowohl hinsichtlich der menschlichen Geselligkeit als auch hinsichtlich der Geselligkeit der Gottesvorstellungen. Ohne den ergänzenden Kontrast von verschiedenen Gottes- und Lebensvorstellungen bliebe die eigene Position unbestimmt, sie würde anderes nur äußerlich negieren. – Offensichtlich ist dies ein mit zahlreichen Einzigkeitsansprüchen der real bestehenden, besonders monotheistischen Religionen inkompatibler Synkretismus. Doch Hölderlin war diesbezüglich nicht naiv, vielmehr versucht er, die Einzigkeitsansprüche von Göttern und Religionen in sein pluralistisches Konzept zu integrieren. Dieses höhere Einheitskonzept wird in der späteren Analyse der »abendländischen Wendung« besonders deutlich, wenn Hölderlin in *Der Einzige* den Synkretismus auch auf Christus anwendet. – Die Vervollständigung durchs Andere bildet nicht nur für die Menschen eine Notwendigkeit, auch die Götter haben dies nötig, um frei zu sein. Das Unendlichere besteht auch für sie in dem »innigen Zusammenhang, das Gegebenseyn des einen zum andern, die Unzertrennlichkeit in ihren Theilen«.[30] Hölderlin überbietet hier natürlich Lessings Nathan, bei Hölderlin sind alle drei Ringe echt! Schon hier zeigt sich ein wesentliches Merkmal von Hölderlins späterer »abendländischer Wendung«, nämlich, dass reziproke Bestimmtheit, Akzeptanz, Pluralität und Integration von Lebensformen und unterschiedlichen Aspekten des

Göttlichen in einer höheren Einheit zur Freiheit führen. Hölderlin notiert im Fragment *Über Religion* als noch weiter auszuführendes Thema:

> »Hier kann nun noch gesprochen werden über die Vereinigung mehrerer zu einer Religion, wo jeder seinen Gott und alle einen gemeinschaftlichen in dichterischen Vorstellungen ehren, wo jeder sein höheres Leben und alle ein gemeinschaftliches höheres Leben, die Feier des Lebens mythisch feiern.«[31]

Hier klingt bereits die *Friedensfeier* an; Freiheit, Frieden, Feier gestalten die Einheit des Religiösen.

In dem »Unendlicheren« liegt aber nicht nur eine Absage an den simplen Monotheismus, es hat auch Konsequenzen für die Philosophie. Bereits in einem leider nur bruchstückhaft überlieferten Brief an Sinclair vom 24. Dezember 1798 schreibt Hölderlin:

> »Ich habe dieser Tage in Deinem Diogenes Laërtius gelesen. Ich habe auch hier erfahren, was mir schon manchmal begegnet ist, daß mir nemlich das Vorübergehende und Abwechselnde der menschlichen Gedanken und Systeme fast tragischer aufgefallen ist, als die Schicksaale, die man gewöhnlich allein die wirklichen nennt, und ich glaube, es ist natürlich, denn, wenn der Mensch in seiner eigensten, freiesten Thätigkeit, im unabhängigen Gedanken selbst von fremdem Einfluß abhängt, und wenn er auch da noch immer modifizirt ist von den Umständen und vom Klima, wie es sich unwidersprechlich zeigt, wo hat er dann noch eine Herrschaft? Es ist auch gut, und sogar die erste Bedingung alles Lebens und aller Organsation, daß keine Kraft monarchisch ist im Himmel und auf Erden. Die absolute Monarchie hebt sich überall selbst auf, denn sie ist objectlos; es hat auch im strengen Sinne niemals eine gegeben. Alles greift in einander und leidet, so wie es thätig ist, so auch der reinste Gedanke des Menschen, und in aller Schärfe genommen, ist eine apriorische, von aller Empfindung durchaus unabhängige Philosophie, wie Du selbst weist, so gut ein Unding, als eine positive Offenbarung, wo der Offenbarende nur alles dabei thut, und der, dem die Offenbarung gegeben wird, nicht einmal sich regen darf, um sie zu nehmen, denn sonst hätt' er schon von dem Seinen etwas dazu gebracht. Resultat des Subjectiven und Objectiven, des Einzelnen und Ganzen, ist jedes Erzeugniß und Product, und eben weil im Product der Antheil, den das Einzelne am Producte hat, niemals völlig unterschieden werden

> kann, vom Antheil, den das Ganze daran hat, so ist auch daraus klar, wie innig jedes Einzelne mit dem Ganzen zusammenhängt und wie sie beede nur Ein lebendiges Ganze ausmachen, und das zwar durch und durch individualisirt ist und aus lauter selbständigen, aber eben so innig und ewig verbundenen Theilen besteht. Freilich muß aus jedem endlichen Gesichtspunct irgend eine der selbständigen Kräfte des Ganzen die herrschende seyn, aber sie kann auch nur als temporär und gradweise herrschend betrachtet werden.«[32]

Der Austausch des Frankfurter bzw. Homburger Freundeskreises um Hölderlin, Hegel und Jacob Zwilling sowie der enge Kontakt zu Sinclair stehen im Hintergrund von Hölderlins Absage an eine rein apriorische Philosophie.[33] – Am 28. Dezember 1795 trat Hölderlin seine Hauslehrerstelle bei den Gontards in Frankfurt an, welche im September 1798 endete; während dieser Zeit besuchte er häufig Sinclair in Homburg, wohin er dann 1798 auch ganz übersiedelte, um wenigstens noch in der Nähe von Susette Gontard zu sein. Anfang Juni 1800 endete diese erste Homburger Zeit Hölderlins. Zwilling war nach seinem Studium in Jena im April 1796 nach Homburg gezogen und traf dort mit Hölderlin ebenso zusammen wie im Frühjahr 1797; Zwilling hatte ebenfalls in dieser Zeit eine eigene Kritik an Fichte ausgearbeitet.[34] Mitte Januar 1797 kommt dann auch Hegel, durch Hölderlins Vermittlung, als Hauslehrer zur Familie Gogel nach Frankfurt, das er Anfang 1801 verlässt, um Schelling nach Jena zu folgen. – Das Ineinandergreifen von Tätigkeit und Leiden, Spontaneität und Rezeptivität sowie die konkrete topographische, klimatische und historische Bedingtheit von Denksystemen veranlassen Hölderlin, die Wechselwirkung grundsätzlicher zu denken, als er dies bereits bei Fichte in der Zeit seines Studiums in Jena kennenlernte. Bei Fichte ist trotz der transzendentalen Grundsätzlichkeit der Wechselwirkung ein rein apriorisch deduzierendes System möglich; dagegen wendet sich Hölderlin, indem er dessen Kategorie der Wechselwirkung den rein apriorischen Boden entzieht.[35] Ein reines Apriori müsste ein auf das Aposteriori unbezogenes sein, dadurch wäre aber die Wechselwirkung beschränkt, denn das reine Apriori dürfte von seinem Gegenteil nicht betroffen sein. Die Wechselwirkung würde dann also nicht auf alles zutreffen und nicht alles bestimmbar machen, sie wäre restringiert auf einen Bereich jenseits des reinen Apriori. Das führt aber zu dem Widerspruch, dass ein reines Apriori vollständig unbezogen und unbeschränkt und damit unbestimmt sein müsste. Die Theorie des reinen Apriori kollabiert daher notwendig, denn einerseits ist das Apriori durch Wechselwirkung bestimmt, das Apriori soll aber andererseits auch als getrennt und damit nicht wechselwirkend gegenüber dem Aposteriori stehen. In Hölderlins Parallele ist die absolute Monarchie »objektlos«, d.h. unbestimmt und kollabiert ebenso, der absolute Monarch herrscht über niemanden. Das reine, unbegrenzte Apriori höbe aber auch das Aposteriori auf, denn wenn das Apriori unbeschränkt ist, bleibt kein Raum mehr für seinen Gegensatz, das Aposteriori. Da es aber mit faktischer Evidenz (»wie es sich unwidersprechlich zeigt«) keinen Sinn macht, an einem Aposteriori zu zweifeln, kann es kein reines, unbeschränktes Apriori geben.

Wenn Hölderlin in diesem Brieffragment, in Parallele zur absoluten Monarchie sowie zur positiven Offenbarung, einerseits meint, dass es gar kein reines Apriori (absolute Monarchie, positive Offenbarung) gibt, und andererseits, dass sich das reine Apriori (absolute Monarchie, positive Offenbarung) aufhebt, das dann vorgängig ja doch existiert haben müsste, damit es sich aufheben kann, dann ist das nicht notwendigerweise ein Widerspruch. Um den Widerspruch zu vermeiden, muss man wohl folgendermaßen interpretieren: Das sich aufhebende reine Apriori (absolute Monarchie, positive Offenbarung) ist lediglich in einem Gedankenexperiment gesetzt und der hier angestellte Gedankengang dient lediglich seiner Überprüfung. Es existiert also nicht und hebt sich dann auf, sondern es wird nur hypothetisch angenommen und erweist sich dann als widersprüchlich.

Hölderlin bleibt hier jedoch nicht nur kritisch und negiert reines Apriori, positive Offenbarung und absolute Monarchie, er erläutert auch seine eigenständige positive Konsequenz aus jenem durch Gedankenexperiment aufgewiesenen »Unding«. Die durch umfassende Wechselwirkung gekennzeichnete Wirklichkeit jedes Seienden bildet eine Einheit von dessen Einzelheit und der Ganzheit. In dieser Einheit sind dann auch relatives Apriori und relatives Aposteriori möglich; diese sind also nicht vollständig aufgehoben, sondern nur in ihrer inkohärenten, radikalen Form. Die Ganzheit bezeichnet Hölderlin hier als »individualisiert«, das bedeutet wohl, dass sie durch ihre Einzelteile bestimmt ist; die Ganzheit darf also selbst auch nicht zu einem Selbständigen gegenüber den Einzelnen hypostasiert werden, sonst wäre man wieder in das Unding eines monarchischen Absoluten zurückgefallen. Die Individualität des Ganzen folgt also aus dessen interner Bestimmtheit, nicht daraus, dass es gegen etwas Anderes außerhalb seiner begrenzt oder individuiert wäre, denn dann gäbe es das Unding von mindestens zwei Ganzen. Pluralismus gibt es nur innerhalb des Ganzen, nicht außerhalb seiner, da gibt es nichts. Die Individualität des Ganzen ist auch dadurch gegeben, dass es eine Einheit formt, d.h. die Einzelteile miteinander vereint. Würde es sozusagen Risse des Nichts im Ganzen geben, würde das die Wechselwirkung zerstören, denn dann müssten die Einzelteile über das aufreißende Nichts hinweg miteinander interagieren können. Aber aus Nichts wird nichts.

Im Rahmen der sog. »abendländischen Wendung« bilden Antike und Moderne zentrale historisch-mythologische Orte des Seins, aus denen spezifische Lebenswelten entspringen, die wiederum spezifisches sprachliches Verstehen ermöglichen. Antike und Moderne tauchen bei Hölderlin nach den theoretischen Entwürfen aus der soeben geschilderten Frankfurter und Homburger Zeit (Dezember 1795 – Juni 1800) in späten Gedichten, Briefen und theoretischen Reflexionen sowie den *Anmerkungen* zu den Übersetzungen von *Antigone* und *Ödipus* unter den Bezeichnungen »Hellas« und »Hesperien« auf, wobei Hellas für das antike Griechenland und Hesperien für das Deutschland Hölderlins steht; dies umfasst die späte Schaffensperiode von 1800 bis 1804/06.[36] Hölderlin will auf den genuinen geschichtlichen und metaphysisch-theologischen Unterschied zwischen Hellas und Hesperien aufmerksam machen, indem er die im Volks- und Zeitgeist der Deutschen verankerten Eigentümlichkeiten in »vaterländischen Gesängen« von dem Geist des antiken Griechenland abhebt. Neben den charakterlichen, intellektuellen und geschichtlichen Differenzen gibt es auch solche der Natur und der Naturerfahrung, d.h., die natürlichen Sphären der Griechen und der Deutschen unterscheiden sich. Die Natur und das naturhafte Sein sind also nicht nur Spiegelung eines theologisch-metaphysischen Geschehens, sondern sie bilden auch den Charakter der Menschen und Völker; Wittgenstein würde sagen: ihre Lebensform. Insofern gehen in die abendländische Wendung neben den intelligiblen Differenzen auch solche der Natur und der natürlichen Wirkungssphäre des

Menschen ein. Jeweils geht es um ein in der Zeit und in der Geschichte erfahrbares ontologisches Verhältnis des Menschen zu den Göttern.

Im Unterschied zu der Möglichkeit einer friedlichen Begegnung von Gott und Mensch beim frühen Hölderlin, entwirft der späte (d.h. hier: der Hölderlin zwischen etwa 1802 und 1804/06) eine »Vereinigung im Zorn«, die für den Menschen verletzend, das Bewusstsein zerstörend oder tödlich verläuft. Diese Einung im Zorn hat der Dichter zu besingen, damit die Himmlischen uns vergesslichen Menschen im Gedächtnis bleiben, denn: »Was bleibet aber, stiften die Dichter«.[37]

In den geschichtsphilosophischen Hymnen der Jahre 1801 bis 1803, z.B. *Friedensfeier*, *Der Einzige* und *Patmos*, dokumentiert sich eine Wende Hölderlins zu einem neuartigen Bild von Christus. Außerordentlich differenziert und einleuchtend ging dem bereits Jochen Schmidt nach.[38] Bedenkenswert ist die These von Schmidt, mit der Hinwendung zum Christentum – das, wenngleich sich Hölderlin hier, wie Schmidt nachgewiesen hat, intensiv mit Texten der Bibel auseinandersetzt, selbstverständlich nichts mit dem traditionellen, kirchlichen Christentum zu tun hat – habe sich auch die Zeit- und Geschichtsauffassung Hölderlins verändert.[39] Die im tiefsten Sinne klassische Phase Hölderlins ist durch ein Geschichtsbild geprägt, das ein zyklisches Zeitkonzept entwirft: dem Göttertag Griechenlands folgt eine Götternacht, der wiederum ein Göttertag folgt usw. Im Unterschied zu diesem – wohl auch stoisch beeinflussten – Bild einer zyklischen Zeit steht die spätere Variante eines linearen, teleologischen, heilsgeschichtlichen, eschatologisch-chiliastischen Verlaufs der Zeit, bei dem die Zeit im Friedensfest an ihr Ende gelangt. Die meisten direkten Äußerungen Hölderlins zur »abendländischen« sowie zur »vaterländischen Wende« finden sich in der Zeit zwischen 1800 und 1804/06. Daher könnte man einen Zusammenhang zwischen zyklischer Zeitauffassung und »abendländischer Wendung« sehen. Auch Hölderlins Bild von Christus, das ihn als letzten antiken Halbgott zeigt, will sich nicht recht in die Deutung einer einfachen Abkehr von der Antike oder einer einfachen Entgegensetzung von Antike und Moderne einpassen. Schmidt stellt daher die einleuchtende These auf, dass für Hölderlin zyklisches und lineares Geschichtsmodell nebeneinander bestehen;[40] das eine wird nicht durch das andere falsifiziert, sondern für ihre jeweiligen Geschichtsepochen bleiben beide in Geltung. Aus dieser Perspektive wird ebenfalls verständlich, dass sich auch innerhalb eines linearen, eschatologischen Geschichtsbildes noch die Theorie von der »abendländischen Wendung« finden kann. Daraus ist zu folgern, dass die Theorie der »abendländischen Wendung« zwischen Hellas und Hesperien unbeschadet und invariant gegenüber dem linearen und zyklischen Zeitmodell gilt. Allerdings soll nicht bestritten werden, dass es, rein begrifflich oder logisch betrachtet, schwierig, wenn nicht gar widersprüchlich ist, ein lineares mit einem zyklischen Geschichts- und Zeitkonzept vereint zu denken. Vielleicht handelt es sich um einen notwendigen Widerspruch, der zeigt, dass die Ontologie, das Sein von Geschichte und Zeit, von unserer Auffassung dessen, was Zeit und Geschichte sind, nicht unabhängig ist.

Wie schon der Titel *Friedensfeier* sagt, ist eine Vereinigung von Göttlichem und Mensch aber auch noch für den späten Hölderlin im Frieden möglich, zumindest nach dem Jüngsten Gericht – diese friedliche Vereinigung schließt jedoch die tragische Variante einer Vereinigung im Zorn und mit zerstörerischem Ausgang für den Menschen nicht aus, diese fällt in die Zeit bis zum Jüngsten Gericht. Dem Dichter wird das von ihm reflektierte historische Verhältnis von Antike und Moderne zu einem der Mythologie. In Hölderlins »hermeneutischer Dichtung« vereinen sich Geistesgeschichte, Naturgeschichte und Religionsgeschichte. Diese mythologische Einheit der dichterischen Hermeneutik in Hölderlins »abendländischer Wendung« soll im Folgenden dargestellt werden. Allerdings bildet Hölderlin diese Mythologie zu einer Zeit seines Lebens aus, die manchmal wohl schon Spuren von geistiger Zerrüttung trägt; daher sind seine Äußerungen vielfach dunkel und deutungsoffen. Die Thematik der »abendländischen Wendung« bei Hölderlin tritt also seit etwa 1800 bis 1804/06 auf. Die einzelnen Äußerungen sind verstreut wie ein zerstörtes Mosaik auf Gedichte, Bruchstücke und Pläne zu Gedichten, Briefe, theoretische Abhandlungen und persönliche Reflexionen, Übersetzungen aus dem Griechischen und Anmerkungen zu seinen Tragödienübersetzungen.

– Methodisch gesehen ist eine Rekonstruktion von Hölderlins »abendländischer Wendung« auch deswegen schwierig, weil sich der Gedanke über verschiedenste Textarten verteilt und diese hermeneutisch gesehen unterschiedliche Auslegungsstrategien erfordern.

Dass man bei einem Gedicht zwischen lyrischem Ich und Autor unterscheiden muss, ist eine hermeneutische Trivialität, die selbst für den mit seiner Dichtung so verwachsenen Hölderlin gilt, von daher muss man bei einer Identifikation der im Gedicht geäußerten Ansicht mit einer Ansicht Hölderlins sehr behutsam vorgehen, man kann nicht einfach jede Gedichtzeile als Hölderlins eigene Ansicht zu einer bestimmten Thematik werten. Auch die Auslegung von Briefstellen Hölderlins muss mitunter Abstriche darin machen, ob eine briefliche Äußerung tatsächlich vollständig mit Hölderlins eigener Meinung identisch ist, denn ein so sensibler Briefautor wie Hölderlin äußert sich auf subtile Weise adressatenbezogen, z. B. gibt es, wenn Hölderlin an den Bruder schreibt, auch pädagogische Absichten, schreibt er an die Mutter, kann er seine eigentlichen Ansichten und Lebensumstände oftmals aus Rücksichtnahme auf deren Lebensanschauungen nicht direkt äußern, in Briefen an Schiller spielen sowohl Distanz, Hierarchie, freundliches Entgegenkommen als auch Strategie etc. herein, schreibt Hölderlin an Hegel, kann man echte, innige Freundschaft beobachten, bei Briefen an Sinclair oder Schelling dagegen Freundschaften auf der Kippe oder den Versuch, Konflikte um der Freundschaft willen zu glätten, oder – das gilt besonders für das Verhältnis zu Schelling – schon geschehene innerliche Abkehr, die sich aber noch nicht deutlich aussprechen will.[41] Die theoretischen Texte Hölderlins bieten hier noch die geringsten Schwierigkeiten, denn die Autorintention und das Geschriebene fallen am wenigsten auseinander; mit ein wenig Ironie kann man sagen, dass hier die späteren theoretischen Äußerungen Hölderlins, z. B. in den *Anmerkungen zum Ödipus* und zur *Antigone*, ein Glücksfall sind, denn Hölderlin nimmt hier wenig Rücksicht auf seine Leser und äußert seine sehr komplexen Ansichten immer direkter. Ob eine im Gedicht geäußerte Anschauung tatsächlich Hölderlins Ansicht ist, lässt sich daher durch ihre Einpassung in die theoretischen Reflexionen verifizieren. – Die Aufgabe besteht darin, ein Gesamtbild des Mosaiks zu rekonstruieren. Zentrale Gedanken zur »abendländischen Wendung« finden sich wie gesagt in bedeutenden Gedichten und Bruchstücken zu Gedichten; dort insbesondere in der von Hölderlin geschaffenen Gattung der »Vaterländischen Gesänge« wie z. B. *Versöhnender, der du nimmergeglaubt…*, *Der Rhein*, *Germanien*, *Der Einzige*, *Patmos*,

Friedensfeier und *Der Ister*. So dichtet Hölderlin etwa in *Der Rhein* (Frühjahr/Sommer 1801):

Es haben aber an eigner
Unsterblichkeit die Götter genug, und bedürfen
Die Himmlischen eines Dings,
So sinds Heroën und Menschen
Und Sterbliche sonst. Denn weil
Die Seeligsten nichts fühlen von selbst,
Muß wohl, wenn solches zu sagen
Erlaubt ist, in der Götter Nahmen
Theilnehmend fühlen ein Andrer,
Den brauchen sie; jedoch ihr Gericht
Ist, daß sein eigenes Haus
Zerbreche der und das Liebste
Wie den Feind schelt' und sich Vater und Kind
Begrabe unter den Trümmern,
Wenn einer, wie sie, seyn will und nicht
Ungleiches dulden, der Schwärmer.[42]

Hier wird das tragische Geschick in dem wechselseitigen Bezug von Göttlichem und Menschlichem deutlich: Die Götter sind unsterblich, ihnen eignet also eine gewisse Vollkommenheit; das hat jedoch zur Folge, dass sie nicht von selbst fühlen. Daher sind diese in einer Hinsicht Vollkommenen dennoch bedürftig, sie bedürfen eines Repräsentanten, jemandes, der weniger vollkommen ist und stellvertretend für sie fühlt. Dieses Fühlen ist den Göttern notwendig, da sie sonst sich selbst unerschlossen blieben in dem, was sie sind. Sie würden dann »nur« existieren, würden aber diese ihre Existenz nicht fühlen. Das Selbstgefühl können sie nicht direkt realisieren, da sie sonst ihre Unsterblichkeit verlören und nur noch wie Menschen wären; also bedürfen sie eines Gefühlsstellvertreters. Doch wer für die Götter zu fühlen hat, der erleidet ein zerstörerisches Geschick, denn er muss offenbar etwas so Mächtiges fühlen, dass es für die Götter ausreicht. In dieser Hinsicht muss der stellvertretend fühlende Mensch also genauso sein wie die Götter. Diese Selbigkeit von Mensch und Gott stellt jedoch eine Überhebung des Menschen dar, er will »sein wie Gott«, ein hybrides Nefas. Er will in dieser Hinsicht die Ungleichheit zwischen Menschlichen und Göttlichen nicht bestehen lassen, nicht passiv erdulden, sondern überwinden, und insofern muss er an der für ihn als Menschen überfordernden Größe notwendig zerbrechen und noch wesentlich Schlimmeres erdulden. So ergeht es Ödipus, der das »Liebste wie den Feind« schelten und sich an Mutter, Vater und Kind vergehen muss. Ödipus hat ein tragisches Geschick, weil er sich ein Wissen vom Göttlichen anmaßt, nicht weil er den Vater erschlägt und mit der Mutter in Blutschande lebt; diese Vergehen sind »nur« die Konsequenzen seiner ursprünglichen Schuld.

Wohl im November 1800 erläutert Hölderlin in einem Briefentwurf an Gottlieb Ernst August Mehmel das Wesen des Trauerspiels folgendermaßen:

> »So stellen sie [die Griechen; Einf. R.S.] das Göttliche menschlich dar, doch immer mit Vermeidung des eigentlichen Menschenmaaßes, natürlicher weise, weil die Dichtkunst, die in ihrem ganzen Wesen, in ihrem Enthusiasmus, wie in ihrer Bescheidenheit und Nüchternheit ein heiterer Gottesdienst ist, niemals die Menschen zu Göttern oder die Götter zu Menschen machen, niemals unlautere Idolatrie begehen, sondern nur die Götter und die Menschen gegenseitig näher bringen durfte. Das Trauerspiel zeigt dieses *per contrarium*. Der Gott und Mensch scheint Eins, darauf ein Schiksaal, das alle Demuth und allen Stolz des Menschen erregt und am Ende Verehrung der Himmlischen einerseits und andererseits ein gereinigtes Gemüth als Menscheneigenthum zurükläßt.«[43]

Natürlich muss man hier die Differenzierungen im Tragischen sehen, denn es spielt sich auf verschiedenen Ebenen ab: a) das Tragische als ein metaphysisch-ontologisches Geschehen der Begegnung von Göttlichem und Menschlichem, b) die Tragödie als ein Schauspiel auf der Bühne, letzteres reflektiert erstes, c) die technischen Darstellungsmittel der Tragödie sowie d) die Ziele und Zwecke der Tragödie beim Rezipienten. Auch die Tragödie auf der Bühne ist »Gottesdienst« – wohl kein »heiterer« wie andere Dichtungsarten –, weil Gott und Mensch gerade nicht miteinander identifiziert, aber einander nähergebracht werden, sie »scheinen« nur Eines zu sein. Die Identifikation wäre Idolatrie. Wenn also die Tragödie die Hybris eines Helden darstellt, ist die Einswerdung von Mensch und Gott dennoch für den Hölderlin um 1800 immer nur eine scheinbare. Gott und

Mensch werden nicht wirklich Eines. Dies ist durchaus ein Unterschied zu Hölderlins Sicht des Tragischen in der späteren Zeit, denn dort liegt tatsächlich eine »Einung im Zorn« vor.[44] Im Hintergrund klingt auch eine Kritik an Schillers genereller Deutung antiker Kunst an, die besagt: »Da die Götter menschlicher noch waren, / Waren Menschen göttlicher.«, so in der ersten Fassung von *Die Götter Griechenlands.* Hölderlin sieht zwar in diesem Briefentwurf auch, dass Götter und Menschen einander nahe zu bringen sind, aber das macht den Menschen selbst nicht göttlich. – Schillers Worte muss man zwar aufgrund des Komparativs auch nicht als eine schlichte Identifikation von Göttern und Menschen deuten, aber die Gefahr bzw. die Idolatrie, den Menschen zu vergöttlichen, liegt hier nahe. – Interessant in Hölderlins Briefentwurf an Schütz ist auch seine Deutung der Reinigung des Gemüts; das ist natürlich eine Aufnahme der Bestimmung des Tragischen von Aristoteles. Die κάθαρσις von Aristoteles, erreicht durch ἔλεος und φόβος, wird von Hölderlin dem anderen Zweck der Tragödie an die Seite gestellt, nämlich der Verehrung der Himmlischen.

Die Thematik der »abendländischen Wendung« klingt bei Hölderlin auch z. B. in einem anderen Gedichtfragment an, betitelt mit ... *meinest du es solle gehen* ... (zwischen 1800 und 1806), hier spricht der Dichter »zum Dämon« (so eine Randnotiz):

... meinest du
Es solle gehen,
Wie damals? Nemlich sie wollten stiften
Ein Reich der Kunst. Dabei ward aber
Das Vaterländische von ihnen
Versäumet und erbärmlich gieng
Das Griechenland, das schönste, zu Grunde.
Wohl hat es andere
Bewandtniß jetzt.[45]

Hier ergibt sich ein Einblick in die historische Dimension des Geschicks: Hellas hat sich selbst – »das Vaterländische« – vergessen, während es mit dem Aufbau eines Reiches der Kunst beschäftigt war. Hier hat das »Vaterländische« offenbar eine normative und teleologische Bedeutung, denn es ist etwas, das die Griechen hätten realisieren sollen, das ihnen also als Norm und Telos aufgegeben war, das sie aber verfehlten. – Will man Hölderlins Analyse auf unsere Gegenwart beziehen, so kann man sagen, dass sich Griechenland von sich selbst entfremdet hat, indem es sich der Tendenz der globalen Schuldenwirtschaft anschloss und sich der Mentalität der Verschuldung überließ. – Was genau ist aber das »Vaterländische« der antiken Griechen? Und wie konnten sie dieses, ihr Eigenstes vergessen? Jedenfalls kann festgehalten werden, dass das Vergessen des Eigenen, des Vaterländischen zum Untergang der antiken griechischen Kultur führte. Wie geschieht dieser Untergang? Und wie hängt er mit dem tragischen Geschick zusammen, das den Menschen ereilt, wenn er sich den Göttern gleich machen will? Hölderlin betont allerdings, dass man diesen Zusammenhang vom Vergessen des Vaterländischen und dem Untergang nicht einfach auf die Gegenwart der Deutschen um 1800 projizieren darf, denn die Gegenwart hat eine »andere Bewandtniß«. Worin genau besteht die andere Bedeutung der Gegenwart? Es ist insbesondere zu klären, worin der Zusammenhang zwischen dem notwendig tragischen Geschick in der Einung von Göttern und Menschen einerseits und der geschichtlichen Entwicklung von Hellas zu Hesperien bzw. dem damaligen Deutschland andereseits eigentlich besteht. Immerhin betont Hölderlin in dem Gedicht *Patmos*, dass sich einerseits im antiken Griechenland die Zeit des Göttertages ereignete, dem die Nacht der Götter mit dem Untergang der antiken Welt folgte, und dann heißt es in Erwartung eines neuen Göttertages als Ansporn für die Gegenwart, würdige Gedichte zu komponieren, und als ästhetische Norm auf die Zukunft bezogen: »Dem folgt deutscher Gesang.«[46] Hierin darf man allerdings keine spießige, kleingeistige Deutschtümelei vermuten; Hölderlin warnt ausdrücklich (Bruchstück Nr. 74):

Daß aber uns das Vaterland nicht werde
Zum kleinen Raum.[47]

Ein engstirniger und chauvinistischer Deutschnationalismus ginge völlig am metaphysischen Geschick der Götter vorbei und wäre in Hölderlins Augen wohl lediglich ein Zeichen für das empiristisch-positivistische Vergessen der Götter in der Gegenwart; ein Anzeichen für einen unreifen Geist und eine babylonische partikularisierende

Zerstreuung, die eigentlich Teil der Strafe der Götter ist. Das kleinliche, ausgrenzende Vaterland ist Teil des Verhängnisses, nicht seine Lösung.

Neben solchen gedichteten ästhetischen Mosaiksteinen von Hölderlins »Theorie« der »abendländischen Wendung« gibt der Dichter aber auch in theoretischen Reflexionen und in Briefen eine gedankliche, argumentative Rechtfertigung für seine abendländische Wendung; so in den Briefen an Böhlendorff und insbesondere in den *Anmerkungen* zu seinen Übersetzungen der Tragödien *Antigone* und *Ödipus* von Sophokles. Hölderlin hatte die beiden Tragödien des Sophokles übersetzt.[48] Auch in seiner eigenen in verschiedenen Fassungen vorliegenden und Fragment gebliebenen Tragödie *Empedokles* sowie in den theoretischen Studien zu diesem Werk ist die abendländische Wendung latent vorhanden.[49]

Die »abendländische Wendung« interpretiere ich als ein mythologisches und hermeneutisches Dichtungsdenken, also als eine verstehend-erlebende Aneignung der Eigenheit und Fremdheit des menschlichen Wesens, die sich in einer nicht nur interkulturellen, sondern auch transhistorischen Übersetzung und Geschichtlichkeit vollzieht. Diese Aneignung von Eigenem und Fremdem kann daher nicht (nur) in theoretischen Texten vollzogen werden; es handelt sich also nicht um eine theoretische Hermeneutik, sondern um eine ästhetische Hermeneutik, die im Dichtungserlebnis eine Auseinandersetzung mit dem Wesen des Menschen vollzieht, denn die Dichtung nimmt im Rahmen der Sprachspiele eine besondere Rolle ein. Zwar lassen sich zahlreiche Sprachspiele utilitaristisch, computationalistisch oder behavioristisch erklären, auch unter Zuhilfenahme der Übersetzung von einer Sprache in die andere, aber bei der Dichtung stoßen diese philosophischen Grundhaltungen an ihre semantischen Grenzen. Einige Gedichte sind gar nicht in andere Sprachen zu übersetzen, wieder andere nur durch eine Neudichtung. Hölderlin verdeutlicht, dass sich diese Eigenart der Dichtung aber nicht jenseits, sondern innerhalb unserer konkreten Lebensformen abspielt, ihnen sogar wesentlich ist. Die vom Geschick des Menschen erfüllte Zeit, also die Geschichte, ist für Hölderlins tragische Auffassung des Göttergeschehens von zentraler Bedeutung. Insofern besteht die mythologische Hermeneutik in einem Verstehen der Einheit des göttlichen und menschlichen Geschehens innerhalb der Geschichte. Die habituelle Herausbildung einer Kultur geschieht auf der Basis dieses metaphysisch-ontologischen Zusammenhangs von Göttlichem und Menschlichem. Für gegenwärtige philosophische Fragestellungen der Semantik und Hermeneutik mag der theologische Aspekt wohl weniger ergiebig scheinen, doch aus Hölderlins Konzeption einer Vermittlung so unterschiedlicher »Sprachen« wie des Göttlichen und des Menschlichen bzw. der Sprachen von Hellas und Hesperien lässt sich lernen, dass für das Verstehen des Fremden Zeitlichkeit und Aisthesis eine essentielle Rolle spielen. Im Unterschied zu Wittgenstein, Quine und Davidson betont Hölderlin allerdings zu Recht, dass die Sprache nicht nur einen instrumentellen Charakter des Bezeichnens einer Bedeutung hat, also Referenz ermöglicht. Darüber hinaus sieht Hölderlin in der Sprache die freie Konstruktion einer eigentümlichen Wirklichkeit am Werk, denn der Akt der Referenz bildet den Gegenstand der Referenz, daher trifft ein wesentlicher Aspekt von Heideggers Hölderlin-Deutung, dass er Dichter des Dichtens ist, zu; z. B. wenn Hölderlin *Im Walde* (Bruchstück Nr. 37) über den Menschen dichtet:

> *Du edles Wild.*
> *Aber in Hütten wohnet der Mensch, und hüllet sich ein ins verschämte Gewand, denn inniger ist, achtsamer und daß er bewahre den Geist, wie die Priesterin die himmlische Flamme, dies ist sein Verstand. Und darum ist die Willkür ihm und höhere Macht zu fehlen und zu vollbringen, dem Götterähnlichen, der Güter Gefährlichstes, die Sprache, dem Menschen gegeben, damit er schaffend, zerstörend, und untergehend, und wiederkehrend zur ewiglebenden, zur Meisterin und Mutter, damit er zeuge, was er sei, geerbt zu haben, gelernt von ihr, ihr Göttlichstes, die allerhaltende Liebe.*[50]

Der Verstand ist ein bewahrend dienendes Vermögen für den Geist. Die Flamme des Geistes birgt die Gefahr, entweder auszugehen, insofern hat der Verstand eine konservative Funktion (»daß er *bewahre* den Geist«), und andererseits birgt die Flamme die Gefahr, unkontrolliert alles zu verbrennen, insofern hat der Verstand eine einhegende Funktion (»denn inniger ist, achtsamer«). Die Sprache ist ein notwendiges Gut, mit dem der Mensch überhaupt erst das wird, was er seinem Wesen nach ist, nämlich ein Wesen, das seine Freiheit (»die

Willkür«) verwirklicht. Die Sprache ist deswegen so gefährlich, weil sie ein geistiges Verstehen suggerieren kann, wo der Mensch überhaupt noch nichts versteht, wo er sich selbst noch verfehlt, weil er sich entweder selbst überhebt oder hinter seinen Möglichkeiten zurückbleibt. Der Mensch ist in der Lage, selbst das Unaussprechliche auszusprechen – was in Gedichten geschieht oder im tragischen Geschehen, wo sich der Mensch nicht nur für »götterähnlich«, sondern für identisch mit dem Göttlichen hält. Der eigentliche Sinn der Sprache ist die produktive Entwicklung des Menschen zur freien Liebe. Doch hat die Sprache als höchstes Gut, ähnlich wie die Flamme des Geistes, zwei Seiten. Die Sprache hat das Potential »höhere Macht zu fehlen und zu vollbringen«. Die höhere Macht, das Göttliche, Geistige wird vollbracht, wenn die Sprache vom Geist erfüllt ist. Das Geistige muss mittels des Verstandes bewahrt werden (»geerbt zu haben, gelernt von ihr«) und gleichwohl darf diese geistige Konservierung zur Vollbringung der höheren Macht nicht unkreativ sein; der höheren Macht, den Göttlich-Geistigen wäre ein bloßes Aufbewahren ohne Erschaffen nämlich unangemessen; vielmehr muss die sprachliche Darstellung wie der Geist kreativ sein, »damit er [der Mensch; Einf. R.S.] zeuge, was er sei«. Das ist von Hölderlin sehr subtil formuliert, denn man kann es einerseits so verstehen, dass der Mensch das hervorbringt, was er ist, man kann das »sei« andererseits aber auch normativ verstehen, man muss das zeugen, was man sein soll. In gewisser Weise ist der Mensch in der begeisterten Sprache einerseits der Weg, das Mittel, andererseits ist er aber auch selbständiger Zweck. Das ist natürlich nicht mehr kompatibel mit dem instrumentellen, funktionalen, referentiellen Konzept der Sprache bei Wittgenstein, Quine oder Davidson. Hölderlin macht hier in berechtigter Weise auf die Aspekte der Freiheit und der Gefahr eines überdeckenden Missverstehens in der Sprache aufmerksam, denn zunächst und zumeist sprechen wir eben noch nicht geistig und noch nicht frei genug für die Liebe.

Die Götter sind uns Menschen nicht nur fremd. Auf mannigfache Weise begegnen sich die Zeit, die Götter und die ästhetische Wahrnehmung im Verstehensprozess dieser »radikalen Übersetzung« im Tragischen.

In *Patmos* heißt es:

Denn göttliches Werk auch gleichet dem unsern,
Nicht alles will der Höchste zumal.[51]

Es gibt also einen Willen zur Sukzession, einen Willen zum Nacheinander in der Zeit, der Menschen und Göttern gemeinsam ist, denn erst im Durchlaufen der historischen Epochen kann sich etwas be*wahren*, auch im Sinne von bewahrheiten. Die historische und geistesgeschichtliche Distanz ist also nicht (nur) ein Hindernis des Verstehens, sondern auch als Filterinstanz für den Sinn zu betrachten. In der zweiten Fassung von *Mnemosyne* (Herbst 1803) dichtet Hölderlin:

... Denn nicht vermögen
Die Himmlischen alles. Nemlich es reichen
Die Sterblichen eh' an den Abgrund. Also wendet sich, das Echo,
Mit diesen. Lang ist
Die Zeit, es ereignet sich aber
Das Wahre.[52]

Das Wahre ereignet sich. Wahrheit hat ihren Ort nicht in einem von einem Subjekt über ein Objekt gefällten Urteil, sondern sie bildet einen ontologischen Prozess, in den freilich die Menschen mit ihren Urteilen eingebunden sind. Weil die Himmlischen in gewisser Hinsicht unvermögend sind, sie reichen nicht an den Abgrund, bedürfen sie der Menschen als entgegenkommender Ergänzung (»Echo«), sie reichen an den Abgrund. Das permanente Ereignis des Wahren besteht darin, dass der Geist von den Himmlischen über die Menschen bis in den Abgrund und zurück zu den Himmlischen erklingt. Dabei handelt es sich um ein simultanes Geschehen von Wahrheitsereignis und Verzeitlichung als menschlicher Geschichte. Das besagt das »aber« des vorletzten Verses: Trotz der Länge der Geschichtszeit ist Wahrheit auch in der Sukzession schon präsent. Man bedenke die Differenz im Sprach- und Menschenverständnis Hölderlins – die hier im reflexiven Echo aus dem Abgrund zurück zu den Himmlischen zum Ausdruck kommt – gegenüber Wittgensteins Metapher vom sich zurückbiegenden Spaten für die Rechtfertigung des Regelfolgens in Handlungen, nachdem alle Begründungen erschöpft sind!

Doch nun zurück zu Hölderlins sog. »abendländischer Wendung«: Aus philosophischer Perspektive ist interessant, dass Hölderlins Hermeneutik eine Idealismuskritik auf zwei verschiedenen Ebenen beinhaltet. Zum einen ist nach Hölderlin das Eigene, damit auch das eigene Ich, allererst durch das Fremde zu erlernen; es gibt also keinen Primat des bei sich seienden Eigenen/Ich/Privaten vor dem Fremden. Hier setzt Hölderlin mit den Mitteln der mythologischen Hermeneutik eine Kritik der Selbstbewusstseins- und Ichphilosophie fort, die sich bereits in dem früheren *Urtheil und Seyn* zeigte, wo er die Egologie Fichtes aus einer ontologischen Perspektive heraus kritisierte. Zum anderen leistet Hölderlin mit diesem hermeneutischen Ausgang vom Fremden, um das Eigene zu erlernen, eine eigentümliche, in die Geschichte eingebundene Argumentation gegen den Solipsismus. Der Solipsismus ist eine problematische Folgeerscheinung des Idealismus bzw. genauer: einiger Spielarten des sog. subjektiven Idealismus, eine Gefahr des in seiner Immanenz gefangenen Ich, die sich besonders dort stellt, wo das Ich zum Prinzip erhoben wird, aus dem alles andere herzuleiten sei. Wenn aber das Eigene nur durch den Weg über eine andere Nation, d.h. intersubjektiv, interkulturell und transhistorisch, erlernt werden kann, dann ist das eigene Selbst prinzipiell nicht allein in der Welt, es ist vielmehr vorgängig intersubjektiv in ein eigenes Nationelles, einen Volksgeist eingebunden, der sich wiederum nur durch einen Bezug auf ein Fremdnationelles, also interkulturell, erfahren lässt. – Eine sicherlich offene Frage bei diesem Konzept muss bleiben: Wie konnte es überhaupt zu einem ersten Nationellen kommen? Hölderlin würde hierauf vielleicht antworten, dass das zuerst vorhandene Nationelle noch auf einem abgerichteten Regelfolgen beruht, sich dann durch diverse topographische, klimatische etc. Differenzierungen beginnt zu unterscheiden und dann allererst das durch eine andere Kultur höher vermittelte Nationelle als ein freies Nationelles oder als Volks*geist* betrachtet werden kann. –

»Abendländische Wendung«, »Nationelles« und »vaterländische Wendung« haben in diesem Kontext also keine »nationalistische« Bedeutung in der heute gängigen Konnotation, die mit einem zumeist chauvinistischen oder fremdenfeindlichen Ton versehen ist – der, in philosophischer Perspektive auf das »Deutschtum« bezogen, z.B. in Fichtes *Reden an die deutsche Nation* mit seinem Kampf gegen den Geist Frankreichs und Napoleons einen Ursprung hat. Bei Hölderlin handelt es sich eher um eine Weiterführung des Volksgeistes im Sinne der Aufklärung, wie wir ihn von Montesquieu, Rousseau und Herder her kennen. –

Es soll nicht behauptet werden, dass Hölderlin allein jene Idealismuskritik zentral vor Augen hatte, als er seine abendländische Wendung vollzog; die philosophischen Einsichten sind vielmehr Nebenprodukt und Horizont der dichterischen Besinnung. Die Entdeckung der eigenen freien Geistigkeit im Wechselverhältnis verschiedener Nationalgeister und geschichtlicher Epochen macht bei Hölderlin nicht nur eine aus dem Ich als einzigem Prinzip begründete Philosophie unmöglich, sondern generell eine Philosophie des reinen Apriori. Das ist natürlich eine sehr weitreichende und grundlegende Kritik an der Transzendentalphilosophie. Dass Hölderlin seit der Homburger Zeit derartig weitreichende Konsequenzen nicht scheut, wurde ja wie gezeigt bereits z. B. im Brief an Sinclair vom 24. Dezember 1798 deutlich:

> »Es ist auch gut, und sogar die erste Bedingung alles Lebens und aller Organisation, daß keine Kraft monarchisch ist im Himmel und auf Erden. Die absolute Monarchie hebt sich überall selbst auf, denn sie ist objectlos; es hat auch im strengen Sinne niemals eine gegeben. Alles greift in einander und leidet, so wie es thätig ist, so auch der reinste Gedanke des Menschen, und in aller Schärfe genommen, ist eine apriorische, von aller Erfahrung durchaus unabhängige Philosophie [...] ein Unding«.[53]

Hölderlins »abendländische Wendung« geht also mit der Einsicht in das Minutiöse der Wechselwirkungen im Konkreten und in den Lebensformen einher. Wenn die »abendländische Wendung« als Hermeneutik bezeichnet wird, dann ist damit nicht gemeint, dass Hölderlin ein Vorläufer Heideggers oder Gadamers war. Insbesondere von der Hermeneutik Gadamers lässt sich das geschichtliche Verstehen des späten Hölderlin in Entgegensetzung abheben.[54] Zwar ist beiden gemeinsam, dass sie das Verstehen offenbar in seinem geschichtlichen Werden begreifen, doch Gadamers explizit antimetaphysische Wendung der Hermeneutik, die bei ihm ausschließlich das endliche Verstehen des Menschen meint und ausdrücklich die Dimension des Göttlichen und metaphysisch Unendlichen ausklammert, ist mit Hölderlins Variante inkompatibel, denn bei ihm spielt sich das menschliche Geschick gerade in der Gegensatzeinheit von Mensch, Zeit, Halbgöttern, Himmlischen und Göttern ab. Nach Hölderlin gibt es auf Erden selbst kein Maß; das Irdische ist unbestimmt maßlos. Erst mit der Dimension des Göttlichen tritt ein Maß auf, das auch Maß für die Irdischen wird. Hölderlin dichtet daher *In lieblicher Bläue…*:

> *So lange die Freundlichkeit noch am Herzen, die Reine, dauert, misset nicht unglücklich der Mensch sich mit der Gottheit. Ist unbekannt Gott? Ist er offenbar wie der Himmel? dieses glaub' ich eher. Des Menschen Maaß ist's. Voll Verdienst, doch dichterisch, wohnet der Mensch auf dieser Erde. Doch reiner ist nicht der Schatten der Nacht mit den Sternen, wenn ich so sagen könnte, als der Mensch, der heißet ein Bild der Gottheit.*
>
> —
>
> *Giebt es auf Erden ein Maaß? Es giebt keines. Nemlich es hemmen den Donnergang nie die Welten des Schöpfers.*[55]

Aus sich selbst ist der Mensch nicht das Maß aller Dinge; der Mensch kann nicht das Maß des ihn umfassenden Kosmos und der ihn ermessenden Götter sein, sonst stünde einerseits ein Element aus der Klasse des Geschaffenen über dem Gesamtzusammenhang der gesamten Schöpfung und es stünde andererseits ein Geschaffenes über dem Schaffenden. Der Mensch partizipiert nur am Sein, weder ist er es selbst noch könnte er allem sein Maß vorgeben. Zwar ist der Mensch also nicht aus sich selbst Maß, doch muss er trotzdem seine Existenz nicht maßlos verbringen; da der Mensch Abbild der Gottheit ist, kann er nur dadurch ein Maß haben, dass er sich in dieser Abbildlichkeit die Göttlichkeit bewusst macht. Diese Bewusstwerdung von Einheit und Differenz ist die Aufgabe der dichterischen Hermeneutik. Hierin liegt die Differenz zu Gadamers Hermeneutik der Endlichkeit begründet. Aus Hölderlins Perspektive kann man kritisieren, dass diese Hermeneutik den Menschen und das menschliche Verstehen zum Maß aller Dinge macht und daher in einem historischen Relativismus, d. h. im Maßlosen enden muss. Das vermeidet Hölderlins mythologische Hermeneutik, indem sie die Einfügung des Menschen in ein metaphysisches, ihn umfassendes Gesamtgeschehen maßvoll dichterisch bedenkt. Die Andersheit zwischen Göttlichen und Menschen wird

z. B. in der Tragödie in einem »radikalen Übersetzungsakt« deutlich, nämlich im Tod des Helden. Der Tod oder auch das tragische Schicksal des Helden bilden eine unmittelbare, nicht begrifflich theoretische, sondern sinnliche Gegebenheit, die unmittelbar vom Menschen als etwas erlebt und eingesehen wird, das seine eigene Form der Endlichkeit transzendiert und aufhebt.

II. Freiheit im Eigenen als ›abendländische Wendung‹ im ersten Böhlendorff-Brief und die Kolonie des Geistes in der Überarbeitung von *Brod und Wein*

Mit der »abendländischen Wendung« geht es Hölderlin darum, den jeweils eigenen Ursprung des Menschen und das ihm Fremde miteinander zu vermitteln. Dieser kulturanthropologische, interkulturelle und pädagogische Anspruch soll dadurch eingelöst werden, dass man das Eigene durch die Perspektive des Fremden erlernt. Hölderlin führt dies in seinem berühmten, kurz vor der Abreise nach Bordeaux geschriebenen Brief an den Dichter-Freund Böhlendorff vom 4. Dezember 1801 aus. – Böhlendorff war Mitglied des an der Jenaer Universität gegründeten und von Fichte inspirierten Bundes *Gesellschaft der freien Männer*; dieser Bund war einerseits durch Fichtes Vorlesungen über die *Bestimmung des Gelehrten* – die auch Hölderlin gehört hat – beeinflusst und andererseits durch die Ideale der Französischen Revolution. Böhlendorff starb später als nicht anerkannter Dichter durch Suizid. – Diesem Freund schreibt Hölderlin also:

> »Wir lernen nichts schwerer als das Nationelle frei gebrauchen. Und wie ich glaube, ist gerade die Klarheit der Darstellung uns ursprünglich so natürlich wie den Griechen das Feuer vom Himmel. Eben deßwegen werden diese eher in schöner Leidenschaft [...] als in jener homerischen Geistesgegenwart und Darstellungsgaabe zu übertreffen seyn.
> Es klingt paradox. Aber ich behaupt' es noch einmal [...]; das eigentliche nationelle wird im Fortschritt der Bildung immer der geringere Vorzug werden. Deßwegen sind die Griechen des heiligen Pathos weniger Meister, weil es ihnen angeboren war, hingegen sind sie vorzüglich in Darstellungsgaabe, von Homer an, weil dieser außerordentliche Mensch seelenvoll genug war, um die abendländische Junonische Nüchternheit für sein Apollonsreich zu erbeuten, und so wahrhaft das fremde sich anzueignen.
> Bei uns ist's umgekehrt. [...]
> Aber das eigene muss so gut gelernt seyn, wie das Fremde. Deßwegen sind uns die Griechen unentbehrlich. Nur werden wir ihnen gerade in

> unserem Eigenen, Nationellen nicht nachkommen, weil wie gesagt, der freie Gebrauch des Eigenen das schwerste ist. […]
> Der herrliche Jupiter ist denn doch der lezte Gedanke beim Untergange eines Sterblichen, er sterbe nach unserem oder nach antiquem Schiksaal«.[1]

Der Gedankengang der »abendländischen Wendung« ist in diesem Zitat in höchster Verdichtung ausgesprochen. Es geht Hölderlin um den *freien* Gebrauch des Eigenen, der nationalen Eigentümlichkeit. Dabei liegt die Betonung auf der Freiheit. Es geht nicht einfach um Wittgenstein'sches Regel*folgen qua* Abrichtung oder darum, mechanisch irgendwelche Regeln des Verhaltens in dieser oder jener Kultur durch Belohnung oder Strafe auswendig zu lernen oder verhaltenstherapeutisch zu kopieren, um Integrationsprobleme zwischen verschiedenen Kulturen zu lösen, auch nicht darum, biologisch-genetische Häufigkeiten einer bestimmten Population festzustellen. Diese eher mechanisch-instrumentellen oder vielleicht auch biologischen Aspekte in einer Form des Erlernens einer kulturellen Praxis gibt es natürlich auch, aber sie sind nicht die höchste oder eigentliche Existenzform. Diese ist vielmehr eine, die die eigene Kulturform mit Freiheit erfüllt, indem sie nach einem anfänglichen und noch starren Erlernen des Eigenen in einem zweiten Schritt die Andersheit durch Eingehen in eine andere Kultur kennenlernt und drittens durch anschließendes Zurückkehren in die »heimatliche« Kultur freien Gebrauch des Eigenen praktiziert.

– Bei Hölderlin wird also einerseits ein starres Tolerieren der Andersheit einer fremden Kultur vermieden, wie es gegenwärtig häufig bei politisch korrekten Zeitgenossen zu finden ist, die die Andersheit einer anderen Kultur schon deswegen tolerieren, weil sie anders ist, ohne sie zu hinterfragen, ohne sich also wirklich auf sie einzulassen. Diese schematisch verordnete Toleranz ist weder ein freier und differenzierter Umgang mit der eigenen Kultur noch mit dem uns tangierenden und modifizierenden Anderen. Gleichwohl ist andererseits Hölderlins abendländische Wendung aber auch keine Warnung vor »Überfremdung«, wie sie von einigen um die deutsche Kultur besorgten Zeitgenossen, teils mit biologistischen Scheinargumenten, vorgetragen wird. Wenn z. B. Thilo Sarrazin bei einem seiner Auftritte nicht in der Lage ist, Goethes *Wandrers Nachtlied* zu rezitieren, dann hat er offenbar nicht einmal den ersten Schritt der Aneignung der eigenen Kultur vollzogen, geschweige denn die Schritte zwei und drei; er kennt also nicht die deutsche Kultur und kann sie auch nicht frei gebrauchen, obgleich er sich scheinbar für sie einsetzt. Weder schematische Toleranz übertriebener *Political Correctness* noch schreck-starre Überfremdungsangst sind am Anderen geistig interessiert oder gar *freie* Lebensformen, beide Seiten sind in ihrer Oberflächlichkeit erstarrt. –

Wenn Hölderlin in dem oben wiedergegebenen Zitat aus dem Böhlendorff Brief davon spricht, »dass das eigentliche nationelle [...] im Fortschritt der Bildung immer der geringere Vorzug werden« wird, dann ist das nicht normativ, sondern deskriptiv zu verstehen. Hölderlin meint nicht, dass in der geschichtlichen Entwicklung einer Kultur ursprüngliche Charakteristika verdrängt werden *sollen*, sondern dass es schlicht ein Faktum ist, dass eine jeweilige Kultur ihre Ursprünge weniger achtet; sie sind ihr nämlich so selbstverständlich, dass sie ihre Aufmerksamkeit auf das ihr nicht Ursprüngliche richtet.[2] Hölderlin *wertet* diesen Prozess einer selbstvergessenen Kultur als etwas Negatives allererst in Hinsicht auf die vollständige Ausbildung einer Kultur, nämlich dann, wenn eine jeweilige Kultur nur noch selbstvergessen bleibt und ihr Eigenes, die ursprünglichen Charakteristika, nicht mehr in Kontrastierung mit der anderen Kultur frei zu gebrauchen lernt. Denn dann hat man die Situation, dass einerseits die eigenen und andererseits die fremden Charakteristika unfrei und als bloßes Regelwerk gelernt wurden. Das war im Prinzip der Fehler der antiken Griechen in ihrer Spätphase. Die Griechen sind uns aber dreifach unentbehrlich, denn erstens hatten sie in einer bestimmten Phase ihrer Entwicklung Feuer und Klarheit vereint, zweitens sind sie in ihrer Spätphase abschreckendes Beispiel und drittens bilden sie ein solches Fremdes, das höchste Maßstäbe für uns setzt, an denen abzuarbeiten höchste Resultate zeitigen könnte.

Peter Szondi ist zuzustimmen, dass Hölderlin mit diesen Gedanken zum Verhältnis von antikem Griechenland und modernem Deutschland den Klassizismus überwindet, sofern mit Klassizismus die »Nachahmung der Alten« – wie bei Winckelmann – gemeint ist, Nachahmung der Griechen als »der einzige Weg für uns, groß, ja wenn es möglich ist, unnachahmlich zu werden«.[3] Szondi spricht sogar von einer »klassizistischen Diktatur Weimars«,[4] d. h. Winckelmanns, Goethes und Schillers, die Hölderlin ablehne, wenn er einen genuinen Bildungsweg von Hesperien gegen jenen von Hellas abhebt. Gleichwohl hält Hölderlin an der klassischen Götterwelt fest: z. B. ist »der herrliche Jupiter«/Zeus unser letzter Gedanke, ja wir leben sogar – wie er in den *Anmerkungen zur Antigone* sagt – unter dem »eigentlicheren Zeus« und trotz der Eigenständigkeit unseres hesperischen Bildungswegs »sind uns die Griechen unentbehrlich«, wie Hölderlin in jenem Böhlendorff-Brief schreibt.

Es ist aber eigentlich eine noch unbeantwortete Frage der Hölderlin-Forschung, weshalb es ausgerechnet die Griechen und die Deutschen sein müssen, zwischen denen sich die abendländische Wendung vollzieht. Es kann nicht so sein, dass dieser Bezug aus Hölderlins Begeisterung für die Griechen folgt, das wäre eine bloß kontingente, biographische Begründung, die nichts rechtfertigt. Ebenso verhält es sich mit der Begründung, dass der klassizistische Zeitgeist, z. B. eben von Winckelmann, Goethe und Schiller, den Bezug auf Griechenland nahelegte oder dass es einfach Hölderlins Version der ›*Querelle des Anciens et des Modernes*‹ war. Dies sind keine geschichtlich-metaphysischen Begründungen, die Hölderlins geschichts-metaphysischem Verständnis angemessen sein könnten. Vielmehr ist der Grund darin zu sehen, dass einerseits Griechen und Hesperier dasselbe kultur-anthropologische Grundproblem hatten und haben, nämlich Pathos/Leidenschaft und Darstellungsfähigkeit/Ordnung in ein Verhältnis zu setzen. Andererseits sind die modernen Hesperier diejenigen, die das Ordnungsstreben der Griechen am radikalsten umsetzen, so sehr, dass bei uns sogar die Leidenschaften ordentlich sind, der »Schicklichkeit subordiniert«. Diese besondere Radikalität der Ordnung – z. B. in Hölderlins Zeit an der Geisteshaltung der Transzendentalphilosophie zu beobachten – disponiert die Hesperier dazu, jenes noch offene Problem der Griechen, in Freiheit das Eigene in Koordination mit dem Fremden zu gebrauchen, einem neuen Lösungsversuch zuzuführen. Dass die Hesperier es auch nicht geschafft haben und z. B. Hölderlins »Innigkeit« zu einer romantischen Innerlichkeit umgewandelt wurde oder Hölderlins »Vaterländisches« in chauvinistischen Nationalismus, zeigt weder, dass es sich um ein Scheinproblem handelt, noch dass Hölderlins These falsch ist. Er selbst hat jedenfalls mit seinem eigenen Werk, besonders in den sog. »Vaterländischen Gesängen«, versucht, nicht nur aus der

Erstarrung (einem Zuviel an Ordnung) aufzubrechen, sondern auch das Eigene frei zu gebrauchen.

Schon Heidegger hat drei wesentliche Aspekte von Hölderlins sog. »abendländischer Wendung« klar gemacht.[5] Erstens bedeutet sie keine Abwendung vom Griechentum, vielmehr wendet sich Hölderlin ihm vertieft zu. Zweitens bedeutet diese Wendung auch keine Hinwendung zum Christentum; selbst wenn Hölderlin nun z. B. von Christus und der Madonna spricht, gehört Hölderlins Christus schließlich der antiken griechischen Götterwelt an und steht neben Dionysos und Herakles als seinen Brüdern. Drittens bedeutet die »abendländische Wendung« auch keinen politisch motivierten Deutschnationalismus Hölderlins, denn politische Kategorien begreifen nicht die ontologisch-epistemische Dimension dieser Wendung.

Bezüglich dieses dritten Punktes kann man über Heidegger noch hinausgehend klären, dass ein Fokus auf politische Gründe für Hölderlins Wendung sogar seine eigentlichen Intentionen umkehren würde, denn es geht ihm gerade darum, dass das Eigene (Hesperisches) gemeinsam mit dem Fremden (Hellenisches) eine ontologische Dimension bildet, die die Grenzen des menschlich Machbaren transzendiert. Hölderlins »abendländische Wendung« politisch zu deuten, würde somit gerade nur wieder im Bereich menschlicher Allmachtsphantasien verbleiben. – Man muss jedoch Heidegger präzisierend noch hinzufügen, dass die unpolitische Lesart des freien Gebrauchs des Eigenen in der abendländischen Wendung nicht ausschließt, dass sich politische Konsequenzen aus ihr ergeben und dass sie sich im gesellschaftlichen Raum abspielt; man sollte sie nur nicht auf ein politisches Anliegen reduzieren. – Heidegger hat aber hauptsächlich negative Kriterien oder Bestimmungen der abendländischen Wendung verdeutlicht; diese Präzisierungen, was die abendländische Wendung nicht ist, sind sicherlich sehr wertvoll, aber eine positive Charakterisierung ist ebenfalls notwendig.

Szondi deutet in der Interpretation des berühmten ersten Böhlendorff-Briefs, dass Hölderlin hier keine »vaterländische *Wende*« vollziehen wolle; es gehe Hölderlin nicht darum, einen Weg zu beschreiben, der den Anfang beim Vaterländischen/Eigenen hin zum Fremden und dann in einer Rückwendung zurück zum Eigenen/Vaterländischen nimmt;[6] so deutet es wiederum Heidegger,[7] vor ihm bereits Norbert von Hellingrath und Friedrich Beißner.[8] Im Unterschied dazu sieht Szondi in Hölderlins Gedanken zum Vaterländischen eher eine Synthesefigur, nämlich dass es in der Bildungsentwicklung des Geistes um eine Synthese aus Eigenem und Fremdem gehe und nicht darum, in das Nationelle zurückzukehren. Diese Deutung vertreten auch Adorno, Ulrich Gaier und Walter Bröcker.[9] Wohl zuerst hat die dreistufige Entwicklung *à la* Beißner Walter Hof bestritten.[10] Hof liest Hölderlin allerdings durch eine sehr dialektische und an Hegel orientierte Brille, wobei Hofs Begriff von Dialektik unterkomplex ist und nur aus dem dreistufigen (!) Schema von These, Antithese und Synthese besteht.

In der Richtung von Heidegger deutet auch Paul Böckmann,[11] Letzterer betont allerdings, dass die Rückkehr in die Heimat oder in das Nationelle nicht einfach meint, in eine deutsche Landschaft zurückzukehren und »nationalistisch« in einem trivialen oder chauvinistischen Sinne zu sein, sondern eine mythologische Durchdringung der heimatlichen Landschaft mittels der von den Griechen erlernten Naturerfassung reflektiert.[12] Man kann daher einerseits eine »linkshölderlinische« Lesart des Vaterländischen (Hof, Bröcker, Adorno, Szondi, Gaier) von einer »rechtshölderlinischen« Deutung (Hellingrath, Heidegger, Böckmann, Beißner) differenzieren.

Ich möchte mich keiner der beiden Richtungen anschließen, sondern die beiden Lesarten kombinieren, um der Komplexität von Hölderlins Gedanken zur abendländischen Wendung gerecht zu werden. Das Synthesemodell *à la* Szondi schließt das Dreiphasenmodell *à la* Heidegger recht besehen nicht notwendigerweise aus. Denn bei einer solchen Synthese von Eigenem und Fremdem muss man sich natürlich auch fragen, woher die Synthese kommt (= Anfang beim Vaterländischen, das uns aber aufgrund seiner Anfänglichkeit und daher Einseitigkeit unerschlossen ist und der Bereicherung durch das Fremde bedarf; diese Phase streitet auch Szondi nicht ab) und wohin die Synthese sich weiterentwickelt (= Rückkehr aus dem Fremden in das Vaterländische, das nun, bereichert durch das Fremde, das Eigene nicht mehr monopolisiert, sondern in seiner Verbindung kontextualisiert und es in seiner Spezifikation im umgebenden Fremden hermeneutisch-dichterisch deutet). Das führt in der Synthese aus Fremdem und Eigenem zu einer Emanzipation von beidem, sowohl das Eigene als auch das Fremde können nun frei gebraucht werden. Somit kombiniert meine Lesart den Synthesisgedanken mit dem Dreistufenmodell.

Für diese Deutung, die ohne die Wendung ins Hesperische als dritte Phase nicht auskommt, spricht z. B. das folgende Gedichtfragment *Einst hab ich die Muse gefragt:*

Verbotene Frucht, wie der Lorbeer, aber ist
Am meisten das Vaterland. Die aber kost'
Ein jeder zulezt, [...]

Viel täuschet Anfang
Und Ende.
Das lezte aber ist
Das Himmelszeichen, [...][13]

Das kennt Szondi natürlich auch, verbietet sich jedoch aufgrund von philologischer Korrektheit die Interpretation des Gedicht-Fragments *Einst hab ich die Muse gefragt* und sieht darüber hinaus eine Konzeptionsänderung bei Hölderlin in der Zeit zwischen 1801 und 1802/03. Hölderlin ändere schlicht seine Auffassungen gegenüber dem Böhlendorff-Brief, es sei »eine der Grundthesen des Böhlendorff-Briefs aus den Angeln gehoben«;[14] in diesem späteren Entwicklungsstadium seiner Konzeption werfe Hölderlin einerseits den Griechen vor, ihr Vaterländisches verfehlt zu haben, und andererseits konzediere er den Deutschen, dass ihre Bedingungen für die Rückkehr zum Eigenen andere sind als zu Zeiten der antiken Griechen. Dass Hölderlin nun doch eine dritte Phase annehme, sei geradezu eine Abkehr des im Böhlendorff-Brief postulierten Synthesemodells, weil nun offenbar werde, dass Hölderlin hellenische und hesperische Entwicklung eben nicht als spiegelsymmetrisch oder als umgekehrte Entsprechung denke, es herrschten andere Bedingungen. – Dass Hölderlin jedoch in jeder seiner Entwicklungsphasen gesehen hat, dass im antiken Griechenland andere Bedingungen herrschten als zu seiner Zeit in Deutschland, scheint mir offensichtlich und ist trivialerweise wahr. – Jene fundamentale Konzeptionsänderung braucht man Hölderlin aber auch nicht zu unterstellen, wenn man von vornherein die Lesart einer Kombination aus Synthese- und Dreiphasenmodell annimmt und zugesteht, dass offenbar die hellenische

Dreiphasenentwicklung des griechischen Geistes in der dritten Phase einen Niedergang erfahren hat und tragisch untergehend endete, was nur konsequent ist, denn wäre die dritte Phase der Hellenen in einer positiven Synthese gelungen, dann brauchte es keine hesperische Entwicklung mehr zu geben, dann wäre mit Hellas die (Welt-)Geschichte abgeschlossen und der olympische Göttertag wäre unverändert erhalten geblieben. Dazu kommt, dass Hölderlin im Gedichtfragment *Einst hab ich die Muse gefragt* nicht nur dem Anfang, sondern auch dem Ende eine besondere Täuschungsgefahr zuspricht.

Man sollte auch zwischen »vaterländischer Umkehr« und sog. »abendländischer Wendung« unterscheiden. Eine vaterländische Umkehr kann es einerseits in Hellas und andererseits in Hesperien geben wie auch in allen anderen Nationalgebilden; sie bedeutet eine innerhalb einer Nation stattfindende radikale Veränderung der Lebensform. Hölderlin führt in den *Anmerkungen zur Antigone* aus:

> »Die Art des Hergangs in der Antigonä ist die bei einem Aufruhr, wo es, so fern es vaterländische Sache ist, darauf ankommt, daß jedes, als von unendlicher Umkehr ergriffen, und erschüttert, in unendlicher Form sich fühlt, in der es erschüttert ist. Denn vaterländische Umkehr ist die Umkehr aller Vorstellungsarten und Formen. Eine gänzliche Umkehr in diesen ist aber, so wie überhaupt gänzliche Umkehr, ohne allen Halt, dem Menschen, als erkennendem Wesen unerlaubt. Und in vaterländischer Umkehr, wo die ganze Gestalt der Dinge sich ändert, und die Natur und Nothwendigkeit, die immer bleibt, zu einer anderen Gestalt sich neiget, sie gehe in Wildniß über oder in neue Gestalt, in einer solchen Veränderung ist alles blos Nothwendige partheiisch für die Veränderung, deswegen kann, in Möglichkeit solcher Veränderung, auch der Neutrale, nicht nur, der gegen die vaterländische Form ergriffen ist, von einer Geistesgewalt der Zeit; gezwungen werden, patriotisch, gegenwärtig zu seyn, in unendlicher Form, der religiösen, politischen und moralischen seines Vaterlands. (*προφανηθι θεος.*) Es sind auch solche ernstliche Bemerkungen nothwendig zum Verständnisse der griechischen, wie aller ächten Kunstwerke. Die eigentliche Verfahrungsart nun bei einem Aufruhr, (die freilich nur Eine Art vaterländischer Umkehr ist, und noch bestimmteren Karakter hat) ist eben angedeutet.«[15]

Offenbar liegt eine vaterländische Umkehr z. B. mit einer politischen Revolution vor oder mit der Umwandlung einer Religionszugehörigkeit, z. B. mit der Christianisierung, oder mit einem grundsätzlichen moralischen Wertewandel oder mit einem Wandel der Ästhetik, z. B. mit der Wende zur abstrakten Kunst oder zur Atonalität im 20. Jahrhundert; ebenso sind wissenschaftliche Revolutionen als vaterländische Umkehrungen zu sehen.[16] Wenn der Aufruhr »nur eine Art«, d. h. ein bestimmter Typus vaterländischer Umkehr ist, dann gibt es offenbar unterschiedliche Arten von vaterländischer Umkehr, z. B. wäre eine friedliche Revolution ebenso wie ein Umkippen einer Gesellschaft in Anarchie ein Fall von vaterländischer Umkehr.[17]

Die Radikalität einer solchen Umkehr ist aber zugleich begrenzt, selbst wenn ein grundsätzlicher Wandel stattfindet, so müssen doch aus epistemischen Gründen Konstanten bestehen bleiben, weil die Menschen, die in die Umkehr involviert sind, diese Umkehr als solche sonst nicht erkennen würden – die Zeit hätte dann eine Lücke. Sie würden sonst einfach in zwei nacheinander getrennten Welten leben, ohne noch zu erkennen, dass es sich um dieselbe Welt handelt, in der sie nach wie vor leben, die nun aber völlig anders bestimmt ist. Insbesondere »Natur und Notwendigkeit« bilden offenbar solche Konstanten. Die tragischen Gestalten Empedokles, Antigone, Ödipus und Christus leben in Zeiten vaterländischer Umkehr.

Davon ist die sog. »abendländische Wendung« zu unterscheiden; der Terminus fällt zwar so nicht bei Hölderlin, scheint mir jedoch treffend. Er bezeichnet eine größer dimensionierte Zeitenwende, nämlich die historische Wandlung von der Antike zur Moderne bzw. von Hellas zu Hesperien. Der Geist der Antike geht in den Geist der Moderne über und bezeichnet eine umfassendere Wandlung, die sich auch aus einzelnen vaterländischen Umkehrungen zusammensetzt. Diese Wendung kann als abendländisch bezeichnet werden, da sie sich in einer historischen Verlagerung vom Osten hin zum Westen, vom Aufgangs- zum Untergangsort der Sonne ereignet. Die abendländische Wendung bezeichnet also ein Verhältnis zwischen antikem Griechenland und dem gegenwärtigen Deutschland Hölderlins, das sich in dieser Zeit in einer vaterländischen Umkehr befand und nach demjenigen sucht, was es als Eigentümliches auszeichnet.

Laut dem Brief an Böhlendorff muss insbesondere das Eigene gelernt werden. Dieser scheinbar paradoxe Grundgedanke der abendländischen Wendung ist zunächst zu klären: Das Eigene ist doch scheinbar eine Selbstverständlichkeit, die man durch Geburt oder mit der Muttermilch oder durch Abrichtung auf regelfolgendes Verhalten schon seit der frühesten Kindheit aufnimmt. Das braucht doch nicht eigens gelernt zu werden? Den antiken Griechen ist das himmlische Feuer, das heilige Pathos, das Apollonsreich nationell, d. h. das Eigene; die Klarheit der Darstellung, die Differenzierung ist ihnen dagegen fremd. Dem modernen Deutschland ist die Klarheit eigen, nationell; das heilige Pathos, das himmlische Feuer ist ihm dagegen fremd. Jeweils ist auf den beiden geschichtlichen Entwicklungsstufen beides vorhanden, Pathos und Differenziertheit, doch es gibt spiegelverkehrte Prävalenzen. Das angeborene Nationelle wird nämlich durch das erste Erlernen verdeckt, verdrängt oder nur unfrei verwendet. Daher drängt sich nach Hölderlin dann das jeweils Antinationelle in den Vordergrund. Man lernt nicht das, was einem im Anfang der eigenen Existenz schon mitgegeben ist, das hat man ja schon; erlernen muss man zunächst das Fremde, das, was man nicht schon ursprünglich angeboren hat. Natürlich konnten die antiken Griechen aber die Klarheit und Nüchternheit nicht vom gegenwärtigen Deutschland erlernen. Diese Aufgabe hat bei den antiken Griechen das Genie des Homer bewältigt, und die Griechen wurden, indem sie sich durch die Dichtung Homers prägen ließen, zu Meistern der »Klarheit der Darstellung«. Sofern dieser Wille zu Klarheit und Prägnanz – wie sich historisch später herausstellt – eine typisch hesperische/deutsche Eigenschaft ist, kann man von einer »Hesperisierung« der antiken Griechen sprechen. Doch genau deswegen muss nun auch das Nationelle, das Eigene wieder erlernt werden, nämlich in Abhebung von dem zuvor erlernten Antinationellen. Erst wenn das Nationelle durch das Erlernen des Antinationellen hinreichend fremd geworden ist, kann man beginnen, es nochmals zu erlernen, und es eigentlich erst begreifen. Durch das Fremde bekommt man erst genug Distanz von sich selbst, um sich begreifen zu können. Nun kann das Eigene frei angewendet werden, nicht als ein determiniertes und determinierendes Regelfolgen oder als biologische Gegebenheit, denn man hat durch das Erlernen des Antinationellen/Fremden gelernt, dass es auch ganz andere Regeln geben kann. Auf dieser dritten Stufe der historisch-kulturell-metaphysischen Entwicklung kehrt man nicht einfach zum (ersten) Nationellen zurück, das wäre ein Rückfall, daher sollte man auf der dritten Stufe, die die freie Parallele von Eigenem und Fremdem bedeutet, das Nationelle besser als Vaterländisches bezeichnen. Man gebraucht – freilich nur im glückenden Idealfall, der nicht in den kulturellen Untergang führt – das Nationelle eben frei, d. h. vaterländisch. Daher sagt Hölderlin, dass in ihrer am Ende verfehlten historischen Entwicklung die antiken Griechen ihr Vaterländisches versäumt haben.

Doch worin besteht dieses Versäumnis genau? Die Griechen hatten das angeborene Feuer und sind zu Meistern der Klarheit geworden, darüber haben sie offenbar ihr Feuer, das Pathos, die Leidenschaft versäumt. Das wird deutlich in Hölderlins Brief an Friedrich Wilmans vom 28. September 1803, in dem er eine Begründung für die Art und Weise angibt, wie er Sophokles' *Antigone* und *Ödipus* übersetzt hat:

> »Ich hoffe, die griechische Kunst, die uns fremd ist, durch Nationalkonvenienz und Fehler, mit denen sie sich immer herum beholfen hat, dadurch lebendiger, als gewöhnlich dem Publikum darzustellen, daß ich das Orientalische, das sie verläugnet hat, mehr heraushebe, und ihren Kunstfehler, wo er vorkommt, verbessere.«[18]

Die Griechen haben es also versäumt, das Orientalische, das ihnen Angeborene frei zu gebrauchen. Das klingt sehr paradox. Wieso ist nun das Orientalische den Griechen angeboren gewesen? Es ist unklar, was Hölderlin genau mit dem »Orientalischen« meint; er gibt keine genauere topographische, zeitlich-historische oder charakteristische Eingrenzung dafür an.[19] Man muss unter dem Orientalischen wahrscheinlich das Feuer der südlichen Sonne verstehen. Das Orientalische ist also weniger eine Ortsangabe als vielmehr eine Bezeichnung für Ursprünglichkeit, Unmittelbarkeit und unverstelltes göttliches Feuer.[20] Die Griechen haben somit in ihrer tatsächlichen Geistesentwicklung eine immer stärkere Klarheit und Formalität erreicht, dabei aber ihr angeborenes Feuer/Pathos verleugnet. Hätten die Griechen sich geistig so entwickelt, dass sie mit der erlernten Klarheit und Darstellungsgabe auch ihr Pathos und Feuer frei gebraucht hätten, wären sie in einer idealen Geistesentwicklung fortgeschritten. Freie Leidenschaft fehlte ihnen am Ende.

Dass den Griechen das Orientalische angeboren sein soll, ist eigentlich ebenso paradox wie die Angeborenheit der Klarheit bei den

Hesperiern. Denn die Klarheit und Vorzüglichkeit in der Darstellungsgabe ist etwas, das die Griechen sich allererst in ihrer geistigen Entwicklung erarbeitet haben, daraus folgt wiederum, dass bei den Hesperiern das angeborene Nationelle ursprünglich etwas antik Griechisches ist. Daran wird deutlich, dass die Angeborenheit, das Nationelle, von dem eine Geistesentwicklung ihren Ausgang nimmt, nach Hölderlin nicht etwas biologisch Gegebenes oder Nationales ohne Vorgeschichte sein kann. Selbst das nationell Angeborene hat somit bereits eine durch andere Kulturen vermittelte Tradition hinter sich. Analog zum Orientalischen, das den Hellenen angeboren ist, ist den Hesperiern Hellenisches angeboren.

Hölderlin schließt durch den Gedanken, dass auf der höchsten und letzten Entwicklungsstufe einer Kultur die Einheit von nun frei Eigenem und Fremdem realisiert sein soll, die Xenophobie aus. An der Regularität des Nationellen und des Fremden ist ihr jeweiliges Moment eines freien Entschlusses erkannt worden. In *Lebenslauf* (vom Sommer 1800) betont Hölderlin:

Alles prüfe der Mensch, sagen die Himmlischen,
Daß er, kräftig genährt, danken für Alles lern',
Und verstehe die Freiheit,
Aufzubrechen, wohin er will.[21]

Hölderlin deutet den Bildungsweg in der Geschichte der Völker so, dass ein Erlernen darin besteht, ein Fremdnationelles zu habitualisieren, zur Gewohnheit werden zu lassen, um von dort aus wieder zum Eigenen zurückzukehren, aber auf einer freien, höheren Entwicklungsstufe. Zunächst werden Verhaltensregeln, die man durch Nachahmung in einem Kulturkreis imitiert, erlernt (auf diese Weise hat man auf einer ersten Stufe das Nationelle erstmals gelernt), doch das ist eben kein freier Gebrauch des Eigenen, sondern ein unfreier; man bestimmt sich durch solches Regelfolgen nicht selbst dazu, sich so oder so zu seinem Eigenen zu verhalten. Man ist zwar schon frei, hat aber seine Freiheit noch nicht in all ihren Dimensionen und in ihrer Radikalität verstanden, sondern man imitiert die vorgesetzte Lebenswelt, und das ist ein unfreier Gebrauch. Das Eigene ist dadurch zunächst wesentlich verdeckt, diese Latenz macht es notwendig, das Eigene wieder zu lernen, obgleich man es längst hat.[22] Das Verstehen besteht also darin, etwas zu erlernen, was man schon verdeckt besitzt, nämlich sich die eigene Lebensform und Tradition bewusst zu verinnerlichen, und das kann erst gelingen, nachdem man das Fremde durchdrungen hat und es von dem abhebt, was einen ursprünglich selbst auszeichnete, um ganz zum Schluss dann dieses selbständig und frei als Eigenes hervorzuheben. Die abschließende Präsenz von freiem Eigenem *und* Fremdem bedeutet zwar eine Vereinigung in dieser neuartigen Lebensform, aber sie besteht nicht in einer vermischenden Synthese oder einem Durcheinander aus Eigenem und Fremdem. Hellenisches Feuer, Leidenschaft und hesperische Nüchternheit, Klarheit vermischen sich nicht zu nüchternem Feuer oder feuriger Nüchternheit, ihre zu erreichende Einheit besteht vielmehr in dem anzuerkennenden koordinierten Prinzipienpluralismus, dass z. B. ein großes Kunstwerk beider Elemente bedarf und beide Elemente frei zu gebrauchen sind.

In der Betonung der Freiheit im und vom Eigenen unterscheidet sich die hier vorgelegte Deutung ebenfalls von der Version der abendländischen Wendung, die Heidegger gibt:

> »Das *Natürliche* der Deutschen aber ist umgekehrt *die Klarheit der Darstellung.* Das Fassenkönnen, das Vorbilden der Entwürfe, das Errichten der Gerüste und Einfassungen, das Bereitstellen der Rahmen und Fächer, das Einteilen und Gliedern reißt sie fort. Dieses Angeborene wird jedoch den Deutschen so lange nicht eigentlich ihr Eigenes, als dieses Fassenkönnen nicht in die Not geschickt wird, das Unfaßliche zu fassen und sich selbst angesichts des Unfaßbaren in die »Verfassung« zu bringen. Was den Deutschen erst als das ihnen Fremde entgegenkommen und in der Fremde erfahren werden muß, ist das Feuer vom Himmel. In der Not der Betroffenheit durch dieses werden sie zur Aneignung und zum brauchenden Gebrauch ihres Eigenen genötigt. [...] Das *Natürliche* eines geschichtlichen Volkes ist erst dann wahrhafte Natur, d.h. Wesensgrund, wenn das Natürliche zum Geschichtlichen seiner Geschichte geworden. Dazu muß die Geschichte des Volkes in ihr Eigenes sich finden und darin wohnen.«[23]

Hier fehlt nicht nur jede Form von Freiheit, sondern im Gegenteil und im Gegensatz zu Hölderlins Geist werden Not und Zwang, Aneignung und »brauchender Gebrauch« hineingelesen. Ein so verkehrter Hölderlin muss katastrophal enden. Heideggers Abhandlung erschien erstmals 1943, also zu einer Zeit, da die Deutschen keineswegs »Feuer vom Himmel«, sondern das Feuer der Hölle entfachten.

Wenn man nochmals das schon angeführte Gedichtfragment *Einst hab ich die Muse gefragt* in Bezug zur abendländischen Wendung liest, verdeutlicht sich die Gefahr kultureller Entwicklung im Horizont des Göttlichen:

Einst hab ich die Muse gefragt, und sie
Antwortete mir
Am Ende wirst du es finden.
Kein Sterblicher kann es fassen.
Vom Höchsten will ich schweigen.
Verbotene Frucht, wie der Lorbeer, aber ist
Am meisten das Vaterland. Die aber kost'
Ein jeder zulezt,

Viel täuschet Anfang
Und Ende.
Das lezte aber ist
Das Himmelszeichen, das reißt
und Menschen
Hinweg. Wohl hat Herkules das
Gefürchtet. Aber da wir träge
Geboren sind, bedarf es des Falken, dem
Befolgt' ein Reuter, wenn
Er jaget, den Flug.[24]

Anfang und Ende täuschen; im Hintergrund hört man das Fragment von Heraklit, welches besagt, dass die Natur das Sichverbergen liebt: φύσις κρύπτεσθαι φιλεῖ. Am Anfang und am Ende einer geistigen, kulturellen Entwicklung zeigt sich noch nicht bzw. nicht mehr das Eigentümliche in Freiheit, sondern das Eigentümliche ist höchstens z.B. in noch unklaren und ungerechtfertigten Ansprüchen anfänglicher Begeisterung präsent und bedarf erst der Anstrengung des Gesamtprozesses der Verwirklichung, um alles Täuschende, Verbergende und Unklare abzulegen. So dichtet Hölderlin in der Kurzode *Lebenslauf* mit klarem Bezug auf Heraklit:

Hoch auf strebte mein Geist, aber die Liebe zog
Schön ihn nieder; das Laid beugt ihn gewaltiger;
So durchlauf ich des Lebens
Bogen und kehre, woher ich kam.[25]

Aber auch in anderen Hinsichten gibt es in anfänglichen Lernprozessen des Geistes noch Täuschendes, so z. B. in der Unfreiheit des anfänglichen Regelfolgens oder etwa in einer unlebendig übernommenen, starren Tradition oder das Täuschende des Anfangs liegt in einer revolutionären Verwüstung eingehüllt, die noch Resultat einer vorherigen, schon abgeschlossenen Periode ist. In der Endphase einer Kultur ist aber trotz Täuschung und möglicher Erstarrung auch schon wieder Rettendes, »das letzte aber ist das Himmelszeichen«; insofern ist die Täuschung im Anfang von der am Ende unterschieden, denn wie Hölderlin in *Patmos* dichtet:

Wo aber Gefahr ist, wächst
Das Rettende auch.[26]

Herkules operiert laut *Einst hab ich die Muse gefragt* ... wie ein Jagdfalke, der mit seinem Flug den träge geborenen Menschen einen Weg weist – in den noch folgenden, aber sehr bruchstückhaften Zeilen des Entwurfs scheint Herkules mit einem Fürsten verglichen zu werden –. Da dieser Eingriff des Halbgottes Herkules aber in der Endphase einer Kulturentwicklung geschieht, fürchtet er diese Gefahr am Ende, denn er sieht mehr als die Sterblichen und erkennt, dass das Himmelszeichen die Menschen hinwegreißt. Dennoch muss er sich als eine Art fürstlicher Wegweiser betätigen, denn die Sterblichen sind nicht in der Lage, das Ende unter den Bedingungen ihrer geschichtlichen Zeit zu fassen.

Doch woran liegt diese Täuschung über das Eigene am Anfang und am Ende? Das liegt nicht nur daran, dass wir Menschen träge geboren sind, sondern auch an der Struktur und dem Wesen der Geistigkeit. Das Wesen des Geistes, wie ihn Hölderlin deutet, kommt in einer späten Überarbeitungsvariante zur 9. Strophe der Elegie *Brod und Wein* zum Ausdruck:

Glaube, wer es geprüft! nemlich zu Hauß ist der Geist
Nicht im Anfang, nicht an der Quell. Ihn zehret die Heimath.
Kolonie liebt, und tapfer Vergessen der Geist.
Unsere Blumen erfreun und die Schatten unserer Wälder
Den Verschmachteten. Fast wär der Beseeler verbrandt.[27]

Brod und Wein war im Winter 1800/01 vollendet und lag 1801 in Reinschrift vor, Hölderlin hat die eben zitierten Verse jedoch 1803 in einer Überarbeitung, also nach seiner Frankreichreise, hinzugefügt. An derart dichten, in sich verschachtelten Formulierungen wird deutlich, wie klar Hölderlin mehr und mehr seine Gedanken nach der Frankreichreise ordnete.[28]

Der Geist liebt die Kolonie; d.h., er liebt die von ihm zu durchdringende Fremde, er will nicht einfach in der Heimat, in seinem Anfang, an seiner Quelle bleiben; das Feuer des Geistes brennt schnell und wirkungslos herunter, wenn es nur bei sich bleibt und nicht auch Fremdes mit seiner Begeisterung entzündet. Hier ist offenbar ein Unterschied zwischen Zu-Hause-Sein einerseits und Heimat, Anfang und Quelle andererseits zu hören.[29] Häuslichsein ist nicht dasselbe wie Heimat, Anfang, Quelle, denn sonst könnte Hölderlin nicht dichten, dass der Geist nicht an der Quelle zu Hause ist. Nur indem der Geist die Verbesonderung einzelner Teile oder Aspekte seiner selbst durchläuft und sich auch von anderem seiner selbst in verschiedenen Schritten der Differenzierung unterscheidet, kann er in ein erfüllteres Selbstverhältnis treten. – Der Geist darf nicht einfach in der Provinz bleiben. – Der Geist ist nämlich die Neigung, sich in sich und im Anderen seiner selbst zu reproduzieren. Daher ist der Geist auch kein solipsistisches, innerindividuelles Prinzip, sondern eine Größe, die über die menschliche Individualität hinausgeht. Das einfache Bei-sich-Sein, das Nesthocken erfüllt den Geist nicht, es schwächt und verengt ihn vielmehr, weil er sich dann selbst egoistisch monopolisiert und die Mannigfaltigkeit der Ausprägungen des Geistes z.B. in der Geschichte der Menschheit nicht mehr erblicken kann (»Fast wär der Beseeler verbrandt.«). Daher ist die Härte der Raubvögel, die ihre Jungen einfach aus dem Nest stoßen, um ihnen das Fliegen beizubringen, notwendig, ein Stoß in die Geistigkeit – dieses Bild Hölderlins nimmt bekanntlich Nietzsche später auf –. Paradox ausgedrückt kann man sagen, die Heimat gibt dem Geist am Anfang kein

Zuhause; vor dem Verbleiben in der Heimat muss der Geist in die Kolonie flüchten, in das vermittelte Bei-sich-Sein, denn sonst wird er ausgezehrt.

Wenn Hölderlin in der oben zitierten Variante dichtet, dass der »Beseeler« fast verbrannt wäre und ihn unsere Blumen sowie der Schatten unserer Wälder erfreuen, dann ist möglicherweise gemeint, dass der »Beseeler«, entweder Dionysos oder Christus, sich nach Hesperien, also in das ihm gegenüber Fremde rettet, denn er wäre ja nur *fast* verbrannt.[30] In diesem Fall scheint Hölderlin also nicht einen Hesperier vor Augen zu haben, der mit der »Seele das Land der Griechen« sucht, sondern umgekehrt einen Südlichen oder Östlichen, der mit der Seele Hesperisches und Klarheit, also abendländische Charakteristika sucht. – Auch der Grieche Hyperion war schon unter die Deutschen gekommen. Der Geist hat aber sein Zuhause auch nicht in der Kolonie. Er darf auch hier nicht verbleiben. Ein Geist, der immer nur weiter – wenn auch tapfer – vergisst, kann auch nicht zu sich kommen. In der Kolonie drohen letztlich, nachdem die erste Phase in der Kolonie mit dem Erfreulichen der fremdländischen Blumen und Wälder vorüber ist, ähnliche Gefahren wie in der anfänglichen Heimat. Durch das Vergessen verschmachtet der Geist ebenso wie durch das stupide Beharren in anfänglicher Heimat. – Vielleicht kann man hier Hölderlin deutend auch eine noch größere Gefahr sehen, wenn nämlich der Geist vergisst, dass er vergisst, kann er keinen Weg mehr zu sich zurück finden. Er kann dann höchstens von Kolonie zu Kolonie weiter wandern und würde dann immer weiter vergessen.[31]

Beda Allemann widerspricht zu Recht Heideggers Interpretation und deutet hier den »Geist« als Bezeichnung für Gott, genauer: ausschließlich für den Halbgott Dionysos, der über den Indus zu uns – in die Kolonie – kommt.[32] Im Kontext von *Brod und Wein* macht der Bezug auf Dionysos, den »kommenden Gott«, natürlich Sinn. Und es macht dann auch Sinn, dass der in die Kolonie kommende Geist/Dionysos »fast … verbrannt« wäre, nämlich von der süd-östlichen Sonne. Allemann versucht damit aber auch, die Interpretation Friedrich Beißners zu widerlegen, der hier den »Geist« als vaterländischen Geist, genauer als den Geist der Hesperier deutet, der sich in das Kunstreich der Hellenen aufmachen muss.[33] Beißner versteht den Geist hier also genereller. Peter Szondi stimmt Allemann zu und kritisiert, dass sich Beißner auch in der 2. Auflage seines Buches den Korrekturen Allemanns nicht anschließt, und präzisiert, dass die Bezeichnung »Geist« als deutliches Zeichen des Spätstils Hölderlins zu werten ist, da dieser zu einer Entindividualisierung der Gottesvorstellung tendiere.[34] Wenn das jedoch so ist, dass es sich bei Dionysos um einen entindividualisierten Geist überhaupt handelt, wäre die Deutungsdifferenz zu Beißner allerdings doch nicht so groß. Auf die Deutungsdifferenz kommt Beda Allemann in einer späteren Studie zurück und wendet sich wiederum gegen Beißner und Heidegger, die den Geist hier fälschlich als eine Art Weltgeist *à la* Hegel sähen.[35] Weder Beißner noch Heidegger wollen jedoch Hölderlin einen hegelschen Weltgeist unterstellen. Allemann verweist auch auf Jochen Schmidt,[36] der seine Deutung des Geistes als Dionysos übernehme, dann aber inkonsequent doch wieder den Geist in einem allgemeineren Sinne verstehe. Das ist offenbar derselbe Vorwurf, den man aus Allemanns Sicht konsequenterweise wohl auch Szondi machen müsste, denn das Problem an Szondis Deutung ist, dass er einerseits sagt, der späte Hölderlin habe die Tendenz, die Götter zu entindividualisieren, andererseits aber Geist konkret als Dionysos verstehen möchte.

Allemann betont eine vertikale Bewegung des Geistes von Göttlich-Himmlischen zu den Menschen und Heidegger und Beißner haben eine horizontale Reiserichtung des Geistes vor Augen, von Deutschland nach Griechenland und zurück. Dass Hölderlin für den Geist beide Bewegungsrichtungen für möglich hält, ist aber offenbar. Sowohl für Dionysos als auch für Christus lässt sich die vertikale Geistbewegung in Hölderlins Dichtung zeigen (z. B. *Friedensfeier*, *Patmos*, *Der Einzige*), als auch die horizontale, z. B. in den *Anmerkungen zur Antigone*, wo es vom Hellenischen zum Hesperischen geht. Daher ist es nicht einleuchtend, wenn Allemann schreibt: »Aber das Wort Kolonie ist auf das Verhältnis des göttlichen zum weltlichen Bereich viel besser angewandt als auf jenes zwischen Griechenland und Hesperien.«[37] Weshalb sollte ein eher politisch konnotierter Begriff besser für theologische als für zwischenmenschliche Bereiche passen?

In dem Deutungsstreit um den »Geist« möchte ich mich Beißner und Heidegger[38] anschließen und den Geist an dieser Stelle »neutral« deuten, d. h., es kann sowohl der hellenische als auch der hesperische, der göttliche wie der menschliche Geist gemeint sein; es geht Hölderlin hier um ein Wesensmerkmal des Geistes überhaupt, nämlich dass ein im Anfang verbleibender Geist aufgrund der Einfachheit und der Monopolisierung verarmt und ein nur kolonial situierter Geist vergesslich ist. Wie ein Fluss, der nicht in die Weite des Landes fließt, bereits in der Quelle versiegt, ist der Geist, wenn er nur einfach selbstbezüglich bleibt, nur scheinbar bei sich, denn er schöpft nicht alle seine Möglichkeiten aus. Konkretisiert man dieses Wesensmerkmal, trifft das dann natürlich auch spezifischer auf den Geist des Dionysos zu.

Allerdings stimme ich Heidegger nicht zu, wenn er hier den Geist mit dem Willen gleichsetzt; der Geist sei »der wissende Wille, der darauf denkt, dass jegliches, das ein Wirkliches werden mag und sein kann, in die Wahrheit seines Wesens kommt«.[39] Das klingt nach Nietzsche und scheint mir ein Voluntarismus, der für Hölderlins Geistbegriff zu stark Wissen und Willen als Selbstermächtigung im Ausgriff auf die Potenz der Wirklichkeitsbeherrschung (um)deutet.

Auch Wolfgang Janke betont im Anschluss an Hans-Georg Gadamer,[40] dass die zitierte Variante zu *Brod und Wein* im Kontext der Schlussstrophe dieses Gedichts zu sehen ist, was wiederum den Zusammenhang der oben zitierten Äußerung über die Kolonie mit der abendländischen Wendung verdeutlicht:

Ja! sie sagen mit Recht, er söhne den Tag mit der Nacht aus,
Führe des Himmels Gestirn ewig hinunter, hinauf,
Allzeit froh, wie das Laub der immergrünenden Fichte,
Das er liebt, und der Kranz, den er von Epheu gewählt,
Weil er bleibt und selbst die Spur der entflohenen Götter
Götterlosen hinab unter das Finstere bringt.
Was der Alten Gesang von Kindern Gottes geweissagt,
Siehe! wir sind es, wir; Frucht von Hesperien ists!
Wunderbar und genau ists als an Menschen erfüllet,
Glaube, wer es geprüft! Aber so vieles geschiehet,
Keines wirket, denn wir sind herzlos, Schatten, bis unser
Vater Aether erkannt jeden und allen gehört.
Aber indessen kommt als Fakelschwinger des Höchsten
Sohn, der Syrier, unter die Schatten herab.
Seelige Weise sehns; ein Lächeln aus der gefangenen

Seele leuchtet, dem Licht thauet ihr Auge noch auf.
Sanfter träumet und schläft in Armen der Erde der Titan,
Selbst der neidische, selbst Cerberus trinket und schläft.[41]

Der »Fackelschwinger des Höchsten« bzw. der »Syrer« ist in der Forschung auch als Christus gedeutet worden, was jedoch einen Personenwechsel in dieser Strophe bedeuten würde, da sich der Anfang der Strophe eindeutig auf Dionysos als einen zu den Gottlosen ins Finstere Gesandten bezieht, auch der Efeukranz bezieht sich eindeutig auf ihn; erst das Ende der Strophe bezieht sich dann auf Christus, »des Höchsten Sohn«, den Syrer, die »seligen Weisen« könnten sich dann auf die heiligen drei Weisen aus dem Morgenland beziehen. Christus überbrückt versöhnend und uns tröstend die Zeit, bis der »Vater Aether« uns erkannt hat und wir ihm aufgrund dieser Erkenntnis zugehören, ähnlich wie uns Dionysos als Kulturbringer und natürlich mit dem Wein darüber hinwegtröstet, bis die Zeit der Götterferne vorüber ist und ein neuer Göttertag anbricht (vgl. dazu auch *Der Einzige*). Die zuvor zitierten Verse aus der späteren Überarbeitung von *Brod und Wein* über Geist und Kolonie sollten den Passus von »Aber so vieles geschiehet …« bis »… unter die Schatten herab.« ersetzen, also genau die Verse, die vom neuen Göttertag handeln, der einsetzt, wenn Vater Äther alle erkannt hat, und davon, dass in der Zwischenzeit davor der syrische Fakelschwinger zu uns herabkommt. Diese Ersetzung zeigt, dass Hölderlin offenbar in der Zeit der Abfassung dieser Überarbeitung weniger an Einzelheiten der Geschichtstheologie interessiert war als vielmehr an generellen Geiststrukturen.

Für unseren Kontext der sog. »abendländischen Wendung« sind aber auch jene Verse der 9. Strophe wichtig, die Hesperien als das Produkt des Gesanges von Hellas bezeichnen. Wolfgang Janke deutet die »Frucht von Hesperien« als den neugewonnenen nationellen Sprachgeist, den Hölderlin durch die abendländische Wendung erreicht habe. Wohl spielt Hölderlin hier auch mit dem Anklang an die Hesperiden, die in ihrem Garten den Wunderbaum mit den goldenen Äpfeln hüten, welche die ewige Jugend der Götter garantieren.[42] Eine Annäherung von Hesperien und Hesperiden, die vielleicht auch durch ihre gemeinsame Topographie – weit im Westen angesiedelt zu sein – Assoziationen zulässt. Aber ganz befriedigend ist die Deutung von Janke nicht, denn das Gedicht fährt ja mit harscher Kritik an uns fort. Wir sind »herzlos« und bloße »Schatten«, bei uns wirkt nichts Himmlisches. Bei den Worten »Was der Alten Gesang von Kindern Gottes geweissagt, / Siehe! wir sind es, wir; Frucht von Hesperien ists!« handelt es sich allerdings um ein größtmögliches Lob. Und wie die Wiederholung des »wir« bekundet und das ausdrückliche »Siehe!« hervorhebt, ist Hölderlin selbst darüber sehr erstaunt, dass Hesperien die Weissagungen der Antiken über die Gotteskinder erfüllt. Wie geht das zusammen? Der Gesang, d.h. die Dichtung der Antiken hat über die Kinder Gottes etwas prophezeit. Die Hesperier, die Abendländischen, erfüllen dies, sie sind »Kinder Gottes«. In gewissem Sinne kann man hierbei natürlich an eine Anspielung auf die Bibel und die Christen als »Kinder Gottes« denken. Aber um in den Bezügen dieser Strophe zu bleiben, muss man sich nicht so weit vom Text entfernen. Die Gesänge der Alten haben über z.B. Dionysos genau das prophezeit, was in den Versen zuvor gesagt wurde, nämlich, dass er sich zu den Menschen in die Finsternis begibt und dort Freude bringt. Ähnliches tun die modernen Hesperier, sie gehen ins immer Finsterere, ins immer Gottlosere und haben dabei auch noch immer mehr Freude. Man kann hier mit der Unterscheidung Hegels operieren, um sich das klarer zu machen: *An sich* sind wir Hesperier Kinder Gottes, d.h., wir erfüllen göttliche Aufträge, *für uns* haben wir das aber noch nicht erkannt. Daher kann Hölderlin hier die Hesperier zugleich zuhöchst loben, *an sich* tun wir das, was Gotteskinder – Dionysos und Christus – laut den Dichtungen der Alten tun, nur haben wir die göttliche Strategie dahinter *für uns* noch nicht begriffen, sind daher herzlose Schatten. Das Ziel dieser Bewegung muss ein An-und-für-sich-Sein des Geistes sein.

Und nun zurück zum ersten Brief Hölderlins an Böhlendorff: Wie die zitierte Passage ausführte, ist das Nationelle bei den Griechen das »Feuer vom Himmel«, das »heilige Pathos«, also eine göttlich gegebene, leidenschaftliche Lebendigkeit, ein »Apollonsreich«. Das Eigentümliche/Nationelle der Hesperier ist dagegen die Klarheit der Darstellung, die »abendländische Junonische Nüchternheit«. – Hierin gibt es eine gewisse Vorwegnahme von Gedanken Nietzsches, von seinem Dualismus des gegensätzlichen Bruderbundes des Apollinischen und Dionysischen aus der *Geburt der Tragödie aus dem Geiste der Musik*.[43] Nur dass Nietzsches Dionysisches dem Apollinischen bei

Hölderlin und das Apollinische bei Nietzsche dem Hesperischen Hölderlins entspricht. – Es war das wortgewaltige Genie von Homer, das in der *Ilias* das heilige Feuer gewissermaßen in seinen Hexametern bändigte und mittels der ihm als Hellenen fremden Klarheit darstellte. Insbesondere Homers Fähigkeit, das tragische Schicksal des Achill darstellen zu können, ist ein komprimiertes Bild dieser über Kreuz gehenden kulturanthropologisch-mythologischen Geschichtsentwicklung des Hellenischen einerseits und des Hesperischen andererseits. In Achills göttlichem Zorn und seiner Eigenwilligkeit, seinem nach Ruhm strebenden Adelsstolz, der ein kurzes aber bedeutendes Leben einem langen unbedeutenden vorzieht, kann man das ursprüngliche hellenische Feuer erblicken, welches von Homer in höchster Klarheit dargestellt wurde. Die zuvor angesprochene Entwicklung vom Hellenischen zum Hesperischen geht aus folgendem Grund über Kreuz: Das Hellenische geht vom ihm angeborenen, ursprünglichen Feuer aus und muss das ihm Fremde erlernen, die Klarheit der Darstellung, in gewissem Sinne also die auch technizistisch zu verstehenden Aspekte der Kunst. Weil sie sich damit wesentlich beschäftigen, werden die Griechen in der Kunst Meister; sie kompensieren damit, was ihnen von ihrem Ursprung her fehlte. Wir Hesperier müssen »umgekehrt« von der uns angeborenen Klarheit der Darstellung, also von der Kunst ausgehend das himmlische Feuer erlernen. Gehen die Griechen von Kronos/Saturn/Natur/heiliger Dämmerung aus und müssen Zeus/Jupiter/Kunst/Gesetz betonen, so haben wir den umgekehrten Weg.

Der Grund für diese spiegelverkehrte Überkreuzung ist die Unbekanntheit des Eigenen, die wir Abendländischen/Hesperier nur überwinden können, wenn wir das Fremde, d.h. das den Hellenen Ursprüngliche aufnehmen, ohne allerdings kopierend oder eklektizistisch werden zu dürfen. Dabei konzipiert Hölderlin offenbar, dass das Eigene angeboren ist, und gerade weil es angeboren ist, von uns übergangen und übersehen wird. Das uns Eigentümliche ist uns »zunächst und zumeist« nicht bewusst, es fungiert latent; daher können wir es auch nicht frei gebrauchen, d.h., wir können keine willentliche Entschließung fassen, uns dessen zu bedienen; wir bemerken nämlich gar nicht, wann wir unser Eigenes gebrauchen. Erst durch die kontrastierende Spiegelung durch ein Fremdes erfahren wir, was uns eigentümlich ist. – Dieser Sachverhalt lässt sich phänomenologisch oft in unserem Alltag bestätigen, es fällt uns nämlich oft erst dann auf, dass wir eine bestimmte Sitte befolgen, wenn wir ein Umfeld erleben, in dem ganz andere Sitten herrschen. Sich z. B. als aufgeklärte Europäerin ohne Burka in der Öffentlichkeit zu zeigen, erscheint erst dann als eine spezifische Sitte, wenn wir eine Kultur erleben, in der dasselbe Verhalten ungewöhnlich, ja unsittlich ist. Oft lernt man erst durch die Spiegelung in der anderen Kultur, die Freiheit der eigenen zu schätzen. –

Heidegger deutet die Schwierigkeit, das Eigene zu erreichen, anders:

> »Die Quelle verschließt das Eigene. Jedes echte Eigentum aber, d. h. jenes, zu dessen ›Besitz‹ wir geeignet sind, ist in sich Reichtum. Warum ist das Finden und Aneignen dieses Reichtums das Schwerste? Das Eigene besitzen wir doch schon. Es ist doch unser eigentlicher und einziger Reichtum. Gewiß – aber es ist schwer und das Schwerste, in diesem Reichtum reich zu sein. Denn reich sein und den Reichtum gebrauchen kann nur, wer zuvor arm geworden ist im Sinne der Armut, die kein Entbehren ist. Das Entbehren bleibt stets ein Nichthaben, das gleich unmittelbar, wie es nicht hat, alles auch unmittelbar, ohne die Eignung dafür, ›haben‹ möchte. Dies Entbehren entspringt nicht dem Mut der Armut. Das habenwollende Entbehren ist Armseligkeit, die sich unausgesetzt an den Reichtum hängt, ohne dessen echtes Wesen und die Bedingungen seiner Aneignung wissen zu können und übernehmen zu wollen. Die wesenhafte ursprüngliche Armut ist der Mut zum Einfachen und Ursprünglichen, der nicht nötig hat, an etwas zu hängen. Diese Armut erblickt das Wesen des Reichtums und weiß daher sein Gesetz und die Weise, wie es sich darbietet. In diesem verbirgt sich das Wesen des Reichtums. Also läßt sich der Reichtum nicht unmittelbar aneignen.«[44]

Daher, so Heidegger, muss, wer das Eigene erlernen will, in die Fremde aufbrechen, dadurch kann er seinen Reichtum mit wesenhafter Armut gebrauchen. Hier mischt sich in Hölderlin der Armutsbegriff von Meister Eckhart, was an sich noch nicht unbedingt den Intentionen Hölderlins entgegenstehen muss. Heideggers Differenzierung zwischen wesenhafter Armut und bedürftiger Armseligkeit trifft sicherlich ebenfalls einen Punkt, aber die verwirrende Schwierigkeit in dieser Deutung besteht darin, dass man offenbar zunächst das Eigene schon hat, reich ist, man dann aber, um den Reichtum angemessen gebrauchen zu können, arm werden muss; d. h., die Armut ist schon ein Zweites nach dem Ersten, dem Reichtum. Gleichwohl ist aber die Armut »Mut zum Einfachen und Ursprünglichen«, eine Ursprünglichkeit, die nichts entbehrt, also eigentlich ist diese Armut dasselbe wie der ursprüngliche Reichtum. Bei Heidegger bleibt daher die wesentliche Rolle des Fremden unterbestimmt: Der Reichtum ist Anfang, die Armut auch wieder Mut zum Ursprünglichen. Hölderlins Gedanke ist jedoch gerade, dass man – mit Heideggers Wort – bedürftig armselig bleibt, wenn man das Fremde nicht ins Eigene aufnimmt und dieses dadurch allererst bereichert. Das anfänglich Eigene Hölderlins ist in diesem Sinne durchaus armselig in dem Sinne, dass es bedürftig ist, sich durch Fremdes zu bereichern, denn solange es dieses nicht aufnimmt, bleibt es einseitig und entbehrend. Das Fremde ist also für Hölderlin keine Zutat, die nur zum Anfänglichen, Ursprünglichen, Reichtum zurückführt, sondern im wörtlichen Sinn eine notwendige Ergänzung. Diesem Problemfeld weicht Heidegger aus, indem er die Problematik in die Meister Eckhart'sche Armut-Reichtum-Disjunktion verlagert. Diese Tendenz, die Augen vor der essentiellen Bedeutung der Fremdheit bei Hölderlin zu verschließen, scheint auch vorzuliegen, wenn Heidegger über Klarheit und Darstellung als das Eigene der Deutschen schreibt:

> »Damit der Gebrauch des Eigenen ein freier werden soll, muss das Eigene offen sein für das, was ihm zugewiesen. Die Klarheit der Darstellung findet nicht und niemals zu sich selbst, solange sie sich als leeres Vermögen im Unbestimmten und Beliebigen nur einübt. Not ist, dass dieses Eigene, die Klarheit der Darstellung, sich bestimmen lässt durch das, was die Darstellung fordert. Die Klarheit kommt nur ins Freie, wenn sie am Dunkeln sich misst, sich erprüft und erfüllt und so erst reif wird. Das Freie besteht nicht im Ungehinderten des Beliebens eines Grundlosen. Freiheit ist Offenheit zum Ursprünglichen und Anfänglichen. […] Dieses Lernen des Sichöffnens für das Zugewiesene, in dessen Darstellung das Eigene erst zur Freiheit kommt, muss daher beginnen mit der Bereitschaft für das, worin allein als in dem Anderen die Klarheit der Darstellung erprüft werden kann.«[45]

Hölderlins Freiheit besteht sicherlich auch darin, offen zu sein, geht jedoch weiter, denn das Eigene ist kein äußerlich Zugewiesenes, dem man folgen könnte, man ist es selbst, und der Lernprozess der »abendländischen Wendung« will auch nicht einfach wieder bei einem Ursprünglichen, Zugewiesenen ankommen, das wäre zirkuläre Selbstreferenz. Ein Zugewiesenes, dem man folgt, ergibt keine Freiheit.

Eine andere Schwierigkeit in Heideggers Deutung besteht darin, dass das Fremde, zu dem hin sich die Klarheit der Darstellung der Deutschen öffnen soll, von ihm als das »Dunkle« bezeichnet wird und sicherlich ist das konträre Gegenteil der lichtvollen Klarheit die Dunkelheit, doch nach Hölderlins eigener Ansicht ist das »ursprüngliche Feuer« der Griechen das uns Fremde, dem wir uns zuwenden sollen; appliziert man also Heideggers Gegensatzentwicklung von der Klarheit zur Dunkelheit konkret auf Hölderlin, bedeutet dies, dass man gerade das ursprüngliche Feuer (der Griechen) in Heideggers Deutung als Dunkelheit bezeichnet, das ist offensichtlich eine Schieflage in dieser Deutung.

Die Klarheit der Darstellung der Deutschen soll sich bei Hölderlin auch nicht bloß am ursprünglichen Feuer der Griechen »prüfen« oder mit ihm vergleichen, auch das bliebe äußerlich, vielmehr geht es darum, dass die Klarheit der Darstellung sich darüber selbst klar wird, dass sie Medium für ein Dargestelltes ist, dass sie nicht in einem leeren Formalismus als ein Selbstzweck erstarrt. Aus der Erstarrung soll Hölderlins »abendländische Wendung« eben herausführen. Die Klarheit der Darstellung muss sich also ihrer selbst als einer intentionalen Leerform bewusst werden, die einen Inhalt braucht. Die berühmten Worte Kants abwandelnd kann man sagen: ›Eine Klarheit ohne leidenschaftlichen Feuerinhalt ist leer und ein leidenschaftliches Feuer ohne Klarheit blind‹.

In unserem Kontext macht es scheinbar besondere Schwierigkeiten, wenn Hölderlin die Klarheit der Darstellung im Böhlendorff-Brief als »abendländische Junonische Nüchternheit« bezeichnet. Juno, sprich Hera, als die Gattin des Zeus ist doch eigentlich keine abendländische, sondern eine hellenische Göttin. Das lässt sich jedoch folgendermaßen aufklären: Wir leben nicht unter anderen Göttern als die Griechen, wir leben – zumindest für Hölderlin – unter denselben Göttern wie sie. Hölderlin deutet in den *Anmerkungen zur Antigone* an, dass wir im hesperischen Zeitalter der Moderne sogar unter dem »eigentlicheren Zeus«[46] leben. Das bedeutet – wenn man das Gedicht *Natur und Kunst oder Saturn und Jupiter* im Hintergrund berücksichtigt –, für uns Hesperier sind Kunst und Kunstfertigkeit das Nationelle, das Eigentümlichere. Wenn Hölderlin nun die abendländische Klarheit als »Junonisch« bezeichnet, dann betont dies unsere Kunstfertigkeit, denn Juno (bzw. Hera) ist als die Gattin des Jupiter (bzw. Zeus) zu deuten, also als eine Göttin, die Zeus bejaht, d. h., Hera ist ein Bild für die Affirmation des Zeitalters der Herrschaft des Zeus und Zeus herrscht mit der Klarheit und Nüchternheit des Gesetzes. Auch dass Hölderlin in diesem Kontext wieder den römischen Götternamen verwendet, deutet, unter Rückgriff auf die sicherlich korrekte Assoziation von Böckmann, darauf hin, dass er auf die historische Entwicklung von Griechenland zu Rom und zu Germanien anspielt. Ich deute also die »Junonische Nüchternheit« als eine besondere Affirmation der Herrschaft des Zeus. Die Ferne der ursprünglichen Götter und der Naturmächte in Hölderlins Gegenwart, in der selbstbezüglichen Moderne, erfordert eine andere Kunst; der Dichter in »dürftiger Zeit« hat eine andere Aufgabe, als dies in der Antike, der Zeit des Göttertages, der Fall war.

Die abendländische Wendung besteht also im Aufbruch des Geistes zu sich durch das Fremde, historisch gesehen geschieht dies durch die Entwicklung von Hellas zu Hesperien, die Elemente dieser Entwicklung sind einerseits Leidenschaft, Feuer, Pathos und andererseits Präzision, Darstellungsgabe, Klarheit, Formung. Die Elemente zeigen sich in ihren Vermischungsbezügen in mythischen, religiösen, wissenschaftlichen, ästhetischen, kulturellen, politischen und natürlichen Kontexten.

III. Transzendentaler Don-Quijotismus – Hölderlins Abkehr von der Transzendentalphilosophie

In dem Gedanken, dass der Geist die Kolonie liebt, kann man eine gegen den philosophischen Solipsismus gewendete Geistkonzeption Hölderlins erblicken. Zwar ist nicht notwendigerweise jeder Idealismus auch Solipsismus, aber zumindest der sog. subjektive Idealismus hat in manchen Hinsichten eine gewisse Nähe zu der Lehre des Solipsismus, wo es nur das vereinzelte Ich gibt und alles, was nicht das Ich ist, nur scheinbarerweise nicht Ich ist – da von einem vermeintlich ichunabhängigen Etwas nur *gewusst* werden kann, sofern es vom *Ich* gewusst wird und damit doch wieder im Ich ist. Für einen solchen Solipsismus sind das Andere und auch das andere Ich latent in meinem je eignen Ich. Dieser Konzeption nach ist alles, was ist, Bewusstsein; mit den Worten von Berkeley: *esse est percipii.* Ein freilich späteres, zu seiner Zeit sehr einflussreiches und besonders abschreckendes, aber auch sehr konsequentes Beispiel für diese Tendenz ist sicherlich in Max Stirners *Der Einzige und sein Eigentum* von 1845 zu erblicken.[1] Dostojewski hat in *Schuld und Sühne* Raskolnikow stirnersche Solipsismusprobleme durchleiden lassen und Proust thematisiert in *À la recherche du temps perdu* wohl am differenziertesten in literarischer Weise das Problem des Solipsismus.

Ein Beispiel aus der Literatur aus der Zeit Hölderlins für die künstlerische Behandlung des Solipsismusproblems ist sicherlich Kleist. Das Idealismusverständnis von Kleist und seine berühmte Problematik, zwischen Sein und Schein nicht unterscheiden zu können in der sog. »Kant-Krise« um 1801, hat in der Solipsismusproblematik eine Wurzel. Kleist deutet die »kopernikanische Wende« Kants bekanntlich insofern um, als das Subjekt nicht nur ein Medium für die Erscheinung der Welt ist, sondern selbst Produzent dieser Erscheinung zu sein scheint. Kleist hat als Bild für die subjektive Konstruktion der Welt durch unseren Verstand das Bild, wir sähen die Welt durch grün eingefärbte und nicht abnehmbare Gläser, die unsere Augen ersetzen, wodurch uns die Welt grün erscheint und wir nicht wissen können, welche Färbung die Welt an sich hat, da wir nicht vergleichen können, welche Verfärbungen ausschließlich auf unsere grünen (Augen-)Gläser zurückgehen.[2] Analog wäre dann unser Verstand dafür verantwortlich, dass wir immer nur verständige Bilder von der Welt haben, aber keine wahren Urteile fällen können; Kleist spricht von der »wahrhaften Wahrheit« im Unterschied zu »unserer erscheinenden Wahrheit«. Aufgrund dieses Repräsentationalismus löst sich Wahrheit insgesamt in Schein auf.

Kleist glaubte zwar, mit dieser Deutung Kant wiederzugeben, tatsächlich sieht er jedoch Kant wohl eher durch die Brille des Kantianers Karl Leonhard Reinhold, der durchaus eine Tendenz zu einem solchen solipsistischen und subjektiven Idealismus hat. – Als Kant-Deutung ist diese Sicht Kleists falsch, weil – um im Bild zu bleiben – Kleists Metapher eine Differenz zwischen uns bzw. unserem Sehen mit den Augen-Brillengläsern und der Wirklichkeit der Welt zulässt, so als wären wir noch wir selbst und als wäre das Sehen noch Sehen, wenn wir die Brille absetzten, und so als gäbe es noch so etwas wie eine wirkliche Welt, wenn man den Verstand ausschaltete. Kant eher treffend wäre es jedoch, den Verstand mit dem Wirklichsein der Welt selbst zu identifizieren, d. h., ein Gesehenes und Sehen ohne Augen ist für uns undenkbar, kein sinnvoller Gedanke, denn der Verstand ist von uns nicht brillenmäßig abnehmbar/abstrahierbar. Die Kategorie der Wirklichkeit ist gerade ein Verstandesbegriff; ohne Verstand keine Wirklichkeit. Wer versucht, von der Wirklichkeit den Verstand abzuziehen, widerspricht sich selbst, denn er verwendet schon wieder Verstandesbestimmungen wie z. B. die Negation, um zu sagen, die Welt ist *nicht*, was der Verstand dafür hält. Wenn man dann sagen will, was die Welt *wirklich* und *wahrhaft ist*, hat man wieder die Verstandesbegriffe verwendet. Das verständige Denken ist für die Objektivität/Wahrheit der Sicht auf die Welt selbst konstitutiv, es ist insofern gar keine Weltsicht ohne unsere Verstandesbegriffe denkbar, denn wenn wir sie als verstandesunabhängig *denken* wollten, würden wir sie eben schon wieder *denken*, welches nur mittels des Verstandes geht. Kleist berücksichtigt also nicht Kants Unterscheidung zwischen Erscheinung und Schein. Auch Kants berühmte »Widerlegung des Idealismus« in der *Kritik der reinen Vernunft* (B 274 – 278) zeigt auf, dass Kleists Kant-Krise nicht auf Kant beruhen kann, denn in jenem Kapitel versucht Kant gerade zu beweisen, dass Wahrnehmungen im inneren Sinn (d.i. in der Zeit des Bewusstseinsstromes, also z. B. bloße

Phantasien) Wahrnehmungen im äußeren Sinn (d.i. Wahrnehmungen durch äußere Gegenstände im Raum) voraussetzen. Man sich also eine innere Welt nur einbilden kann, wenn es eine äußere Welt wirklich gibt.

Auch Fichtes Idealismus hat – wie man ihn populär verstand – scheinbar eine Nähe zu einem solchen subjektiv psychologistischen Idealismus.[3] So schreibt z.B. Schiller an Goethe, dass sie beide ganz recht vermutet hätten, als sie befürchteten, dass nach Fichte Ich und Gott identisch seien, wenn er ironisch an Goethe über diesen schreibt: »Die Welt ist ihm nur ein Ball, den das Ich geworfen hat, und den es bei der Reflexion wieder fängt!! Sonach hätte er seine Gottheit wirklich deklariert, wie wir neulich erwarteten«.[4] Gegen solch ein offenbar dem Zeitgeist entsprechendes Verständnis von Kants »kopernikanischer Wende« setzt Hölderlin seine »vaterländische Umkehr« sowie die »abendländische Wende«.

Kants »kopernikanische Wende« oder »Revolution« ist auf dem Gebiet der theoretischen Transzendentalphilosophie jedenfalls eine Umkehr zum und in das reine Subjekt. Hier ist Hölderlin eigentlich auch wieder als Platoniker zu deuten: Bekanntlich bestimmte schon Platon im Höhlengleichnis aus der *Politeia* die Pädagogik (παιδεία) als »völlige Umwendung der ganzen Seele« (περιαγωγή όλης της ψυχής).[5] Die Gefangenen sind aus ihrer Höhle nur durch eine Revolution ihrer Seele zu befreien. Dies ist eine Revolution zu den Ideen, zum *Nous* und zum Sein, nicht in die menschlich-empirische Seele, sondern in den metaphysischen, transzendenten *Nous.* Die Idee der Wahrheit, ἀλήθεια, existiert unabhängig von der menschlichen Seele (ψυχή), eben im νοῦς. In gewissem Sinne kann man sagen, dass Kant mit seiner kopernikanischen Revolution die Platonische Wendung zurücknimmt und Hölderlin – nun wird die Seele langsam schwindelig – diese Wendung wiederum umwendet.

1. *Urtheil und Seyn* – Hölderlins Auseinandersetzung mit Fichte und Schelling – Im ›Schacht der tyrannischen Philosophie‹

Schon in dem viel verhandelten Fragment *Urtheil und Seyn*[6] hatte Hölderlin in der Folge seiner Jenaer Zeit gegen die Ich-Philosophie bzw. gegen Fichte eingewandt, dass die Identität des Ich nur zustande kommen kann, wenn es sich seiner selbst bewusst ist; dieses Selbstbewusstsein kann es wiederum nur erlangen, wenn es sich auf sich bezieht *und* sich von sich unterscheidet. Im »Ich bin Ich« ist ein Subjekt-Ich von einem Objekt-Ich unterschieden, es gibt also ein identifizierendes und ein identifiziertes Ich. Für das Ich und das Bewusstsein ist Urteilung, Trennung also etwas Ursprüngliches, Unhintergehbares. Mit dem Ich und dem Bewusstsein ist Ur-teilung gleichursprünglich. Hölderlin transformiert hier nicht nur Fichte, sondern auch Reinholds Satz des Bewusstseins, wenn er schreibt:

> »Urtheil [… ist], diejenige Trennung wodurch erst Object und Subject möglich wird, die Ur=Theilung. Im Begriffe der Theilung liegt schon der Begriff der gegenseitigen Beziehung des Objects und Subjects aufeinander, und die nothwendige Voraussetzung eines Ganzen wovon Object und Subject die Theile sind.«[7]

Die Urteilung in Subjekt und Objekt ist die Voraussetzung des Ich. Denn in Fichtes »Ich = Ich« ist der Akt der Identifikation des einen Ich mit dem *anderen* überhaupt nur möglich, wenn beide unterschieden, getrennt sind.[8] Insofern ist das Ich abkünftig gegenüber der Subjekt-Objekt-Spaltung. Das Urteil ist in gewissem Sinne ein konstitutives Prinzip für Subjektivität. Das kehrt den üblichen idealistischen Gedankengang, dass Subjekte Urteile konstituieren, um; um nämlich überhaupt Subjekt sein zu können, muss bereits Urteilung stattgefunden haben. Dieses Urteil ist offenbar nicht als eine Aussage im Sinn von »S ist p« gemeint, ein solches prädikatives Urteil setzt jene Tätigkeit der Ur-Teilung nämlich bereits voraus. Wenn es so ist, wie Kant und Fichte sagen, dass prädikative Urteile von Subjekten vollzogen werden und daher Subjektivität konstitutiv für prädikative Urteile ist, dann tut sich nach Hölderlin eine Erklärungslücke auf, denn das Subjekt muss vorgängig zum prädikativen Urteil gesetzt sein, das kann es aber nur sein, wenn es einem Objekt entgegengesetzt ist. Diese Entgegensetzung von Subjekt und Objekt ist die Urteilung, die dem prädikativen Urteil vorangehen muss. In Hölderlins Urteilung/Urteil ist also eher die onto-egologische Trennung zu sehen, die die Voraussetzung für prädikatives Urteilen ist.

Spaltung und Trennung (z. B. zwischen Subjekt und Objekt) impliziert aber auch ein Ganzes. Teile ohne vorgängige Ganzheit sind undenkbar. Der Ichidentität geht daher noch eine zumindest relative

Einheit/Ganzheit grundlegend voran.[9] Die Ich-Identität geht aus einer potentiell trennbaren Einheit hervor. Diese Einheit ist eine teilweise Einheit von Subjekt und Objekt, relative Einheit:

> »Wo Subject und Object schlechthin, nicht nur zum Theil vereiniget ist, mithin so vereiniget, daß gar keine Theilung vorgenommen werden kan, ohne das Wesen desjenigen, was getrennt werden soll, zu verlezen, da und sonst nirgends kann von einem Seyn schlechthin die Rede seyn, wie es bei der intellectualen Anschauung der Fall ist.«[10]

Ein solcher Typus trennbarer Einheit, der wiederum die Voraussetzung für die Subjekt-Objekt-Spaltung (also auch für das Urteil) ist, setzt offenbar wiederum einen höheren, untrennbaren, schlechthinnigen Typus von Einheit voraus. Denn in der Ich-Einheit sind Selbigkeit und Unterschied präsent, es ist somit eine imperfekte Form von Einheit, während die vollständige Einheit, eben die ungetrübte Selbigkeit, eine gar nicht Trennung erlaubende Einheitlichkeit bildet. Sein bildet diese einfache Einheit. Dem Ich geht Sein, der (Fichteschen) Egologie geht die Ontologie voran. Zusammengefasst: Subjekt und Objekt setzen Urteilung voraus, Urteilung setzt relative Einheit und relative Einheit setzt schlechthinnige Einheit/Sein voraus. Kant umkehrend kann man sagen: ›Der stolze Name der Transzendentalphilosophie muss hinter die Ontologie zurücktreten.‹

Gegen Fichte wendet sich Hölderlin ebenfalls, wenn er dem absoluten Ich die intellektuelle Anschauung abspricht, nur dem reinen Sein kommt eine völlige Vereinigung zu, nicht dem Ich. Damit ist Hölderlin näher an Kant als an Fichte, denn Kant hatte ebenfalls dem Ich, der transzendentalen Einheit der Apperzeption intellektuelle Anschauung abgesprochen, dies sei eine Art metaphysischer Geisterseherei. Aus der Sicht Hölderlins/Kants ist es ein dogmatisch-metaphysischer Schritt über das endliche Selbstbewusstsein hinaus, in dieses ein geistiges Anschauen zu importieren. Freilich würde Kant im Unterschied zu Hölderlin intellektuelle Anschauung auch nicht dem Sein zusprechen. Das Ich ist nach Hölderlin eine Vereinigung auf niedrigerer, abkünftiger Stufe, mit einem geringeren Grad von Einheitlichkeit. Die relative Einheitlichkeit, die in der Identifikation von urgeteiltem Subjekt und Objekt vorliegt, besteht darin, dass beide im Selbstbewusstsein gegeben sind: im »Ich = Ich« wird ein Subjekt-Ich auf ein Objekt-Ich bezogen, d. h., durch den Akt der Bezugnahme wird die Einheit selbstbewusst hergestellt. Diese hergestellte Einheit ist relativ zwischen Subjekt-Ich und Objekt-Ich; deshalb darf sie nicht mit Sein schlechthin verwechselt werden. Dieser relativen Einheit kommt nicht Sein *per se* zu, sondern nur als jeweils hergestellte und nur als eine, die vorgängig urgeteilt wurde. Die Relativität der abkünftigen Einheit impliziert Selbigkeit und Unterschied. Nur bei dem absoluten Sein, das Hölderlin in anderen Schriften auch als »Natur« oder als »Totalwahrnehmung« bezeichnet, sind Subjekt und Objekt vollständig vereinigt. Es ist allerdings meiner Meinung nach eigentlich unpassend, wenn Hölderlin die Seins-Einheit schlechthin noch als Vereinigung von Subjekt und Objekt bezeichnet, denn diese sind nach seinen eigenen Aussagen nur durch Urteilung überhaupt möglich, bei dieser Formulierung aus *Urtheil und Seyn* war er wohl noch zu stark in der Terminologie Reinholds und Fichtes befangen.

Bezüglich des schlechthinnigen Seins ist aber wichtig zu betonen, dass Hölderlin davon spricht, sein Wesen würde zerstört, würde man darin Trennung vornehmen. Das klang im vorigen Zitat an, wird aber dann von Hölderlin betont, wenn er kurz darauf sagt:

> »Wenn ich sage: Ich bin Ich, so ist das Subject (Ich) und das Object (Ich) nicht so vereiniget, daß gar keine Trennung vorgenommen werden kann, ohne das Wesen desjenigen, was getrennt werden soll, zu verlezen; im Gegenteil das Ich ist nur durch diese Trennung des Ichs vom Ich möglich.«[11]

Das Sein hat also offenbar einerseits ein Wesen und andererseits darf dieses nicht verletzt werden, muss aber doch verletzt worden sein, denn unbestreitbar gibt es Subjekte und Urteile. Sein ist also ein verletzliches Wesen. Daran wird deutlich, dass Hölderlins Sein nicht mit einem Existenzquantor verwechselt werden darf, es ist offenbar auch nicht *à la* Kant »kein reales Prädikat« bzw. bloße Position eines Gegenstandes in (möglichem, wirklichem, notwendigem) Bezug auf ein Subjekt, es ist auch nicht so, dass, *à la* Aristoteles, Sein auf mannigfache Weise in den Kategorien ausgesagt wird; all diese Alternativen würden das Sein zu einem bloß Relativen und in sich Geteilten machen. Hölderlin denkt einen typisch platonischen Gedanken, wenn er in seinem Argument für das Sein sagt, relative Einheit setze schlechthinnige Einheit voraus. Ebenfalls ist es platonisch, das Sein essentiell zu begreifen. – Dies ist analog zu Platons Idee des Seins als einer der obersten Gattungen/Ideen im *Sophistes.*[12] –

Das Wesen des Seins kann aber noch weiter aufgehellt werden, es darf offenbar nicht verletzt werden. Sein würde nicht existieren, würde man es trennen.[13] In den beiden vorangegangenen Zitaten spricht Hölderlin jeweils in einem merkwürdigen hypothetischen Konditional: würde man Sein trennen, würde man es verletzen. Dass er diesen Gedanken gleich zweimal nennt, hebt hervor, wie wichtig er ihm war. Der Gedanke ist dennoch nicht sehr deutlich, denn es bleibt unklar, ob man das Sein gar nicht trennen kann oder ob man es nur nicht trennen soll?

Ich denke, dass gemeint ist, dass man es einerseits gar nicht trennen kann, denn auf der schlechthinnigen Wesenseinheit des Seins beruht nicht nur die Urteilung, sondern auch die relative Einheit von Selbstbewusstsein und Ich. Da nun – eine Art transzendentales Argument – Selbstbewusstsein und Ich als Fakten existieren, muss auch notwendigerweise die schlechthinnige Einheit existieren. In der unversehrten Unverletztheit der Unteilbarkeit des Seins steckt Lebendigkeit. Das Sein meint hier Leben. Auch von daher kann man Sein nicht als Existenzquantor, als mannigfache Aussageweise oder als bloße Position verstehen. Hölderlins Sein ist einfache Einheit, Lebendigkeit[14] und Essenz. Andererseits – und auch das ist ein transzendentales Argument –, sofern Subjekt und Objekt nur existieren können, wenn Sein getrennt wurde, muss jene Seinstrennung geschehen sein, denn dass Subjektivität existiert, ist unbezweifelbar, da an der Existenz von Subjektivität nur gezweifelt werden kann, wenn dieser Zweifelsakt von einem existierenden Subjekt vollzogen wird. Man gerät daher in eine Art tragischer Aporie mit Hölderlins verletzlichem Wesen von Sein: Einerseits ist es untrennbare Einheit, andererseits muss die Urteilung und damit die Trennung im Sein geschehen sein. Diese Aporie bzw. dieses Dilemma ist tragisch, weil die Notwendigkeit beider Hörner einsehbar ist, denn das eine macht das andere gleichermaßen möglich und unmöglich und auch die Existenz des Menschen zwischen schlechthinniger Einheit des Seins und Trennung im und vom Sein hin und her geworfen ist

Wie Wasser von Klippe
Zu Klippe geworfen,
Jahr lang ins Ungewisse hinab.[15]

Nach Fichte ist dagegen die Identität des absoluten Ich, das »Ich bin Ich«, reine Einigkeit mit sich und gerade keine Trennung. Diese reine Einigkeit mit sich, die Tathandlung, bestimmt Fichte als intellektuelle Anschauung.[16] Nach Hölderlin setzt dagegen Identität des Ich mit sich Trennung voraus, weil das reine Ich trennend beziehendes Selbstbewusstsein impliziert. Die Einigkeit des vorgängigen Seins zeichnet sich nach Hölderlin gerade dadurch aus, dass hier prinzipiell nicht getrennt werden kann, ohne das Zu-Trennende zu zerstören. Dieses Sein bezeichnet Hölderlin als intellektuelle Anschauung.[17] Das »Ich = Ich« ist eine Trennungsbeziehung, die intellektuelle Anschauung Einung, daher ist das »Ich = Ich« eine verletzte Version, ein gebrochenes Nachbild der ursprünglichen Einheit, sie ist also nicht das ursprüngliche Handlungssein spontan-einfacher Einheit wie bei Fichtes »Ich = Ich« der Tathandlung, sondern in Hölderlins Version abkünftig. Wenn Hölderlin hier die Ich- und Subjektphilosophie kritisiert, bedeutet das nicht, dass er Subjektivität oder das Ich vollständig verwirft, er versucht vielmehr, ihm den ihm gebührenden Ort – unterhalb des Seins und der Himmlischen – zuzuweisen.

Mit dieser Kritik an der Ichphilosophie Fichtes hat Hölderlin wahrscheinlich zugleich die damalige Konzeption Schellings vor Augen, die ihm aus den Gesprächen im Sommer und im Dezember 1795 bekannt war.[18] Schellings damalige Position war stark an Fichte orientiert.[19] Hauptkritikpunkte Hölderlins an Schellings früher Position, wie dieser sie in *Über die Möglichkeit einer Form der Philosophie überhaupt* (1794), *Vom Ich als Prinzip der Philosophie oder über das Unbedingte im menschlichen Wissen* (1795) und *Briefe über den Dogmatismus und Kritizismus* (der erste Teil erschien im November 1795, der zweite erst im April 1796 und kann daher nicht wohl Gegenstand der Gespräche zwischen Hölderlin und Schelling im Sommer und Dezember 1795 gewesen sein) entwickelt hatte, bestehen darin, dass Schelling zunächst einen ersten Grundsatz des Ich und sodann im Ich ein unbedingtes Sein sah, das mit Spinozas absoluter Substanz identifiziert wird. Beides lehnt Hölderlin als Bestimmung des Ich ab.[20] Schelling transformiert in *Vom Ich* Kants philosophische Grundfrage in eine egologisch-metaphysische Fragestellung:

> »[...] wie sind synthetische Urtheile a priori möglich? Es wird sich im Verlauf dieser Untersuchung zeigen, daß diese Frage in ihrer höchsten Abstraktion vorgestellt keine andere, als diese ist, wie kommt das absolute Ich dazu, aus sich selbst herauszugehen, und sich ein Nicht-Ich schlechthin entgegenzusetzen?«[21]

In den *Philosophischen Briefen über Dogmatismus und Kritizismus* lautet dies reformuliert so:

> »*Wie kommen wir überhaupt dazu, synthetisch zu urteheilen?* fragt Kant gleich im Anfang seines Werks, und diese Frage liegt seiner ganzen Philosophie zu Grunde, als ein Problem, das den eigentlichen gemeinschaftlichen Punkt *aller* Philosophie trifft. Denn anders ausgedrückt lautet die Frage so: *Wie komme ich überhaupt dazu, aus dem Absoluten heraus, und auf ein Entgegengesetztes zu gehen?*«[22]

Das hat offensichtlich nichts mehr mit Kants Frage nach einer Rechtfertigung dafür zu tun, dass wir Erkenntnisgewinn generieren, indem wir solch heterogene Erkenntnisquellen wie sinnlich-rezeptive Anschauungen (reine und empirische) und intellektuell-spontane Begriffe (reine und empirische) miteinander verbinden. Schelling wendet die Grundfrage Kants in eine egologisch-metaphysische Ebene und gibt ihr zugleich eine genetische Wendung, es geht bei ihm um einen intellektuellen Prozess des Herausgehens aus Einheit in Vielheit. Darin vermutet Hölderlin, ähnlich wie schon bei Fichtes egologischer Weiterführung Kants, einen Schritt in den Dogmatismus, d. h. einen transzendierenden Schritt hinaus über die tatsächlich erfahrbare Welt. Dieser Schritt führt nach Hölderlin in fruchtlose, selbstwidersprüchliche Abstraktion – im oben wiedergegebenen Zitat aus *Vom Ich* sagt Schelling selbst, dass seine Version der Frage Kants die »höchste Abstraktion« ist –, weil einem solchen Absoluten oder auch einem absoluten Ich die Verbindung zur Welt fehlt; jener Schritt aus dem Absoluten heraus lässt sich eben nicht motivieren, denn es müsste ja das an sich schon Vollkommene selbst in Unvollkommenheit, in die endliche Welt und die Trennungen übergehen, um sich dann am Ende wieder in sich selbst zurückzuziehen. Das führt erstens zu dem Widerspruch, dass reine Einheit, Vollkommenheit dann doch zu etwas Entgegengesetztem wird, denn die Vollkommenheit soll ja den unvollkommenen Entgegengesetzten entgegengesetzt sein. Und zweitens führt das zu einer Art transzendentalem Don-Quijotismus, d.h. zu einem Kampf gegen Windmühlen bzw. phantasierte Riesen, inexistente Feinde, die man selbst erschaffen hat. Zunächst bildet sich das Absolute bzw. das absolute Ich eine Welt, die es sich mit seinen Entgegensetzungen entgegensetzt, um diese dann aufzuheben. Schelling fordert in *Vom Ich*, dass das endliche Ich die Aufgabe hat, alle Vielheit und allen Wechsel, ja gar die ganze Welt als Inbegriff der Endlichkeit, »schlechthin zu vernichten«, ein metaphysischer Windmühlenkampf, bei dem das endliche Ich nur verlieren kann, und das um eines begrifflich inkohärenten Absoluten willen.

Analog kann man dieselbe Problematik – freilich ohne die metaphysischen Implikationen wie bei Schelling – auch am frühen Fichte kritisieren: Das absolute Ich des ersten Paragraphen der *Grundlage der gesamten Wissenschaftslehre* ist vollständige Selbstidentität, eine einfache Selbstbezüglichkeit und unmittelbares Bei-sich-Sein. Dieses geht dann jedoch zu einem endlichen, in Widersprüche und Gegensätze verstrickten Ich über, dem ein Nicht-Ich entgegengesetzt ist (§§ 2 – 3), um daraus die empirische Welt als Erkenntnisgegenstand zu gewinnen (theoretische Wissenschaftslehre), den das endliche Ich dann wiederum dadurch überwinden soll, dass es sich zum praktischen Ich macht, das die Entgegensetzungen der empirischen Welt in einer freilich unendlichen Aufgabe überwinden soll (praktische Wissenschaftslehre). Ähnlich wie Don Quijote Windmühlen bekämpft, die er selbst allererst zu Riesen erschaffen hat, um in einem Nichts an Bestimmtheit zu münden. Hölderlin wendet sich damit gegen einen metaphysischen und egologischen Nihilismus.

Seine Ablehnung des transzendentalen Don-Quijote wird z.B. im Prosaentwurf für die metrische Fassung des *Hyperion* deutlich; von Hölderlin noch in Jena, also unter dem Eindruck Fichtes geschrieben:

> »Unschuldiger Weise hatte mich die Schule des Schiksaals und der Weisen ungerecht und tyrannisch gegen die Natur gemacht. Der gänzliche Unglaube, den ich gegen alles hegte, was ich aus ihren Händen empfieng, lies keine Liebe in mir gedeihen. Der reine freie Geist glaubt ich könne sich nie mit den Sinnen und ihrer Welt versöhnen und es gebe keine Freuden, als die des Siegs; zürnend fodert' ich oft von dem

Schiksaal die ursprüngliche Freiheit unseres Wesens zurük, ich freute mich oft des Kampfs den die Vernunft mit dem Unvernünftigen kämpft, weil es mir ingeheim mehr darum zu thun war im Sieg das Gefühl der Überlegenheit zu erringen, als den gesezlosen Kräften, die des Menschen Brust bewegen die schöne Einigkeit mit zu teilen. Ich achtete der Hülfe nicht, womit die Natur dem großen Geschäfte der Bildung entgegenkömmt, denn ich wollte allein arbeiten, ich nahm die Bereitwilligkeit, womit sie der Vernunft die Hände bietet, nicht an, denn ich wollte sie beherrschen. Unangenemes achtet' ich wenig. Gefahr war mir oft willkommen. Ich beurteilte die andern strenge, wie mich selbst.«[23]

Dies ist Hölderlins Hyperion in der Gestalt eines durch Fichtes transzendentalen Don-Quijotismus verunstalteten Schülers! Sehr wohl ist es Hölderlin selbst.[24]

Die Fichte'sche Egologie- bzw. Schelling'sche Metaphysikversion, die mit einem Unbedingten, einem vollkommen Absoluten beginnt, übersieht die grundsätzliche und notwendige Mangelhaftigkeit des Anfangs, denn ein solcher Anfang ist zwar rein und frei von Entgegensetzung, aber genau dadurch auch unfähig, sich zu wissen oder sich selbst fühlen zu können. Daher verwirft Hölderlin ein solches vollkommenes, weltloses Absolutes als Anfang; sein anfängliches Sein ist zugleich das Sein in allem Lebendigen. Das Sein ist nicht nur Ursprung, sondern auch permanente Realpräsenz in allem Seienden. Hölderlin geht zwar auch nicht so weit wie später Hegel in der *Wissenschaft der Logik*, den Anfang – d.h. das Sein – als Mangelhaftigkeit, Unbestimmtheit und Leere schlechthin zu begreifen, aber er zieht in seiner Denkentwicklung doch die Konsequenz, dass eine weltlose Transzendenz inkohärent ist.[25]

Im Ich und auch im Selbstbewusstsein sind Subjekt und Objekt zumindest der Möglichkeit nach trennbar, und wenn wir uns aus Freiheit dazu entschließen, mit der anfänglichen Einigkeit tatsächlich auseinanderzufallen, dann entsteht die Wirklichkeit mit all ihren faktischen Trennungen. Hölderlin deutet daher in *Urtheil und Seyn*, das »Ich bin Ich« sei Grundlage der theoretischen Ur-teilung, d.h., es liegt allen theoretischen Urteilen zugrunde. Dagegen sei das »Ich ≠ Nicht-Ich« Grundlage des praktischen Urteilens. Das ist halbwegs inspiriert durch Fichtes *Grundlage der gesamten Wissenschaftslehre (1794/95)*, weicht aber zugleich auch von ihr wesentlich ab; Hölderlin war – im Unterschied zum frühen Schelling – nie Fichteaner. Es handelt sich eher um eine selbständige Weiterführung, denn bei Fichte ist die Entgegensetzung von Ich und Nicht-Ich Vorbedingung sowohl des theoretischen Wissens wie auch des praktischen Handelns.

Ebenfalls besteht ein Unterschied Hölderlins zu Fichte in der Deutung von dessen erstem Grundsatz, und hier muss man Fichte vor Hölderlins Deutung etwas in Schutz nehmen: Die Identität des Ich mit sich im ersten Grundsatz der Wissenschaftslehre soll nach Fichte gerade keinen Unterschied zwischen Ich-Subjekt und Ich-Objekt enthalten. Es ist auf beiden Seiten der Gleichung »Ich = Ich« genau dasselbe Ich, daher ist das absolute Ich des ersten Grundsatzes auch nach Fichte selbst völlig unbestimmt und seiner selbst unbewusst; genauer müsste man also sagen: »Ich ≡ Ich«. Das absolute Ich hat daher auch kein Selbstbewusstsein von sich. Vielleicht würde Fichte Hölderlin sogar zustimmen können, dass ein absolutes Ich, das Selbstbewusstsein von sich haben soll, zugleich ein sich von sich Unterscheidendes sein müsste. Ein solches Ich, das mit sich selbst identisch ist und sich differenzierend wissen kann, ist für Fichte aber eher eine egologische Utopie, die eigentlich erst am Ende des Systems als unendliche Aufgabe, als Gesolltes auftreten kann. Sicherlich trifft jedoch Hölderlins Kritik an Fichte, dass man nicht recht motivieren kann, weshalb das absolute Ich überhaupt aus sich herausgegangen sein sollte, um sich ein Nicht-Ich entgegenzusetzen.

Alles Trennbare, auch das bloß potentiell Trennbare, setzt eine höhere Einheit voraus – in dieser Hinsicht ist Hölderlin ein klassischer Platoniker.[26] In *Urtheil und Seyn* sind Ich und Selbstbewusstsein abhängige und untergeordnete Instanzen, die des Unterschiedes, in gewissem Sinne also der Fremdheit bedürfen, um ihre Selbstbezüglichkeit aktualisieren zu können. In seiner Vorrede zur vorletzten Fassung des *Hyperion*[27] macht der Dichter deutlich, dass jene anfängliche Einigkeit Natur ist, das ἓν καὶ πᾶν; dieser Gedanke findet sich bereits bei Heraklit: »somit aus Allem Eins wie aus Einem Alles«.[28]

Hölderlin führt dort aus:

> »Wir durchlaufen alle eine exzentrische Bahn, und es ist kein anderer Weg möglich von der Kindheit zur Vollendung.
> Die seelige Einigkeit, das Seyn, im einzigen Sinne des Worts, ist für uns verloren und wir mußten es verlieren, wenn wir es erstreben, erringen

sollten. Wir reißen uns los vom friedlichen εν και παν der Welt, um es herzustellen, durch uns Selbst. Wir sind zerfallen mit der Natur, und was einst, wie man glauben kann, Eins war, widerstreitet sich jetzt, und Herrschaft und Knechtschaft wechselt auf beiden Seiten. Oft ist uns, als wäre die Welt Alles und wir Nichts, oft aber auch, als wären wir Alles und die Welt nichts. Auch Hyperion theilte sich unter diese beiden Extreme. Jenen ewigen Widerstreit zwischen unserem Selbst und der Welt zu endigen, den Frieden alles Friedens, der höher ist, denn alle Vernunft, den wiederzubringen, uns mit der Natur zu vereinigen zu Einem unendlichen Ganzen, das ist das Ziel all' unseres Strebens, wir mögen uns darüber verstehen oder nicht.
Aber weder unser Wissen noch unser Handeln gelangt in irgend einer Periode des Daseyns dahin, wo aller Widerstreit aufhört, wo Alles Eines ist; die bestimmte Linie vereiniget sich mit der unbestimmten nur in unendlicher Annäherung.
Wir hätten auch keine Ahnung von jenem unendlichen Frieden, von jenem Seyn, im einzigen Sinne des Worts, wir strebten gar nicht, die Natur mit uns zu vereinigen, wir dächten und wir handelten nicht, es wäre überhaupt gar nichts, (für uns) wir wären selbst nichts, (für uns) wenn nicht dennoch jene unendliche Vereinigung, jenes Seyn, im einzigen Sinne des Worts vorhanden wäre. Es ist vorhanden – als Schönheit; es wartet, um mit Hyperion zu reden, ein neues Reich auf uns, wo die Schönheit Königin ist. –
Ich glaube, wir werden am Ende alle sagen: heiliger Plato vergib! man hat schwer an dir gesündigt.«[29]

Heraklit steht hier höchstens indirekt im Hintergrund des ἕν καὶ πᾶν, vielmehr hat Hölderlin es schon während seiner Tübinger Stiftszeit gemeinsam mit Schelling und Hegel aus der Deutung des Spinozistischen Pantheismus aufgenommen, wie sie Lessing als Lehre des Spinoza zusammenfasst; dies ist aber eine Zusammenfassung und Neuinterpretation des spinozistischen Pantheismus, die sich in Jacobis *Über die Lehre des Spinoza in Briefen an Herrn Moses Mendelssohn* findet.[30] Sicherlich kann man das ἕν καὶ πᾶν auch auf Parmenides statt auf Heraklit beziehen, wie es bei Jacobi bereits angedeutet wird, doch nach Parmenides' striktem Monismus gibt es das Viele gar nicht, also dürfte es auch das πᾶν nicht geben, von daher kann man streng genommen die berühmte Formel nicht gut auf Parmenides beziehen, sondern wohl doch eher auf Heraklit. Auch

Hölderlins Integration des ἕν καὶ πᾶν in einen Entwicklungsprozess der Menschheit, die sich über die Stufen Einigkeit, exzentrische Bahn und Frieden alles Friedens entwickelt, ist kaum mit dem »Stillsteller des Seins«, Parmenides,[31] zu vereinbaren, sondern eher mit dem Entwicklungs- und Widerspruchsdenken Heraklits. Eine gewisse Nähe zu Heraklit deutet sich auch an, wenn Hölderlin im *Hyperion* schreibt:

> »Das große Wort, das εν διαφερον εαυτω (das Eine in sich selber unterschiedene) des Heraklit, das konnte nur ein Grieche finden, denn es ist das Wesen der Schönheit, und ehe das gefunden war, gabs keine Philosophie.«[32]

Das Eine-in-sich-Unterschiedene bildet eine differenzierte Ganzheit, die aufgrund ihrer Harmonie Schönheit ist. Hölderlin entnahm die Prägung aus Platons *Symposion*; dort lautet sie jedoch ἓν … διαφερόμενον … αὑτῷ.[33] Indem Hölderlin das *Genus verbi* ändert, macht er aus Platons/Heraklits medialer Bildung eine aktivische Form, er bezeichnet also das Eine als ein sich aktiv in sich Unterscheidendes, nicht wie in der medialen griechischen Bildung als ein Unterscheiden, das sich zwischen Aktivität und Passivität abspielt. Merkwürdigerweise übersetzt Hölderlin in der Klammer ins Deutsche dann aber genau dies, also gerade nicht das, was er griechisch (um-) schrieb.

Wenn Hölderlin im oben angeführten Zitat aus der Vorrede zur vorletzten Fassung des *Hyperion* das Telos der Menschheitsentwicklung im »Frieden alles Friedens« sieht, der die Vernunft transzendiert, dann ist dies gleichfalls eine irenische Abkehr vom Idealismus Kants und Fichtes, von Parmenides, der Sein und Denken identifiziert, sowie von Platons Version des vom *Nous* erkennbaren Ideenrealismus. In dieser Irenik ist wohl auch schon ein Vorklang auf die *Friedensfeier* zu sehen. Besonders die Abkehr von Platon ist natürlich intrikat, denn Hölderlin bittet doch gerade diesen um Vergebung, aber seinen Rationalismus will er offenbar auch nicht affirmieren. Platons Idee der Schönheit modifiziert Hölderlin zur höchsten der Ideen, sie übernimmt also die Stellung der Idee des Guten aus Platons Sonnengleichnis. Diese Aufwertung der Schönheit ist offenbar eine unplatonische Modifikation, denn Schönheit erscheint, das Metaphysische ist konkret, auch sinnlich wirklich, nicht wie bei Platon das Gute, welches sich jenseits und höher an Macht als das Seiende befindet, ἐπέκεινα τῆς οὐσίας.[34]

Es ist die Freiheit des Ich, aus der anfänglichen Alleinheit auszubrechen und sich von der Natur, dem eigentlichen Sein abzutrennen –, hier verortet Hölderlin den Idealismus Fichtes kritisch:

> »Eines zu seyn mit Allem, das ist Leben der Gottheit, das ist der Himmel des Menschen.
> Eines zu seyn mit Allem, was lebt, in seeliger Selbstvergessenheit wiederzukehren in's All der Natur, das ist der Gipfel der Gedanken und Freuden, das ist die heilige Bergeshöhe, der Ort der ewigen Ruhe, wo der Mittag seine Schwüle und der Donner seine Stimme verliert und das kochende Meer der Wooge des Kornfelds gleicht.
> Eines zu seyn mit Allem, was lebt! [...] und das eherne Schiksaal entsagt der Herrschaft, und aus dem Bunde der Wesen schwindet der Tod, und Unzertrennlichkeit und ewige Jugend beseeliget, verschönert die Welt.
> [...]
> Ach! wär ich nie in eure Schulen gegangen. Die Wissenschaft, der ich in den Schacht hinunter folgte, von der ich, jugendlich thöricht, die Bestätigung meiner reinen Freude erwartete, die hat mir alles verdorben. Ich bin euch so recht vernünftig geworden, habe gründlich mich unterscheiden gelernt von dem, was mich umgiebt, bin nun vereinzelt in der schönen Welt, bin so ausgeworfen aus dem Garten der Natur, wo ich wuchs und blühte, und vertrokne an der Mittagssonne.«[35]

Der eigentlich beglückenden Mittagsstunde und -hitze des Pan kann der durch den Szientismus Gepiesackte nur noch als entfremdeter Auswurf gegenübertreten. Mit diesem sicherlich auch von Rousseau inspirierten Antiszientismus lässt Hölderlin Hyperion seine Zerrissenheit schildern, die auch Hölderlin selbst wohl mehr und mehr so empfand, als er in Jena Fichtes Vorlesungen über die Wissenschaftslehre und die *Bestimmung des Gelehrten* hörte.[36] Deutlich kommt dieser Ich und Natur entzweiende Charakter des Idealismus Fichtes zum Ausdruck, wenn dieser die Bezeichnung »Philosophie« zugunsten des Terminus »Wissenschaftslehre« für sein Deduktionssystem ablehnt und das sinnlich Mannigfaltige nur als zu formende Materie dafür sieht, den kategorischen Imperativ realisieren zu können, welcher ihm dazu dient, das empirische Ich dem reinen Ich prozesshaft anzugleichen. – Hölderlin hätte vielleicht angesichts der heutigen Situation der Philosophie im 21. Jahrhundert, die den Idealismus mehrheitlich ablehnt und stattdessen vielfach den Naturalismus präferiert, der den Menschen als Teil der Natur sieht, etwas Hoffnung geschöpft, zumindest soweit, als die gegenwärtige Wissenschaft ein genaueres Hinhören auf die Natur ermöglicht; dort, wo sie eine größere Naturzerstörung ermöglicht, hätte Hölderlin wohl befürchtet, dass sie wieder der falschen Entzweiung von Mensch und Natur und den Versuchen, Herrschaft über die Natur zu erlangen, verfällt, also zu einem verdeckten Idealismus wird, der den selbstbewussten Menschen zum Maß aller Dinge erhebt.

Hölderlin hat wohl im Wintersemester 1794/95 Teile von Fichtes a) Vorlesung *Von den Pflichten des Gelehrten*, b) der sog. *Platner-Vorlesung* (diese behandelte Logik und war als eine Einleitung in die Transzendentalphilosophie konzipiert) sowie c) Teile der Vorlesung über die *Grundlage der gesamten Wissenschaftslehre* und d) das samstägliche Konservatorium gehört. Eine Zeit lang wohnte Hölderlin im Haus neben Fichte und sprach ihn wohl täglich, hinzu kommen intensive Fichtelektüren in der Zeit, bevor er nach Jena ging, um sich auf das Studium bei Fichte vorzubereiten. Anfang November 1794 kam Hölderlin nach Jena, Ende Dezember musste er wegen seiner Hofmeisterstelle mit den von Kalbs nach Weimar und konnte dann nach der Kündigung dieser Stelle Mitte Januar 1795 wieder zurück nach Jena, das er aber Ende Mai schon wieder verließ. – In diese Jenaer Studienzeit fällt wohl auch die erste Bekanntschaft mit Jakob Zwilling, der ab Ende 1794 bis April 1796 in Jena studierte. – Im Sommersemester 1795 hielt Fichte aber ohnehin keine Vorlesungen, er hatte sich wegen Studentenunruhen vom Lehrbetrieb nach Osmannstädt zurückgezogen.

An Hegel schreibt Hölderlin zunächst noch begeistert: »Fichte ist jetzt die Seele von Jena. Und gottlob! daß ers ist. Einen Mann von solcher Tiefe und Energie des Geistes kenn' ich sonst nicht.«[37] Über Hölderlins Fichte-Begeisterung berichtet Hegel im Januar 1795 an Schelling: »Hölderlin schreibt mir zuweilen aus Jena, [...]; er hört Fichte'n und spricht mit Begeisterung von ihm als einem Titanen, der für die Menschheit kämpfe und dessen Wirkungskrais gewis nicht innerhalb der Wände des Auditoriums bleiben werde.«[38] Hölderlins aus Jena an Hegel geschickter Brief, den dieser hier gegenüber

Schelling erwähnt, ist leider verloren. Der Enthusiasmus für Fichte ist aber von Anfang an nicht ganz ungetrübt, denn Hölderlin schreibt schon am 26. Januar 1795 ebenfalls an Hegel:

> »Fichtes spekulative Blätter – Grundlage der gesammten Wissenschaftslehre – auch seine gedrukten Vorlesungen über die Bestimmung des Gelehrten werden Dich ser interessieren. Anfangs hatt' ich ihn ser in Verdacht des Dogmatismus; er scheint, wenn ich mutmaßen darf auch wirklich auf dem Scheidewege gestanden zu seyn, oder noch zu stehen – er möchte über das Factum des Bewußtseins in der Theorie hinaus, das zeigen ser viele seiner Äußerungen, und das ist ebenso gewis, und noch auffallender transcendent, als wenn die bisherigen Metaphysiker über das Daseyn der Welt hinaus wollten – sein absolutes Ich (= Spinozas Substanz) enthält alle Realität; es ist alles, u. außer ihm ist nichts; es giebt also für dieses abs. Ich kein Object, denn sonst wäre nicht alle Realität in ihm; ein Bewußtsein ohne Object ist aber nicht denkbar, und wenn ich selbst dieses Object bin, so bin ich als solches notwendig beschränkt, sollte es auch nur in der Zeit seyn, also nicht absolut; also ist in dem absoluten Ich kein Bewußtsein denkbar, als absolutes Ich hab ich kein Bewußtsein, und insofern ich kein Bewußtsein habe, insofern bin ich (für mich) nichts, also das absolute Ich ist (für mich) Nichts. So schrieb ich noch in Waltershausen, als ich seine ersten Blätter las, unmittelbar nach der Lectüre des Spinoza, meine Gedanken nieder; Fichte bestätigt mir«[39]

Hier bricht der Brief leider ab, ein Teil des Blattes wurde abgerissen; wahrscheinlich von jemandem, der Hölderlins Unterschrift haben wollte.[40] Natürlich muss man bei der Interpretation dieses Briefes berücksichtigen, dass sich hierin die Anfangsschwierigkeiten spiegeln, die jeder hat, wenn er sich in eine komplexe Philosophie wie diejenige Fichtes einarbeitet. Da gibt es Missverständnisse. Fichte wendet sich gerade am Ende des ersten Teils der *Grundlage* (also nach den drei ersten Paragraphen) ausdrücklich gegen den Dogmatismus und gegen Spinoza, er betont, dass nur das absolute Ich kritische Philosophie ermöglicht und vor den Verirrungen des Dogmatismus/Realismus schützt.[41] Eine Identifikation von absolutem Ich und Spinozas Substanz hat Fichte also ebenfalls nicht vorgenommen. Der frühe Schelling allerdings schon. Wenn Hölderlin erwähnt, dass er diese fichtekritischen Gedanken bereits in Waltershausen hatte, dann zeigt sich, dass er bereits in der Vorbereitungszeit auf seine Studien in Jena kein ungetrübtes Verhältnis zur Philosophie Fichtes hatte, und auch in der Zeit in Jena setzt sich dies fort, »er scheint [...] auch wirklich auf dem Scheidewege gestanden zu seyn, *oder noch zu stehen*«.

Den Dogmatismus macht Hölderlin in diesem Brief an Hegel am Übergehen von den Tatsachen des Bewusstseins zu (Bewusstseins-) Transzendentem fest. Dies ist offensichtlich ein von Reinhold aufgenommenes Verständnis der kritischen Philosophie. Kritische Philosophie trennt sich vom Dogmatismus/Realismus durch die Restriktion der Erkenntnis auf Tatsachen des Bewusstseins, also solches, das evidentermaßen im Bewusstsein gegeben ist, in Differenz zu solchem, das jenseits des Bewusstseins konstruiert wird. Mit der Restriktion auf das Bewusstsein ist in Hölderlins Lesart zugleich das kritische Element gewahrt, dass der Objektbezug des Subjekts sichergestellt wird.

2. Nach Jena – ›Höhlenausgänge‹

Offensichtlich ist die zwischen Begeisterung und Kritik wechselnde Fichtesicht kurz vor und während der Jenaer Zeit einer wesentlich ablehnenderen Sicht des egologischen Systems Fichtes gewichen. Im Rückblick auf seine Zeit in Jena schreibt Hölderlin an Niethammer am 24. Februar 1796, dass er eine Kant-Reinhold-Kur angetreten habe, um sich vom Fichteanismus zu erholen:

> »Ich habe viel Muße zu eigener Arbeit, und die Philosophie ist wieder einmal fast meine einzige Beschäftigung. Ich habe mir Kant und Reinhold vorgenommen und hoffe, in diesem Element meinen Geist wieder zu sammeln und zu kräftigen, der durch fruchtlose Bemühungen, bei denen Du Zeuge warst, zerstreut und geschwächt wurde. Aber der Nachhall aus Jena tönt noch zu mächtig in mir, und die Erinnerung hat noch zu große Gewalt, als daß die Gegenwart mir heilsam werden könnte. [...] Die Philosophie ist eine Tyrannin, und ich dulde ihren Zwang mehr, als daß ich mich ihm freiwillig unterwerfe.«[42]

Auch in der Frankfurter Zeit stehen also Kant und Reinhold dem egologischen Wissenschaftssystem Fichtes in Hölderlins offenbar nervenaufreibender Beschäftigung mit der Philosophie gegenüber.

Nach Hölderlin ist der Mensch im Inneren eine harmonische Entgegensetzung aus Kräften, die in einen Kosmos integriert ist. Die harmonische Entgegensetzung des Menschen kann offenbar in eine unharmonische umkippen. Der Kosmos ist ebenfalls ein harmonisch Entgegengesetztes – hier hat man sicherlich auch das griechische κοσμεῖν, schmücken, mitzuhören –, das wiederum von einem harmonisch Entgegengesetzten, dem All-Einen, umfangen und geschaffen wird. Es ist die Idee der Schönheit im Sinne eines durch Hölderlin weitergeführten Platon, in der jene alles durchziehende, harmonisch entgegengesetzte Einheit noch »hervorleuchtend« anwesend ist, nachdem unser freier Ausgang aus der Natur jene ursprüngliche Einigkeit und Innigkeit zerstört hat, d.h., die Entgegensetzung wird in dieser Phase betont. Die Schönheit leuchtet uns auf dem Weg zur Rückannäherung an jene Einigkeit voran.

Hölderlin führt mit der später entwickelten »Theorie« der abendländischen Wendung diesen schon in der früheren Zeit der Abfassung des *Hyperion* entwickelten idealismuskritischen, platonischen Realismus weiter fort, wenn er in seiner späteren Zeit den Geist als unvollständig konzipiert, solange er bloß bei sich bleibt, sich nicht auf ein ihm gegenüber Anderes bezieht, um dann erst in angemessener, freier und differenzierter Weise zu sich zurückkehren zu können. In dieser Bewegung hat der Geist einzusehen, dass er in ein ihn umfangendes Ganzes, die Natur integriert und auf Gott bzw. ein einigendes ontologisches Prinzip bezogen ist. Jedoch ist dies eine komplexe Form der Integration: Göttliches, Natur und Geist ergänzen sich. – Insofern ist Hölderlins Geistkonzept grundsätzlich von dem des reifen Hegel unterschieden, und wenn der »späte« Hölderlin vom Geist spricht, ist dies nicht als Rückkehr zum Idealismus zu deuten, nachdem er sich zuvor von Fichte abgekehrt hatte. – Allerdings wird in Hölderlins »späteren« Zeiten, also um 1800 – 1804/06, die Entzweiung nicht mehr nur von Seiten des freien menschlichen Ich vollzogen, sondern es ist der anfänglichen Einigkeit selbst notwendig, dass es eine solche Entzweiung gibt, denn die Unmittelbarkeit der Natur und des Göttlichen ist sich selbst nicht fühlbar, sie ist eben »selbstlos«, noch »fühllos« und undifferenziert. Daher bedarf die einheitliche Ganzheit des Anfangs selbst auch der Trennung und der Selbstzerstörung, um sich dann aus der Trennungsphase heraus, bereichert mit dem Selbstgefühl, zu restituieren. Ebenfalls eine Veränderung gegenüber dem Konzept aus der Zeit der *Hyperion*-Dichtung stellt die für den Menschen notwendigerweise tragisch und tödlich endende Begegnung mit dem Göttlichen dar.

Bevor Hölderlin zu diesen Einsichten kam, entwickelte er die kulturanthropologische These, dass der jeweilige Volkscharakter in seiner historischen Entwicklung in Philosophie und Politik des Poetischen bedarf. Gerade bei den Deutschen seiner Zeit findet Hölderlin in der damaligen Philosophie und den Theorien des Politischen zwar Entwicklungspotential, um die Einseitigkeiten, in denen sich die Deutschen häuslich einrichteten, zu überwinden. Doch auch Philosophie und Politik seiner Gegenwart können ohne Dichtung und Rückbezug auf die antiken Griechen nicht die soeben beschriebene Mannigfaltigkeit des Menschen entfalten. So schreibt Hölderlin an den Bruder am 1. Januar 1799:

> »Ich glaube nemlich, daß sich die gewöhnlichsten Tugenden und Mängel der Deutschen auf eine ziemlich bornierte Häuslichkeit reduzieren. [...] Jeder ist nur in dem zu Hauße, worinn er geboren ist, und kann und mag mit seinem Interesse und seinen Begriffen nur selten darüber hinaus. Daher jener Mangel an Elasticität, an Trieb, an mannigfaltiger Entwiklung der Kräfte, daher die finstere, wegwerfende Scheue oder auch die furchtsame unterwürfig blinde Andacht, womit sie alles aufnehmen, was außer ihrer ängstlich engen Sphäre liegt; [...] Und wie nur der in seiner Stube sich gefällt, der auch im freien Felde lebt, so kann ohne Allgemeinsinn und offenen Blik in die Welt auch das individuelle, jedem eigene Leben nicht bestehen, und wirklich ist unter den Deutschen eines mit dem anderen untergegangen, wie es scheint, und es spricht eben nicht für die Apostel der Beschränktheit, daß unter den Alten, wo jeder mit Sinn und Seele der Welt angehörte, die ihn umgab, weit mehr Innigkeit in einzelnen Karakteren und Verhältnissen zu finden ist, als zum Beispiel unter uns Deutschen, und das affectirte Geschrei von herzlosem Kosmopolitismus und überspannter Metaphysik kann wohl nicht wahrer widerlegt werden, als durch ein edles Paar, wie Thales und Solon, die miteinander Griechenland und Aegypten und Asien durchwanderten, um Bekanntschaft zu machen mit den Staatsverfassungen und Philosophen der Welt, die also in mehr als einer Rüksicht verallgemeinert waren, [...].
> Da nun gröstentheils die Deutschen in diesem ängstlich bornierten Zustande sich befanden, so konnten sie keinen heilsameren Einfluß

erfahren, als den der neueren Philosophie, die bis zum Extrem auf Allgemeinheit des Interesses dringt, und das unendliche Streben in der Brust des Menschen aufdekt, und wenn sie schon sich zu einseitig an die große Selbstthätigkeit der Menschennatur hält, so ist sie doch, als Philosophie der Zeit, die einzig mögliche.

Kant ist der Moses unserer Nation, der sie aus der ägyptischen Erschlaffung in die freie einsame Wüste seiner Speculation führt, und der das energische Gesez vom heiligen Berge bringt.«[43]

Mit Hölderlin kann man zwei Arten von Verallgemeinerung unterscheiden; einerseits eine begriffliche Allgemeinheit, die durch die intellektuellen Vermögen festgestellt wird, und andererseits eine Lebensallgemeinheit, die sich aus konkreten Erfahrungen ergibt. Letztere ist nicht nur durch Philosophie zu erreichen, sondern durch konkrete Verwobenheit in mannigfaltige Lebensformen. Um Letzteres zu erreichen, bedarf es auch der Kunst. Zwar lobt Hölderlin Kant hier in biblischem Ausmaß, doch er sieht auch die problematischen Folgen, denn es ist als eine Anspielung auf Fichte zu lesen, wenn Hölderlin das »unendliche Streben«, die »Allgemeinheit des Interesses« und die einseitige Betonung der »großen Selbsttätigkeit« kritisch sieht. Später in demselben Brief erwähnt er auch noch die Auffassung der Kunst als Spiel als ein problematisches Missverständnis seiner Gegenwart – natürlich eine Anspielung auf Schillers ästhetische Erziehung. Dem setzt Hölderlin eine Poesie entgegen, die dem Minutiösen der Lebensformallgemeinheit des Menschen, der Innigkeit seiner mannigfaltigen Weltbezüge gerecht wird, wenn er aus der Enge des eigenen Bewusstseinszimmers in die weite Welt hinausgeht:

»Ich will nun sehen, ob ich noch etwas von dem, was ich Dir neulich über Poësie sagen wollte, herausbringen kann. Nicht, wie das Spiel, vereinige die Poësie die Menschen sagt's ich; sie vereinigt sie nemlich, wenn sie ächt ist und ächt wirkt, mit all dem mannigfachen Laid und Glük und Streben und Hoffen und Fürchten, mit all ihren Meinungen und Fehlern, all ihren Tugenden und Ideen, mit allem Großen und Kleinen, das unter ihnen ist, immer mehr zu einem lebendigen tausendfach gegliederten innigen Ganzen, denn eben diß soll die Poësie selber seyn, und wie die Ursache, so die Wirkung. Nicht wahr, Lieber, so eine Panacee könnten wir Deutschen wohl brauchen, auch nach der politisch philosophischen

> Kur; denn alles andere abgerechnet, so hat die philosophisch politische Bildung schon in sich selbst die Inkonvenienz, daß sie zwar die Menschen zu den wesentlichen, unumgänglich nothwendigen Verhältnissen, zu Pflicht und Recht, zusammenknüpft, aber wie viel ist dann zur Menschenharmonie noch übrig? [...] Aber die besten unter den Deutschen meinen meist noch immer, wenn nur erst die Welt hübsch symmetrisch wäre, so wäre alles geschehen. O Griechenland, mit deiner Genialität und deiner Frömmigkeit, wo bist du hingekommen? Auch ich mit allem guten Willen, tappe mit meinem Thun und Denken diesen einzigen Menschen in der Welt nur nach, und bin in dem, was ich treibe und sage, oft nur umso ungeschikter und ungereimter, weil ich, wie die Gänse mit platten Füßen im modernen Wasser stehe, und unmächtig zum griechischen Himmel emporflügle.«[44]

Diese Äußerungen dem Bruder gegenüber sind sicherlich als eine erste Form der These von der »abendländischen Wendung« zu sehen. Die Poesie ist hier »Panazee«, also ein Mittel, das von Panakeia, der antiken Personifikation der Heilkunst, herkommend alle Krankheiten heilt. Hier ist ganz klar, dass sich Hölderlin nicht von den Griechen ab-, sondern sich ihnen vertieft zuwendet. Doch es fehlt noch ein entscheidender Gedanke der späteren Version der abendländischen Wendung nach 1800, nämlich, dass bei aller Bewunderung für die griechische Genialität und Frömmigkeit auch die gegenwärtige Poesie, die den Menschen zu einem Ganzen machen soll, in ihrer eigenen Wirklichkeit verwurzelt sein muss und Lebensallgemeinheit, Genialität und Frömmigkeit nicht nur bei den Griechen, sondern auch in der deutschen Gegenwart finden muss. Der gegenwärtige deutsche Dichter (d.h. Hölderlin selbst) ist also umso originaler »griechisch«, als er mit seiner deutschen Gegenwart innig vereint ist. Das ist genau der Grund, weshalb Hölderlin die Dichtungsgattung der »vaterländischen Gesänge« entwickeln wird und in den Übersetzungen von *Antigone* und *Ödipus* ein zeitgemäßes deutsches *Update* der Sprache griechischer Tragödien entwickeln wird. Dass dieser Grundgedanke der »abendländischen Wendung« hier noch fehlt, wird daran deutlich, dass Hölderlin noch nicht die Befreiung vom Griechentum erwähnt, die zu jener Wendung notwendig ist.

Hinsichtlich der formalen Gestaltung seiner Werke wurde Hölderlin die Notwendigkeit einer Ablösung von klassischen Formen zunächst klar;

> »so wie wir irgend einen Stoff behandeln, der nur ein wenig modern ist, so müssen wir, nach meiner Überzeugung die alten klassischen Formen verlassen, die so innig ihrem Stoffe angepaßt sind, daß sie für keinen andern taugen«;[45]

und ästhetisch reflektiert Hölderlin dies 1798/99 in Aufsätzen wie *Wechsel der Töne*, *Über die verschiedenen Arten, zu dichten*, *Über den Unterschied der Dichtarten*, *Über die Parthien des Gedichts*, *Mischung der Dichtarten* und *Über die Verfahrungsweise des poëtischen Geistes.*[46] Insbesondere im Brief an Schelling vom Juli 1799 wird deutlich, dass sich Hölderlins Menschenbild zugunsten einer komplexen Lebensform und Eingebundenheit in konkrete Lebensverhältnisse von der eher abstrakt philosophischen Bestimmung des Menschen abwendet. Hölderlin wandte sich mit der Bitte um einen Beitrag zur geplanten Zeitschrift Iduna an Schelling und erläutert das Programm der geplanten und nie realisierten Zeitschrift folgendermaßen:

> »[…] das dienen soll, die Menschen, ohne Leichtsinn und Synkretismus, einander zu nähern, indem es zwar die einzelnen Kräfte und Richtungen und Beziehungen ihrer Natur weniger strenge behandelt und urgirt, aber doch mit Achtung gegen jede dieser Kräfte und Richtungen und Beziehungen faßlich und fühlbar zu machen sucht, wie sie innig und nothwendig verbunden sind, und wie jede einzelne derselben nur in ihrer Vortrefflichkeit und Reinheit betrachtet werden darf, um einzusehen, daß sie einer andern, wenn die nur auch rein ist, nichts weniger als widerspricht, sondern daß jede in sich schon die freie Forderung zu gegenseitiger Wirksamkeit und zu harmonischem Wechsel enthält, und daß die Seele im organischen Bau, die allen Gliedern gemein und jedem eigen ist, kein einziges allein seyn läßt, daß auch die Seele nicht ohne die Organe und die Organe nicht ohne die Seele bestehen können, und daß sie beede, wenn sie abgesondert und hiermit beede aorgisch vorhanden sind, sich zu organisieren streben müssen und den Bildungstrieb in sich voraussetzen. Als Metapher durfte ich diß wohl sagen. Es sollte nichts weiter heißen, als daß das stofflose Genie nicht ohne Erfahrung und die seelenlose Erfahrung nicht ohne Genie bestehen können, sondern daß sie die Nothwendigkeit in sich haben, sich zu bilden und durch Urtheil und Kunst sich zu konstituiren, sich zusammen zu ordnen zu einem belebten, harmonisch wechselnden Ganzen, daß endlich die organisirende Kunst und der Bildungstrieb, aus dem sie hervorgeht, auch nicht

> bestehen können und nicht einmal denkbar sind ohne ihr inneres Element, die natürliche Anlage, das Genie, und ohne ihr äußeres, die Erfahrung und das historische Lernen.«[47]

Sicherlich nicht ohne Hintergedanken betont Hölderlin hier das historische Lernen, die konkrete Erfahrung, die Situiertheit gegenüber dem Philosophenfreund Schelling. Hölderlin ist auch nicht naiv, wenn er konzipiert, dass jede einzelne Vortrefflichkeit und Bestimmung andere von ihr unterschiedene Vortrefflichkeiten fordert und mit diesen wechselwirken möchte. Das bezeichnet ein Ideal oder die Essenz von Vortrefflichkeiten; in der historischen Realität sind Einseitigkeiten und Verabsolutierungen verbunden mit Intoleranz gegen andere Vortrefflichkeiten jedoch das Herrschende. Aber dieser Zustand der Privation, bei dem Vortrefflichkeiten nicht durch harmonische Wechselwirkung mit anderen Vortrefflichkeiten interagieren, sondern sich gegenseitig den Raum und die Lebendigkeit nehmen wollen, setzt eben jenen Idealzustand bereits voraus. Selbst wenn Vortrefflichkeiten gegeneinander ausgespielt werden und im Verein mit Intoleranz verkommen, steht im Hintergrund die Wechselwirkung: Denn auch Streit ist Wechselwirkung. Dass dies eine privative Form von Wechselwirkung gegenüber derjenigen des Idealzustandes ist, wird daran deutlich, dass Vollkommenheiten, die andere bekämpfen, sich selbst die Basis entziehen. Es führt wieder zu den bereits weiter oben geschilderten Problemen absoluter Monarchie.

Die Kontinuität des ontologischen Einheitsdenkens von *Urtheil und Seyn* und der Kritik am Ich in seiner eigenen Denkentwicklung betont Hölderlin auch in seinem Brief an den Bruder aus dem Frühjahr 1801:

> »*A Deo principium.* Wer diß versteht und hält, ja bei dem Leben des Lebens! Der ist frei und kräftig und freudig, und alles Umgekehrte ist Chimäre und zergehet in so ferne in Nichts. […]
> Wie wir sonst zusammen dachten, denke ich noch, nur angewandter! Alles unendliche Einigkeit, aber in diesem Allem ein vorzüglich Einiges und Einigendes, das, an sich, kein Ich ist, und dieses sei unter uns Gott.«[48]

Die These von der »abendländischen Wendung« zwischen Hellas und Hesperien zeigt sich als vollständig und ergänzt um den weiter oben erwähnten Gedanken der Befreiung von Hellas in einem Brief Hölderlins an Schiller vom 2. Juni 1801. In diesem Brief versucht sich Hölderlin als Dozent für die Universität Jena zu bewerben:

> »Ich habe mich seit Jahren fast ununterbrochen mit der griechischen Literatur beschäfftiget. Da ich einmal daran gekommen war, so war es mir nicht möglich, dieses Studium abzubrechen, bis es mir die Freiheit, die es zu Anfang so leicht nimmt, wieder gegeben hatte, und ich glaube, im Stande zu seyn, Jüngeren, die sich dafür interessiren, besonders damit nüzlich zu werden, daß ich sie vom Dienste des griechischen Buchstabens befreie und ihnen die große Bestimtheit dieser Schriftsteller als eine Folge ihrer Geistesfülle zu verstehen gebe.«[49]

Strategisch gesehen ist es natürlich nicht sehr klug, sich um eine Dozentur damit zu bewerben, dass man sich von dem zu unterrichtenden Stoff emanzipiert hat... Schiller hat aber auch ohnehin leider nie die Größe Hölderlins anerkannt, ihn eher nur als gelehrigen bzw. ungelehrigen Schüler gesehen. Aber es ist für die Entwicklung der These von der »abendländischen Wendung« wichtig, dass Hölderlin hier ein neuartiges, freies Verhältnis zum Griechentum beschreibt. Gerade nicht Meisterschaft in der Nachahmung der alten Griechen, sondern eine bei ihnen und gegenüber ihnen gefundene Freiheit ist der Sinn der Beschäftigung mit dem Griechisch-Anderen. Es ist das Studium der Griechen selbst, das anfänglich Freiheit nimmt, dann aber auch durch richtige Beschäftigung mit ihnen Freiheit gibt. Der nächste für die abendländische Wendung relevante Brief ist dann der bereits im vorhergehenden Kapitel detailliert untersuchte erste Böhlendorff-Brief vom 4. Dezember 1801, geschrieben kurz vor der Abreise nach Bordeaux am 11. Dezember 1801.

3. *Natur und Kunst oder Saturn und Jupiter*

In Hölderlins Dichtung einer mythologischen Konzeption der Geschichtsentwicklung, wie er sie z.B. in *Natur und Kunst oder Saturn und Jupiter* (Anfang 1801 entstanden) verdichtet,[50] gab es zunächst das ursprüngliche Goldene Zeitalter der Natur, jenes ἕν καὶ πᾶν, eine »heilige Dämmerung«; diese stand unter der Herrschaft des Gottes Kronos, Saturn in der römischen Variante. Es war eine Phase des Friedens, der Einheit und der Ganzheit, die sich mühelos und ohne

Gebot und Strafe ereignete. Die »Dämmerung« ist dabei eine dichterische Metapher für die anfängliche Einheit. In der Dämmerung sind Licht und Finsternis zu Einem verschmolzen, aber nicht so, dass sie zwei Teile sind, die auch für sich existieren könnten und dann nachträglich miteinander synthetisiert wurden, sondern so, dass Licht und Finsternis hier ursprünglich, ungeschieden Eines sind. Dies ist der täuschende Anfang; täuschend und verwirrend ist dieser Anfang natürlich nur retrospektiv, nämlich aus unserer jetzigen Perspektive und für uns, weil wir nicht in der Lage sind, ihn bewusst zu erkennen und mit Namen Differenzierung in ihn hineinzubringen. Der Anfang hat also nicht selbst die Intention, uns zu täuschen, dazu ist er – wie *Natur und Kunst oder Saturn und Jupiter* nahelegt – viel zu friedlich, ganzheitlich, offen und unbestimmt:

Du waltest hoch am Tag' und es blühet dein
Gesez, du hälst die Waage, Saturnus Sohn!
Und theilst die Loos' und ruhest froh im
Ruhm der unsterblichen Herrscherkünste.

Doch in den Abgrund, sagen die Sänger sich,
Habst du den heil'gen Vater, den eignen, einst
Verwiesen und es jammre drunten,
Da, wo die Wilden vor dir mit Recht sind,

Schuldlos der Gott der goldenen Zeit schon längst;
Einst mühelos, und größer, wie du, wenn schon
Er kein Gebot aussprach und ihn der
Sterblichen keiner mit Nahmen nannte.

Herab denn! oder schäme des Danks dich nicht!
Und willst du bleiben, diene dem Älteren,
Und gönn' es ihm, daß ihn vor Allen,
Göttern und Menschen der Sänger nenne!

Denn, wie aus dem Gewölke dein Bliz, so kömmt
Von ihm, was dein ist, siehe! so zeugt von ihm,
Was du gebeutst, und aus Saturnus
Frieden ist jegliche Macht erwachsen.

Und hab' ich erst am Herzen Lebendiges
Gefühlt und dämmert, was du gestaltetest,
Und war in ihrer Wiege mir in
Wonne die wechselnde Zeit entschlummert:

Dann kenn' ich dich, Kronion! dann hör' ich dich,
Den weisen Meister, welcher wie wir, ein Sohn
Der Zeit, Geseze giebt und, was die
Heilige Dämmerung birgt verkündet.[51]

Dem offen unbestimmten Anfang folgt die Zeit seines Sohnes. Daher wird Zeus/Jupiter hier als »Kronion«, d.i. Sohn des Kronos, bezeichnet. Er hat Kronos vom Thron gestoßen und es bricht die Zeit des Zeus an, Jupiter in römischer Variante. Dieser kann seine Herrschermacht dadurch ausüben, dass er noch vom vorgängigen Reichtum und der Freigebigkeit seines Vaters Kronos profitiert. – Dass Hölderlin im Titel dieses Gedichts die römischen Namen für die beiden Götter benutzt, beruht nach einer einleuchtenden Assoziation von Paul Böckmann darauf, dass er die kulturelle Entwicklung von Griechenland zu Rom anklingen lassen will.[52] Wie sich Natur zu Kunst verhält und Kronos zu Zeus, so verhält sich in menschlich-geschichtlicher Perspektive Athen zu Rom. – Doch Zeus bedarf schon der Gesetze und der Weisungen, um zu herrschen. Das Zeitalter des Zeus ist zwar der Tag der Götter, aber die »heilige Dämmerung«, d.h. die unmittelbare Natur, ist dem Licht und dem grellen, blendenden Feuer der Sonne gewichen, denn die olympischen Götter erscheinen den Sterblichen unmittelbar und am helllichten Tage. Auch in dieser Zeit wird noch dasjenige verkündet, was die »heilige Dämmerung«, das Goldene Zeitalter barg; nun jedoch deutet es sich im Medium der Kunst als gesetzlich gemachte Schönheit an.

In Hölderlins theoretischer Reflexion *Grund zum Empedokles* – er reflektiert hier den Fragment gebliebenen Entwurf des Trauerspiels *Der Tod des Empedokles*[53] – wird das Verhältnis von Natur und Kunst deutlicher:

»Natur und Kunst sind sich im reinen Leben nur harmonisch entgegengesezt. Die Kunst ist die Blüthe, die Vollendung der Natur, Natur wird erst göttlich durch die Verbindung mit der verschiedenartigen aber harmonischen Kunst, wenn jedes ganz ist, was es seyn kann, und eines verbindet sich mit dem andern, ersezt den Mangel des andern, den es nothwendig haben muß, um ganz das zu seyn, was es als besonderes seyn kann, dann ist die Vollendung da, und das Göttliche ist in der Mitte von beiden. Der organischere künstlichere Mensch ist die Blüthe der Natur, die aorgischere Natur, wenn sie rein gefühlt wird, vom rein organisirten, rein in seiner Art gebildeten Menschen, giebt ihm das Gefühl der Vollendung. Aber dieses Leben ist nur im Gefühle und nicht in der Erkenntniß vorhanden. Soll es erkennbar seyn, so muß es dadurch sich darstellen, daß es im Übermaaße der Innigkeit, wo sich die Entgegengesezten verwechseln, sich trennt, daß das organische, das sich zu sehr der Natur überließ und sein Wesen und Bewußtseyn vergaß, in das Extrem der Selbstthätigkeit und Kunst und Reflexion, die Natur hingegen, wenigstens in ihren Wirkungen auf den reflectirenden Menschen in das Extrem des aorgischen, des Unbegreiflichen, des Unfühlbaren, des Unbegrenzten übergeht, bis durch den Fortgang der entgegengesezten Wechselwirkungen die beiden ursprünglich einigen sich wie anfangs begegnen, nur dass die Natur organischer durch den bildenden cultivirenden Menschen, überhaupt die Bildungstriebe und Bildungskräfte, hingegen der Mensch aorgischer, allgemeiner, unendlicher geworden ist. Dies Gefühl gehört vielleicht zum höchsten, was gefühlt werden kann, wenn beide entgegengesezte, der verallgemeinerte geistig lebendige künstlich rein aorgische Mensch und die Wohlgestalt der Natur sich begegnen. Diß Gefühl gehört vielleicht zum höchsten, was der Mensch erfahren kann, denn die jezige Harmonie mahnt ihn an das vormalige umgekehrte reine Verhältniß, und er fühlt sich und die Natur zweifach, und die Verbindung ist unendlicher.

In der Mitte liegt der Kampf, und der Tod des Einzelnen, derjenige Moment, wo das organische seine Ichheit, sein besonderes Daseyn, das zum Extreme geworden war; das aorgische seine Allgemeinheit nicht wie zu Anfang in idealer Vermischung, sondern in realem höchstem Kampf ablegt, indem das besondere auf seinem Extrem gegen das Extrem des aorgischen sich thätig immer mehr verallgemeinern, immer mehr von seinem Mittelpuncte sich reißen muß, das aorgische gegen das Extrem des besondern sich immer mehr concentriren und immer mehr einen Mittelpunct gewinnen und zum besondersten werden muß, wo dann das aorgisch gewordene organische sich selber wieder zu finden und zu sich selber zurückzukehren scheint, indem es an die Individualität des Aorgischen sich hält, und das Object, das Aorgische sich selbst zu finden

> scheint, indem es in demselben Moment, wo es Individualität annimmt, auch zugleich das Organische auf dem höchsten Extreme des Aorgischen findet, so daß in diesem Moment, in dieser Geburt der höchsten Feindseeligkeit die höchste Versöhnung wirklich zu seyn scheint.«[54]

Hölderlin beschreibt am Anfang dieses Zitates nicht den ursprünglichen, anfänglichen Zustand, die »heilige Dämmerung«, sondern die Existenzweise des *Telos* der metaphysisch-historischen Entwicklung im Verhältnis von Göttern, Menschen, Natur und Kunst. Im »reinen Leben«, dem Vollendungszustand der Entwicklung dieses »Gevierts«, sind sich Natur und Kunst »nur harmonisch entgegengesetzt«, d.h., sie ergänzen sich jeweils; rücksichtsvoll vervollständigt die Kunst, was der Natur und die Natur, was der Kunst mangelt. Der Mangel ist beiden zwar notwendig, weil beide schon Bestimmtheiten sind und als solche Spezialisierungen enthalten müssen, die sie von Ganzen zu Teilen herabsetzen; Kunst ist nicht Natur und Natur nicht Kunst. Im »reinen Leben« ergänzen sich jedoch beide. Die ergänzende Mitte zwischen den Unterschiedenen Natur und Kunst ist göttlich. Im Vollendungszustand ist der Mensch »Blüte der Natur«, d.h., die aorgische, unendliche Natur kommt im organischen Geordneten des Menschen zu ihrer schönsten Ausprägung. Im Menschen ist dann der Gegensatz von unendlich-unbegrenzt und endlich-geordnet versöhnt; in seiner Vollendung ist der Mensch eine geordnete Unendlichkeit. Das Geviert von Natur, Kunst, Göttern und Menschen existiert, lebt im *Telos* als freie Mannigfaltigkeit.

Offenbar ist diese Existenzform des *Telos* als »reines Leben« aber noch nicht genug, denn dies ist eben noch bloß ein gefühltes Leben, es ist noch nicht die letzte und höchste Versöhnung erreicht, nämlich die der Erkenntnis dieser Einheit. Hölderlin begründet die Notwendigkeit der Erkenntnis des »reinen Lebens« in diesem Zitat zwar nicht, aber man kann wohl ergänzen, dass eine bloß gefühlte Vollendung noch keine wirklich höchste Vereinigung der Unterschiedenen (Natur und Kunst, Aorgisches und Organisches) ist, denn es mangelt der höchsten und letzten Form einer erkennenden Vereinigung. Eine bloß gefühlte Vollkommenheit kippt wieder auf die Seite des Aorgischen, Naturhaften, ihr fehlt noch die organische, bewusste Seite. Daher ist diese Erkenntnis eine Art Vollendung der Vollendung.

Weil sich die Menschen immer mehr von den Göttern abwenden und damit von jener Einheit, in der es die harmonische Entgegensetzung von Natur und Kunst geben kann, beginnt die Nacht der Götter.

Mit dem Gegensatzpaar Organisch-Aorgisch ist offenbar nicht der gängige Sinn von einem biologischen Organismus einerseits und einem anorganischen Stoff andererseits gemeint.[55] Das Organische bestimmt sich hier vielmehr im Horizont des Begriffsfeldes: künstlich, Kunst, Ichheit, Besonderheit, Ordnung, Bewusstsein, Selbsttätigkeit, Selbstbezüglichkeit, Mensch, Reflexion; wohingegen dem Aorgischen das Begriffsfeld Unorganisiertes, Unbegreifliches, Unfühlbares, Natur, Unbegrenztes, Allgemeines, Unendliches zukommt. Das Aorgische hat eine Nähe zum ἄπειρον des Anaximander.[56] Wenn Hölderlin hier Organisches im Sinne von Besonderheit und das Aorgische im Sinne der Allgemeinheit verwendet, dann sind damit nicht abstrakte Begriffsbestimmungen gemeint, sondern die Selbstbezüglichkeit und Ausrichtung auf das Eigene im Organischen ist eine Form der Partikularität, und umgekehrt ist die Durchgängigkeit und Omnipräsenz der Natur eine Form der Allgemeinheit.

Die Erkenntnis – solange sie nicht in der höchsten Einheit geschieht – setzt zwar die gefühlte Einheit »reinen Lebens« voraus, zerstört sie aber auch notwendig und führt zu einer »verkehrten Welt«. Im gefühlten »Übermaß der Innigkeit« reinen Lebens werden die eigentlich harmonisch Entgegengesetzten nämlich verwechselt, d.h., die eigentlich aorgische Natur wird organisch, die organische Kunst wird aorgisch. Jeweils prävaliert an den Entgegengesetzten das Entgegengesetzte. Das ergibt einen Kontrast, bei dem das Erkennen ansetzen kann. In harmonischer Entgegensetzung ist der Kontrast von Natur und Kunst, Organischem und Aorgischem unterhalb der Wahrnehmungsschwelle des Erkennens. Die kontrastierende Verwechslung von Natur und Kunst, Aorgischem und Organischem ermöglicht das Erkennen, gleitet aber in die Periode des Konflikts der Entgegengesetzten ab, es geht von harmonischer Entgegensetzung zu disharmonischer Entgegensetzung. In Hölderlins Version der »verkehrten Welt« überlässt sich das Organische, das Bewusstsein, die Kunst zu sehr dem Gegenteil. Das organisch-organisierte Bewusstsein ist dadurch auf aorgische Weise organisch-geordnet. Das bedeutet, dass das Bewusstsein sich zu absoluter Selbsttätigkeit, extremer Reflexion aufwirft, ein auf aorgische (d.h. unendliche) Weise realisiertes Organisches. – Hier ist Fichtes absolutes Ich, die umfassende Kultivierung der Natur und das reflexive Selbstbewusstsein der Neuzeit zu verorten. – Umgekehrt wird aber auch die aorgische Natur in der Sicht des Menschen ins Extrem getrieben. Das Unbegreifliche ist nur noch unbegreiflich, das unendlich Unbestimmte der Natur nur noch unendliche Unbestimmtheit. Die Natur – vereinseitigt und insofern organisch, d.h. systematisch eingegrenzt auf Unbegrenztheit, Unbestimmtheit – erscheint als unbestimmte Masse, die der Mensch zu organisieren hat. In aristotelisch-mittelalterlicher Terminologie kann man sagen, die *secunda materia* fällt in *prima materia* zurück.

In dieser »verkehrten Welt« ist Erkenntnis möglich, denn der Mensch ist nun in der Lage, seine organisierenden Kräfte in der Natur zu realisieren; wenn der Mensch die Natur kultiviert, erscheint sie ihm organisch. Im Kultivieren der Natur wächst aber auch die Erkenntnis, dass das Organische sich in das Aorgische der Natur einpasst. Daher ist es möglich, dass sich die Entgegengesetzten unter umgekehrten Vorzeichen nun »wie anfangs begegnen«. Für den Menschen ist dies das höchstmögliche Gefühl, denn er fühlt nun einerseits »reines Leben«, d.h. aorgische Natur und organische Kunst/Bewusstsein, und er fühlt die Umkehrung, d.h. organische Natur und aorgische Kunst/Bewusstsein.

»In der Mitte liegt der Kampf, und der Tod des Einzelnen«: Die Nacht der Götter ereignet sich als »verkehrte Welt« nach dem Tode Christi, den Hölderlin – sicherlich für Christen zu synkretistisch – als den letzten der olympischen Halbgötter deutet. Christus steht für Hölderlin als Bruder neben Herakles und Dionysos. Insofern ist die Besinnung auf Christus bei Hölderlin ein konsequenter weiterer Schritt innerhalb der abendländischen Wendung. Denn wenn er sich auf Christus bezieht, ist dies auch ein Bezug auf die Fremde, den Geist der Antike. Dies ist eine wesentliche Bedeutungsebene von *Der Einzige*, *Patmos* und der *Friedensfeier*. Der Kontext zur abendländischen Wendung, in der nicht nur eine Bewegung von Hellas zu Hesperien geschieht, sondern auch die Geistigkeit mit dem epistemisch begrenzten, aber doch umfassenden Wissensanspruch konfrontiert wird, den das Ich in der philosophischen Landschaft von Hölderlins Gegenwart erhebt, ist in den verschiedenen Fassungen von *Patmos* besonders präsent. *Patmos* ist für die Thematik der abendländischen

Wendung daher neben *Der Einzige* und der *Friedensfeier* aus Sicht der Dichtung Hölderlins sehr aufschlussreich.

IV. Christus und seine Brüder in der Endzeit von Hellas: *Der Einzige*

Die Schwierigkeit, das Eigene, Nationelle frei zum Ausdruck bringen zu können, rührt daher, dass es uns zu nah, zu selbstverständlich ist und daher der distanzierenden Spiegelung durch das Fremde, das Hellenische bedarf. In den späten Hymnen *Der Einzige*, *Patmos* und *Friedensfeier* setzt Hölderlin dieses Programm im Gedicht um, genauer in der Form des von ihm sog. »vaterländischen Gesangs«. Laut seines einleitend programmatischen Vorworts zur *Friedensfeier*[1] muss der Leser »gutmütig« sein, dann empfindet er die religiösen, historischen, metaphysischen, kulturellen und die die Natur betreffenden exzentrischen Thesen, die insbesondere in der Gnomik innerhalb dieser ausgedehnten Hymnen fokusartig zum Ausdruck kommt, nicht mehr als »anstößig«. Das Fremdartige bezeichnet Hölderlin hier als »wenig konventionell«. In gewissem Sinne sind in der Geisteswelt dieser unkonventionellen Hymnen z. B. Christus, Herakles und Dionysos miteinander zu vergleichen, wenngleich das auch nur – so sagt es Hölderlin in *Der Einzige* – sehr schamhaft geschehen kann. In Bezug auf *Der Einzige*, *Patmos* und *Friedensfeier* kann man mit der Thematik der abendländischen Wendung einen die Hymnen verbindenden roten Faden ausmachen. In *Der Einzige* geht es um das Problem, wie sich ein gegenwärtiger Dichter überhaupt der Antike nähern kann, insbesondere darum, wie es ihm gelingen kann, Christus als integralen Bestandteil der antiken Götterwelt thematisieren zu können; in *Patmos* wird das Wesen Christi geklärt, seine Erscheinung in der antiken Vergangenheit, und die *Friedensfeier* stellt das in der Zukunft liegende *Telos*, den allumfassenden Frieden, und die Sinnstiftung jener merkwürdigen antik-modernen Verbindung dar. Somit kann man etwas vereinfachend sagen, dass diese drei »vaterländischen Gesänge« die Einheit von Gegenwart, Vergangenheit und Zukunft darstellen.

Die Hymne *Der Einzige* liegt in drei Fassungen vor; die erste ist auf den Herbst 1801 oder 1802 zu datieren und ist im Homburger Folioheft überliefert, die zweite ist das sog. Warthäuser-Fragment vom Sommer 1803 und die dritte Fassung ist wohl auf den Herbst 1803 zu datieren.[2] Hölderlin bezeichnet in der dritten Fassung die drei Halbgötter Dionysos, Herakles und Christus als Brüder und als »ein Kleeblatt«.[3] Christus wird zum »lezten«[4] des antiken Göttergeschlechts. Ihn liebt der Dichter ganz besonders, er ist »des Haußes Kleinod« (das Haus bezeichnet in diesem Zusammenhang die Gemeinschaft der antiken Götter und Halbgötter) und doch ist er auch *Der Einzige*.[5] – Indem Hölderlin Christus in die antike Götterwelt einordnet, vollzieht er eine eigentümliche Art der »abendländischen Wendung«, das Eigene frei im Anderen zu gebrauchen: Denn Hölderlin selbst sind Christus und das Christentum aus dem hesperischen Kulturraum natürlich sehr vertraut – er hat schließlich in Tübingen Theologie studiert – und nun wird dies in die hellenische Lebensform integriert, übersetzt, entfremdet, um hinterher wieder in Hölderlins eigene hesperische Gegenwart zurückübersetzt zu werden, nämlich dann, wenn Hölderlin für seine götterferne Zeit eine Tröstung durch Christus erhofft und ihn z. B. zur *Friedensfeier* lädt. –

Christus hat im Gegensatz zu seinen hellenischen Brüdern die Fähigkeit, sich selbst zu bescheiden. Herakles versucht wie ein weltlicher Fürst, alles durch Arbeit zu beherrschen, Dionysos dagegen bringt die Kultur, er ist wie der Geist im Wein ebenfalls auf die Welt ausgerichtet und wie ein Jäger auf Anhängerschaft aus – das wird auch in Euripides' *Bakchen* deutlich, wo im Dionysoskult die Jagd eine besondere Rolle spielt; allerdings würde man Seelenfängerei und das Aussein auf Anhänger auch gut auf Christus beziehen können –. Die erste Fassung von *Der Einzige* beginnt:

Was ist es, das
An die alten Küsten
Mich fesselt, daß ich mehr noch
Sie liebe, als mein Vaterland?
Denn wie in himmlische Gefangenschaft verkaufft
Dort bin ich, wo Apollo gieng
In Königsgestalt,
Und zu unschuldigen Jünglingen sich
Herablies Zevs und Söhn' in heiliger Art
Und Töchter zeugte
Der Hohe unter den Menschen?

Der hohen Gedanken
Sind nemlich viel
Entsprungen des Vaters Haupt
Und große Seelen
Von ihm zu Menschen gekommen.
Gehöret hab' ich
Von Elis und Olympia, bin
Gestanden oben auf dem Parnaß,
Und über Bergen des Isthmus,
Und drüben auch
Bei Smyrna und hinab
Bei Ephesos bin ich gegangen;

Viel hab' ich schönes gesehn,
Und gesungen Gottes Bild,
Hab' ich, das lebet unter
Den Menschen, aber dennoch
Ihr alten Götter und all
Ihr tapfern Söhne der Götter
Noch Einen such ich, den
Ich liebe unter euch,
Wo ihr den lezten eures Geschlechts
Des Haußes Kleinod mir
Dem fremden Gaste verberget.

Mein Meister und Herr! [d.i. Christus; Einf. R.S.]
O du, mein Lehrer!
Was bist du ferne
Geblieben? und da
Ich fragte unter den Alten,
Die Helden und
Die Götter, warum bliebest
Du aus? Und jezt ist voll
Von Trauern meine Seele
Als eifertet, ihr Himmlischen, selbst
Daß, dien' ich einem, mir
Das andere fehlet.

Ich weiß es aber, eigene Schuld
Ists! Denn zu sehr,
O Christus! häng' ich an dir,
Wiewohl Herakles Bruder
Und kühn bekenn' ich, du
Bist Bruder auch des Eviers, der
An den Wagen spannte
Den Tyger und hinab
Bis an den Indus
Gebietend freudigen Dienst
Den Weinberg stiftet und
Den Grimm bezähmte der Völker.

Es hindert aber eine Schaam
Mich dir zu vergleichen
Die weltlichen Männer. Und freilich weiß
Ich, der dich zeugte, dein Vater,
Derselbe der,[6]

Nach »Derselbe der,« befindet sich in der ersten Fassung von *Der Einzige* eine Lücke im Text. Das lyrische Ich liebt das antike Griechenland mehr als sein eigenes Vaterland, weil dort ein Göttertag herrschte, an dem der Gottvater Zeus mitten unter den Menschen seine Gedanken anwesend sein ließ – d.h. Halbgötter und Helden, man kann hierbei sicherlich auch an die Kopfgeburt der Athene denken. Dieses lyrische Ich hat als Dichter jene Götter und Halbgötter besungen (»und gesungen Gottes Bild«) und ist dort dennoch ein fremder Gast. Darin kommt die zwiespältige Situation des lyrischen Dichter-Ichs zum Ausdruck, denn als fremder Gast liebt er diese »Kolonie« dennoch mehr als sein Vaterland. Offenbar fehlt in der Kollektion der besungenen alten Götter dem lyrischen Ich aber noch einer, und das ist Christus; dieser wurde ihm von den alten Göttern selbst vorenthalten. Die Götter enthielten ihr »Kleinod« Christus dem Dichter vor, weil sie wissen, dass er ihn zu sehr liebt und nur ihn betonen würde. Es geht den Göttern aber darum, dass das lyrische Ich einsieht, dass eine solche einseitige Betonung dazu führt, dass ihm dann die anderen Aspekte der Göttlichkeit fehlen würden. Die Seele des Dichters ist voll der Trauer, weil – wie eine spätere Strophe am

Dichter kritisiert – gilt: »Nie treff ich, wie ich wünsche, / Das Maas.«[7] Dies ist dadurch bedingt, dass die Himmlischen ihm Komplexes abverlangen, nämlich dass er Polytheist ist, er soll nicht nur einem dienen, weil ihm sonst das andere fehlt. Die Tendenz, nur einem, d.i. Christus, dienen zu wollen, ist durch die besondere Liebe des Dichters zu diesem bedingt. Es ist also seine eigene Schuld, nicht das rechte Maß im Polytheismus einzuhalten.

Dass Hölderlin in der letzten der zuvor zitierten Strophen nicht direkt Dionysos oder Bacchus nennt, sondern diesen mit seinem Beinamen »Evier« – der sich von dem Ausruf εὐοῖ während der dionysischen Kulthandlungen herleitet – anspricht, begründet sich wohl damit, dass das lyrische Ich des Gedichts die drei Halbgötter miteinander nur mit der größten Scham vergleicht.

In der zweiten Fassung von *Der Einzige* führt Hölderlin in seiner Anrede an Christus in derselben Strophe genauer aus, dass und wie Dionysos den Grimm der Völker bezähmt:

Und kühn bekenn' ich, du bist Bruder auch des Eviers, der
Die Todeslust der Völker aufhält und zerreißet den Fallstrik,
Fein sehen die Menschen, daß sie
Nicht gehen den Weg des Todes und hüten das Maas, daß einer
Etwas für sich ist, den Augenblik
Das Geschik der großen Zeit auch
Ihr Feuer fürchtend, treffen sie, und wo
Des Wegs ein anderes geht, da sehen sie
Auch, wo ein Geschik sei, machen aber
Das sicher, Menschen gleichend oder Gesezen.[8]

Hölderlin nähert durch diese Wortwahl Dionysos der traditionellen Sicht auf Christus an. Doch wenngleich Dionysos hier Ähnlichkeit mit Christus bekommt, indem er vor dem Tod bewahrt und uns vor Fallstricken und Verstrickung schützt, so ist es doch unser konkretes diesseitiges Leben, um das es Dionysos geht. Dies geschieht offenbar dadurch, dass Dionysos koordinierend eine maßvolle Individualität und Selbstidentität unter den Menschen gebietet (»daß einer / Etwas für sich ist«), die dadurch koexistieren können. Die Vermeidung des Weges des Todes und das Maßhalten wird den Menschen durch den Kulturstifter Dionysos möglich, der innerhalb der »großen Zeit«, d.h.

der eigentlich göttlichen Geschichtszeit, die wie Feuer vernichtend ist, eine Begrenzung des einzelnen Menschen auf sich ermöglicht (»machen aber das sicher, Menschen gleichend oder Gesetzen«). Würde der einzelne Mensch dessen gewahr, dass er nur ein kleines, unbedeutendes Rädchen im Gesamtablauf ist, würde er angesichts seiner Unbedeutendheit verzweifeln; dass er dennoch seine individuellen Bedürfnisse ernst nehmen kann, verdankt er Dionysos. Zugleich enthält diese individuierende Tendenz aber beim Menschen auch die Gefahr, dass er die ihm passend begrenzten Gesetze des Großen und Ganzen selbst für das Große und Ganze hält. Die Wohltat des Dionysos kann dann zu Erstarrung im Gesetz oder zu Überhebung des Menschen führen.

In der dritten Fassung von *Der Einzige* wird daraus:

Und kühn bekenn ich, du
Bist Bruder auch des Eviers, der einsichtlich, vor Alters
Die verdrossene Irre gerichtet
Der Erde Gott, und beschieden
Die Seele dem Thier, das lebend
Vom eigenen Hunger schweift und der Erde nach gieng
Aber rechte Wege gebot er mit Einem mal und Orte
Die Sachen auch bestellt er von jedem.[9]

Dionysos erscheint auch hier als diesseitiger, ausgleichender Gott der Erde, der sich einerseits um das Seelenheil der Tiere kümmert (schon in der ersten Fassung bezähmte er ja sogar die Tiger) und andererseits um ihr leibliches Wohl; analog ging es Dionysos in der zweiten Fassung um das diesseitige Gemeinwohl der Menschen. Christus dagegen »bescheidet sich selbst«. Er erscheint gegen Herakles und Dionysos wie »das Ende«. Vergleichbar sind die drei Halbgötter dadurch (3. Fassung):

Nemlich Christus ist ja auch allein
Gestanden unter sichtbarem Himmel und Gestirn, sichtbar
Freiwaltendem über das Eingesezte, mit Erlaubniß von Gott,
Und die Sünden der Welt, die Unverständlichkeit
Der Kenntnisse nemlich, wenn Beständiges das Geschäfftige überwächst
Der Menschen und der Muth des Gestirns war ob ihm. Nemlich immer

Jauchzet die Welt
Hinweg von dieser Erde, daß sie die
Entblößet; wo das Menschliche sie nicht hält. Es bleibet aber eine Spur
Doch eines Wortes; die ein Mann erhaschet. Der Ort aber

Die Wüste. So sind jene sich gleich. Voll Freuden, reichlich. Herrlich
grünet
Ein Kleeblatt.

Dieser Text der dritten Fassung wurde genau dort von Hölderlin eingefügt, wo die erste Fassung eine Textlücke aufwies.

Die Gemeinsamkeit der drei Halbgötter besteht also in ihrer konkreten Erscheinung und darin, »allein gestanden« zu haben, d.h. aufgrund ihrer besonderen Art getrennt, einsam gegenüber der menschlichen Gesellschaft, wenngleich sie auf sie einwirken wollten. Gemeinsam ist ihnen auch, dass ihnen ihr Gottvater jeweils die Erlaubnis zu dieser konkreten Erscheinung gab. Gemeinsam ist ihnen ferner, dass sie gleichfalls der immer bestehenden Tendenz der Welt, sich von der Erde zu entfernen, Einhalt gebieten wollten. Es klingt paradox und bedarf der Interpretation, dass sich die Welt von der Erde entfernt. Mit der Welt meint Hölderlin wohl den menschlichen Zeitgeist; schon in der zweiten Fassung hielt Dionysos die »Todeslust der Völker« auf.[10] Von der Erde sich hinwegzujauchen, bezeichnet eine Sehnsucht in eine abstrakte Transzendenz, ein unbestimmtes Jenseits. Es ist den drei Halbgöttern überdies gemeinsam, dass sie die Charakteristika von Ackersmann, Jäger und Bettler haben:

Alle Tage stehen die aber, als an einem Abgrund einer
Neben dem andern. Jene drei sind aber
Das, daß sie unter der Sonne
Wie Jäger der Jagd sind, oder
Ein Akersmann, der athmend von der Arbeit
Sein Haupt entblößet oder Bettler. Schön
Und lieblich ist es zu vergleichen. Wohl thut
Die Erde. Zu kühlen. Immer aber[11]

Nach dem »Immer aber« bricht die dritte Fassung ab. Die drei Halbgötter sind nicht einfach Jäger, sondern »Jäger der Jagd«, d.h., sie versuchen, dem jagenden Weltgeist der Menschen Einhalt zu gebieten, man kann sie im Getümmel des Weltlaufs auch einem Pause machenden Ackersmann vergleichen oder dem Außenseiterdasein von Bettlern. In einem Zwischenentwurf notiert Hölderlin zu der Stelle lapidar: »So sind jene sich gleich.«[12] Man darf daher nicht Ackersmann, Bettler und Jäger entweder Dionysos oder Herakles oder Christus zuordnen,[13] vielmehr kommen allen dreien alle drei Charakteristika zu, wenngleich es Prävalenzen geben mag.

In Bezug auf Jochen Schmidts eingangs genannte Interpretation von *Der Einzige*[14] als schamhafte Darstellung der inneren Konflikte des lyrischen Ich beim synkretistischen Vergleich der drei Halbgötter darf man den Satz »Schön und lieblich ist es zu vergleichen.« nicht als »Widerlegung« sehen. Erstens handelt es sich hier um die dritte Fassung von *Der Einzige*, Schmidt deutet die erste, und zweitens kann gedeutet werden, gerade weil Schmidts Deutung korrekt ist, sie lässt sich ja am Text belegen, kann Hölderlin nun, nachdem er sich das Vergleichen erarbeitet und den inneren Konflikt überwunden hat, zu dem Schluss kommen, dass das Vergleichen schön und lieblich ist.[15] Diese Schönheit und Lieblichkeit ist eben eine Frucht der abendländischen Wendung, denn nun, nachdem das Beschämende, unsere Unreife, der problematische Egoismus und die ganze Kompliziertheit polytheistischen Vergleichens eingesehen ist, wird es möglich, solche Vergleiche angemessen und Maß haltend durchzuführen. Angemessen ist: Einem zu dienen, ohne den anderen nicht zu dienen.

Auf Christus trifft aber die Charakterisierung als Bettler vielleicht am stärksten zu, denn in gewisser Differenz zu den beiden anderen »bescheidet [er] sich selbst«[16] und Hölderlin sagt:

> *Wie Fürsten ist Herkules. Gemeingeist Bacchus. Christus aber ist*
> *Das Ende. Wohl ist der noch anderer Natur; erfüllet aber*
> *Was noch an Gegenwart*
> *Den Himmlischen gefehlet an den andern.*[17]

Die Differenz zwischen Christus und den beiden anderen Halbgöttern ergibt sich aus seiner historisch-metaphysischen Position als Ende bzw. Vollendung der Gegenwärtigkeit der Götter bzw. der Himmlischen auf der Erde. Herakles und Dionysos bringen fürstliches

Herrschen und den gerechten Gemeingeist auf die Erde;[18] Christus bringt die Selbstbescheidung.

Auch die unbedingte Liebe macht die Vollendung dessen, was bei Herakles und Dionysos nur angelegt war. Die Charakterisierung von Herakles/Herkules als Fürst, Dionysos/Bacchus als Gemeingeist und Christus als das Ende findet sich zwar nur in einer Ergänzung zu *Der Einzige*, doch kann sie Grundsätzliches verdeutlichen. Mit Christus ging der antike Göttertag zu Ende und die Nacht der Götter, die Götterferne bricht an. Mit Christus beginnt daher auch eine neue Zeit(rechnung).

Da Herakles, Dionysos und Christus gleichermaßen Söhne von Zeus sind, ist nun eine genauere Bestimmung von diesem notwendig; er wird auch in allen drei Fassungen von *Der Einzige* jeweils in der ersten Strophe beim Namen genannt und zwar als derjenige, der sich herablässt, Söhne und Töchter zu zeugen und in die Welt zu entsenden. Dies ermöglicht auch ein genaueres Verständnis der im vorigen Kapitel untersuchten Anwendung der abendländischen Wendung auf theologischer Ebene, denn auch Hölderlins Verständnis von Zeus steht in diesem Kontext. Zeus ist in der Antike eine ordnungsstiftende oberste Gottheit. Doch wie verträgt sich dies damit, dass Hölderlin betont, dass wir, also die Deutschen seiner Gegenwart, unter dem »eigentlicheren Zeus« leben? Zeus kann hier offenbar nicht mit dem christlichen Gott-Vater identifiziert werden. Auch in der *Friedensfeier* ist der Fürst des Festes, der Herr der Zeit, als höchster Gott nicht einfach mit dem christlichen Gott zu identifizieren. Christus wird dort zum Fürsten des Festes eingeladen, kann also nicht selbst der Fürst des Festes sein, und dieser selbst wird mit griechischen Umschreibungen angedeutet, er ist der »Allversammelnde«, der »Allbekannte«, der »Donnerer«, der »Vater«, bleibt aber letztlich in der Pluralität seiner Bezeichnungen doch merkwürdig namenlos. Der Fürst des Festes aus der *Friedensfeier* ist also auch nicht einfach mit Zeus zu identifizieren. – Die Namenlosigkeit bzw. Vielnamigkeit ist jedoch keine Inkonsequenz oder Unfertigkeit in Hölderlins Ansatz, sondern eine notwendige Konsequenz aus der Allversöhnung am Ende der Zeit; wollte man Gott nun wieder nur *einen* Namen geben, hätte man seine Viel-Einheit, seine Ein-Vielheit verfehlt. –

Der Zusammenhang von Sohnschaft und Gottvater, die im Anfang der Zeit und während des antiken Göttertages besteht, ist zwar auch mit christlichen Theologumena aufgeladen, wird aber insbesondere vor dem Hintergrund von Hölderlins Gedicht *Natur und Kunst oder Saturn und Jupiter* verständlich, also vor hellenischem Hintergrund. Zeus/Jupiter ist der Sohn von Saturn/Kronos. Zeus wird mit Kunst, Kronos mit der Natur gleichgesetzt, genauer gesagt entspricht Zeus einer artifiziellen Ordnung, die aus der ursprünglicheren Natur erwachsen ist. Der Zeus der Antike regiert, nachdem er seinen Vater abgesetzt hat, durch Herrscherkünste, sein Gesetz blühte. Davor war Kronos/Natur, der Gott der Goldenen Zeit, die durch Freiheit herrschte, produktiv gestaltete. In der Antike herrschte Zeus noch so, dass er im Sinne von Kronos mit seinen Mitteln des Gesetzes versucht, die heilige Dämmerung seines Vaters zu verkünden, also aufrechtzuerhalten.

Das mythologische Verhältnis von Kronos und Zeus lässt sich auch ontologisch und begrifflich in einer philosophischen Perspektive bestimmen, es handelt sich nämlich um das Problem der Entstehung von Bestimmtheit und einen Übergang von einer in sich noch undifferenzierten Einheit zu einer Einheit, die auf Mannigfaltigkeit bezogen ist, wie Hölderlin, Mythos und Philosophie vereinigend, in *Über den Unterschied der Dichtarten* ausführt:

> »Und hier, im Übermaaß des Geistes in der Einigkeit, und seinem Streben nach Materialität, im Streben des teilbaren Unendlichen, Aorgischern, in welchem alles Organischere enthalten sein muß, weil alles bestimmter und nothwendiger Vorhandene ein Unbestimmteres, unnotwendiger Vorhandenes nothwendig macht, in diesem Streben des teilbaren Unendlichern nach Trennung, welches sich im Zustande der höchsten Einigkeit alles Organischen allen in dieser enthaltenen Theilen mittheilt, in dieser nothwendigen Willkür des Zevs liegt eigentlich der ideale Anfang der wirklichen Trennung.«[19]

Bestimmtheit gibt es vermittels der Trennung in Momente, woraus das Organischere besteht, d. h., es gibt innerhalb von unterschiedener Mannigfaltigkeit Organisiertes. – Dass es Organisiertes gibt, kann man sich z. B. daran verdeutlichen, dass es unharmonische Entgegensetzung, Auseinandersetzung, Krieg oder Streit gibt; das kann es nämlich nur geben, wenn es etwas Gemeinsames, Einheitliches gibt, um das man sich streiten kann. – Im Organisierten gibt es des Weiteren Notwendigkeit, weil unterschiedene Momente aufeinander gesetzmäßig bezogen werden können; wo kein Bezug von etwas auf etwas von ihm Unterschiedenes regelhaft möglich ist, kann auch keine Notwendigkeit auftreten. Die Feststellung, dass es Organisches und Notwendigkeiten gibt, kann man mit Hölderlin als ein Faktum betrachten, von dem auf die Voraussetzungen zurückgeschlossen werden kann. Die Notwendigkeit des einheitlich Organisierten darf nämlich nicht aus etwas abgeleitet werden, das selbst auch schon wieder notwendig ist – sonst droht ein *circulus vitiosus* –, es kann aber auch nicht aus dem Nichts entstehen – denn aus dem Nichts wird nichts –, daher muss notwendige Ordnung aus Willkür bzw. Freiheit entstanden sein. Notwendigkeit impliziert also Unnotwendigeres, Zufälliges, Willkür. Dies ist die Notwendigkeit des Unnotwendigen. Oder in Hölderlins Terminologie: Organisches impliziert Aorgisches; ohne Unendliches nichts Endliches. Das impliziert aber wiederum einen Übergang vom Aorgischeren zum Organischeren. Im Übergang sind die Momente Notwendigkeit-Willkür, Aorgisches-Organisches, Idealität-Materialität synthetisiert. Diesen Übergangspunkt von einem (bloß) teilbaren Unendlichen zur tatsächlichen trennenden Teilung kann man mythologisch als Zeus (»nothwendige Willkür«) bezeichnen; ähnlich wie in dem Gedicht *Natur und Kunst oder Saturn und Jupiter* beschreibt »Zeus« hier den aus Freiheit (»Willkür«) geschehenden Überschritt von der Unbestimmtheit/Unendlichkeit zur Bestimmtheit/Endlichkeit, vom Aorgischeren zum Organischeren, oder in der Terminologie von *Urtheil und Seyn* den Übergang von der intellektuellen Anschauung in das Selbstbewusstsein/Ich, vom Sein zum Urteil; und über den Übergang versucht Zeus, mit der Notwendigkeit der »Gesetzeskraft« zu regieren.

Anders deutet Werner Hamacher die Stelle der »notwendigen Willkür des Zeus«:

> »Wenn ›Zevs‹ das unmittelbare Verhältnis des Selbst zu sich in der ›intellectualen Anschauung‹ bezeichnet, dann bezeugt das ›Übermaaß‹ seiner Einigkeit die Nötigung, aus sich herauszutreten und in freier Wahl sich mit dem Zufall einer ihm fremden Materie zu verbinden.«[20]

Hölderlin spricht an dieser Stelle zwar nicht von intellektueller Anschauung, aber man mag sie hier wohl im Hintergrund annehmen, jedenfalls ist es angesichts der Bestimmungen zur intellektuellen

Anschauung in *Urtheil und Seyn* nicht einfach vorauszusetzen, dass diese ein »unmittelbares Verhältnis des Selbst zu sich« bezeichnet. – Für Fichte war das sicherlich der Fall. – Wenn Hölderlin an dieser Stelle »Zeus« einführt, scheint mir das aber eher dagegen zu sprechen, dieses Geschehen mit einer Tätigkeit des Selbst (das auch uns Menschen zukommt) zu identifizieren. Hamacher fährt jedenfalls fort:

> »Sie ist Teilung und Mitteilung des ›Zevs‹: seine ›nothwendige‹, die Not seiner Einheit wendende, sie zur Erde wendende Trennung von sich, die Unterbrechung seiner Selbstbezogenheit und Deformation seines transzendentalen Formalismus in einem Element irreduzibler Materialität.«[21]

Dass Zeus bzw. die intellektuelle Anschauung selbst »transzendentaler Formalismus« ist, der sich in Mitteilung mit Materie deformiert, ist stark, immerhin kommt da ein deformierter Formalismus heraus! Hölderlin sagt es aber nicht. Und weiter deutet Hamacher:

> »Der ›göttliche Moment‹ muss darum als Moment seiner Brechung und Unterbrechung, nicht nur Ursprungsmoment der Temporalisierung, er muss zugleich Moment der Erzeugung einer endlichen, kontingenten und irreduzibel mannigfaltigen Sprache sein, die sich der Subsumtion unter das Maß der Einheit in der intellektuellen Anschauung verweigert und sich als sprachlos, nämlich zur Sprache der transzendentalen Bedeutungssicherung nicht geschickt, jeder Vermittlungsfunktion entzieht.«[22]

Diese Deutung könnte auch sprachlos machen, denn wieso aus Einheit Temporalisierung, aus Temporalisierung mannigfaltige Sprachlichkeit und aus Sprachlichkeit Sprachlosigkeit folgen soll, ist völlig unklar, kann wohl auch argumentativ nicht erklärt werden. Der deformierte Formalist Zeus wäre jedenfalls ziemlich produktiv. Dies scheint mir dem Verständnis Hölderlins wenig zu dienen.

Jedenfalls hat sich gezeigt, dass Zeus nach Hölderlins *Über den Unterschied der Dichtarten* aus philosophischer Perspektive als der Übergangspunkt vom Unendlichen zum Endlichen, vom Aorgischen zum Organischen zu rekonstruieren ist. Dies kann auf seine Nennung in der ersten Strophe aus *Der Einzige* bezogen werden, wo er als Vater von Dionysos, Herakles und Christus (sowie anderer Helden, Götter und Halbgötter) eingeführt wird. Diese sind als »hohe Gedanken« aus

»des Vaters Haupt« zu den Menschen gekommen und stellen somit eine Differenzierung und Materialisierung des Übergangspunktes vom Unendlichen zum Endlichen dar.

Der Einzige endet nach der größeren Textlücke in der ersten Fassung (in jener Lücke steht nur der tiefsinnige Satz: »Denn nimmer herrscht er allein.«) mit einem Rückbezug auf die auch am Anfang des Gedichts dargestellte Situation und Aufgabe des Dichters:

Es hänget aber an Einem
Die Liebe. Diesesmal
Ist nemlich vom eigenen Herzen
Zu sehr gegangen der Gesang,
Gut machen will ich den Fehl
Wenn ich noch andere singe.
Nie treff ich, wie ich wünsche,
Das Maas. Ein Gott weiß aber
Wenn kommet, was ich wünsche das Beste.
Denn wie der Meister
Gewandelt auf Erden
Ein gefangener Aar,

Und viele, die
Ihn sahen, fürchteten sich,
Dieweil sein Äußerstes that
Der Vater und sein Bestes unter
Den Menschen wirkete wirklich,
Und sehr betrübt war auch
Der Sohn so lange, bis er
Gen Himmel fuhr in den Lüften,
Dem gleich ist gefangen die Seele der Helden.
Die Dichter müssen auch
Die geistigen weltlich seyn.[23]

Christus lebt und fordert die Liebe radikal, daher ist der Fehler des Dichters nachzuvollziehen, dass er in diesem Gedicht, eben in *Der Einzige*, »Fehl« ging und mit seiner Liebe zu Christus diesen zu sehr betont hat. Die Darstellung seiner besonderen Liebe zu Christus wäre wohl der Inhalt jener Textlücke gewesen. Das lyrische Ich ist aber laut dieser dichterischen performativen Selbstreferenz der letzten beiden Strophen dazu bereit, das Desiderat dadurch auszugleichen, dass es auch noch andere Götter in anderen Gesängen besingt. Das lyrische Ich hat die abendländische Wendung also zwar vor Augen, sie ist ihm jedoch noch nicht vollständig gelungen. Das liegt aber auch an der gegenwärtigen Situation der Welt, denn die beklemmende Situation der Gefangenschaft betraf nicht nur Christus, Dionysos, Herakles und die »Helden«, sondern auch den Dichter selbst. Durch Christi Himmelfahrt wurde dieser zwar schon aus der Gefangenschaft erlöst, doch die Dichter sind noch gefangen. Daher müssen sie noch duldend ausharren in der Welt und trotz ihrer Geistigkeit weltlich bleiben, um die Aufgabe, die Himmlischen den Menschen zu vermitteln, zu erfüllen.[24]

V. Der Geist als Widersacher des ›absoluten Ich‹ – *Patmos:* Das lyrische Ich auf dem Weg in die Kolonie

Geradezu gegen den sog. subjektiven Idealismus lässt sich also Hölderlins Geistkonzeption ins Feld führen, denn wenn es das Wesen des Geistes ist, in die »Kolonie« auswandern zu müssen, dann kann er gar nicht alles in sich haben; er braucht das Fremde, wenn er seinem Wesen gerecht werden will. Er würde verkümmern und unfrei sein, wenn er nicht auf Anderes seiner selbst gleichberechtigt Bezug nähme. Der Geist kann auch nicht als Deduktionsprinzip gedacht werden, aus dem auf eine apriorische Weise alles herzuleiten wäre. Das Wesen des Geistes, wie ihn Hölderlin deutet, kommt in einer zuvor bereits zitierten Variante zu einem Vers aus der spätesten Fassung der Elegie *Brod und Wein* zum Ausdruck:

> *Glaube, wer es geprüft! nemlich zu Hauß ist der Geist*
> *Nicht im Anfang, nicht an der Quell. Ihn zehret die Heimath*
> *Kolonie liebt, und tapfer Vergessen der Geist.*
> *Unsere Blumen erfreun und die Schatten unserer Wälder*
> *Den Verschmachteten. Fast wär der Beseeler verbrandt.*[1]

»Kolonie« ist in diesem Kontext ein merkwürdiges Wort, das sich außer in dieser 1803 angefertigten Überarbeitung der Elegie *Brod und Wein* (die bereits im Winter 1800/01 vollendet war und 1801 in Reinschrift vorlag) sonst bei Hölderlin nicht findet. Friedrich Beißner gibt ihm die Bedeutung von »Asyl«, also einer Zufluchtsstätte.[2] – Hierfür spricht auch die Verwendung von »Asyl« in *Mein Eigentum*,[3] wo Hölderlin dichtet, dass der Gesang sein »freundlich Asyl« ist. Die fragile Existenz des Dichters besteht danach in der Grenzsituation, dass gerade das »Asyl« sein »Eigentum«, sein Eigenes ist. – Dagegen wendet sich Hans Pyritz: Kolonie ist zu verstehen »… im strengen Wortsinn als Siedlung, Pflanzstätte, neuer Wohnsitz, in den der Geist auswandert (bis ihn die nächste Geschichtsstunde zu weiterer Landnahme treibt)«.[4] Ähnlich sieht es auch Heidegger, der die Kolonie als stets auf das »Mutterland zurückbezogenes Tochterland«

sieht.[5] Beide Deutungen (Zufluchts- und Pflanzstätte, Letzteres ist ja auch tatsächlich die wörtliche Bedeutung von »Kolonie«) treffen natürlich einen richtigen Aspekt von »Kolonie« bei Hölderlin; sie sind daher eigentlich zu synthetisieren. Einerseits ist die Kolonie eine Zuflucht, in die der Geist flieht, da ihn die Heimat »auszehrt«, der fernherkommende Geist »erfreut« sich an unseren Blumen und dem Schatten der Wälder; andererseits ist die Kolonie aber auch ein problematischer Aufenthaltsort für den Geist, denn dort »vergisst« er, er vergisst sich selbst, seine Mission. Dieses Vergessen ist zwar »tapfer«, doch kann der Geist in solchem Vergessen nicht stehen bleiben, schließlich ist es auch der Sinn des Geistes der Dichtung bei Hölderlin, Erinnerung zu stiften. Es zeugt natürlich von Hölderlins genialem Sprachwitz, wenn er ausgerechnet an dieser Stelle das bei ihm so seltene *Fremd*wort »Kolonie« verwendet, um die Entfremdungsstation des Geistes zu bezeichnen.

Das Verbrennen des Beseelers, d.h. des Geistes, des Logos, kann aber nicht durch immer weitere »Landnahmen«, wie Pyritz vorschlägt, verhindert werden, denn wenn der Geist nur von Kolonie zu Kolonie wanderte, würde sein tapferes Vergessen nur immer weiter zunehmen, er würde sich zwar an immer neuen Blumen erfreuen, hätte aber keine Mission mehr, es wäre nur noch eine Wanderung durchs Anderssein und immer Anderssein.[6]

Nur wenn sich der Geist ins wirklich Fremde aufmacht, kann er lernen; wenn er alles nur aus sich selbst schöpfen wollte oder sich solches anmaßt, könnte er nichts Anderes dazulernen, er hätte ausgelernt, noch bevor er sich zu entwickeln begonnen hätte; wenn es dem Geist ausreichte, sich immanent selbst zu reflektieren, würde er sich nicht wirklich ent-wickeln. In einem *Bruchstück zur späteren Fassung* von *Patmos* heißt es bezüglich einer Seele, die von sich denkt, etwas Fertiges und Vollkommenes zu sein:

Grausam nemlich hasset
Allwissende Stirnen Gott.[7]

Andererseits darf der Geist aber auch nicht in der Kolonie ziellos umherschweifen; auch dies liebt der Geist; er vollzieht in der Kolonie zunächst ein »tapferes Vergessen«, das bedeutet, er schafft Raum für Neues, indem er das in seiner »Kindheit« einfach Vorgesetzte, das erste Nationelle, verdrängt. – Das ist bereits eine ähnliche Aufwertung des Vergessens, wie sie später aus Nietzsches *Vom Nutzen und Nachteil der Historie für das Leben* aus der *2. Unzeitgemäßen Betrachtung* hinsichtlich einer lebensdienlichen Historie bekannt ist. – Doch gleichwohl verfehlt sich der Geist, denn er vergisst sich, d. h., er kommt nicht in sein *Telos*, wenn er die Fremdheit bloß als kurzlebiges Strohfeuer eines unwesentlichen Interesses am Unbekannten, aus oberflächlicher Neugier herunterbrennt – diese Gefahr droht Goethes Faust, und selbst Mephisto geht ja die ungehemmte Sinneslust der Griechen zu weit… und noch Fellinis *Satyricon* thematisiert den hemmungslosen Hedonismus der Spätantike als die eigentliche Wurzel der Moderne –. Z. B. kann sich der hellenische Geist zwar an der Fremdheit unserer hesperischen Blumen und an dem Schatten unserer Wälder erfreuen, und umgekehrt können wir Hesperier uns an der ausufernden Sinnlichkeit der Antike erfreuen, doch dabei verfehlt sich der Geist ebenso, als würde er gleich in der Heimat blieben, das eine Mal vergisst er sich, das andere Mal verzehrt er sich. Wenn sich der moderne Geist in die Kolonie der griechischen Antike aufmacht und Begeisterung für die Alten empfindet, führt das immer auch die Gefahr des Selbstverlustes im Klassizismus mit sich. Es fehlt dann der Rückbezug auf das Nationelle, Eigene; ohne diesen Rückgang kann das Feuer des Geistes verlöschen. Für eine solche historische Entwicklung ist – wie bereits zitiert wurde – Hellas, das antike Griechenland, ein Beispiel:

… meinest du
Es solle gehen,
Wie damals? Nemlich sie wollten stiften
Ein Reich der Kunst. Dabei ward aber
Das Vaterländische von ihnen
Versäumet und erbärmlich gieng
Das Griechenland, das schönste, zu Grunde.
Wohl hat es andere
Bewandtniß jezt.[8]

In der zweiten Fassung von *Mnemosyne* (Herbst 1803) warnt Hölderlin eindrücklich vor der Sprachlosigkeit, die den Geist gefährdet, wenn er sich in der Fremde verliert:

Ein Zeichen sind wir, deutungslos
Schmerzlos sind wir und haben fast
Die Sprache in der Fremde verloren.
Wenn nemlich über Menschen
Ein Streit ist an dem Himmel und gewaltig
Die Monde gehen, so redet
Das Meer auch und Ströme müssen
Den Pfad sich suchen. Zweifellos
Ist aber Einer. Der
Kann täglich es ändern. Kaum bedarf er
Gesez. Und es tönet das Blatt und Eichbäume wehn dann neben
Den Firnen. Denn nicht vermögen
Die Himmlischen alles. Nemlich es reichen
Die Sterblichen eh' an den Abgrund.
Also wendet es sich, das Echo
Mit diesen. Lang ist
Die Zeit, es ereignet sich aber
Das Wahre.[9]

»Schmerzlos« wird der Mensch in der Fremde dann, wenn er unteilnehmend und abgestumpft gegenüber dem sich ereignenden Wahren wurde; er empfindet natürlich noch diesen oder jenen Schmerz oder auch Lust, jedoch gegen das, was ihn am schmerzlichsten angehen müsste, ist er abgestumpft. Hier zeigt sich die Thematik der abendländischen Wendung, denn in der Fremde verliert man »fast« die Sprache, z.B. wenn man Fremdes allzu schematisch nachahmt. Darin kann man Hölderlins Kritik am Klassizismus erblicken. Wer sich nur als nachahmender Schüler der Griechen betätigt, verliert fast die Sprache und wird deutungs- und bedeutungslos. Winckelmann'sches (wohl auch Goethe'sches und Schiller'sches) nachahmendes Schülertum bei den Griechen ist Hölderlin nicht genug, man muss zum Bruder der Griechen werden. Erst dann betreffen einen die metaphysischen und kosmologischen Angelegenheiten der Göttlichen selbst. Der Mensch ist in der Verlorenheit der Entfremdung für einen äußeren Beobachter nur noch ein Zeichen, denn er versteht sich selbst nicht mehr und ist insofern nicht in der Lage, sich selbst zu deuten, er ist deutungs- und bedeutungslos. Sich solchermaßen dem Wahren zu entfremden, ist aber ein Wesensmerkmal des freien Menschen; er hat im Unterschied zu den Göttern die Fähigkeit, sich »an den Abgrund« zu neigen.[10] Da wir die Sprache selbst in dieser äußersten Entfremdungssituation aber noch nicht ganz verloren haben, sind wir noch dazu fähig, ein Echo zu produzieren; es hallt aus dem Abgrund (Unfreiheit, Unwahrheit, Götternacht) wider. Dank unserer Fähigkeit zur Entfremdung sind wir also in der Lage, den Abgrund zum Sprechen zu bringen, und können damit ein Zeichen setzen, das Teilnehmendere wieder zu deuten fähig sein werden. Der völligen Entfremdung entgeht man nur dann, wenn man sein »Vaterländisches« nicht versäumt, d. h., man muss nicht nur die Fremde durchdringen und z. B. Bruder der Griechen werden, sondern sich auch davon wiederum distanzieren, sich der Entfremdung entfremden und das Vaterländische/Eigene frei gebrauchen. Vielleicht war diese Erkenntnis der eigentliche, tiefere Grund für Hölderlins überstürzte Abreise aus Frankreich. Vielleicht befürchtete er, in Südfrankreich zum deutungs- und schmerzlosen Zeichen zu werden?

Die Widmungsfassung von *Patmos* ist auf den Winter 1802 zu datieren,[11] die späteren drei Fassungen (a) *Vorstufe einer späteren Fassung*, b) *Bruchstücke der späteren Fassung* und c) *Ansätze zur letzten Fassung*) wurden im Sommer und Herbst 1803 bearbeitet.

In der Götternacht, also nach dem Tode Christi und dem Ende der griechischen Götterwelt, findet eine Vereinzelung und Vereinsamung der menschlichen Seelen statt – besonders deutlich in der Ichphilosophie. Um dies zu mildern, beschenken uns der höchste Gott und Christus mit dem Geist als einem die Vereinzelten verbindenden Prinzip. Um dieses Geistige zu begreifen, muss das lyrische Ich sich jedoch mit einer imaginären Reise in die Welt von Hellas zurückversetzen, eben z. B. auf die Insel Patmos, wo Johannes seine Offenbarung erlebte. Zunächst wird in *Patmos* jedoch die Vereinsamung in der hesperischen Epoche bei den Söhnen der Alpen geschildert: [12]

Nah ist
Und schwer zu fassen der Gott.
Wo aber Gefahr ist, wächst
Das Rettende auch.
Im Finstern wohnen
Die Adler und furchtlos gehen
Die Söhne der Alpen über den Abgrund weg

Auf leichtgebaueten Brüken.
Drum, da gehäuft sind rings
Die Gipfel der Zeit, und die Liebsten
Nah wohnen, ermattend auf
Getrenntesten Bergen,
So gieb unschuldig Wasser,
O Fittige gieb uns, treuesten Sinns
Hinüberzugehn und wiederzukehren.

So sprach ich, da entführte
Mich schneller, denn ich vermuthet
Und weit, wohin ich nimmer
Zu kommen gedacht, ein Genius mich
Vom eigenen Hauß'. Es dämmerten
Im Zwielicht, da ich gieng
Der schattige Wald
Und die sehnsüchtigen Bäche
Der Heimath; nimmer kannt' ich die Länder;
Doch bald, in frischem Glanze,
Geheimnißvoll
Im goldenen Rauche, blühte
Schnellaufgewachsen,
Mit Schritten der Sonne,
Mit tausend Gipfeln duftend,

Mir Asia auf, und geblendet sucht'
Ich eines, das ich kennete, denn ungewohnt
War ich der breiten Gassen, wo herab
Vom Tmolus fährt
Der goldgeschmükte Pactol
Und Taurus stehet und Messogis,
Und voll von Blumen der Garten,
Ein stilles Feuer, aber im Lichte
Blühet hoch der silberne Schnee;
Und Zeug unsterblichen Lebens
An unzugangbaren Wänden
Uralt der Epheu wächst und getragen sind
Von lebenden Säulen, Cedern und Lorbeern

Die Feierlichen,
Die göttlichgebauten Palläste.[13]

Die Vereinsamung der hesperischen »Söhne der Alpen« ereignet sich, obgleich »der Gott« »nah ist«. Unter den Bedingungen der Hesperier ist er aber schwer zu fassen, denn er hat seine direkte Plastizität, die er in der Antike noch hatte, verloren oder besser aufgegeben. Dass Hölderlin dies nicht als einen tröstlichen Zustand sieht, wird aus der »Gefahr« im folgenden Vers 3 deutlich. Es handelt sich um eine gefährliche Situation, denn die Unfähigkeit der Modernen, Gott zu erfassen, lässt sie eben vereinsamen, und nun erst kommt Hölderlins tröstliche und fundamental optimistische Einsicht, dass gerade in gesteigerter Gefahr das »Rettende auch« wächst. Die Schwierigkeit, Gott zu »fassen«, verweist darauf, dass dieser Gott unplastisch wurde; die Fasslichkeit war daher in der Antike noch gegeben. In der Antike waren die Götter plastisch und konkret wirkende Mächte; unter den Bedingungen des Abendlandes, in den Alpen, sind sie unplastisch, daraus resultiert die Gefahr, denn man verfehlt und missdeutet nun den Gott leichter.[14] Die gegenwärtige Vereinsamung zwischen den Menschen spielt sich ähnlich wie die gleichzeitige Gottesnähe und -ferne ab, denn die »Liebsten« wohnen gleichfalls nah und doch »ermattend auf getrenntesten Bergen«.[15] Nähe und Ferne stehen in der Moderne in einem geradezu dialektisch-widersprüchlichen Verhältnis. In der Nähe ist Ferne enthalten. Zwar sind wir in der Lage, uns z. B. mit technischen Mitteln einander anzunähern (»leichtgebaute Brücken«), dennoch sind die Abgründe so groß und die »Gipfel der Zeit« so trennend, dass das lyrische Ich um »Fittige« bitten muss. Das Ende dieser ersten Strophe geht daher in eine Art Bittgebet über. – Die Dialektik von Brücken der Technik und gleichzeitiger Vereinsamung kann man ja heute sehr gut beim U-Bahnfahren in Großstädten beobachten; wenn alle schweigend auf ihr Handy eintippen, nimmt die Kommunikation ebenso zu wie das Anschweigen. – Trotz der Entfremdung hofft das lyrische Ich im Bittgebet auf eine Vereinigungsbewegung im Kleinen, d. h. im eigenen Vaterland der Alpensöhne, denn die erbetenen »Fittige« sollen dazu dienen, hinüber zu den anderen zu gelangen und wieder zurück zu kommen.

Für die Modernen spielt sich die Vereinzelung in der Klarheit ab; das wird jedoch erst in den späteren Fassungen von *Patmos* deutlich, denn dort lautet der Vers: »Drum, da gehäuft sind rings, um Klarheit, / Die Gipfel der Zeit«.[16] Das ist wohl – neben den luftigen Höhen der Alpengipfel – ein Bezug auf die hesperische Klarheits- und Darstellungsgabe. Die Gipfel der Zeit spielen daher meiner Meinung nach auf das geschichtliche Bewusstsein an, das sich unter den Bedingungen der Moderne herausgebildet hat. Die Alpensöhne haben zwar durch das Geschichtsbewusstsein eine größere Klarheit und Differenziertheit im Wissen erlangt (Nähe), aber auch das trennt die Menschen voneinander in Epochengrenzen; man weiß um die Zeit, in der sich Ereignisse und einzelne heroische Individuen aus der Geschichte hervortaten und dem Himmel näher waren, weil sie den Geist der Zeit wie im Brennglas auf einen Gipfel führten. Manche Halbgötter mögen sogar so Großes in der Welt geleistet haben, dass sie in den Himmel ragten. Dieses unser geschichtlich spätes Wissen um die Großen, Liebsten macht aber die Differenzen deutlicher, denn wir sind durch die Weiterentwicklung unseres Bewusstseins von Geschichtlichkeit durch Abgründe z. B. von den Alten und vom Mittelalter getrennt (Ferne). Die Klarheit unserer Geschichtlichkeit, die uns zwar den Anderen näherbringt, trägt ebenso zur Vereinzelung und Entfremdung in der Moderne bei; auch die modernen Subjekte/Individuen sind gemeinsam räumlich und zeitlich vereinsamt, ferne Nähe auch hier.

– In der *Vorstufe einer späteren Fassung* lautet der Anfang von *Patmos:* »Voll Güt' ist. Keiner aber fasset / Allein Gott.«[17] In den *Bruchstücken der späteren Fassung* und in den *Ansätzen zur letzten Fassung* beginnt *Patmos* wieder anders; hier hat Hölderlin die Schwierigkeit oder stilistische Besonderheit oder besondere Tiefsinnigkeit der *Vorstufe*, mit einem elliptischen Satz zu beginnen, beseitigt: »Voll Güt' ist; keiner aber fasset / Allein Gott.«[18] Die Nähe Gottes ist in den späteren Fassungen also durch Güte ersetzt – was natürlich als Gottesprädikat einen christlich-platonisch verstandenen Gott und göttliche Moralität nahelegt – und die Schwierigkeit, ihn zu fassen, wird präziser bestimmt, nämlich dadurch, dass Gott nicht durch einen Einzelnen zu erfassen ist. Woraus vielleicht schon geschlossen werden kann, dass Viele gemeinsam, z. B. eine Gemeinde, oder alle zusammen ihn in geistigem Austausch erfassen können. –

Nun wird in der zweiten Strophe das lyrische Ich von einem »Genius« von den Alpen, aus der Heimat, die im Zwielicht liegt, in die ungewohnte Fremde, »schneller denn ich vermutet« nach Griechenland entführt, das hell-leuchtend im Glanz erscheint. Das »schneller denn ich vermutet« bezieht sich vielleicht auch darauf, dass das lyrische Ich über die (Über)Erfüllung seines Gebets verwundert ist, eigentlich hatte es nur um »Fittige« für sich gebeten, um in den Alpen die Anderen zu erreichen, und nun plötzlich erscheint ein Genius, der ihm seine Flügel für diese Reise in die Ferne leiht. Das »schneller denn ich vermutet« der *Widmungsfassung* wird von Hölderlin in der *Vorstufe einer späteren Fassung* durch »unermeßlicher denn ich vermuthet«[19] und in den *Bruchstücken der späteren Fassung* sowie den *Ansätzen zur letzten Fassung* durch »künstlicher denn ich vermuthet« ersetzt.[20] An diesen subtilen Bedeutungsverschiebungen wird deutlich, dass dieser Moment der Entführung des lyrischen Ich durch den Genius von Hesperien nach Hellas für Hölderlin ein entscheidender Moment im Gedichtaufbau ist, denn hier geht es nicht wie in den *Antigone-Anmerkungen* vom Hellenischen zum Hesperischen, sondern vom Hesperischen zum Hellenischen. Natürlich bergen jene subtilen Bedeutungsverschiebungen von »schneller« zu »unermesslicher« zu »künstlicher« für die Deutung die Gefahr der Überinterpretation, doch da es sich um einen neuralgischen Punkt in der Topographie und Bedeutungswanderung des Gedichts handelt und Hölderlin dies offenbar wichtig war, muss man dies schon betonen. Wenn Hölderlin in den beiden letzten Versionen »künstlicher« schreibt, kann man das Erstaunen des lyrischen Ich verstehen, denn die Hesperier sind Meister des Künstlichen, und wenn das hesperische lyrische Ich nach Griechenland versetzt wird, dann macht es sich auf in eine Naturgegend. Offenbar hatte das lyrische Ich sich zuvor schon Gedanken gemacht, wie man nach Griechenland gelangen kann, es hatte eine gewisse Erwartungshaltung bzw. es hatte Vermutungen. Dass man zurück zur Natur und zurück zu den Orten, wo einst die Götter walteten, mit künstlichen Mitteln gelangen kann, ist durchaus erstaunlich. Zum Natürlichen, Aorgischeren gelangt man als künstlicher Mensch der Moderne durch Mittel der Kunst.

Die Gipfel der Alpen kontrastieren und ähneln den Inseln Griechenlands, die Hölderlin ebenfalls als »tausend Gipfel« bezeichnet. – Angesichts des Schlussverses von *Patmos:* »Dem folgt deutscher Gesang.«, zeigt sich hier die geistige Bewegung der »abendländischen Wendung«: Es geht von Hesperien nach Hellas und zurück. Die Seele des lyrischen Ichs wird durch einen Genius zunächst aus der Heimat in die Fremde geschafft; wohl auch, weil sie selbst aufgrund der ermattenden Vereinsamung dies nicht vollbracht hätte, bedarf es eines solchen Helfers; dieser Helfer-Genius fragt aber gar nicht erst, ob das lyrische Ich nach Hellas möchte, es wird schlicht »entführt«. Griechenland bzw. »Asia« ist zwar mit seinen goldgeschmückten, blühenden teils schneeweis bedeckt scheinenden Insel- und Berggipfeln und Flüssen wunderschön, aber ebenfalls schon geschwächt durch die Götternacht, denn die dort stehenden Paläste sind bereits überwuchert, d.h., auch hier haben sich die Götter bereits entfernt. Die hier jedoch wachsende Natur ist selbst mit göttlichen Zeichen erfüllt, denn es handelt sich um Efeu (Andeutung auf Dionysos), Zedern (die Erinnyen), Lorbeeren (heiliger Baum des Apoll). Die Bäume werden zugleich als Tempelsäulen gesehen. Das heißt, in der Natur ist Göttliches präsent. Auch hier gibt es also die Dialektik von Nähe und Ferne.

Das lyrische Ich verlangt nun, weiter auf die Insel Patmos gebracht zu werden, da es weiß, dass dort Johannes seine Offenbarung geschaut hatte. Es mag betont sein, dass in der 4. Strophe diese Weiterreise in »Asia« nun auf dem Wunsch des entführten lyrischen Ich beruht, der Genius scheint verschwunden, denn nun ist es wohl ein Schiffer, der das lyrische Ich zur ersehnten Insel Patmos übersetzt. Hölderlin kontrastiert »Cypros« und Patmos, wohl um die Weite des griechischen Göttertages anzudeuten, denn das eine ist die Insel der Aphrodite, das andere Offenbarungsort einer düsteren Endzeitapokalypse. Auf Patmos wohnen im Kontrast zu den anderen griechischen Inseln eher karg ärmliche, aber gastfreundliche Menschen, die damals schon Johannes aufnahmen:

So pflegte
Sie einst des gottgeliebten,
des Sehers, der in seeliger Jugend war

Gegangen mit
Dem Sohne des Höchsten, unzertrennlich, denn
Es liebte der Gewittertragende die Einfalt
Des Jüngers und es sahe der achtsame Mann
Das Angesicht Gottes genau,

Da, beim Geheimnisse des Weinstoks,
Sie zusammensaßen, zu der Stunde des Gastmals,
Und in der großen Seele, ruhigahnend den Tod
Aussprach der Herr und die lezte Liebe, denn nie genug
Hatt' er von Güte zu sagen
Der Worte, damals, und zu erheitern, da
Ers sahe, das Zürnen der Welt.
Denn alles ist gut. Darauf starb er. Vieles wäre
Zu sagen davon. Und es sahen ihn, wie er siegend blikte
Den Freudigsten die Freunde noch zulezt,

Doch trauerten sie, da nun
Es Abend worden, erstaunt,
Denn Großentschiedenes hatten in der Seele
Die Männer, aber sie liebten unter der Sonne
Das Leben und lassen wollten sie nicht
Vom Angesichte des Herrn
Und der Heimath. Eingetrieben war,
Wie Feuer im Eisen, das, und ihnen gieng
Zur Seite der Schatte des Lieben.
Drum sandt' er ihnen
Den Geist, und freilich bebte
Das Haus und die Wetter Gottes rollten
Ferndonnernd über
Die ahnenden Häupter, da, schwersinnend
Versammelt waren die Todeshelden,

Izt, da er scheidend
Noch einmal ihnen erschien.[21]

Hier werden Johannes der Jünger und der Johannes der Offenbarung miteinander identifiziert, der junge Johannes ging mit Christus und in hohem Alter hatte er die Offenbarungsvision der Apokalypse; allerdings wird Johannes hier bei seiner Einführung in das Gedicht gar nicht in Verbindung mit der Apokalypse gebracht, sondern tritt nur als Jünger auf. – Natürlich ist schon durch den Titel des Gedichts der Johannes der Offenbarung als Goldgrund permanent präsent. – Die Beziehung zwischen Christus und seinem Jünger Johannes war besonders liebevoll. Eine gewisse Vermittlung der beiden, Johannes dem Jünger bzw. Apostel und dem Johannes der Offenbarung, liegt darin, dass Hölderlin ihn/sie als »Seher« bezeichnet: Johannes der Jünger *schaute* das Antlitz des Sohnes des Höchsten, des Göttlichen und der andere Johannes *schaute* die Vision der Apokalypse, das Herannahen des Jüngsten Tages und das Ende der Zeit. Die beiden »Johannesse« bilden eine in sich changierende, pulsierende Einheit, ein in sich unterschiedenes Eines.

– In Parenthese sei hier bemerkt, dass Hölderlin im *Bruchstück der späteren Fassung* bei jenem Schritt auf die Insel Patmos noch eine Strophe eingefügt hat, die eine Reflexion über den Vergangenheitscharakter der Antike und die Art darstellt, wie der christliche Gott noch in diese hineingehört und doch auch schon aus ihr herausweist. Diese Strophe ist zwar wohl in einem noch rohen Anfangsstadium steckengeblieben, aber doch schon aussagekräftig bezüglich der Plastizität der Antike einerseits und der gesetzlichen Ordnungsbezogenheit sowie der vergeistigenden Innerlichkeit der Moderne andererseits:

O Insel des Lichts!
Denn wenn erloschen ist der Ruhm die Augenlust und gehlten nicht mehr
Von Menschen, schattenlos, die Pfade zweifeln und die Bäume,
Und Reiche, das Jugendland der Augen sind vergangen
Athletischer,
Im Ruin,   und Unschuld angeborene
Zerrissen ist. Von Gott aus nemlich kommt gediegen
Und gehet das Gewissen, Offenbarung, die Hand des Herrn
Reich winkt aus richtendem Himmel, dann und eine Zeit ist
Untheilbar Gesez, und Amt, und die Hände
Zu erheben, das, und das Niederfallen
Böser Gedanken, los, zu ordnen. Grausam nemlich hasset
Allwissende Stirnen Gott. Rein aber bestand
Auf ungebundenem Boden Johannes. Wenn einer
Für irrdisches prophetisches Wort erklärt

Im zweiten Brief an Böhlendorff, nach der Frankreichreise wahrscheinlich im November 1802 geschrieben, führt Hölderlin über seine Erlebnisse mit den Menschen in Südfrankreich aus: »Das Athletische der südlichen Menschen, in den Ruinen des antiquen Geistes, machte mich mit dem eigentlichen Wesen der Griechen bekannter«.[22] Offenbar ist es genau diese Einsicht aus Südfrankreich, die Hölderlin hier bruchstückhaft in diese Fassung von *Patmos* einfügt. Für den christlichen Gottvater ist das Gewissen verleihende, richtende, gesetzmäßige Ordnen charakteristisch. Besonders hervorheben darf man auch die Nähe zu den Sophokles-*Anmerkungen*, wenn Hölderlin hier dichtet, dass Gott »allwissende Stirnen« grausam hasst. Die Grausamkeit kann man sich mittels Hölderlins Tragödientheorie als tragisches Verhängnis erklären. Besonders an Ödipus zeigt sich der Hass Gottes gegen die anmaßende *superbia.* Hier ist die Einordnung des christlichen Gottes in die Antike deutlich, denn was für den Gott von Ödipus und Antigone gilt, also für Zeus, gilt offenbar ebenso für den christlichen Gott; anmaßende Alleswisserei hat er noch nie leiden können. –

Doch zurück zur Widmungsfassung von *Patmos:* Jochen Schmidt hat die im Hintergrund von Hölderlins Identifikation von Johannes dem Apostel/Jünger und dem Johannes der Offenbarung stehende Bibelexegese des 17. und frühen 18. Jahrhunderts aufgearbeitet und gezeigt, inwiefern die historisch korrekte Unterscheidung von Johannes dem Apostel und dem Johannes der Offenbarung damals bereits geläufig war, aber die Bibelfrömmigkeit des Pietismus doch empfindlich traf.[23] Dass sich Hölderlin mit seiner Identifikation auf die Seite des Pietismus schlug und dem Anreger seines Gedichts, dem Landgrafen Friedrich V. von Hessen-Homburg, der ein Gedicht im Geiste des Pietismus wünschte, das Bibeltreue gegen zu freie Vernunftaufklärung verteidigt, zu Gefallen dichtete, darf dennoch nicht gefolgert werden. Der Anlass des Gedichts ist natürlich nicht zwingend für den Inhalt prägend; das sieht man auch an sehr kühnen (Um)Interpretationen des Christentums in *Patmos*, die sicherlich nicht mit der Gläubigkeit des Landgrafen übereinstimmten. In unseren soeben zitierten Versen wird Christus mit eher griechischen Namen bezeichnet: »der Gewittertragende«, »Sohn des Höchsten« und das Abendmahl wird zum »Gastmahl«. Ineins sind das synkretistische Nähen zwischen Christus und Dionysos und Verfremdungen, die im Sinne des Böhlendorff Briefes das Eigene frei gebrauchen.

Die persönliche Synthese der beiden »Johannesse« ist also nicht einfach eine theologische Unkorrektheit von Hölderlin, sondern dichterische Sinnstiftung – darüber hinaus identifiziert die altkirchliche Tradition sogar Johannes den Apostel, Johannes den Evangelisten und den Johannes der Offenbarung miteinander, wenngleich die neuere Bibelexegese wohl eher korrekt von drei Personen ausgeht. Man kann Hölderlin hier so deuten: Die Offenbarung des Johannes spielt sich innerhalb einer eschatologischen Perspektive ab und führt in die Ewigkeit Gottes, Johannes als Jünger tritt dagegen in der Zeit auf, einerseits in historischem Bericht und andererseits in leiblich-persönlicher konkreter Begegnungszeit mit dem Sohn des Höchsten. Insofern mischen sich durch die Johannes-Synthese vier Zeitformen – eschatologische, ewige, geschichtliche und anschauliche –. Man kann sagen, dass die Einheit verschiedener Ekstasen der Zeit das eigentliche Thema von *Patmos* vor dem Hintergrund einer abendländischen Wendung des lyrischen Ich zum antiken Christus-Halbgott ist; »da gehäuft sind rings / Die Gipfel der Zeit«. – Ein ganz ähnliches Programm findet sich musikalisch umgesetzt in der *Johannes-Passion* von Sofia Gubaidulina. – Zu den vier innerbiblischen Zeitformen kommt noch die historische Außenzeit, in der das lyrische Ich seine abendländische Wendung vollzieht. Wie gesagt, das wird deutlich, wenn Hölderlin *Patmos* mit: »Dem folgt deutscher Gesang.« beendet. Dabei ist das Gedicht *Patmos* selbst schon ein Gedicht in der Form des »vaterländischen Gesangs«, es ist also eine *self-fulfilling prophecy*, ein performativer Gedichtakt, eine erfüllte Zeit. Dass die Zeit das eigentliche Thema von *Patmos* ist, kann auch dadurch plausibilisiert werden, dass der Satz »Denn wiederkommen sollt es [Christus; Einf. R.S.] / Zu rechter Zeit.«[24] ganz genau in der Mitte des gesamten Gedichts steht.

Johannes den Täufer erwähnt Hölderlin ebenfalls, in dem *Ansatz zur letzten Fassung:*

> *... und des Täuffers*
> *Sein Haupt stürzt und das goldene, lag uneßbarer und unverwelklicher Schrift gleich*
> *Sichtbar auf trokener Schüssel.*[25]

Jedoch handelt es sich bei der Erwähnung von Johannes dem Täufer nicht um eine Person, die in die Synthese eingeht, denn Hölderlin identifiziert diesen nicht mit jenen, er erwähnt ihn nur als Beispiel für die grausamen Verwirrungen der Menschen in der Zeit der Erscheinung Christi. – Johannes der Täufer wird uns an entscheidender Stelle des Gedichts aber noch einmal begegnen. – Hölderlin erwähnt in diesem Kontext der grausamen Verwirrungen zu Zeiten Christi in der späten Version von *Patmos* auch den Bethlehemitischen Kindermord. Johannes den Evangelisten kann man in den folgenden Versen aus den *Bruchstücken einer späteren Fassung* erblicken:

Wie Feuer
Sind Stimmen Gottes. Schwer ists aber
Im Großen zu behalten das Große.
Nicht eine Waide. Daß einer
Bleibet im Anfang. Jezt aber
Geht dieses wieder, wie sonst.[26]

Johannes der Evangelist hat schon am Anfang seines Evangeliums *den* Anfang als λόγος festgehalten und damit Großes nicht verkleinert, sondern Großes groß be- und erhalten. Man kann daher deuten, dass Hölderlin einerseits Johannes den Apostel/Jünger mit dem Johannes der Offenbarung identifiziert, davon Johannes den Täufer unterscheidet und zumindest nahelegt, dass Johannes der Evangelist mit den beiden erstgenannten verknüpft ist, denn ihm gelang es, im Anfang, d.h. im Göttlichen, zu bleiben. So wie Johannes der Evangelist den Anfang der Zeit als λόγος denkt, denkt der Johannes der Apokalypse das Ende der Zeit, und Johannes der Jünger steht in der Mitte der Zeit zwischen antikem Göttertag und einsetzender Götternacht der Moderne.

Die johanneische persönliche Synthese wird auch auf Seiten Christi gespiegelt, denn wenn Hölderlin hier bezüglich des Abendmahls vom »Weinstock« und – etwas verwirrend – vom »Gastmahl« spricht, rückt er Christus nicht nur in die Nähe von Dionysos, sondern lässt auch den unschuldig zum Tode verurteilten Sokrates anklingen.

Das Hauptthema dieses Kapitels, die Differenz von endlich menschlicher Seele und Geist, klingt an, wenn Hölderlin in der Widmungsfassung dichtet:

Denn Großentschiedenes hatten in der Seele
Die Männer [d.h. die Jünger; (R.S.)], *aber sie liebten unter der Sonne*

Das Leben und lassen wollten sie nicht
Vom Angesichte des Herrn
Und der Heimath. Eingetrieben war,
Wie Feuer im Eisen, das, und ihnen gieng
Zur Seite der Schatte des Lieben.
Drum sandt' er ihnen
Den Geist, ...

Die Jünger, die eigentlich nach Christi Tod die Aufgabe haben, den Glauben an ihn aufrecht zu erhalten, ihn also auch unter die Menschen zu bringen, wollen zunächst lieber in der Heimat bleiben, trauern um den *Geliebten*, an dessen Angesicht sie hängen, und wollen noch nicht, wie es der Geist verlangt, in die Kolonie hinausgehen. Das In-der-Heimat-bleiben-Wollen, wo man Göttliches geschaut hat, ist der menschlichen Seele »wie Feuer i[ns] Eisen« eingebrannt. Sicherlich ist an diesem Verbleibenwollen in der Heimat auch schuld, dass die Jünger Kontakt mit dem Schönsten und Liebevollsten hatten, das nun tot ist, um das sie nun trauern, was sollte sie also wegziehen? Dies ist Hölderlins Erklärung für die Erscheinung des auferstandenen Christus in Emmaus und für das Pfingstgeschehen, die Ausgießung des Geistes. Die vereinzelnden und entfremdeten Seelen der Menschen bedürfen des vereinenden Geistes. Nach dem Tode Christi ist es aber verwunderlich, dass göttlicher Geist über uns gekommen ist. Es ist gerade einmal 50 Tage her, seit die Menschen Jesus kreuzigten und dennoch erhalten sie schon die Gnade des Geistes. Weshalb wartet Gott nicht mit der Begeisterung der Menschen bis zum Jüngsten Tag, sondern gibt uns bereits vorher, in der Zwischenzeit der Götternacht, Geist?

Denn izt erlosch der Sonne Tag
Der Königliche und zerbrach
Den geradestrahlenden,
Den Zepter, göttlichleidend, von selbst,
Denn wiederkommen sollt es
Zu rechter Zeit. Nicht wär es gut
Gewesen, später, und schroffabbrechend, untreu,
Der Menschen Werk, und Freude war es
Von nun an,

Zu wohnen in liebender Nacht, und bewahren
In einfältigen Augen, unverwandt
Abgründe der Weisheit. Und es grünen
Tief an den Bergen auch lebendige Bilder,

Doch furchtbar ist, wie da und dort
Unendlich hin zerstreut das Leben Gott.
Denn schon das Angesicht
Der theuern Freunde zu lassen
Und fernhin über die Berge zu gehen
Allein, wo zweifach
Erkannt, einstimmig
War himmlischer Geist; und nicht geweissagt war es, sondern
Die Loken ergriff es, gegenwärtig,
Wenn ihnen plözlich
Ferneilend zurük blikte
Der Gott und schwörend,
Damit er halte, wie an Seilen golden
Gebunden hinfort
Das Böse nennend, sie die Hände sich reichten –

Wenn aber stirbt alsdenn
An dem am meisten
Die Schönheit hieng, daß an der Gestalt
Ein Wunder war und die Himmlischen gedeutet
Auf ihn, und wenn, ein Räthsel ewig füreinander
Sie sich nicht fassen können
Einander, die zusammenlebten
Im Gedächtniß, und nicht den Sand nur oder
Die Weiden es hinwegnimmt und die Tempel
Ergreifft, wenn die Ehre
Des Halbgotts und der Seinen
Verweht und selber sein Angesicht
Der Höchste wendet
Darob, daß nirgend ein
Unsterbliches mehr am Himmel zu sehn ist oder
Auf grüner Erde, was ist diß?[27]

In diesen Strophen werden die Schrecken der Götternacht geschildert, »izt erlosch der Sonne Tag«: die schon angesprochene Vereinzelung der Menschen, selbst die Jünger Christi entfremden sich untereinander, werden sich ein »Rätsel« und sogar die Himmlischen fassen einander nicht mehr, sie verlieren ihr Zentralgestirn Christus, »an dem am meisten die Schönheit hing«. Sogar die Ehre dieses Halbgotts verweht wie die der Seinen, d.h., die Jünger werden von den Menschen nicht mehr gebührend geehrt, selbst der Höchste wendet sich angesichts der Entgötterung des Himmels ab. Bei letzterem geht es weniger – wie Binder meint – um den Zorn Gottes, als vielmehr um die Gottverlassenheit angesichts und als Resultat der Missachtung unsererseits. Weil die Menschen nichts Göttliches im Himmel mehr zu sehen in der Lage sind, ist der Himmel entgöttert. Die Unteilnehmenden beeinflussen das Verhalten der Himmlischen. Jochen Schmidt deutet diese Strophen als den schmerzlich empfundenen Übergang von der Plastizität (auch der Götter) in der Antike hin zu dem Vergeistigungsprozess des Christentums und der pneumatischen Moderne.[28] Die christliche Vergeistigung sei ein Prozess, der die fixierende Verbildlichung nicht dulde, weil dabei immer eine Vereinseitigung eintrete. – Diese Interpretation liest Hölderlins *Patmos* durch die Brille von Hegels *Geist des Christentums und sein Schicksal*, das zwischen 1798 und 1800 in der Frankfurter Zeit und damit bekanntlich in unmittelbarer Nähe Hölderlins geschrieben wurde. Dass besonders für Hegel bereits vor seiner gemeinsamen Frankfurter Zeit mit Hölderlin die Vergeistigung des Christentums konsequenterweise mit dem Verlust von Plastizität und objektiver Fixierbarkeit einhergeht, wird an einer Stelle aus *man mag die widersprechendste Betrachtungen…* (früher hatte die Studie den Titel: *Die Positivität der christlichen Religion*) von 1795/96 klar: »denn der Geist, die Gesinnung ist ein zu ätherisches Wesen, [als] daß er sich in gebietenden Buchstaben und Formeln festhalten, oder in Gebotenen Empfindungen und Gemüthszuständen darstellen liesse.«[29] Gleichfalls wendet sich Hegel in dieser frühen Schaffensperiode aber auch gegen eine begriffliche Erfassung des Absoluten bzw. Gottes, denn die Allgemeinheit des Begriffs gilt ihm zu dieser Zeit noch als etwas bloß abstrakt Tödliches. – Nach Schmidts Interpretation gehört Christus zwar für Hölderlin noch der antiken Plastizität an (»die Schönheit hing« am meisten an ihm), doch das durch ihn in die Welt gebrachte Geistprinzip wende sich gegen fixierende Konkretisierung.

An dieser Deutung ist natürlich vieles zutreffend, und wohl mag Hölderlin in *Patmos* auch einige Zugeständnisse an den Pietismus des Landgrafen von Homburg gemacht haben, doch andererseits hat der späte Hölderlin durchaus die Tendenz zu deutlicher Konkretisierung und Naturalisierung des Göttlichen und, wie schon zuvor gesagt, er hat selbst in *Patmos* einiges untergebracht, das einem strenggläubigen Pietisten nicht gefallen dürfte (Jesus wird als »Halbgott« bezeichnet und polytheistisch sollen des Höchsten »Söhne all« zu ihm kommen etc.). Die zuvor zitierten Strophen müssen somit nicht notwendig nur die Trauer um den Verlust der antiken Plastizität und den Aufbruch in die christliche Pneumatizität bedeuten, vielmehr drücken sie doch die Drohung der Götternacht aus. Kirchenspaltung und Atheismus sind kein Ausdruck von Vergeistigung, sondern von Ablehnung, die Situation ist tragischer. Mir scheint die pfingstlich-christliche Vergeistigung sogar eher eine »Nebenwirkung« der Götternacht zu sein. Plötzlich und bereits in der Bewegung des Entschwindens (»ferneilend«) schaut der Gott zurück auf die Jünger, sieht diese in der Trauer Befangenen und gibt ihnen den Geist mit auf den Weg »*damit* er halte, wie an Seilen golden / Gebunden hinfort / Das Böse nennend, sie die Hände sich reichten«. Das Sich-die-Hände-Reichen steht für die Überwindung der Entfremdung in dürftiger Zeit, also für den Geist, diesen gibt Gott im Rückblick, *damit* er trotz Götternacht noch Kontakt (nah und doch fern) mit den Menschen/Jüngern halten kann. Dieser Kontakt ermöglicht auch, Böses zu bestimmen. Das ist wichtig für das Jüngste Gericht. Das »damit« aus Vers 132 zeigt an, dass der Geist von Gott zweckmäßig eingeführt wird, er verfolgt damit einen Zweck, es geht nämlich darum, vermittels des Geistes den Menschen eine bessere Erkenntnis des Bösen zu ermöglichen, diese hatten sie offenbar nicht, sonst wäre Christus nicht gekreuzigt worden; wenn die Menschen nun aber dank des Geistes und damit verbundener gemeinschaftlicher Erkenntnisverbesserung das »Böse« nennen können, sind sie trotz der Schrecken der Götternacht doch mit rettendem Potential ausgestattet, außerdem sind sie dann beim Jüngsten Gericht verantwortlich zu machen. Denn sie sind dann in der Lage, ihr Eigenes geistig und damit auch frei und verantwortlich zu gebrauchen. Dies ist wiederum eine tiefergehende Bedeutungsschicht der abendländischen Wendung, die fordert, das Eigene frei zu gebrauchen, denn nur dann ist man verantwortlich für das Eigene. Dass der Geist uns von Gott in einer Zweck-Mittel-Relation verliehen wird, ist ebenfalls in Strophe 7, Vers 100 deutlich: Nach der Schilderung der Verlassenheit der Jünger führt Hölderlin aus: »*drum* sandt' er ihnen den Geist«.

Wir werden vergeistigt, um uns einerseits über das Hauptgeschehen und die Hauptbedrohung der Götternacht hinwegzutrösten und andererseits, um in der Lage zu sein, Böses zu erkennen. Letzteres ist natürlich nötig, da der Gott voller Güte ist, aber schwer zu fassen; wenn wir ihm näherkommen wollen, müssen wir das Böse erkennen. Der höchste Gott selbst wendet sein Angesicht von den Menschen ab, weil die Götternacht da ist. Im Geschichtsprozess der Moderne ist die Vergeistigung *ein* Aspekt, der aus dem Hauptproblem der Götternacht und der Abwendung des Höchsten folgt. Die haltenden Seile des Geistes sind »golden«, man darf sie sich also wohl nicht als Gängelbänder vorstellen, vielmehr haben sie noch den Glanz des Goldenen Zeitalters, als Kronos noch ohne Gesetze herrschte. Im Geist strahlt also noch die alte Freiheit wider, obgleich er in der dunklen Zeit der Götterferne eingesetzt ist.

Und dennoch sagt Hölderlin, es sei eine »Freude«, in »liebender Nacht« zu existieren. Ist das Ironie? Gar Sarkasmus? Oder kommt hier der Fundamentaloptimismus Hölderlins durch und es wächst das Rettende in dieser äußersten Gefahr? Beides ist möglich. Vielleicht gibt es hier sogar Schnittmengen eines ironisch-sarkastischen Optimismus. Der Dichter lebt selbst in dieser »dürftigen Zeit«, er nimmt damit vielleicht eine Distanz zur eigenen Situation ein, denn diese Nacht ist eigentlich nicht »liebend«. Es geht ihm wohl ähnlich wie Christus, der in der 6. Strophe, Verse 86 f. angesichts des »Zürnen[s] der Welt« »erheitert«. Eine ähnlich ambivalente Gefühlslage kommt ja auch schon bei Hölderlins äußerst lapidaren Worten auf: »alles ist gut. Darauf starb er.« Das ist provokant lapidar und klar, eine äußerst auf die Essenz reduzierte Sprache, »junonische Nüchternheit« im Moment des höchsten Pathos. – Jedenfalls ist es Gott selbst, der diese Zerstreuung und damit die Vereinzelung und Entfremdung in der Götternacht herbeigeführt hat und sie zugleich durch die Ausgießung des Geistes mildert. Der ausgegossene Geist, der der Seelenvereinzelung entgegenwirkt und trotz aller Dunkelheit eine Gewissheit göttlichen Geistes schon vor dem Ende der Zeit vorscheinen lässt, ist es, der es zu einer »Freude« macht, in dieser Nacht zu leben. Doch warum das alles?

Es ist der Wurf des Säemanns, wenn er faßt
Mit der Schaufel den Waizen,
Und wirft, dem Klaren zu, ihn schwingend über die Tenne.
Ihm fällt die Schaale vor den Füßen, aber
Ans Ende kommet das Korn,
Und nicht ein Übel ists, wenn einiges
Verloren gehet und von der Rede
Verhallet der lebendige Laut,
Denn göttliches Werk auch gleichet dem unsern,
Nicht alles will der Höchste zumal.
Zwar Eisen träget der Schacht,
Und glühende Harze der Aetna,
So hätt' ich Reichtum,
Ein Bild zu bilden, und ähnlich
Zu schaun, wie er gewesen, den Christ,

Wenn aber einer spornte sich selbst,
Und traurig redend, unterweges, da ich wehrlos wäre
Mich überfiele, daß ich staunt' und von dem Gotte
Das Bild nachahmen möcht' ein Knecht –
Im Zorne sichtbar sah' ich einmal
Des Himmels Herrn, nicht, daß ich seyn sollt etwas, sondern
Zu lernen. Gütig sind sie, ihr Verhaßtestes aber ist,
Solange sie herrschen, das Falsche, und es gilt
Dann Menschliches unter Menschen nicht mehr.
Denn sie nicht walten, es waltet aber
Unsterblicher Schiksaal und es wandelt ihr Werk
Von selbst, und eilend geht es zu Ende.
Wenn nemlich höher gehet himmlischer
Triumphgang, wird genennet, der Sonne gleich
Von Starken der frohlokende Sohn des Höchsten,

Ein Loosungszeichen, und hier ist der Stab
Des Gesanges, niederwinkend,

> *Denn nichts ist gemein. Die Todten weket*
> *Er auf, die noch gefangen nicht*
> *Vom Rohen sind. Es warten aber*
> *Der scheuen Augen viele*
> *Zu schauen das Licht. Nicht wollen*
> *Am scharfen Strale die blühn,*
> *Wiewohl den Muth der goldene Zaum hält.*
> *Wenn aber, als*
> *Von schwellenden Augenbraunen*
> *Der Welt vergessen*
> *Stilleuchtende Kraft aus heiliger Schrift fällt, mögen*
> *Der Gnade sich freuend, sie*
> *Am stillen Blike sich üben.*[30]

In der Götternacht werden wir also schon gemessen und gewogen, die Spreu vom Weizen getrennt und wenn dabei »einiges« verloren geht, ist das kein Verlust. Die Götternacht ist Reinigung. Die Metapher stammt natürlich von Johannes dem Täufer, der über Christus mit dem berühmten Worflergleichnis sagt:

> »der aber nach mir kommt, ist stärker denn ich [...]; der wird euch mit dem heiligen Geist und mit Feuer taufen. Und er hat seine Worfschaufel in der Hand, er wird seine Tenne fegen und den Weizen in seine Scheune sammeln, aber die Spreu wird er verbrennen mit ewigem Feuer.«[31]

Hölderlin mildert das ewig brennende Feuer, in das die Verdammten kommen, ab, indem er herausstellt, dass es kein »Übel« ist, wenn einiges verloren geht, und dies auf verhallende Laute einer Rede bezieht, nicht auf in der Hölle brennende Seelen. An dieser Stelle verschmilzt Hölderlin das Worflergleichnis mit dem Sämanngleichnis,[32] bei dem es darum geht, dass die Worte Gottes/Christi wie Korn auf fruchtbaren Boden fallen sollen, der Boden, d.h. die Menschen, aber entweder Früchte austreiben oder unfruchtbar sind, die göttliche Wortfrucht aufzunehmen, und daher einiges von der heiligen Rede verloren geht, entweder weil Satan etwas vom Wort wegnimmt oder weil die Menschen charakterlich nicht angemessen disponiert sind.[33] Christus redet in Gleichnissen, damit die unreifen Menschen ihn nicht zu einsinnig missverstehen und sich scheinhaft zu ihm bekehren können. Das Gleichnis vom Sämann hatte Christus zunächst einer großen Menschenmenge erzählt, dann aber im engeren Kreis u. a. mit seinen Jüngern gedeutet. Dass Jesus seine gleichnishaften Reden mit einem Gleichnis erläutert, ist natürlich inspirierend zirkulär. Er sagt zu seinen Jüngern:

> »Euch ists gegeben, das Geheimnis des Reiches Gottes zu wissen; denen aber draußen widerfähret es Alles durch Gleichnisse, auf dass sie es mit sehenden Augen sehen und doch nicht erkennen, und mit hörenden Ohren hören und doch nicht verstehen, auf dass sie sich nicht dermaleins bekehren und ihre Sünden ihnen vergeben werden.«[34]

Um abwägend trennen und reinigen zu können, ist also die Götternacht notwendig. Allerdings ist wesentlich, dass Hölderlin das Jüngste Gericht nicht als etwas sieht, das nach der Götternacht und nach der menschlichen Geschichte geschieht, es ereignet sich vielmehr schon in und während der Götternacht, in der menschlichen Geschichte und dem Anfang der Moderne, wenn »Menschliches unter Menschen« nicht mehr zählt und sich ständig das für die Himmlischen Hassenswerteste ereignet, nämlich das Falsche. Die 10. und 11. Strophe schilderten die Götternacht und die 11. Strophe (Vers 151) endete mit der Frage »was ist dies?« Wenn dann also die 12. Strophe damit beginnt, dass dies die Trennung von Spreu und Weizen ist, dann ist die Götternacht selbst bereits (zumindest zum Teil) Jüngstes Gericht. Mit Schiller (*Resignation*) und Hegel (Rechtsphilosophie) gesagt: »Die Weltgeschichte ist das Weltgericht«. Wenn Hölderlin an dieser Stelle das Worfler- und das Sämanngleichnis verschmilzt, dann verwendet er selbst dieses neu geschaffene Gleichnis, um zu erklären, was die Götternacht – selbst auch schon wieder ein Gleichnis – und damit die Phase der Menschheitsgeschichte, in der sich auch Hölderlin selbst befindet, ist, nämlich die Trennung von Spreu und Weizen. Wie Christus redet/dichtet Hölderlin in selbstreferentiellen Gleichnissen.

Die Antwortverse »Es ist der Wurf des Sämanns, wenn er faßt / mit der Schaufel den Waizen, / Und wirft, dem Klaren zu, ihn schwingend über die Tenne.« ändert Hölderlin in der *Vorstufe einer späteren Fassung* ab: »Es ist der Wurf das eines Sinns, der mit / Der Schaufel fasset den Waizen, / Und wirft schwingend dem Klaren zu ihn über die Tenne.« Hier ist also einerseits der Sämann ausgespart, ungenannt und man muss durch diese Reduktion auf das Wesentliche es so lesen, dass der Sinn selbst der Werfende bzw. der Sämann also das Satzsubjekt ist. Der Sinn oder *Logos* wirft die Worte aus, um die Fruchtbarkeit der Menschen für das Göttliche zu ernten. Andererseits ist die Einfügung von »Sinn« an dieser Stelle der Antwortstrophe die Antwort darauf, was der Sinn der Götternacht ist: Die Götternacht ist nicht sinnlos, sie verfolgt einen Zweck. Man kann aber noch weiter in der Interpretation dieses »Sinnes« gehen, denn Christus geht es in dem Gleichnis vom Sämann ja letztlich darum: »Wer Ohren hat zu hören, der höre.«[35] Und Christus kritisiert, dass viele, obgleich sie Augen zu sehen haben, nicht sehen. Damit werden konkret Gesichts- und Gehörs*sinn* angesprochen. Hölderlin macht damit den Bezug auf das Sämanngleichnis deutlicher und schwächt zugleich den Bezug zum Worflergleichnis ab. Um Christus zu verstehen, muss man seinen Sinnen trauen, sie richtig verstehen.

Doch warum ist überhaupt das Wiegen und Aussieben der Erhaltenswerten, d.i. des Weizens, notwendig? Gott hat einen Willen zur Diskursivität und zur Sukzession! In äußerstem Gegensatz zur traditionellen christlichen Auffassung der Ewigkeit Gottes, die diese als ein *nunc stans* und *totum simul* begreift, deutet Hölderlin, Gott wolle nicht alles zumal. – Schon sein Schöpfungsprozess vollzieht sich in sechs Tagen. Warum nicht augenblicklich? – Das ist konsequent; wenn Gott den Menschen nach seinem Ebenbild geschaffen hat, wäre es verwunderlich, wenn das, was uns essentiell bestimmt, die Zeitlichkeit, nicht auch auf Gott zuträfe. Es handelt sich dabei um einen göttlichen Lernprozess, der sich auch im Menschen wiederfindet.[36] – Erst die *Friedensfeier* beantwortet wiederum die Frage, was die Göttlichen und der höchste der Götter insbesondere denn lernen müssen. Die Götter müssen sich und alles Schicksal erfahren, erst dann können universeller Frieden und harmonische Herrschaftsfreiheit eintreten. – Wenn Hölderlin in *Patmos* dichtet, »Nicht alles will der Höchste zumal.« und ferner wir Menschen dieses mit dem Höchsten gemeinsam haben, dann bedeutet dies, dass die Sukzession und deren geistige Genese auf dem Willen beruht. Es ist der Wille, der zeitliche Folgeverhältnisse hervorbringt. Es gilt nicht, dass der Mensch/Gott will, weil er in die Zeit versetzt ist, sondern umgekehrt gilt, weil Mensch/Gott will, ist er zeitlich verfasst. Gott und Mensch sind sich aufgrund dieser Urbild- und Abbildrelation nah, sie sind sich aber auch wiederum fern, denn der göttliche Wille zur Sukzession dient dem Reinigungsprozess; wenn wir Menschen Gutes und Böses wollen, dient das oft genug nicht dem Reinigungsprozess, sondern selbstischen Zwecken.

Die Parallelität des Höchsten und des Menschen, nicht alles zumal zu wollen, ist dadurch begründet, dass man nur diskursiv und sukzessiv, d.h. geschichtlich, etwas erlernen und erfahren kann. Zwar kann man auch einen Sachverhalt intuitiv auf einen Schlag (durch) schauen, aber das kann nicht den differenzierten, auf Genauigkeit und Distinktion gerichteten Lernprozess ersetzen. Selbst eine intuitive Einsicht verlangt hinterher nach einer diskursiven Aufklärung. Die Bestimmung des Menschen ist es also, zu lernen und zu erfahren. Dies ist auch der Grund, weshalb sich Gott selbst in der Götternacht der Moderne ab und an wieder wie ein Blitz aus heiterem Himmel zeigt; »Im Zorne sichtbar sah' ich einmal / des Himmels Herrn, nicht, daß ich seyn sollt etwas, sondern / Zu lernen.« Mit dem abzulehnenden Etwas sein, ist offenbar eine fixierte – mit den Worten des Frankfurter Hegel eine »positiv objektivierte« – Verkrustung gemeint.

Von daher ist auch die problematische Verbildlichung Gottes mit den Versen von »Zwar Eisen trägt der Schacht … ein Knecht –« zu verstehen. Die Natur gibt uns z.B. mit glühendem Eisen und glühender Lava des Ätna die Mittel, »ein Bild zu bilden«, aber das darf nicht in ein fixierbares Etwas münden, weil sonst der göttliche Werdeprozess nicht in seiner Offenheit getroffen, frei gelernt würde, sondern die fratzenhaften Götzenbilder des Dogmatismus, z.B. ein einseitiger Monotheismus, entstehen. Daher ist der »Gesang« der letzten Zeile von *Patmos* so geeignet, die Erwartung der Himmlischen auszudrücken, denn die Performanz des gedichteten Gesangs mit seinen leerstellenhaften und relativ deutungsoffenen Bildern, Gleichnissen und Metaphern spiegelt den göttlichen Werdeprozess wieder. Christus selbst benutzt bildhafte Gleichnisse, z.B. vom Sämann, es ist also nicht prinzipiell unchristlich, sich doch ein Bild zu machen. Hölderlin fordert daher nicht ein generelles Bilderverbot, sondern warnt eher vor einem knechtischen, niedrig gesonnenen und der Flexibilität des Geistes unangemessenen Götzenbilderdienst. »Wer Ohren hat zu hören, der höre.«

Damit wird auch deutlicher, weshalb Hölderlin in der *Vorstufe einer späteren Fassung* im Antwortvers schreibt: »Es ist der Wurf das eines Sinns«. Die unangemessenen Bilder der Himmlischen treffen nicht den Sinn, d.h., in der Weltgeschichte wird oft das Göttliche überhört oder übersehen und wir Menschen interpretieren voreilig Göttliches, weil wir dem Sinn nicht trauen, es geschieht dann das den Himmlischen Hassenswerteste, das Falsche. Fehlgehende Gottesdeutungen sind jene fixierenden Götzenbilder. Dagegen erstaunt der Mensch beim unmittelbaren Bild Gottes als Blitz »im Zorne sichtbar«, dann lernt er. Daher macht es auch Sinn, dass Hölderlin nach dem Sämann- und Worflergleichnis in derselben Strophe die Thematik des falschen Bildes vom Göttlichen berührt.

Zwar gilt ähnlich wie bei Schiller und später Hegel, dass die Weltgeschichte Weltgericht ist, doch die Weltgeschichte kann bei Hölderlin eben auch schief gehen. Bei Hegel wird in der Rechtsphilosophie Schillers berühmtes Wort, die Weltgeschichte sei das Weltgericht, aus dem Gedicht *Resignation*, das auf die Haltung eines Individuums gemünzt ist, als dialektischer Prozess (um)gedeutet, der sich aus der Freiheitsverwirklichung im Ringen unterschiedlicher Volksgeister zu einem vereinheitlichten Weltgeist vollzieht.[37] Auch bei Hegel bildet die Weltgeschichte also keinen Automatismus, sondern die Komplexion von unterschiedlichen Stufen von Freiheit und Unfreiheit. Aber bei Hölderlin ist das radikaler gedacht bzw. gedichtet. Weder der einzelne Mensch noch die Menschheit haben die Weltgeschichte in Händen: »Denn sie [d.h. die Menschen; Einf. R.S.] nicht walten, es waltet aber / Unsterblicher Schiksaal und es wandelt ihr Werk / Von selbst, und eilend geht es zu Ende.«

Es fällt unter den Bedingungen der Moderne leicht, die Rolle des Menschen in der Geschichte zu überschätzen und zu denken, wir seien der alleinige Autor der Geschichte, aber diese Art anthropozentrischer Selbstüberschätzung ist schon Teil des Verhängnisses, sie ist nämlich die Selbsterhöhung, *superbia*, die z.B. die Gaben der Natur und der Himmlischen vergisst; ohne diese gäbe es keine menschliche Geschichte. Der Lauf von Flüssen, Tiere oder Gebirge wie die Alpen bestimmen aktiv das den Menschen Mögliche und damit ihre Geschichte. Aus natürlichen Grenzen folgen politisch-geschichtliche Grenzen. Religion bestimmt die menschliche Geschichte. Und selbst königliche Umhänge waren aus Tierfellen gemacht; jedes Kind weiß aus dem Märchen, wie wenig Autorität ein König hat, dessen neue Kleider nur eingebildet sind. Hölderlins Geschichtlichkeit ist nicht durch einen nach Freiheit strebenden säkularen Geist der Menschheit autorisiert, wie letztlich bei Hegel, sie unterliegt vielmehr dem Schicksal.[38] Dadurch wird sie riskanter, damit wächst aber auch das Rettende. Das Rettende kann aber wiederum nicht das von Menschen Gemachte sein, »denn sie walten nicht«. »Walten« ist hier im Sinne von agieren, verwalten und gestalten zu verstehen. Was eigentlich agiert, ist das Schicksal der Unsterblichen, und das, was sie ins Werk setzen, wandelt »von selbst«, d. h., auch sie haben das nicht vollständig selbstmächtig in der Hand, es macht sich. – Die *Friedensfeier* wird auch das noch klarer sagen, selbst die Himmlischen sind dem Schicksal und dem Schicksalsgesetz unterworfen. Aber das in *Patmos* zu sagen, wäre wohl zu viel für den Landgrafen gewesen, daher bescheidet sich Hölderlin wahrscheinlich mit dieser Andeutung. –

Das selbstwirkende Werk der Unsterblichen geht eilend zu Ende, das bedeutet nicht, dass es schnell vorüberginge und die Weltgeschichte für die Unsterblichen nur eine kurze, eilend hinter sich gebrachte Episode ist, das »Eilend« ist nicht im Sinne unserer Zeitrechnung zu verstehen, sondern ganz im Sinne der Offenbarung bedeutet dies, dass das Ende nahe ist, also auf der Zeitskala der Unsterblichen ist es nahe, aus unserer Sicht mag es fern sein. Es ist natürlich kein Zufall, dass dieses eilende Zugehen auf das Ende auch seinen kompositorischen Ort im Gedicht als Einleitung zur letzten Strophentrias hat. Auch das Gedicht geht eilend auf sein Ende zu.

Im Übergang von der 12. Strophe zur letzten Strophentrias schildert Hölderlin nun die Wiederkunft Christi am Jüngsten Tag, nach dem Ende der Geschichte, dann ist ein höher gehender »himmlischer Triumphgang« erreicht und Christus weckt die Toten auf; zumindest jene, die sich nicht völlig dem Rohen, dem Titanischen und Höllischen überantwortet haben. Die Götternacht ist nun vorbei, denn Christus erleuchtet »der Sonne gleich« und kann nun klar als »Losungszeichen« bezeichnet oder genannt werden. Der Anbruch des neuen Göttertages bringt eine solche Freude, wie wir sie uns in unseren kühnsten Bildern nicht ausmalen können. Sogar der Gesang, die Dichtung muss dann zurückhaltend sein (»niederwinkend«) und kann das scheinbar Geringste nicht hoch genug besingen, »denn nichts ist [dann; Einf. R.S.] gemein«.

Nun wechselt Hölderlin aber schon wieder die Zeitebene, zurück vom Jüngsten Tag in unsere Gegenwart, das Spiel von Nähe und Ferne fortsetzend. Als in der Zeit Seiender kann man nicht vieles über das

Ende der Zeit sagen und über das, was danach kommt, so legitimiert sich, dass sich Hölderlin hier nur kurz aufhält und wieder in die Gegenwart zurückspringt, um zu sagen, dass wir uns über die Zeitstrecke bis zum Ende der Zeit mit dem aus heiligen Schriften hervorleuchtenden Vorgeschmack der »Gnade« üben sollen. Mit der folgenden Strophe wendet sich das lyrische Ich sogar direkt an den Landgrafen:

Und wenn die Himmlischen jetzt
So, wie ich glaube, mich lieben
Wie viel mehr Dich,
Denn Eines weiß ich,
Daß nemlich der Wille
Des ewigen Vaters viel
Dir gilt. Still ist sein Zeichen
Am donnernden Himmel. Und Einer stehet darunter
Sein Leben lang. Denn noch lebt Christus.
Es sind aber die Helden, seine Söhne
Gekommen all und heilige Schriften
Von ihm und den Bliz erklären
Die Taten der Erde bis izt,
Ein Wettlauf unaufhaltsam. Er ist aber dabei. Denn seine Werke sind
Ihm alle bewußt von jeher.

Zu lang, zu lang schon ist
Die Ehre der Himmlischen unsichtbar.
Denn fast die Finger müssen sie
Uns führen und schmählich
Entreißt das Herz uns eine Gewalt.
Denn Opfer will der Himmlischen jedes,
Wenn aber eines versäumt ward,
Nie hat es Gutes gebracht.
Wir haben gedienet der Mutter Erd'
Und haben jüngst dem Sonnenlichte gedient,
Unwissend, der Vater aber liebt,
Der über allen waltet,
Am meisten, daß gepfleget werde

Der veste Buchstab, und bestehendes gut
Gedeutet. Dem folgt deutscher Gesang.[39]

Es sind also gerade mit der permanenten Anwesenheit von Christus in der Moderne und mit seiner dann offenbar werdenden Rückkehr am Jüngsten Tag alle Himmlischen zu verehren. Hölderlin wendet sich gegen den Monotheismus mit dem Argument, dies hätte nie Gutes gebracht, und tatsächlich hat er Religionskriege, Intoleranz und Abschätzigkeit unter die Menschen gebracht.[40] Aus Hölderlins Sicht kann man wohl noch hinzufügen, dass die ungeehrten Götter durch den Monotheismus unglücklich werden. Wer die anderen »Himmlischen« und die »Helden« und die göttlichen »Söhne…all« sind, wird z. B. aus *Ansätze zur letzten Fassung* klarer: »Johannes. Christus. Diesen, ein / Lastträger möcht ich singen, gleich dem Herkules«.[41] Das ist die schon aus *Der Einzige* bekannte Verbindung von Christus zu anderen antiken Halbgöttern.

Nachdem wir aber in der Götternacht irdisch säkular wurden (»wir haben gedient der Mutter Erd'«) und aufgeklärt (»und haben jüngst dem Sonnenlichte gedient«), haben wir den Willen des Höchsten verfehlt. Dass wir der Mutter Erde und dem Sonnenlicht »unwissend« gedient haben, erklärt sich daraus, dass unsere irdisch-diesseitige Säkularisierung zwar eine Hinwendung zur Erde ist, aber diese nicht in ihrer Göttlichkeit gesehen wird; sie sieht in ihr Rohstoffe, aber nicht das Heilige des Lebensschenkens der Erde. Aufklärung dient unwissend der Sonne, weil sie das Licht nur in der Gestalt eines Vernunftglaubens feiert, aber ihr nicht klar ist, dass kein vernünftiger Mensch ohne die göttlichen Strahlen der Sonne je gelebt hätte. Die heilige Sonne ist notwendige Bedingung für die Existenz des Lichts menschlicher Vernunft. Insofern sind hier Erde und Sonne doppeldeutig, denn einerseits stehen sie als Symbole für Tendenzen der menschlichen Geschichte, zugleich aber auch für die dahinterstehenden Gottheiten, denen wir unbewusst dienen.

Durch die letzten Verse wird dieses Gedicht – wie schon häufiger in der Forschung festgestellt wurde – zu einem performativen Sprechakt; denn es ist eben bereits in der »vaterländischen Sangart« abgefasst. [42] Doch die formale Bestimmung eines performativen Sprechaktes bleibt äußerlich und inhaltlich leer, solange nicht gesagt wird, worin in *Patmos* genau das Vaterländische, hier also das

»Deutsche«, und der Gesang bestehen. Schließlich ist nur der Anfang in Hölderlins Vaterland lokalisiert, danach bewegen wir uns in die Kolonie, zunächst in das Griechenland in Hölderlins Gegenwart (»Asia«), dann auf eine Zeitreise zum Ende der antiken Welt, eben in die Zeit von Christus und in die Zeit der Offenbarung des Johannes, dies sind aber Ereignisse, die wiederum nach Jerusalem und zu anderen biblischen Orten führen, um dann erst ganz am Ende und nur in kurzen Andeutungen wieder nach Hesperien zurückzuweisen. »Vaterländisch« ist hieran meiner Meinung nach die Gesamtbewegung, dass der Geist aus der Heimat in die Kolonie aufbricht – und hier gibt Hölderlin eine Antwort, wie genau dies geschehen kann, nämlich durch eine Mischung aus Entführung durch einen Genius und die freie Wahl, in der Fremde sich mit Patmos zu beschäftigen –, um dann zurückzukehren, um mit den Einsichten aus der Fremde nun das Eigene freier gebrauchen zu können – und auch hier gibt Hölderlin einen genaueren Hinweis, wie diese Rückkehr geschehen kann, eben vermittels des Gesangs, nämlich der dichterischen Er-innerung. Schon im Anfang ist der Gott nah und fern, nun hat der Geist in der Kolonie gelernt, weshalb das so ist, er kann nun – in Heidegger'schen Worten – seine »geschichtliche Geworfenheit« zu einem »zukünftigen Entwurf« machen und »Bestehendes gut« deuten. Der Gesang ist das Rettende in der Gefahr; in der Dunkelheit der Götternacht hilft und rettet ausschließlich freier Gesang.

Der »deutsche Gesang« ist offenbar in dem Sinne folgsam, als er sich der Pflege heiliger Schriften und der guten Deutung des Bestehenden zuordnet und verschreibt. Das »folgt« ist also nicht zeitlich zu sehen im Sinne von »danach«, d. h., nach dem festen Buchstaben und der guten Deutung käme der »deutsche Gesang«. Oft wird das »Bestehende« als Bezug auf den »festen Buchstab« gesehen, das ist aber nicht notwendigerweise so, denn es wäre dann eine bloße Wiederholung. Man kann das Bestehende auch als die geschichtlichen Erscheinungen und die Gegenwart Hölderlins sehen, das, was um ihn herum besteht, ist gut zu deuten. Das ist eine gute und notwendige Abrundung der Hymne, denn damit wäre ein Bezug auf die »Gipfel der Zeit« vom Anfang hergestellt.

Aber nochmals: Warum muss dieser Gesang ausgerechnet »deutsch« sein?[43] Auch das weist wieder auf den Anfang von *Patmos* zurück, schließlich war es einer der Söhne der Alpen, den der Genius für wert befand, um nach Griechenland entführt zu werden, und dort war es dann wiederum dessen freie Wahl, sich gerade Patmos näher anzuschauen und seine Zeitreise zu beginnen. Es gibt also eine vom Genius gesehene besondere Beziehung zwischen antikem Hellas und modernem Hesperien, die ihn bewegt, jenen Sohn der Alpen auszuwählen. Dieser Alpensohn wählt eben das schmucklose Patmos und entspricht mit dieser Wahl dem Gebot dessen, was in dürftiger Zeit nottut, und er kleidet dieses nach der geistigen Wanderung in Gesang. Die besondere Befähigung dieses Alpensohnes, jene topographisch-zeitliche Geisteswanderung zu vollziehen, ist vielleicht aus der Sicht des Genius/Hölderlins dadurch gegeben, dass durch den Klassizismus Winckelmanns, Goethes und Schillers sowie mit dem hohen philosophischen Reflexionsniveau eines Kant, Fichte, Schelling und Hegel die Deutschen würdig werden, diese gefährliche Reise mitzumachen. Freilich enthalten diese beiden geistigen Pole, Klassizismus und Idealismus, in Hölderlins Sicht Fehler, Einseitigkeiten und absurde Verabsolutierungen, aber dennoch scheint die Mischung aus poetisch-literarischem Griechenbezug und idealistischem Freiheitsdenken eine geistige Zurüstung zu sein, die die damaligen »Deutschen« in Hölderlins Sicht für den Geist bereit sein lässt. Bei den Deutschen liegt die Gefahr vereinseitigender Absolutsetzung in Klassizismus und Idealismus sowie das Rettende, beides Überwindende nahe. Der Idealismus erfährt durch die Rückbesinnung auf griechisches Seinsdenken eine Grenze, der Klassizismus wird durch das idealistische Primat der Freiheit seiner Starrheit von »edler Einfalt und stiller Größe« entkleidet. Die Deutschen sind also besonders geeignet, weil bei ihnen die modernen Verfehlungen am weitesten gediehen sind.

VI. Die Geistigkeit des Fürsten des Festes in der *Friedensfeier*

In der wohl im Herbst 1802 entstandenen endgültigen Fassung der späten Hymne *Friedensfeier*[1] dichtet Hölderlin über das Verhältnis des »Fürsten des Fests«, des höchsten Gottes zu Weltlauf und Geschichte:

Der himmlischen, still wiederklingenden,
Der ruhigwandelnden Töne voll,
Und gelüftet ist der altgebaute,
Seeliggewohnte Saal; um grüne Teppiche duftet
Die Freudenwolk' und weithinglänzend stehn,
Gereiftester Früchte voll und goldbekränzter Kelche,
Wohlangeordnet, eine prächtige Reihe,
Zur Seite da und dort aufsteigend über dem
Geebneten Boden die Tische.
Denn ferne kommend haben
Hieher, zur Abendstunde,
Sich liebende Gäste beschieden.

Und dämmernden Auges denk' ich schon,
Vom ernsten Tagwerk lächelnd,
Ihn selbst zu sehn, den Fürsten des Fests.
Doch wenn du schon dein Ausland gern verläugnest,
Und als vom langen Heldenzuge müd,
Dein Auge senkst, vergessen, leichtbeschattet,
Und Freundesgestalt annimmst, du Allbekannter, doch
Beugt fast die Knie das Hohe. Nichts vor dir,
Nur Eines weiß ich, Sterbliches bist du nicht.
Ein Weiser mag mir manches erhellen; wo aber
Ein Gott noch auch erscheint,
Da ist doch andere Klarheit.[2]

Mit Jochen Schmidt kann gedeutet werden, dass sich das dämmernde Auge des Anfangs der zweiten Strophe auf das lyrische Ich bzw. den ergriffenen Dichter bezieht.[3] In der ersten Strophe wurde beschrieben, wie der geschmückte Saal für das Fest bereitet ist und sich zur »Abendstunde« »liebende Gäste« einfinden. Dabei ist wichtig, dass das Friedensfest bei den Menschen stattfindet und ein von Menschen bereiteter Saal/Haus dafür vorgesehen ist, dass sich die Himmlischen, Seligen, Ewigen dort versammeln und ein Gastmahl einnehmen werden (vgl. den Rückbezug in der 9. Strophe auf die 1., der das klar macht), um ein Fest des Friedens zu feiern.[4] Wir befinden uns also an folgendem Zeitpunkt: Das Fest hat noch nicht begonnen, steht aber kurz bevor, das lyrische Ich ruft die Göttlichen, Himmlischen und Seligen auf, zu dem Fest in einem von den Menschen eingerichteten Saal hinzukommen; einige sind schon da, andere wie z. B. Christus müssen noch eingeladen werden. Der Fürst des Festes ist ebenfalls noch nicht da, denn erwartungsfroh »denkt« das lyrische Ich nur, ihn schon ankommen zu sehen.

Der Frieden ist hier als ewige Harmonie, ein übereinstimmendes Sein zu verstehen. Dies ist kein politischer »ewiger Frieden«, der wie bei Kant durch Rechtsverträge zwischen Staaten hergestellt werden soll, sondern ein religiöser Heilszustand, ähnlich der neutestamentlichen εἰρήνη, die Wiederkehr des Goldenen Zeitalters, bleibendes Leben.[5] Wohl weil schon die Abendstunde da ist, hat das lyrische Ich ein »dämmerndes«, d. h. schläfriges Auge. – In *Natur und Kunst oder Saturn und Jupiter* wurde das Goldene Zeitalter als »heilige Dämmerung« bezeichnet. – Für unser Thema der abendländischen Wendung ist in der *Friedensfeier* relevant, dass sich hier offenbar das Verhältnis des höchsten Gottes, des Fürsten des Festes zur Welt verändert hat und in der Terminologie der abendländischen Wendung thematisiert wird. Denn das Verhältnis des Fürsten des Festes zum ernsten Tagwerk ist das von Ausland und Heimat; es steht also auch hier in einer der spätesten Hymnen Hölderlins noch das Verhältnis von nationell und antinationell im Hintergrund, aber nun in einer erweiterten Form, nämlich nicht mehr nur in der Relation zwischen Menschen, sondern in einer theologischen Transformation, und zwar in dem Verhältnis Gottes zur Welt, das offenbar in diesem Fall auch nicht eine Einung im Zorn ist, wie sie in der Tragödie vorkommt.

Der Fürst des Festes selbst ging ins »Ausland«, d. h. in das ernste Tagwerk, den langen Heldenzug, also in die Welt, in die geschichtliche

Wirklichkeit. Das Tagwerk ist dem Fürsten des Festes Ausland, weil er eigentlich der Gott des Festes, der Freude und des Friedens ist, die Arbeit der geschichtlichen Wirklichkeit war ihm fremd, er verleugnet das ernste Tagwerk daher gerne, es ermüdet ihn und daher möchte er es vergessen. Insofern hat nicht nur das lyrische Ich ein dämmerndes Auge, sondern auch der Fürst des Festes ist »müde«, »senkt« das »leichtbeschattete« Auge. Dennoch begab er sich offenbar ins Ausland. Jedoch nun, da er zum Friedensfest zu kommen scheint, nimmt er »Freundesgestalt« an. Die Freundesgestalt führt dazu, dass das »Hohe« »fast die Knie« beugt. Wie aus späteren Versen klar wird, gibt es nach dem Tagwerk der Geschichte und beim Friedensfest keine Herrschaftsverhältnisse mehr. Daher beugt das Hohe nur »fast« die Knie. Mit dem »Hohen« sind wohl die anderen schon anwesenden Gäste gemeint, die bei der Ankunft des Fürsten des Festes an-erkennend Respekt zollen. Insofern verleugnet Gott auch gerne seine Anwesenheit bei uns, seine Epiphanie im Tagwerk der Geschichte, weil er dann zugeben muss, seine Heimat verlassen zu haben. Ähnlich wie ein vollkommenes Kunstwerk nicht die Mühen seiner Herstellung verrät, gefällt es dem Fürsten des Festes nicht, zu zeigen, welche Anstrengung nötig war, um nun endlich das Fest feiern zu können. Dieser Fürst des Festes ist unter den anwesenden Festgästen der »Allbekannte«, auch weil er nun Freundesgestalt angenommen hat. Vielleicht kann man interpretieren, dass der Fürst des Festes deswegen nicht mit einem spezifischen Namen genannt werden muss, denn hier kennt ihn ohnehin jeder. Galt in *Patmos* noch: »Nah ist und schwer zu fassen der Gott.«,[6] so ist der Gott/Fürst des Festes nun beim Friedensfest nah und wird leicht zu fassen sein.

Wohl angesichts des Anlasses der Dichtung der *Friedensfeier* mit dem Frieden von Lunéville vom 9. Februar 1801 regt Beda Allemann[7] im Anschluss an Karl Kerényi[8] an, im Fürsten des Festes Napoleon Bonaparte zu sehen. Allemann meint dies nicht als »Napoleon-These«, sondern in dem Sinne, dass die konkrete Gestalt Napoleons mit mythologischem Gehalt angereichert sei. Gegen diese Napoleon-Deutung des Fürsten des Festes wendet sich mit differenzierten Argumenten Friedrich Beißner.[9] Das spricht natürlich nicht dagegen, den Friedensvertrag von Lunéville als Anlass für Hölderlins Dichtung zu sehen, aber man kann zwischen Anlass und Grund unterscheiden. Selbst wenn der Anlass dieser Friedensvertrag zwischen Frankreich und dem Heiligen Römischen Reich war, muss das nicht bedeuten, dass im Gedicht auch Napoleon als Fürst des Festes auftreten muss – zumal Hölderlin Napoleon zunehmend kritischer sah. Der Grund der Dichtung ist dichtungsimmanent festzustellen. Im Gedicht selbst findet sich alles, was aus der Sicht des Dichters zu sagen notwendig war, und wenn Hölderlin hier keinen Namen des Fürsten nennt, bildet das einen kompositorischen und sinntragenden Grund des Gedichts. Walter Hof deutet den Fürsten des Festes als Christus *und* Gottvater sowie als »deutschen Genius«.[10] Walter Bröcker deutet ihn als »höchsten Gott«, der hier in der Gestalt der Geschichte und des Friedens erscheine und Züge von Napoleon trage.[11] Heinrich Buhr wendet sich gegen eine direkte Deutung des Fürsten als Christus, es handle sich vielmehr um einen kommenden, neuen Christus.[12] Wolfgang Binder sieht den Fürsten als Friedensgott, der Züge von Saturn/Kronos trage.[13] Da dieser aber Gott der Goldenen Zeit, also des Uranfangs war, müsste der Friedensgott eine Art neuer Saturn/Kronos sein. Friedrich Beißner deutet einleuchtend, dass der Fürst absichtlich namentlich ungenannt bleibt, als kommender Gott, der die Einigkeit der Geister bildet, könne er noch gar nicht, evtl. auch nie, genannt werden.[14] Gleichwohl bezeichnet Hölderlin den Fürsten des Festes wie gesehen auch als den »Allbekannten«; das ist er aber für jene, die bereits auf dem Fest sind, er ist es also nicht unbedingt auch für die Menschen, denen er zuvor bei seinem Tagwerk, d.h. im Laufe der menschlichen Geschichtszeit (»Heldenzug«, im »Ausland«) begegnet war.

Auch in den zuvor zitierten Versen der zweiten Strophe der *Friedensfeier* setzt Hölderlin offenbar seine Philosophiekritik fort: Der Weise kann wohl als der Philosoph gedeutet werden, der zwar manches erhellen mag, aber an die Klarheit eines Gottes nicht heranreicht.

Die dritte Strophe erläutert, wie das Fest zum Frieden werden kann, nämlich durch die Abwesenheit von Herrschaft:

Von heute aber nicht, nicht unverkündet ist er;
Und einer, der nicht Fluth noch Flamme gescheuet,
Erstaunet, da es stille worden, umsonst nicht, jetzt,
Da Herrschaft nirgend ist zu sehn bei Geistern und Menschen.
Das ist, sie hören das Werk,
Längst vorbereitend, von Morgen nach Abend, jetzt erst,

Denn unermeßlich braußt, in der Tiefe verhallend,
Des Donnerers Echo, das tausendjährige Wetter,
Zu schlafen, übertönt von Friedenslauten, hinunter.
Ihr aber, theuergewordne, o ihr Tage der Unschuld,
Ihr bringt auch heute das Fest, ihr Lieben! und es blüht
Rings abendlich der Geist in dieser Stille;
Und rathen muß ich, und wäre silbergrau
Die Loke, o ihr Freunde!
Für Kränze zu sorgen und Mahl, jetzt ewigen Jünglingen ähnlich.[15]

Wenn in der Stille der Geist blüht, also in der Abwesenheit vom geschichtlichen Tagwerk und Herrschaft, und wenn am Abend, da das Echo verhallt und dieser Lärm paradoxerweise durch Friedenslaute »übertönt« wird, die zur sprechenden Stille führen, dann scheint mir das gegen eine Identifikation des Fürsten des Festes mit Napoleon zu sprechen. Höchstens kann man einen Menschen vom Typus Napoleons in der Person sehen, die »Flut und Flamme« nicht scheut und die angesichts der eintretenden Friedensstille erstaunt; sie erstaunt eben darüber, dass hier, am Abend der Zeit, d.h. mit beginnendem Friedensfest (vgl. das herausgehobene »jetzt« in Vers 27 dieser 3. Strophe) Herrschaft bei Geistern und Menschen nicht mehr nötig ist.

Der Geist kann jedenfalls eigentlich erst erblühen, wenn Stille einkehrt und man in der Lage ist, die Sprache der Stille zu vernehmen. Der Sinn der Geschichte – die Stille, in der der Geist erblühen, sich durchsetzen kann, weil der Lärm des Tagesgeschäfts verklingt – kann erst jetzt am Ende der Geschichtszeit verstanden werden. »Jetzt erst« ist der Sinn des »Werk[s]« zu hören, d.h. zu vernehmen und zu verstehen, denn nun verhallten der Donner, die Herrschaft und »das tausendjährige Wetter«, die notwendig waren, um die Geschichtszeit mit ihren ermüdenden Heldenzügen zu bestehen. Nicht nur wird der Sinn der Geschichte erst am Beginn des Friedensfestes verständlich – wie Hegel in der Rechtsphilosophie sagt: »die Eule der Minerva beginnt erst mit der einbrechenden Dämmerung ihren Flug«, aber bei Hölderlin ist es nicht das Grau in Grau der Philosophie – nun, am Beginn des Friedensfestes, wird auch erst deutlich, wer den Frieden eigentlich hervorbringt. Dies sind die »Tage der Unschuld, / Ihr bringt auch heute das Fest«. Das kann nur bedeuten, dass es das ursprüngliche Goldene Zeitalter unter der Herrschaft des Kronos ist, welches nun das Fest hervorbringt. Diese Hervorbringung ist aber wohl kaum als eine Aktivität des Goldenen Zeitalters oder von Kronos zu verstehen, denn dann wären die geschichtlichen Taten und die Heldenzüge nicht notwendig gewesen. Vielmehr ist das Goldene Zeitalter ein Paradigma herrschaftsfreien Friedens und dient somit als Leitidee für die gegenwärtige Ausrichtung des Friedensfestes.

In der vierten Strophe bezieht Hölderlin Christus in die Festvorbereitungen ein und überlegt, ob er diesen überhaupt zum Fest laden kann, hat er doch sein Werk unvollendet lassen müssen, weil die Menschen ihn kreuzigten:

Und manchen möcht' ich laden, aber o du,
Der freundlichernst den Menschen zugethan,
Dort unter syrischer Palme,
Wo nahe lag die Stadt, am Brunnen, gerne war;
Das Kornfeld rauschte rings, still athmete die Kühlung
Vom Schatten des geweiheten Gebirges,
und die lieben Freunde, das treue Gewölk,
Umschatteten dich auch, damit der heiligkühne
Durch Wildniß mild dein Stral zu Menschen kam, o Jüngling!
Ach! Aber dunkler umschattete, mitten im Wort, dich
Furchtbarentscheidend ein tödlich Verhängniß. So ist schnell
Vergänglich alles Himmlische; aber umsonst nicht;

Denn schonend rührt des Maases allzeit kundig
Nur ein Augenblik die Wohnungen der Menschen
Ein Gott an, unversehn, und keiner weiß es, wenn?
Auch darf alsdann das Freche darüber gehen,
Und kommen muß zum heiligen Ort das Wilde
Von Enden fern, übt rauhbetastend den Wahn,
Und trift daran ein Schiksaal, aber Dank,
Nie folgt der gleich hernach dem gottgegebnen Geschenke;
Tiefprüfend ist es zu fassen.
Auch wär' uns, sparte der Gebende nicht
Schon längst vom Seegen des Heerds
Uns Gipfel und Boden entzündet.[16]

Verglichen mit den anderen Göttlichen, Seligen und Jünglingen hat sich mit Christus ein besonders schreckliches Verhängnis ereignet. Denn er konnte sein Werk, seine Mission nicht vollenden, »mitten im Wort« wurde er nämlich hingerichtet. Diese Unvollendetheit zeichnet einerseits die spezifische Tragik Christi aus, andererseits wird dadurch klar, wieso wir – laut der 6. Strophe – den Vater zuerst kennen müssen, um den Sohn anschließend erkennen zu können. Das Wesen Christi konnte aufgrund des tragischen Abbruchs seiner Mission gar nicht (vollständig) erkannt werden. In der Geschichtszeit ist uns der Vater von Christus aber auch nicht vollständig bekannt, nun wird aber von den Menschen das Friedensfest vorbereitet. Erst wenn die Friedensfeier kommt und damit der Vater von Christus oder der Fürst des Festes unter den Gästen weilt, wird uns der Vater bekannt, daher liegt eigentlich auch die Erkenntnis Christi in der Zukunft des sich ereignenden Friedensfestes. So erklärt sich, weshalb das lyrische Ich sich überhaupt fragt, ob es Christus zum Fest laden darf. Wir verstehen seine Heiligkeit besonders schlecht, weil wir ihn mitten in seiner Mission unterbrachen, ihm tödlich ins Wort fielen.

Das hier sehr generell bezeichnete »Wilde«, »Freche«, d.h. das Titanische, Tragische, Aorgische, die Tötung Christi sowie menschliche Selbstüberhebung, darf über das Heilige hinweggehen! Wenn solches geschieht, wird das Wilde von einem Schicksal getroffen, dies ist der Sinn solchen Heiliges diffamierenden Geschehens. Auch das Wilde muss sich nämlich selbst erfahren – die 7. Strophe wird dies begründen –, das gelingt aber nicht, wenn das Wilde völlig ohne Hindernisse sein Titanisches und selbstüberhebendes Wesen ausleben kann. Dasjenige, welches Wildes treffen kann, ist Heiliges; zwar braucht es wiederum lange, bis das Wilde dieses begreift, aber ohne eine solche Opferung, wohl auch Selbstaufopferung des Heiligen hätte das Wilde nicht die Möglichkeit, seine Grenzen aufgezeigt zu bekommen.

Fast tröstlich für die Heiligen, Himmlischen und Götter sagt Hölderlin, dies liege daran, dass Göttlich-Heiliges nicht einfach für die Menschen zu begreifen ist und langer Prüfung bedarf. Die Menschheit braucht lange, um Göttliches zu begreifen. Die Größe des Göttlichen darf uns auch während des Tagwerks, während der Geschichtszeit, nicht zu hell erscheinen, denn nur in Abdunkelungen wirkt es nicht völlig zerstörerisch auf uns. Tröstlich für die Menschen fährt Hölderlin mit der 6. Strophe fort:

Des Göttlichen aber empfiengen wir
Doch viel. Es ward die Flamm' uns
In die Hände gegeben, und Ufer und Meesfluth.
Viel mehr, denn menschlicher Weise
Sind jene mit uns, die fremden Kräfte, vertrauet.
Und es lehret Gestirn dich, das
Vor Augen dir ist, doch nimmer kannst du ihm gleichen.
Vom Alllebendigen aber, von dem
Viel Freuden sind und Gesänge,
Ist einer ein Sohn, ein Ruhigmächtiger ist er,
Und nun erkennen wir ihn,
Nun, da wir kennen den Vater
Und Feiertage zu halten
Der hohe, der Geist
Der Welt sich zu den Menschen geneigt hat.[17]

Nun kommt Hölderlin also auf Christus zurück und auf die Frage, ob er ihn zum Fest einladen darf? Er darf! Denn »nun«, am Beginn des Festes, wenn das Ende der Geschichtszeit eingeläutet ist und sich der Geist wieder den Menschen zuneigt, erkennen wir den Vater und durch ihn den Sohn.

Die Theodizeeproblematik des Menschen der Geschichtszeit, an Gott/Götter und seine/ihre Güte zu glauben, angesichts einer Welt, in der »Herrschaft«, »Wildnis«, »tausendjähriges Wetter« und »lange Heldenzüge« nötig sind, sogar die Kreuzigung Christi geschieht und wir Menschen die Götter in der Götternacht vergessen, sie sich auch von uns abwenden, ergibt sich also daraus, dass die göttlichen Geschenke für die Menschen einerseits komplex zu durchschauen sind: Würden wir die Güte Gottes besser verstehen, könnten wir ihm besser danken. Und andererseits nimmt Gott auf uns Rücksicht und schenkt uns bei weitem nicht alles, was er schenken könnte. Göttliche Gaben in ihrer vollen Präsenz würden uns verbrennen. Man darf gegen die Götter nicht undankbar werden, schließlich haben sie uns die verlebendigen Naturgaben (»Flamme«, »Ufer« und »Meeresflut«) ebenfalls gegeben.

Der Vater hat uns darüber hinaus auch seinen Sohn geschickt, wodurch er sich dem Menschen zugeneigt hat. Der »Alllebendige«, der »Allbekannte«, d.h. der Fürst des Festes, hat dem Menschen seinen Sohn (den »Ruhigmächtigen«) gesandt, aber nicht, damit wir den Vater durch ihn kennen lernen, sondern nach Hölderlins Christusspekulation muss man umgekehrt zunächst den Vater kennen, um den Sohn als solchen überhaupt erkennen zu können. Man gelangt also durch den Fürsten des Festes zum Sohn, nicht durch Christus zum Vater. Dass Christus den Menschen unbekannt ist, liegt eben an dem abrupten Abbruch seiner Mission. Daran wird deutlich, dass Christus nicht der Fürst des Festes sein kann, denn er hat im Gegensatz zum Fürsten des Festes sein Tagwerk nicht vollendet. Sonst würde es auch keinen Sinn machen, dass das lyrische Ich Christus in der 4. Strophe neben anderen Seligen und Jünglingen zum Fest einlädt und ihn zum Fürsten des Festes hinführen möchte.

Die Verse der 7. Strophe der *Friedensfeier* beleuchten das Verhältnis von Göttlichem und Weltgeschichte bzw. Zeit ausführlicher und heben es auch auf eine noch höhere Ebene dichterischer Spekulation, den Höhepunkt des Gedichts:

Denn längst war der zum Herrn der Zeit zu groß
Und weit aus reichte sein Feld, wann hats ihn aber erschöpfet?
Einmal mag aber ein Gott auch Tagewerk erwählen,
Gleich Sterblichen und theilen alles Schiksaal.
Schiksaalgesez ist diß, daß Alle sich erfahren,
Daß, wenn die Stille kehrt, auch eine Sprache sei.
Wo aber wirkt der Geist, sind wir auch mit, und streiten,
Was wohl das Beste sei. So dünkt mir jezt das Beste,
Wenn nun vollendet sein Bild und fertig ist der Meister,
Und selbst verklärt davon aus seiner Werkstatt tritt,
Der stille Gott der Zeit und nur der Liebe Gesez,
Das schönausgleichende gilt von hier an bis zum Himmel.[18]

Wenn Hölderlin hier eingangs dieser Strophe davon spricht, dass Gott, der Fürst des Festes, »zum Herrn der Zeit« geworden ist, dann meint dies, dass sich Gott in der Geschichtszeit durchgesetzt hat und also die Zeit an ihren Abend, d.h. an ihr Ende gekommen ist. Doch Hölderlin sagt auch, dass er »zu groß« für die Zeit geworden ist. Wie eine gereifte Frucht ist er der Geschichtszeit auch entwachsen, er transzendiert sie in seiner Geistgestalt, ebenso wie es das Liebesgesetz tut. – Christus hatte zwar schon versucht, uns das Liebesgesetz während der Geschichtszeit näher zu bringen, dafür haben wir ihn aber gekreuzigt. Extremer kann man nicht missverstehen. – Gottes Der-Zeit-Entwachsen ist das Resultat der Bewältigung der Geschichtszeit, »und weit aus reichte sein Feld«.

Wenn Hölderlin dann mit der Frage fortfährt, wann das Feld, die Geschichtszeit, Gott erschöpft habe, ist das intrikat. Man kann es entweder als eine rhetorische Frage verstehen. Dann bedeutet es soviel wie: Gott ist so vollkommen, wie könnte er durch die Geschichtszeit mit all ihren Unvollkommenheiten bestimmt oder umgrenzt werden? Das weite Feld der Geschichtszeit erschöpft in dieser Lesart natürlich nicht das Wesen Gottes in einem positiven Sinne, dass es ihn vollständig erfasst oder bestimmt. Sonst wäre es auch möglich, Gott durch Geschichtskenntnis vollständig zu bestimmen; der perfekte Historiker wäre gleichzeitig der beste Theologe.

Oder man kann die Frage, wann das Feld Gott erschöpft, an den Sinn der zweiten Strophe zurückbinden, wo bereits davon die Rede war, dass der Fürst des Festes müde und abgekämpft, gesenkten Auges vom Ausland zurückkehrt. Nach dieser Lesart ist Gott erschöpft. Das ist eine abendländische Wendung in dem Sinne, dass Hölderlin hier das Eigene äußerst frei gebraucht: Der studierte Theologe Hölderlin kehrt damit nämlich die christliche Lehre vom Schöpfergott vollständig um, denn Gott mag zwar auch Schöpfer sein, man denke an die erwähnten Gaben der Natur durch ihn, aber er ist eben auch erschöpft. Eine dritte Lesart besteht darin, die Betonung auf das »wann« zu legen, es handelt sich danach also um eine Frage nach dem Zeitpunkt des Erschöpftseins Gottes durch das Feld. Dies ist die Frage, wann man ans Ende der Zeit gelangt ist und wie man es feststellen kann.

Man sollte die Frage, welche der drei Lesarten nun die richtige ist, gar nicht erst eindeutig zu beantworten versuchen. Der ästhetische Reiz des hier oszillierenden Sinnes ginge dann verloren. Das Gedicht führt dem Leser mit der gedichteten Frage seine eigene Deutungsoffenheit vor.

Dass Gott »einmal« das Tagwerk, also die Arbeit der geschichtlichen Verwirklichung, erwählen mag, bedeutet, dass es offenbar mehrere alternative Verhaltensweisen des Gott-Vaters zur Welt und zur Weltgeschichte gibt und von Gott aufgrund seiner Freiheit auch eine andere Form der Realisation gewählt werden könnte, er könnte größere Distanz zum Tagwerk halten. Dies vollzieht er ja, wenn er sich z.B. in der Götternacht den Menschen entzieht. Dennoch hat er es frei gewählt. Doch er ist *auch* dem Schicksal unterworfen. Wenn es Schicksalsgesetz für alle ist, sich zu erfahren, trifft dies auch auf Gott zu. Die Selbsterfahrung Gottes kann aber nicht darin bestehen, nur ausschnitthaft eine oder einige Selbsterfahrung zu vollziehen. Er kann nur vollständige Selbsterfahrung durch die Erfahrung allen Schicksals erreichen. Gott darf nicht einige unbequeme Tatsachen, z.B. den Tod, aussparen, sonst wäre seine Vollständigkeit gefährdet. Es reicht also auch nicht aus, dass sich einige Auserwählte selbst erfahren, denn dann wäre am Ende der Zeit nicht die Vollstimmigkeit gewährleistet.

Gott ist damit frei und dem Schicksalsgesetz unterworfen. Das kann man als Hölderlins kompatibilistische Version einer Auflösung von Kants dritter Antinomie aus der *Kritik der reinen Vernunft* sehen, denn hier sind göttliche Freiheit und notwendige Schicksalsunterworfenheit, d.h. Determination vereint. Zugleich stellt dies eine theologische Spekulation mit den Mitteln der abendländischen Wendung dar, denn Gott gebraucht hier sein Eigenes frei. Bei der Vertäglichung/Verzeitlichung Gottes geschieht es aber offenbar, dass er sein eigentliches Wesen (die Ewigkeit) ablegt und sich paradoxerweise nun selbst erfahren kann, Gott muss wirklich ein Schicksal annehmen; aber das gelingt nur dadurch, dass Gott aus freien Stücken ein Anderes geworden ist; er muss und will ins Ausland wandern. Aber erst die Vergeistigung durch die Liebe führt ihn in seine Heimat (zum Friedensfest) zurück.[19]

Bezeichnet Hölderlin sonst die Geschichtsphase nach den Tod Christi als Götternacht, so deutet er in der *Friedensfeier* die Geschichtlichkeit insgesamt als das »Tagwerk« Gottes; das Tagwerk, dessen Gott selbst (aus Freiheit) bedarf, um sich zu erfahren (Schicksal). Indem sich Gott zeitlich zeigt, verbirgt er sich in gewisser Weise aber auch, zumindest seinem eigentlichen ewigen Wesen gemäß, das erst mit dem Eintritt zum Friedensfest wieder deutlich hervortreten kann. Denn erst mit dem Eintritt zum Friedensfest erkennen wir den Vater und dadurch werden wir auch in die Lage versetzt, nun den Sohn als solchen zu erkennen.

Das lärmende Tagwerk (Gottes, der Himmlischen und der Menschen) wird wiederum durch die Stille abgelöst; nämlich durch die Stille der Friedensfeier, wenn am Feierabend des Meisters die streitende Anstrengung vorüber ist. Hier erst lässt sich der Sinn der Geschichte mit all ihrem Leiden angeben. Dies ist Hölderlins Theodizee: Es ist Schicksalsgesetz, sich erfahren zu müssen; wer nur blind existiert, ohne diese Existenz erfahren zu haben, *hat* kein Schicksal, er wäre wie ein Stein. Ein/Sein Schicksal zu treffen und es zu haben, d. h. für sich zu erfahren, ist nicht nur Aufgabe der Hesperier, sogar Gott muss sein Schicksal erfüllen und erfahren. Und das Sich-erfahren-Müssen, d. h. die Geschichte, hat den Sinn, dass dann, wenn die lärmende Geschichte vorüber ist, eine Stille eintritt, die eine gewisse Sprache hat. Die einkehrende Stille ist wohl Metapher des Friedens. Die Geschichte bereitet auf die Stille des Friedens vor. Im Frieden ist die Herrschaft, politische Macht unnötig und daher abwesend. Diese Stille ermöglicht erst eine höhere Entwicklung des Geistes und des Geistigen insgesamt. Der Sinn der Geschichte ist also, dass den Anwesenden im ewigen Frieden der Gesprächsstoff nicht ausgeht. Solange im Lärm des Tagwerks Herrschaft den Menschen okkupiert, ist er nach der dritten Strophe nicht in der Lage, die leisen und zarten Töne des Geistes zu vernehmen. Ein Frieden/Stille ohne vorhergehenden Streit/Lärm wäre unerfahren und hätte kein Schicksal. In der Terminologie der abendländischen Wendung aus dem Böhlendorff-Brief kann man sagen, dass hier Leidenschaft/Pathos und Klarheit der Darstellungsgabe vereint sind.

Die Selbsterfahrung Gottes in der Wahl eines Schicksals macht einen wesentlichen Unterschied gegenüber dem Ausgangszustand der göttlichen Ewigkeit vor dem Geschichtsprozess; dort hat die Stille eben noch keine Sprache, erst nach dem Durchgang durch die Geschichte bekommt die Stille eine Sprache und kann sich dann wiederum weiterentwickeln vom Gespräch zum »Gesang« (vgl. 8. Strophe, Vers 91 ff.). Die Leiden der Geschichte und der Verzeitlichung haben somit den Sinn, dass die Stille der göttlichen Ewigkeit differenziert ist. Man kann dies als Hölderlins verdichtete Antwort auf die Theodizeefrage deuten.

Das Tagwerk Gottes vollendet sich, indem Gott zum »Meister« wird. Die Meisterschaft Gottes ist notwendig, um nach dem Durchgang durch die Geschichte zu der sprechenden Stille der Ewigkeit zu gelangen. – Vermutlich ist der »Meister« auch eine Anspielung auf den Demiurgen aus Platons *Timaios*.[20] Hölderlin spielt aber offenbar auch mit der Metapher einer Malerwerkstatt, denn der göttliche Meister hat »sein Bild« vollendet und ist vom vollendeten Bild selbst verklärt. – Spezifisch an diesem Gott-Vater, der nicht nur zum Meister der Geschichte geworden ist, sondern diesem auch schon wieder entwachsen ist (»längst war der zum Herrn der Zeit zu groß«), ist sein dialektisches Verhältnis zu dem von ihm Geschaffenen: Einerseits ist er auf die Geschichte bezogen und verklärt sich durch das von ihm geschaffene Bildwerk selbst und andererseits distanziert er sich von der Geschichte, denn sie ist vollendet, d. h., der Meister ist fertig, er tritt nun aus der Werkstatt heraus und in sein eigentliches Wesen, das Fest. Schon in der zweiten Strophe, Vers 14, wurde gesagt, dass der Fürst des Festes sich »vom ernsten Tagwerk lächelnd« dem Fest zu nahen scheint. Der Meister kann also schon wieder über den »Ernst des (irdischen) Lebens« lächeln und sich damit auch von ihm distanzieren. Die Vollendung des Bildwerkes und die Selbstverklärung durch es zeigen, dass Gott ein »stiller Gott der Zeit« ist und »nur der Liebe Gesez [...] gilt von hier an bis zum Himmel«. Die Stille ist beim Gott der Zeit nun das Entscheidende, er ist nicht mehr der sich im Lärm der Geschichte zeigende, sondern schon durch die Sprache der Stille den Gesang vorbereitende Gott, schließlich ist der Meister zu diesem Zeitpunkt mit seinem Werk fertig und tritt aus der Werkstatt heraus. Paradox gesagt, ist die Stille ein »Vorklang« des endzeitlichen Friedens, in dem der lärmende Wortstreit schweigt.

Das »Gesetz der Liebe« gleicht schön aus, d. h., von dem Zeitpunkt an, seit der Meistergott die Geschichtszeit be- und vollendet hat, gilt das Liebesgesetz. Es gilt also nicht universell, es gilt nur in jener spezifischen Vollendungszeit; in dieser gleicht es jedoch den vorangehenden Liebesmangel aus. In der Lieblosigkeit der menschlichen Geschichtswelt hatte es offenbar noch keine Gültigkeit, das wird an der Kreuzigung Christi deutlich (wohl auch an Diotimas frühem Tod). Jene Lieblosigkeit der Geschichtszeit wird kompensiert durch den Frieden des Festes.

Der edle Wettstreit der Menschen – der sie zu Geistwesen macht – besteht darin, zu rätseln, was das Beste sei, was also das *Telos* des Seins und der Götter ist; auch darin steckt wieder die Theodizeeproblematik. In der Zeile: »So dünkt mir jetzt das Beste« steckt daher nicht nur eine Äußerung des lyrischen Ichs, das seine Deutung des Besten angibt, sondern zugleich eine Selbstreflexion Hölderlins, der sich zu der Einsicht durchgerungen hat, dass die soeben geschilderte Dialektik des *Feier*abend machenden Werkmeisters die höchste Seinsweise und der Beginn des Liebesgesetzes ist. In dem Vers: »Wo aber wirkt der Geist, sind wir auch mit, und streiten, / Was wohl das Beste sei.« steckt auch eine gewisse Rechtfertigung der Philosophie, denn natürlich nehmen die Philosophen an diesem edlen geistigen Wettstreit um die Bestheit durch ihr Denken auch teil. Doch das macht allererst wirklich und vertieft Sinn, wenn der Geist wirkt und die Geistwesen bei uns sind, d. h. am Abend der Zeit, wenn die Geschichte vorbei ist, das Fest beginnt und die liebenden Gäste einkehren. Direkt im Anschluss sagt das lyrische Ich von sich »So dünkt mir jetzt das Beste, …«, und dann beginnt die Spekulation um die Meisterschaft. Also denkt auch das lyrische Ich dank der Geistigkeit die Bestheit, genau wie es die Philosophen versuchen. Aber das lyrische Ich verwendet dann eben die Metapher vom Meister, der aus der Werkstatt tritt, sowie die Rede von dem schönausgleichenden Gesetz der Liebe. Dies unterscheidet die Dichter von den Philosophen, zumindest von den Philosophen zur Zeit Hölderlins, schließlich haben einige der alten griechischen Denker auch selbst gedichtet.

In der Verklärung des Meisters, des Fürsten des Festes steckt die abendländische Wendung gleich auf zweifache Weise. Einmal ist sie inkludiert in dem Gang des höchsten Gottes ins Ausland und dann wieder zurück in seine Heimat, das Fest; dort synthetisiert der Gottvater die menschliche Sprache, die er im Tagwerk erlernte, mit seiner eigenen, der Ewigkeitsstille, die dadurch nicht sprachlos bleibt, sondern sich beim Fest zum Gesang wandelt (»bald sind wir aber Gesang«). Und zum Zweiten steckt die abendländische Wendung in dem Streit, Sicherfahren und Gespräch der begeisteten Menschen untereinander, was denn das Beste sei. Z. B. tauschen sich hier Hellas und Hesperien über ihre Gottesanschauungen und ihre Lebensformen wechselseitig aus. Die Menschen hören in abendländischer Wendung vieles voneinander und tauschen sich sprachlich aus:

Viel hat von Morgen an,
Seit ein Gespräch wir sind und hören voneinander,
Erfahren der Mensch; bald sind wir aber Gesang.

Und das Zeitbild, das der große Geist entfaltet,
Ein Zeichen liegts vor uns, daß zwischen ihm und den andern
Ein Bündniß zwischen ihm und andern Mächten ist.
Nicht er allein, die Unerzeugten, Ew'gen
Sind kennbar alle daran, gleichwie auch an den Pflanzen
Die Mutter Erde sich und Licht und Luft sich kennet.
Zulezt ist aber doch, ihr heiligen Mächte, für euch,
Das Liebeszeichen, das Zeugniß
Daß ihrs noch seiet, der Festtag,

Der Allversammelnde, wo Himmlische nicht
Im Wunder offenbar, noch ungesehn im Wetter,
Wo aber bei Gesang gastfreundlich untereinander
In Chören gegenwärtig, eine heilige Zahl
Die Seeligen in jeglicher Weise
Beisammen sind, und ihr Geliebtestes auch,
An dem sie hängen, nicht fehlt; denn darum rief ich
Zum Gastmahl, das bereitet ist,
Dich, Unvergeßlicher, dich, zum Abend der Zeit,
O Jüngling, dich zum Fürsten des Festes; und eher legt
Sich schlafen unser Geschlecht nicht,
Bis ihr Verheißenen all,
All ihr Unsterblichen, uns
Von eurem Himmel zu sagen,
Da seid in unserem Hauße.

Leichtathmende Lüfte
Verkünden euch schon,
Euch kündet das rauchende Thal
Und der Boden, der vom Wetter noch dröhnet,
Doch Hoffnung röthet die Wangen,
Und von der Thüre des Haußes
Sizt Mutter und Kind,
Und schauet den Frieden
Und wenige scheinen zu sterben
Es hält ein Ahnen die Seele,
Vom goldnen Lichte gesendet,
Hält ein Versprechen die Ältesten auf.

Wohl sind die Würze des Lebens,
Von oben bereitet und auch
Hinausgeführet, die Mühen.
Denn Alles gefällt jezt,
Einfältiges aber
Am meisten, denn die langgesuchte,
Die goldne Frucht,
Uraltem Stamm
In schütternden Stürmen entfallen,
Dann aber, als liebstes Gut, vom heiligen Schiksaal selbst,
Mit zärtlichen Waffen umschüzt,
Die Gestalt der Himmlischen ist es.

Wie die Löwin, hast du geklagt,
O Mutter, da du sie,
Natur, die Kinder verloren.
Denn es stahl sie, Allzuliebende, dir
Dein Feind, da du ihn fast
Wie die eigenen Söhne genommen,
Und Satyren die Götter gesellt hast.
So hast du manches gebaut,
Und manches begraben,
Denn es haßt dich, was
Du, vor der Zeit
Allkräftige, zum Lichte gezogen.
Nun kennest, nun lässest du diß;
Denn gerne fühllos ruht,
Bis daß es reift, furchtsamgeschäfftiges drunten.[21]

Dieses Ende der *Friedensfeier* ist ungewöhnlich, es scheint abrupt, denn gerade die *Friedensfeier* mit »drunten« zu beenden, ist sicherlich unerwartet und auch, dass Hölderlin nicht mit der für die späten Hymnen fast schon obligatorischen Wendung zur Rolle des Dichters und der Dichtung schließt, ist atypisch.

Der »Unvergeßliche«, der »Jüngling«, der »Geliebteste« der Seligen ist Christus, der – hier wird die Geiststruktur des göttlichen Gastmahls deutlich – vom Dichter angerufen wird, vor dem Gottvater, dem Fürsten des Festes zu erscheinen. – Von daher ist eine Identifikation von Christus mit dem Fürsten des Festes sinnwidrig, man kann Christus nicht zu ihm kommen lassen, wenn er es selbst wäre. – Der Geist singt sich zwischen den vollzählig am Abend der Zeit, also kurz bevor die Zeit endet, erscheinenden verschiedenen Göttern, Himmlischen, Seligen und den festteilnehmenden Menschen. Im Vergeistigungsprozess (»Chor«) liegt zugleich der Übergang, die Übersetzung von der natürlichen Sprache innerhalb des Bereiches der Geschichtszeit (seit dem »Morgen«/Anfang der Zeit sind wir »Gespräch«), in der wir uns gegenseitig erfahren, in das gesangliche Gedicht, denn je geistreicher die Sprache wird, umso mehr verdichtet sie sich; der Gesang wird dann unsere Seinsweise sein. Die größere Verdichtung der Sprache auf dem Weg zum Gesang liegt daran, dass alle mehr erfahren haben und alle ihr Schicksal intensiver erlebt haben, dadurch wird das Gespräch immer reicher und differenzierter. – Dass wir Gespräch *sind*, ist natürlich sehr zu Recht von Heidegger als Leitgedanke Hölderlins mit seinen ontologischen Implikationen hervorgehoben worden.[22] – Onto-poeto-logisch dichtet Hölderlin über diese Seinsverdichtung, dass wir am Ende der Zeiten nicht einen Gesang aus- oder aufführen, sondern tatsächlich *sind* wir dann nur noch Gesang. Am Morgen der Zeit ist der Mensch noch Gespräch, am Abend aber beginnt die Einstimmung zum Gesang des Festes, auf dem der *Chorus mysticus* aller Geister beginnt.

Wenn der Abend der Zeit eintritt, wird das Zeitbild klar; zuvor, während des Ablaufs der Geschichtszeit, musste vieles undeutlich bleiben. Das »bald sind wir aber Gesang« wirft ein Licht auf die genauere zeitliche Situation, in der das lyrische Ich hier spricht, noch liegt der Gesang nämlich in der Zukunft, freilich in einer nicht mehr fernen; das Friedensfest ist zwar schon vorbereitet, einige Gäste sind schon da, aber die allversöhnende Feier hat noch nicht begonnen.[23]

Die gesangliche Existenzform gilt aber nicht nur für den Menschen, sondern für alle Seligen. Der Grund, weshalb am Ende der Zeit alle Gesang sind und sein müssen, liegt wohl auch daran, dass erst dann der viel- oder besser allstimmige Chor komplett ist. Erst nachdem die Geschichtszeit vorüber ist, tritt im Gesang des Chores das geistige Wesen aller – jedenfalls aller, die am Fest teilnehmen – klar hervor. Somit kommt auch Gott, der Fürst des Festes, allererst im Gesang und nach der Geschichte/Ausland in sein eigentliches Wesen zurück.[24] Daher ist der Jüngling Christus so wichtig, er muss teilnehmen am Chor der Seligen, weil sonst die Stimme eines Halbgottes fehlte, der mitten im Wort unterbrochen wurde. Vollzähligkeit ist beim Chor wichtig, weil sonst Stimmen fehlen und Missklang oder unvollständige Harmonie die Folge wäre. Christus muss also nicht nur in den Chor aller Seligen eingereiht werden, weil er so besonders geliebt wird, sondern weil jede Stimme in der Pluralität des Chores wichtig ist. Im metaphysischen Gesamtgeschehen der Vollendung von göttlicher und menschlicher Erfahrung und Selbsterfahrung liegt die abendländische Wendung also darin beschlossen, dass aus der anfänglichen Stille der Ewigkeit vor der Zeit das Gespräch des Austausches im Tagwerk der Zeit die konkrete Geschichtsentwicklung von Morgen bis Abend geschieht und am Ende/Abend der Zeit sich das Gespräch zum Gesang wandelt, d.h. zu einer sprechenden Stille der Ewigkeit.

VII. Verhüllung des Göttlichen in *Versöhnender, der du nimmergeglaubt...*

Jene von Hölderlin z. B. in der *Friedensfeier* erwähnte notwendige Flüchtigkeit der Gotteserscheinung kommt bei Christus dadurch zum Ausdruck, dass sein göttliches Licht für uns abgedunkelt wird, indem er im Kreise seiner Jünger auftritt, also durch menschliche Wesen verschattet wird. Ebenfalls verdunkelt sich die göttliche Botschaft, indem Gott-Vater seinen Sohn sterben lässt; bevor er sein ganzes Evangelium verkündet hat, bevor Christus ausgeredet hatte, haben wir Jesus bereits getötet. Seine ganze Botschaft wäre zu hell für unsere schwachen Augen gewesen.[1] – Hölderlin nimmt damit eine traditionelle biblische Sicht auf. – Gott schont uns mit dieser Selbstverdunkelung. Insofern kann man sagen, die christliche Gnade bestehe darin, dass sich Gott uns entzieht, sich uns in seiner vollkommenen Gestalt vorenthält. Hölderlin dichtet daher in der zweiten Fassung von *Versöhnender, der du nimmergeglaubt...* (einer Vorstufe zur *Friedensfeier* vom Februar 1801):[2]

> *Und die lieben Freunde, das treue Gewölk*
> *Umschatteten dich auch, damit der reine, kühne*
> *Durch Wildniß mild der Stral von oben kam, o Jüngling!*
> *Ach! aber dunkler umschattete, mitten im Wort dich*
> *Furchtbar entscheidend ein tödlich Verhängniß. So ist schnell*
> *Vergänglich alles Himmlische; aber umsonst nicht.*[3]

– Auch in der *Friedensfeier* bezeichnet Hölderlin die Jünger als das »treue Gewölk« und nimmt damit eine biblische Formulierung auf. – Was Christus in den Zeugnissen der Evangelien bereits angedeutet hat, wird im Laufe der Geschichte aber umso wirkungsmächtiger, da der Geist der Menschheit dies nur in sukzessiver Folge durchdringt; insofern ist die flüchtige Epiphanie nicht vergeblich. Zugleich ist diese flüchtige Erscheinung Gottes für diejenigen, die am Göttlichen unteilnehmend sind, aber auch die Gelegenheit zur Blasphemie, zu ihrem verächtlichen, selbstbezüglichen Treiben.

In der ersten Fassung von *Versöhnender, der du nimmergeglaubt…* dichtet Hölderlin:

Sei gegenwärtig Jüngling, jezt erst, denn noch ehe du ausgeredet,
Rief es herab, und schnell verhüllt war jenes Freudige, das
Du reichtest, und weit umschattend breitete sich über dir
Und furchtbar ein Verhängniß,
So ist schnellvergänglich alles Himmlische, aber umsonst nicht
Des Maases allzeit kundig rührt mit schonender Hand
Die Wohnungen der Menschen
Ein Gott an, einen Augenblick nur
Und sie wissen es nicht, doch lange
Gedenken sie deß, und fragen, wer es gewesen.
Wenn aber eine Zeit vorbei ist, kennen sie es.

Und menschlicher Wohlthat folget der Dank,
Auf göttliche Gaabe aber jahrlang
Die Mühn erst und das Irrsaal,
Daß milder auf die folgende Zeit
Der hohe Stral
Durch heilige Wildniß scheine.
Darum, o Göttlicher! sei gegenwärtig,
Und schöner, wie sonst, o sei
Versöhnender nun versöhnt daß wir des Abends
Mit den Freunden dich nennen, und singen
Von den Hohen, und neben dir noch andere sein.

Denn versiegt fast, all in Opferflammen
War ausgeathmet das heilige Feuer
Da schikte schnellentzündend der Vater
Das liebendste, was er hatte, herab,
Damit entbrennend,
Und wenn fortzehrend von Geschlecht zu Geschlecht,
Die Menschen wären des Seegens zu voll,
Daß jeder sich genügt und übermüthig vergäße des Himmels,
Dann   sprach er   soll ein neues beginnen,
Und siehe! was du verschweigest,
Der Zeiten Vollendung hat es gebracht.

Wohl wußtest du es, aber nicht zu leben, zu sterben warst du gesandt,
Und immer größer, denn sein Feld, wie der Götter Gott
Er selbst, muß einer der anderen auch seyn.

Wenn aber die Stunde schlägt
Wie der Meister tritt er, aus der Werkstatt,
Und ander Gewand nicht, denn
Ein festliches ziehet er an
Zum Zeichen, daß noch anderes auch
Im Werk ihm übrig gewesen.
Geringer und größer erscheint er.
Und so auch du
Und gönnest uns, den Söhnen der liebenden Erde,
Daß wir, so viel herangewachsen
Der Feste sind, sie alle feiern und nicht
Die Götter zählen, Einer ist immer für alle.
Mir gleich dem Sonnenlichte! göttlicher, sei
Am Abend deiner Tage gegrüßet.
Und mögen bleiben wir nun.[4]

Ganz ähnlich wie in der *Friedensfeier* gibt es hier die Analogie des Meisters, der am Ende der Zeit, am »Feier-abend« aus seiner Werkstatt heraustritt, sich des Tagwerks entledigt hat, sich darin aber auch zu verklären befähigt wird. Deutlicher als in der *Friedensfeier* tritt die Dialektik des Gottes als Werkmeister in dieser Vorstudie zu Tage, denn nach der Arbeit zieht sich der Gott-Meister anders an, er distanziert sich vom Schaffenden, er gewandet sich festlich, welches zeigt, dass er nicht vollständig im Werk aufgeht. Gott kann auch anders. Wesentlich geht es Hölderlin jedoch darum, bei dem höchsten Gott selbst um Toleranz für den Polytheismus zu werben; die Götter sollen nicht gegeneinander aufgerechnet werden, vielmehr sollen *alle* Göttlichen gefeiert werden, denn »Einer ist immer für alle«. Das bedeutet, für alle da zu sein, ist ein Charakterzug des Göttlichen. Dieses »alle« inkludiert nicht nur die Menschen, sondern auch die anderen Götter. Der Versöhnende, Christus selbst, wird dadurch mit uns versöhnt, dass wir auch noch andere Götter neben ihm feiern. Christus ist so geistig, d.h. auf den Anderen bezogen, und so voller Liebe, dass er geradezu mehrere Götter neben sich will und wir ihm dies abends in Gesängen kundtun sollen. Im Wesen eines Gottes sind alle anderen Götter mitpräsent; hier gilt die Gleichung: $1 = \infty$.

Dass dieser polytheistische Christus abends verherrlicht werden will, liegt daran, dass am Abend das Tagwerk beendet ist und die Zeit sich neigt. Wenn Hölderlin hier dichtet: »Und immer größer, denn sein Feld, wie der Götter Gott / Er selbst, muss einer der anderen auch sein«, dann ist der Wille zum Polytheismus offenbar nicht nur Christus, sondern auch dem Gott der Götter zu eigen. Es ist geradezu eine Bestimmung der wahrhaft unendlichen Größe des Gottes der Götter, dass er einer unter/mit anderen ist; denn nur der nicht wirklich größte Gott lehnt es ab, dass man noch andere neben ihm hat. Ein monotheistischer Gott kann nämlich seine Geistigkeit nur in Bezug auf seine Schöpfung, z. B. Menschen und Engel, oder solipsistisch, d. h. nach traditionellem christlichem Verständnis, innertrinitarisch ausleben. Lebt Gott seine eigene Geistigkeit aber nur in Bezug auf von ihm Geschaffenes aus, dann bleibt immer eine asymmetrische Relation – ein ausdrückliches oder latentes Herrschaftsverhältnis – erhalten. Einem wahrhaft größten, unendlichen Gott können solche einseitigen oder asymmetrischen Formen der Geistigkeit aber für den ewigen Frieden nicht ausreichen; er zieht es vor, sich auch mit anderen Göttern geistig auszutauschen, d. h., er will selbst auch einer der anderen sein. – Ins Politische gewendet findet sich ein ganz ähnlicher Gedanke bei Hannah Arendt, wenn sie betont, dass politische Gewaltenteilung sogar eine Steigerung (bzw. Stabilisierung) der Macht gegenüber einer totalitären Form ungeteilter Souveränität bedeutet. –

Die notwendige Verdunkelung des Göttlichen ist zwar einerseits ein Gnadenakt, weil wir die direkte Klarheit des Göttlichen nicht aushalten können, zugleich hat sie aber auch etwas Tragisches, denn diese Verdunkelungsnotwendigkeit impliziert, dass wir das Göttliche immer erst am Ende einer bestimmten Zeit/Epoche kennen können. – Das berühmte Wort Hegels über die Philosophie abwandelnd, kann man sagen, dass auch im religiösen Bezug des Menschen auf Gott die »Eule der Minerva erst in der Dämmerung ihren Flug beginnt«. – Ein weiterer wesentlicher Grund dafür, dass das Göttliche zunächst einer gewissen Selbstverdunkelung und Verschattung bedarf, ist seine Geistigkeit. Christus bedarf der Jünger, weil der Geist sich intersubjektiv und diskursiv mitteilt.

Christus konnte sein Evangelium nicht vollenden, er starb, bevor er ausgeredet hatte. Die schnelle Vergänglichkeit der Anwesenheit des Himmlischen auf Erden hat den Zweck, sich umso tiefer und länger in das Gedächtnis der Menschen einzugraben. Die Transzendenz des Göttlichen dient seiner Intensivierung in unserem Andenken, d.h. auch seiner Vergeistigung. Das Ewige bedarf der langwierigen Sukzession der Weltgeschichte, um von unserem endlichen Geist aufgenommen und erfahren werden zu können. Ohne die zeitliche Sukzession der Geschichte würde das Göttliche den endlichen Menschen im Nu überfordern.

Dem christlichen Gott eignet dabei eine besondere Größe. Christus ist der »liebendste«, Gott-Vater der »Versöhnende«; dieses Versöhnen ist Gott nicht irgendwie, sondern er ist geradezu das Prinzip der Versöhnung, Gott-Vater versöhnt und »versohnt« sich in Christus. Die Größe des christlichen Gottes besteht darin, dass er sich sogar mit seinem Gegensatz, mit dem antiken Polytheismus, versöhnen kann. Diese Versöhnung von Antike und Christentum ereignet sich dann, wenn ein Gott bzw. der Höchste alle Götter repräsentiert und der Eine Andere neben sich duldet. – Dies erinnert an die Theologie des Vorsokratikers Xenophanes: »Ein einziger Gott ist unter Göttern und Menschen der Größte, weder dem Körper noch der Einsicht nach den sterblichen Menschen gleich. Als ganzer sieht er, als ganzer versteht er, als ganzer hört er.«[5] Hölderlin würde allerdings wohl ergänzen, dass jeder der vielen Götter der Größte ist. –

VIII. Geist und Geschichtsprozess – ›Todeslust‹ auf dem Weg zum Tragischen

Aus Hölderlins poetologischem Aufsatz *Über die Verfahrungsweise des poetischen Geistes*[1] kann man eine Bestimmung des Geistes extrapolieren: Der Geist ist eine gemeinschaftliche Seele, die allen gemeinsam und jedem zu eigen ist und sich durch die Zeiten weitergibt.[2] Der Geist ist geneigt, sich in sich selbst und in Anderem zu reproduzieren. Diese Reproduktion geschieht einerseits in der freien Bewegung des harmonischen Wechsels und andererseits in einem Fort- bzw. Auseinanderstreben. D. h., der Geist reproduziert sich in einer in sich selbst gegenwendigen Aktuosität nach außen und nach innen. Der Geist ist einerseits eine harmonische Zentrierungsbewegung auf sich selbst zu, und er ist andererseits zu einer exzentrischen Bahn fähig, in der er sich nach außen hin Anderem gegenüber differenziert und sich mit Fremdem auseinandersetzt. Die eine ursprüngliche Forderung des Geistes zielt auf eine Differenzierung in einheitlicher Gemeinschaft und auf ein einiges Zugleichsein aller Teile; eine andere, ebenso wesentliche Forderung des Geistes ist es, aus sich selbst herauszugehen und sich in einem schönen Fortschritt und Wechsel im Anderen zu reproduzieren. Beide Forderungen stehen im Widerstreit, machen aber nur zusammengenommen die Totalität des Geistes aus.

– Diese Bestimmung des Geistes klingt ganz nach der Widerspruchseinheit, die das Zentrum der Zeus-Theologie und der Logosspekulation des Vorsokratikers Heraklit bildet. Hier einige Fragmente Heraklits, die zeigen, dass er den Beinamen »der Dunkle« schon in der Antike zu Recht trug und Hölderlins Denken nahesteht:

> »Das eine Weise, das einzig und allein ist, ist nicht bereit und doch wieder bereit, mit dem Namen des Zeus benannt zu werden.«
> »Der Gott ist Tag-Nacht, Winter-Sommer, Krieg-Frieden, Sättigung-Hunger – alle Gegensätze, das ist die Bedeutung –; er wandelt sich, genau wie Feuer …«
> »Verbindungen: Ganzheiten und keine Ganzheiten, Zusammentretendes – Sichabsonderndes, Zusammenklingendes – Auseinanderklingendes; somit aus Allem Eins wie aus Einem Alles.«[3]

Schon im Tübinger Stift, also noch zu Studienzeiten, war die Losung der drei auf einem Zimmer einquartierten Hölderlin, Schelling und Hegel das berühmte ἓν καὶ πᾶν. –

Doch nun zurück zu Hölderlins Bestimmung des Geistes im Aufsatz *Über die Verfahrungsweise des poetischen Geistes:* Der Dichter hält jenen Widerstreit zwischen zentrifugaler und zentripetaler Aktuosität, Aus-sich- und In-sich-Gehen des Geistes in einem Wechsel der Töne in seinem Gedicht fest. Das Fortschreiten des Geistes geht damit zwar von einer anfänglichen, ursprünglichen Einheit aus, aber diese unvermittelte Einheit ist noch undifferenziert, die Differenziertheit mangelt ihr, daher strebt sie über sich selbst hinaus. Der Widerspruch macht die unendliche Lebendigkeit des Geistes aus – dies deutet bereits an, dass der Geist die Kolonie liebt, in gewissem Sinne in der Kolonie, im Fremden zu Hause ist.

Der vaterländische Gesang hat die Aufgabe, auch in der extremsten Götterferne das geistige Andenken an die Himmlischen – insbesondere durch tragisches Leid – zu erhalten, um die Hoffnung auf eine metaphysische, ursprüngliche Lebenseinheit nicht völlig sinken zu lassen. Im Tragischen ist das gegenwendige Verhältnis von Göttlichem und Menschen besonders eindrücklich darzustellen, denn wie sich die Menschen mit ihrem Diesseitsbezug von den Göttern abwenden, so können sich auch umgekehrt die Götter vom Treiben der Menschen abwenden. Die Gottverlassenheit wird im tragischen Scheitern des Helden paradigmatisch.

Allerdings ist die gegenwendige Abwendung von Göttern und Menschen vollkommen unterschiedlich: Bei den Menschen besteht sie in einer unsensiblen Selbstgenügsamkeit, Diesseitsbezogenheit und in einem Willen zur Macht, also in einem fehlgeleiteten Egoismus. Der Mensch verdrängt seine Ahnungen des Himmlischen. Dies ist eine Selbstermächtigung des Menschen, in der er sich zum Maß aller Dinge erhöhen will, ohne tatsächlich dem Sein, der Natur angemessen zu sein; immanent, auf Erden selbst gibt es kein Maß, dieses kann allein das Göttliche sein. Diese Form des Egoismus ist paradoxerweise eine Selbstvergessenheit, denn das eigentliche Selbst des Menschen erlebt sich und den Gesamtzusammenhang des Göttlichen in einer Totalempfindung immer schon und vorgängig. Wenn wir uns aber für diese Ganzheit unteilnehmend gemacht haben, dann ist unser

Egoismus selbstvergessen, denn er geht in einem falschen Selbst auf. Hölderlin dichtet 1801 in der zweiten Fassung von *Stimme des Volks:*

Denn selbstvergessen, allzubereit den Wunsch
Der Götter zu erfüllen, ergreift zu gern
Was sterblich ist, wenn offenen Augs auf
Eigenen Pfaden es einmal wandelt,

Ins All zurük die kürzeste Bahn;
[…]
Das wunderbare Sehnen dem Abgrund zu;
Das Ungebundene reizet und Völker auch
Ergreifft die Todeslust […][4]

Analog zu einem Bach, der den kürzesten Weg ins Tal nimmt, stürzen sich Einzelne und ganze Völker in den Abgrund; das Organischere fühlt unbewusst einen Trieb zum Aorgischen, wenn die Völker allzu selbstbezüglich sind und nicht darauf achten, was göttliches Gebot ist, endet diese Tendenz zum Aorgischen jedoch tödlich. Denn das aorgisch Unendliche kann dann, wenn es von Unreifen angestrebt wird, seine das Organische zerstörenden Kräfte entfalten. Bei dem Streben nach dem Aorgisch-Unendlichen ist eben nicht der kürzeste Weg auch der beste; das übersieht aber der kurzsichtige Egoismus. Einige Aspekte der verhängnisvollen Totalitarismen des 20. Jahrhunderts lassen sich als eine solche Todeslust der Völker deuten. Hölderlin nimmt mit diesem Gedanken einer Todeslust der Völker einen wesentlichen Aspekt der Nihilismus- und Dekadenz-Kritik Nietzsches an der abendländischen Kultur vorweg.

Der Mensch betreibt die Abwendung vom Sein und vom Göttlichen durch ein faustisches Streben des maßlosen Selbstbewusstseins und des Egoismus. In dieser Geschichtsphase, in der Hesperien herrschend ist und die – wie ich Hölderlin interpretiere – in der transzendentalen Ich-Philosophie Kants, Fichtes, Schillers und des frühen Schelling ihren höchsten Ausdruck findet, ist die Nacht der Götter am dunkelsten.[5]

Hölderlin wendet sich nicht dagegen, dass das Ich des Menschen seine Kraft und seine Stärke entfaltet, wogegen er sich wendet, ist spezifisch der das moderne Abendland durchziehende Gedanke, dass diese Selbstentfaltung des Menschen im Gegensatz zu der Einheit mit dem Göttlichen geschehen müsse, eben jener Fehlschluss, dass die Selbständigkeit des Menschen die Anwesenheit einer ihn transzendierenden Übermacht des Göttlichen und die Anwesenheit einer alles umfassenden Naturmacht ausschließe. Auf die Dichotomie Jacobis: ›Entweder existiert Gott und wir sind unfrei oder wir sind frei und Gott existiert nicht‹; auf diese Dichotomie ließe sich Hölderlin gar nicht erst ein; die Freiheit des Menschen und die Freiheit der Götter bestehen miteinander, so wie die Freiheit mehrerer Menschen koexistieren kann; hinzu kommt, dass Menschen und Götter dem Schicksal (sich selbst und andere erfahren zu müssen) gleichermaßen unterliegen. In Jacobis Disjunktion steckt der weitere Fehlschluss, der zur Radikalisierung der Götterferne von Hesperien geführt hat, nämlich dass es genau nur *ein* vollkommenes Wesen geben könne, also der Monotheismus. Er entstammt derselben exklusiven Denkungsart, der auch die Entgegensetzung menschlicher und göttlicher Freiheit entspringt. – Schellings *Freiheitsschrift* wird 1809 genau an diesem Punkt anknüpfen. – Es ist ein fataler, aber historisch notwendiger Fehlschluss, dass sich die Irdischen in Gegensatz zur Götterwelt gesetzt haben, weil Unendlichkeit und Endlichkeit keine Gemeinsamkeit hätten. In Hölderlins Sicht schließen sich aber weder Bedürftigkeit und Göttlichkeit noch Freiheit und Aufhebung im Unendlichen aus. Gerade die Form der Kantischen und Fichte'schen Autonomie und Selbstsetzung von kategorischem Imperativ und Tathandlung bilden nach Hölderlin eine Form der Unfreiheit! Wenn man nämlich unerbittlich und mit sittlichem Rigorismus die selbstgemachten Gesetze als verbindlich akzeptiert, ist man auch Gefangener; sicherlich Gefangener der eigenen Gesetze, aber eben auch ein Gefangener. Hölderlin wendet sich mit ästhetischer Freiheit gegen sittlich-normative Gesetzesfreiheit als allein Herrschendes; so in *Der Archipelagus:*

Denn es ruhn die Himmlischen gern am fühlenden Herzen;
Immer, wie sonst, geleiten sie noch, die begeisternden Kräfte,
Gerne den strebenden Mann und über Bergen der Heimath
Ruht und waltet und lebt allgegenwärtig der Aether,
Daß ein liebendes Volk in des Vaters Armen gesammelt,
Menschlich freudig, wie sonst, und Ein Geist allen gemein sei.

Aber weh! es wandelt in Nacht, es wohnt, wie im Orkus,
Ohne Göttliches unser Geschlecht. Ans eigene Treiben
Sind sie geschmiedet allein, und sich in der tosenden Werkstatt
Höret jeglicher nur und viel arbeiten die Wilden
Mit gewaltigem Arm, rastlos, doch immer und immer
Unfruchtbar, wie die Furien, bleibt die Mühe der Armen.

Die Aktualität dieses Bildes eines von Göttlichem und Natur selbstbezüglich entfremdeten Menschen ist offensichtlich. Hoffnungsvoll fährt Hölderlin fort:

Bis, erwacht vom ängstigen Traum, die Seele den Menschen
Aufgeht, jugendlich froh, und der Liebe segnender Othem
Wieder, wie vormals oft, bei Hellas blühenden Kindern,
Wehet in neuer Zeit und über freierer Stirne
Uns der Geist der Natur, der fernherwandelnde, wieder
Stilleweilend der Gott in goldenen Wolken erscheinet.[6]

Die Zeit der Götterferne, die Götternacht, ist also eine Art durchgängiger Arbeitslageralptraum. Wenn Marx später das Wesen des unfreien Menschen mittels der Arbeitsweisen, Ausbeutungsmethoden und Unterdrückungsmechanismen untersucht oder »Arbeit macht frei« über Konzentrationslagern geschrieben steht, bewahrheitet sich Hölderlins »Analyse« der Moderne als einer alptraumhaften Werkstatt wilder Arbeit. Wir sind wesentlich freier, wenn wir die Koexistenz der Ebenen des Göttlichen und des eigenständigen Seins der Natur anerkennen, es ist sogar eine besonders bedrohliche Form der Unfreiheit, sich solipsistisch eine absolute Freiheit, die durch nichts als sich selbst gebunden ist, erarbeiten zu wollen. Man ist dann »ans eigene Treiben geschmiedet«, eine »Unfruchtbarkeit«, die sich z.B. in einer umfassenden Naturzerstörung und scheinbaren Wertlosigkeit von allem, was nicht menschlich ist, ausdrückt; wobei es erschreckend eng ist, was als menschlich anerkannt wird. Diese solipsistische und egozentrische Perspektive ist die Selbstgefangennahme des Ich und die Abwendung vom Sein zum Urteil und zum Sollen. Die absolute Macht des Menschen ist durch seine Selbstgefangennahme mit einem gewaltigen Arbeitsvertrag erkauft. Weil der Mensch ungebundene Freiheit zu allem ist, muss er sich dann auch alles erarbeiten, sein Werk nimmt dann mitunter monströse Züge an. – Trivialliterarisch wird solches z. B. in den romantischen Anfängen des Horrorromans, in Mary Shelleys *Frankenstein*, genutzt. –

Hölderlins Bild von der hellenisch-hesperischen Geschichte unterscheidet 1. die vorolympische Zeit des Gottes Saturn oder Kronos, das Goldene Zeitalter, in dem die Natur frei sie selbst war, ohne positiv gewordene, d. h. festgeschriebene Gesetze nur ein einfaches Sein, dann 2. das Zeitalter des Gottes Zeus und der anderen olympischen Götter und Halbgötter und der tragischen Helden. Zeus hat in einer ersten Form von Selbstermächtigung seinen Vater Saturn/Kronos in den Orkus verbannt und sich selbst durch Gesetze und Unterscheidung die Herrschaft gesichert. Dieses Zeitalter war auch noch, wie schon das Goldene Zeitalter, durch eine unmittelbare Präsenz des Göttlichen gekennzeichnet, den antiken Göttertag. Dieser antike Göttertag wird durch Christus abgeschlossen, der für Hölderlin mit zum antiken Göttertag der olympischen Götter gehört; Christus ist danach der Bruder von Dionysos und Herakles, nimmt jedoch eine Sonderstellung ein, denn er ist auch »der Einzige«, er ist diejenige Göttlichkeit, die sich selbst bescheidet und die höchste Liebe ist. Damit schließt er nicht nur als letzter der olympischen Götter den Göttertag der Antike ab, er ist zugleich Andeutung des neuen Göttertages, der zu erwarten ist, wenn die Nacht der Götter zu Ende geht, und er ist es, der das neue Leben, den »neuen Bund«, die neue Jugend der Einheit von Göttlichem und Menschlichem erweckt. – Insofern tritt mit Christus eine Zeitenwende, eine Umkehr der Zeit ein, die sich ja auch tatsächlich in unserer Zeitrechnung niederschlägt. – Die dritte Phase in Hölderlins Geschichtsentwicklung ist die besonders in Hesperien, im modernen Europa und im Abendland zum Ausdruck kommende Nacht der Götter. Die vierte Phase besteht in der Restitution des Seins, der Vereinung auf einer höheren Ebene, dem zukünftigen Friedensfest. Diese vierte Phase ist eine höhere Form der Vereinigung als jene erste Phase, das Goldene Zeitalter, weil nun die Trennung durchlaufen wurde und sich beide Momente fühlbarer, erfahrener und bekannter wurden, eine Fühlbarkeit, Erfahrung und Erkenntnis, die am unvermittelten Anfang noch nicht möglich war, die glückselige Stille hat nun eine Sprache.

Umgekehrt zu unserer Abwendung von den Göttern in der Götternacht ist die Abwendung der Götter; diese ist eigentlich keine

Bewegung weg von uns, sie begehen damit keine Bösartigkeit. »Denn es ruhn die Himmlischen gern am fühlenden Herzen, / Immer, wie sonst, geleiten sie noch, die begeisternden Kräfte«; vielmehr bildet die flüchtige Epiphanie des Göttlichen einen Schutz für uns. Damit das göttliche Feuer uns nicht zu sehr blendet, damit die Klarheit des göttlichen Lichtes uns nicht vollständig erblinden lässt, halten sich die Göttlichen zurück. Dort, wo sich Göttliches und Menschliches zu direkt eint – was von Zeit zu Zeit auch sein muss –, muss der Mensch untergehen; das galt schon für den antiken Göttertag unter Zeus, wie es sich z. B. an Niobe, Achill, an Ödipus und Antigone zeigt; jeweils ist die Einheit mit dem Göttlichen zu intensiv, um vom Menschen überlebt zu werden. Hölderlin sieht den »kühnsten Moment«[7] der *Antigone*-Tragödie erreicht, wenn Antigone sich gegen Kreon für ihren Wunsch verteidigt, ihren Bruder Polyneikes doch zu bestatten, obgleich es Kreon, in Übereinstimmung mit dem öffentlichen Recht, verbietet. Wenn Antigone in diesem Kontext » mein Zeus«[8] sagt, dann erst begeht sie das *Nefas*, denn sie identifiziert sich zu unmittelbar mit dem Gott, Zeus.[9] So besteht für Hölderlin Antigones tragisches Schicksal darin, sich zu sehr als eins mit dem Gott zu fühlen, ihn zu innig zu lieben. Wenn Hegel in der *Phänomenologie des Geistes* betont, dass das Tragische der Antigone aus der Kollision zweier Formen der Sittlichkeit resultiert, nämlich des positiven Rechts der *Polis*, das Kreon vertritt, und der göttlich traditionell verbürgten Sitte, die Antigone vertritt,[10] so ist für Hölderlin dieser Konflikt nicht das Entscheidende, sondern Antigones Identifikation mit dem Göttlichen führt sie in ihr tragisches Schicksal.

Um das direkt-tragische Geschick zu verhindern, zeigen sich die liebenden Götter nur flüchtig. Und zugleich hat der Mensch, den die Götter sich erwählen, eine Art Schutzmechanismus, indem er sich in heiligen Wahnsinn flüchtet. Diese Art von Wahnsinn ist also nicht einfach nur die Zerstörung des Bewusstseins, sondern zugleich dessen Versuch, sich zu schützen. Hölderlin führt in den *Anmerkungen zur Antigone* aus:

> »Wohl der höchste Zug an der Antigonä. Der erhabene Spott, so fern heiliger Wahnsinn höchste menschliche Erscheinung, und hier mehr Seele als Sprache ist, übertrifft alle ihre übrigen Äußerungen; und es ist auch nöthig, so im Superlative von der Schönheit zu sprechen, weil die

> Haltung unter anderem auch auf dem Superlative von menschlichem Geist und heroischer Virtuosität beruht.
> Es ist ein großer Behelf der geheimarbeitenden Seele, daß sie auf dem höchsten Bewußtseyn dem Bewußtseyn ausweicht, und ehe sie wirklich der gegenwärtige Gott ergreift, mit kühnem oft sogar blasphemischem Worte diesem begegnet, und so die heilige lebende Möglichkeit des Geistes erhält.«[11]

Nicht jede Blasphemie ist ein solcher Schutzmechanismus der Seele vor allzu direkter Einung mit dem Göttlichen, sondern nur diejenige ist *ultima ratio*, die in einer θεία μανία, einem Enthusiasmus ganz in Sinne von Platons *Phaidros*,[12] also einer zugewiesenen Geschlagenheit durch den Gott geschieht. Die Zerrüttung des Bewusstseins ist letzter Schutz des Bewusstseins vor dem göttlich verbrennenden Feuer, weil die Seele des Menschen zu klein ist, um die göttliche Größe angemessen aufnehmen zu können. – Vielleicht ist dies ja auch Hölderlins eigene »Strategie« oder besser sein Schicksal und Geschick gewesen: nachdem ihn Apoll in Südfrankreich geschlagen hat,[13] im Tübinger Turm die Reste seines Bewusstseins in die »heilige Dämmerung« der Umnachtung zu retten, gerade weil er auf der höchsten Stufe des ›Bewusstseins dem Bewusstsein ausweicht‹. –

Der philosophische Idealismus und die Bewusstseinsphilosophie behalten also schon ihre Berechtigung, nämlich dort, wo es um die immanente Auffassung des Bewusstseins geht, doch dort, wo es die transzendente Übermacht des Göttlichen zu erfassen gilt, hat der philosophische Idealismus, besonders die Ich-Philosophie Kants, Reinholds, Fichtes, Schillers und Schellings ist gemeint, eine Grenze. Das Selbstbewusstsein, das Ich des Menschen, hat seine Grenze an dem Sein, der Natur, dem Göttlichen. Die höchste menschliche Erscheinung ist daher nicht das selbstbezügliche absolute Ich, dieses kreist bedeutungslos in sich selbst, sondern darüber hinaus geht jener spezifische Wahnsinn in bzw. kurz vor der Einung von Bewusstsein und Göttlichem. Das Bewusstsein wird – trotz seiner Selbstbezüglichkeit – von einer Übermacht erfüllt, von einem Bezug auf Anderes seiner selbst, auf das schlechthin Vollkommene, eine Übermacht, die es zum Ausweichen in heiligen Wahnsinn zwingt. Das meint Hölderlin wohl mit dem »Superlativ der Schönheit« und dem »Superlativ von menschlichem Geist und heroischer Virtuosität«. Dieser Superlativ der Schönheit ist in der tragischen Einung erreicht, wenn Gott und Mensch selbst Zeit sind. Die höchste heldische Kraft, Bewusstheit und Schönheit, die ein Mensch überhaupt erreichen kann, die also grundsätzlich nicht mehr zu steigern ist, zeigt sich im göttlich begeisterten und entflammten Geist.

Bei Ödipus besteht dieses Ausweichen in den Wahnsinn darin, dass er wie besessen nach seiner eigenen Identität sucht, sie in alles hineinprojiziert und sie für etwas geradezu Allgemeingültiges hält, »das verzweifelnde Ringen, zu sich selbst zu kommen, das niedertretende fast schaamlose Streben, seiner mächtig zu werden, das närrischwilde Nachsuchen nach einem Bewußtseyn«.[14] Hier ist in der Gestalt des Ödipus schon der Geist der Transzendentalphilosophie zu spüren. Dafür wird ihn Zeus richten. Ödipus steht dem Sein nicht gelassen gegenüber. Die Unsteigerbarkeit im Moment der Einung zeigt sich dann darin, dass der Held entweder stirbt oder in Dunkelheit vor sich hindämmert, so wie der alternde, blinde Ödipus, der sich selbst die Augen aussticht, um nicht mehr durch das Irdische den seherischen Blick für das Göttliche verstellt zu bekommen, er tauscht das sinnliche Sehen gegen eine intellektuelle Schau ein.

IX. Die Tragödie als Untergang des Bewusstseins – Kant und Fichte vor dem Richterstuhl des Zeus

Die Bestimmung von Zeus wird von Hölderlin in den *Anmerkungen zur Antigone*, also in den Entwürfen zu einer Tragödientheorie,[1] in den Kontext der abendländischen Wendung (die metaphysische Beziehung zwischen Hellas und Hesperien) eingerückt:

> »Die tragische Darstellung beruhet, wie in den Anmerkungen zu Oedipus angedeutet ist, darauf, daß der unmittelbare Gott, ganz Eines mit dem Menschen (denn der Gott eines Apostels ist mittelbarer, ist höchster Verstand in höchstem Geiste), daß die unendliche Begeisterung unendlich, das heißt in Gegensäzzen, im Bewußtseyn, welches das Bewußtseyn aufhebt, heilig sich scheidend, sich faßt, und der Gott, in der Gestalt des Todes, gegenwärtig ist.
> Deswegen, wie schon in den Anmerkungen zu Oedipus berührt ist, die dialogische Form, und der Chor im Gegensazze mit dieser, deswegen die gefährliche Form, in den Auftritten, die, nach griechischer Art, nothwendig factisch in dem Sinne ausgehet, daß das Wort mittelbarer factisch wird, indem es den sinnlicheren Körper ergreift. Das griechischtragische Wort ist tödlichfactisch, weil der Leib, den es ergreifet, wirklich tödtet. Für uns, da wir unter dem eigentlicheren Zevs stehen, der nicht nur zwischen dieser Erde und der wilden Welt der Todten inne hält, sondern den ewig menschenfeindlichen Naturgang, auf seinem Wege in die andre Welt, entschiedener zur Erde zwinget, und da diß die wesentlichen und vaterländischen Vorstellungen groß ändert, und unsere Dichtkunst vaterländisch seyn muß, so daß ihre Stoffe nach unserer Weltansicht gewählt sind, und ihre Vorstellungen vaterländisch, verändern sich die griechischen Vorstellungen in sofern, als ihre Haupttendenz ist, sich fassen zu können, weil darin ihre Schwäche lag, da hingegen die Haupttendenz in den Vorstellungsarten unserer Zeit ist, etwas treffen zu können, Geschik zu haben, da das Schiksaallose, das δυσμορον, unsere Schwäche ist. Deswegen hat der Grieche auch mehr Geschik und Athletentugend, und muß diß, so paradox uns die Helden der Iliade erscheinen mögen, als eigentlichen Vorzug und als ernstliche Tugend haben. Bei uns ist diß mehr der Schiklichkeit subordinirt. Und so

auch sind die griechischen Vorstellungsarten und poëtischen Formen mehr den vaterländischen subordinirt.«[2]

Diese Gedanken führen offenbar jene Bestimmungen zum Verhältnis von Hellas und Hesperien fort, die Hölderlin in den Böhlendorff-Briefen erläuterte, er spezifiziert sie hier bezüglich der Tragödie.[3] Gott ist in der Tragödie in der Gestalt des Todes präsent. Er eint sich im Zorn mit dem Menschen, was dessen Bewusstsein zerstört. Dies zeigt natürlich auch eine Grenze der Bewusstseinsphilosophie; die Anwesenheit Gottes zeigt sich in widersprüchlicher Entgegensetzung höchster Eigenschaften, eine Art tragischer Antinomie für das Bewusstsein, und dies hebt das endliche Bewusstsein auf. In dieser Hinsicht setzt Hölderlin seine Kritik an der Bewusstseinsphilosophie hier, also im Rahmen der Tragödie fort. Der Gott in der Gestalt des Todes ist dem Bewusstsein, das immer ein endliches ist, in der Einheit sich ausschließender Bestimmungen präsent. Z. B. ist Ödipus auf einer konkreten Ebene zugleich Täter und Opfer in seinem Verhängnis, er will zugleich alles Wissen – tatsächlich attestiert Hölderlin ihm sogar, von Anfang an alles schon zu wissen[4] – und doch weicht er auch dem Wissen aus, er ist Iokastes Sohn und Ehemann, er ist Vater und Bruder seiner Kinder; auf einer allgemeineren Ebene sind aber auch die grundsätzlicheren einander ausschließenden Bestimmungen ebenfalls in Ödipus präsent, er ist Subjekt und Objekt, er ist aorgisch und organisch, endlich und (zumindest in seinem Streben) unendlich, Einheit und Vielheit. Die gleiche Präsenz dieser Ausschließenden macht die Präsenz einer höheren Form von Unendlichkeit in seinem endlichen Bewusstsein aus, die es »aufhebt«, d. h. zerstört. *Mutatis mutandis* lässt sich dasselbe über Antigone sagen. Der Chor bescheinigt Antigone: »Dich hat verderbt das zornige Selbsterkennen.«[5] So ist Gott in der Gestalt des Todes in epistemischen Extremsituationen (»zornig«) präsent.

Wenn Hölderlin in dem Zitat ausführt, dass »die unendliche Begeisterung unendlich, das heißt in Gegensäzzen, im Bewußtseyn, welches das Bewußtseyn aufhebt […] gegenwärtig ist«, dann steht hier das Modell von Kants Antinomienlehre aus der *Kritik der reinen Vernunft* im Hintergrund. Laut Kant will die Fehl gehende, dialektisch schließende Vernunft das Unbedingte (in Hölderlins Terminologie das Unendliche, in Kants Terminologie das Weltganze) erfassen, dazu schließt sie in ihrer Antithetik mit These und Antithese in falschen oder auch nur problematischen Syllogismen von einem Bedingten auf das Unbedingte und kann ihre jeweilige Ansicht nur dadurch beweisen, dass sie ihr Gegenteil (das konträre oder kontradiktorische) als falsch beweist, aus der Falschheit des Gegenteils schließt jeweils die Vernunft indirekt und *ex negativo* auf die Wahrheit der jeweils von ihr vertretenen These bzw. Antithese (in Hölderlins Terminologie: ›die Gegensätze im Bewusstsein, die das Bewusstsein aufheben‹). Hölderlin führt diese antinomische Zerrüttung des endlichen Bewusstseins jedoch nicht in einer transzendentalen Systematik einer Kritik der reinen Vernunft durch, sondern sieht sie konkret im individuellen Bewusstsein eines tragischen Helden am Werk. Auch hier zeigt sich also Hölderlins Tendenz gegen die zu abstrakte philosophische Vernunft hin zum konkreten Einzelfall.

Diese Kritik an der Bewusstseinsphilosophie ist offenbar eine immanente Kritik, es wird nicht einfach dogmatisch ein äußerlich an das Bewusstsein herantretender Gott angenommen. Die »unendliche Begeisterung« – die θεία μανία – ist »*im* Bewusstsein, welches das Bewusstsein aufhebt« präsent, und das, damit die Begeisterung sich in der heiligen Scheidung erfasst. Die θεία μανία ist ein überlegener Bewusstseinszustand, der im Bewusstsein selbst aktualisiert wird, weil in ihm die endlichen Bestimmungen ohnehin schon präsent sind, aber eben nicht gleichermaßen, was allerdings im Enthusiasmus der Fall ist. Normalerweise ist die Aufmerksamkeit des Bewusstseins auf eine der beiden entgegengesetzten Bestimmungen fokussiert, bei der θεία μανία sind aber beide gleichermaßen präsent. – Das ist analog zur antithetischen »Gleichgültigkeit« von These und Antithese in Kants Antinomie. Nur dass Kant aus dieser Antithetik schließt, dass die Vernunft sich ein Problem aufgebürdet hat, das sie nicht erkennen, nicht entscheiden kann, das aber, weil es in der Natur der reinen Vernunft liegt, nach dem Unbedingten zu fragen, auch trotz besserer Einsicht in die Unerkennbarkeit, immer wieder auftritt. Hölderlin nimmt diese Gegensätze im Bewusstsein ernster, zerstörerischer, denn bei ihm führen diese Gegensätze zur Zerreißung des Bewusstseins. – Immanent wird bei Hölderlin das Bewusstsein aufgehoben. Das Bewusstsein bemerkt, dass seine reflexiven Hinsichtenunterscheidungen künstlich sind, dass wahrhaft und eigentlich in sich unterschiedene Einheit da ist; eine höhere Unendlichkeit ermöglicht erst die trennende Endlichkeit. Wenn das Bewusstsein dies bemerkt hat, kann die Scheidung wieder einsetzen. Sie ist nun eine Scheidung auf höherer Ebene, nicht mehr bloß naiv, geradehin gesetzte Trennung, sondern Trennung, die um ihre fragile Seinsweise weiß. Der Zweck dessen ist die Selbsterfassung der »unendlichen Begeisterung«, es geht also nicht um das Bewusstsein als einen Selbstzweck, sondern darum, in der höheren Begeisterung im Bewusstsein und das Bewusstsein aufhebend den Geist, d.h. Gott zu spüren.

Diese immanente Kritik an der Bewusstseinsphilosophie im Rahmen des Tragischen stellt die Tragödie als Schauspiel auf der Bühne dar und die tragischen Mittel des Stücks sind wiederum diesem angemessen, denn die technischen Mittel des Dramas sind rhythmisierte Vorstellungen, die letztlich dazu dienen, die Vorstellung, d.h. die bewusste Repräsentation, das Erlebnis des Bewusstseins selbst vorzustellen. Es geht also im Drama letztlich um die Vorstellung der Vorstellung und wie diese in sich zerbricht. Daher sagt Hölderlin in den *Anmerkungen zum Ödipus:*

> »Dadurch wird in der rhythmischen Aufeinanderfolge der Vorstellungen, worinn der Transport sich darstellt, das, was man im Sylbenmaaße Cäsur heißt, das reine Wort, die gegenrhythmische Unterbrechung nothwendig, um nemlich dem reißenden Wechsel der Vorstellungen, auf seinem Summum, so zu begegnen, daß alsdann nicht mehr der Wechsel der Vorstellung, sondern die Vorstellung selber erscheint.«[6]

Hölderlin meint hier, dass die Struktur einer Tragödie (= der »tragische Transport«) entweder in einer Beschleunigung oder Entschleunigung bestehen kann; das Tempo einer Tragödie kann also entweder eine Art theatralisches Accelerando oder Ritardando sein. Werden die Vorstellungen (d.h. die einzelnen Auftritte, Reden, Dialoge, Chorgesänge) aber immer schneller, rapider, braucht es ein ästhetisches Gegengewicht (= »Zäsur«, »gegenrhythmische Unterbrechung«, »reines Wort«), damit die eine Hälfte des Stücks nicht gegen die andere abfällt, ebenso wenn es eine Verlangsamung des Tempos gibt. – Hölderlin spielt hier natürlich mit den Mehrfachbedeutungen von »Vorstellung« als bewusstseinsmäßiger Repräsentation, Auftritt auf der Bühne, Theateraufführung als Vorstellung, dem Vorstellen des Rezipienten und dem Vor-sich-hin-Stellen. – Das Innehalten im Wechsel von Vorstellungen bewirkt die Zäsur, das reine

Wort. Das Innehalten ist daher als gegenrhythmisch anzusehen, weil es gegen Beschleunigungs- oder Verlangsamungstendenz gewendet ist.

Diese Zäsur, das »reine Wort« ist aber nicht mit dem tragischen Höhepunkt zu identifizieren, denn dieser befindet sich innerhalb des Vorstellungswechsels der einzelnen Auftritte, Vorstellungen, ist also selbst auch eine Vorstellung wie die anderen auch. Hölderlin sagt ausdrücklich, dass der Tragödiendichter dem »Summum«, dem Höhepunkt mit der Zäsur ausgleichend »begegnen« soll. Das »reine Wort«, die gegenrhythmische Unterbrechung, bildet bei *Ödipus* und *Antigone* jeweils die Rede des Teiresias. Gegen den Höhepunkt des Vorstellungswechsels hat dieser Einhalt zu stehen, um ein ästhetisches Gleichgewicht zwischen den beiden Teilen des Stückes herzustellen.

Relevant für die mich hier interessierende Kritik an der Bewusstseinsphilosophie in Hölderlins Tragödienkonzeption ist nun, dass diese Zäsur nicht eine weitere Vorstellung neben den anderen Vorstellungen ist, sondern die Vorstellung selbst in der Zäsur erscheint. Hier gibt es also eine Wendung von der Vorstellung zum Wort, zur Rede, zum λόγος, die den Sinn hat, die Vorstellung als solche zu reflektieren. Der λόγος dient somit der Reflexion der Vorstellung. Tatsächlich verdeutlichen die Reden des Teiresias jeweils den Sinn des ganzen Stückes und führen die Vorstellungen der Protagonisten auf ein höheres reflexives Niveau. Insofern kann man sagen, dass für Hölderlin die Technik der Tragödienstücke dazu dient, das Vorstellen auf den Begriff zu bringen, und auch von daher eine Auseinandersetzung mit der Thematik des vorstellenden Bewusstseins ist.

Wenn Hölderlin in dem früher angeführten Zitat aus den *Anmerkungen zur Antigone* bezüglich der Moderne vom »eigentlicheren Zeus« spricht und sagt, dass wir unter ihm leben, dann kann damit nicht mehr jener Zeus der Antike gemeint sein und auch nicht jener Gott, der als ursprünglicherer Gott vor ihm geherrscht hat, der aorgischere Kronos, erst recht kann nicht der Fürst des Festes aus der *Friedensfeier* gemeint sein, denn er ist ein Friedensgott, sondern es muss ein neuer Zeus, ein Gott der Gegenwart gemeint sein. Dieser moderne Zeus hat offenbar – wie auch schon der antike – die Absicht, den ewigen Naturgang aufzuhalten. In der Antike hatte der griechische Zeus dies auch getan, indem er auf dem Weg vom Diesseits/ dieser Erde zur Welt der Toten inne- oder anhält. Das reicht in der

Moderne der Hesperier offenbar nicht mehr aus, der eigentlichere, der hesperische Zeus »zwingt« auf die Erde zurück.[7]

Wichtig ist hierbei das Verhältnis zur Natur, diese scheint einen »ewig menschenfeindlichen« Gang zu haben, eine Art Todestrieb.[8] In diesen Naturbegriff Hölderlins gehen auch Aspekte von Heraklit ein, denn die Natur ist bergend-verbergende Einheit Entgegengesetzter, von Empedokles, denn die Natur ist elementarisch und hat Anziehungs- und Abstoßungskraft, von Spinoza, denn die Natur ist göttlich (»*deus sive natura*«) und von Rousseau, denn die Natur hat auch den Charakter vorzivilisatorischer Unverdorbenheit und eines »Edlen Wilden«. Der eigentlichere Zeus wendet sich gegen die Natur mit ihrem Todestrieb zum Jenseits. In der Tragödie geschieht dies aber auf eine paradoxe Weise, denn der Gott ist dort in der Gestalt des Todes selbst präsent. Diesen führt der Gott dem Menschen wie gezeigt durch zerstörerische Antinomien vor Augen, um ihn vom/mit Tod und Verhängnis zu reinigen. Mit den Mitteln des Naturgangs – menschenfeindlich – tritt der Gott im Tragischen auf. Bis zu einem gewissen Grad wird er daher selbst zur Natur; so heißt es in den *Anmerkungen zum Ödipus:*

> »Die Darstellung des Tragischen beruht vorzüglich darauf, daß das Ungeheure, wie der Gott und Mensch sich paart, und gränzenlos die Naturmacht und des Menschen Innerstes im Zorn Eins wird, dadurch sich begreift, daß das gränzenlose Eineswerden durch gränzenloses Scheiden sich reiniget.«[9]

Hier werden also Naturmacht und Gott miteinander enggeführt. Sie können aber nicht vollständig eines und dasselbe sein, denn der Gott Zeus hält auch den Naturgang auf, wendet sich gegen ihn. Man muss das »und grenzenlos die Naturmacht und des Menschen Innerstes« wohl nicht einfach als Wiederholung von »wie der Gott und Mensch« verstehen, sondern als präzisierende Hervorhebung davon, welche Momente von Gott und Mensch sich im Tragischen genau vereinigen. So wie sich Mensch zum Innersten des Menschen verhält, verhält sich Gott zur Naturmacht. Die Naturmacht ist ein Moment des Göttlichen, das sich im Tragischen grenzenlos und zornig mit dem Seelisch-Geistigen des Menschen vereint. Auch im Prosaentwurf zur Hymne *Wie wenn am Feiertage ...* spricht Hölderlin über »den göttlichen Zorn der Natur«, der für jeden, der nicht kindlich und rein ist,

»tödlich« und »verzehrend« wirkt.[10] – Man muss hier nicht ganz so weit gehen und gründlich radikal denken wie Schelling in der *Freiheitsschrift* und die Natur in Gott als das Andere in Gott sehen; das, was in Gott nicht selbst Gott ist.[11] Doch der Tendenz nach scheint Hölderlin hier in eine ähnliche Richtung zu denken. – Dem Menschen schwebt dann vor, er sei so mächtig wie die Natur.

Die Reinigung im Tragischen ist ein antithetisches Auseinandergehen dessen, was in der zornigen Vereinigung zu einer synthetischen Hybridkonstruktion verwachsen ist. Hölderlins Version des Tragischen ist eine katastrophische Widerlegung dessen, was bei Fichte bloß auf abstrakter Ebene als Wechselwirkung bestimmt ist, dieser versteht Wechselwirkung als antithetisch-synthetisches Verknüpfen. Bei Hölderlin wird dies zu einem »grenzenlosen Eineswerden *durch* grenzenloses Scheiden«. Unendliches und Endliches, Aorgisches und Organisches sind nämlich auf falsche Weise, eben zornig und grenzenlos, zusammengekommen, daher muss diese Vereinigung fehlgehen.[12] Die zornige Grenzenlosigkeit besteht in Folgendem: Im metaphysisch tragischen Einungsgeschehen will sich der an sich organisch endlich begrenzte Mensch – versucht durch Gott – aorgisch, unbedingt, unendlich aufspielen. Das führt dazu, dass sich z. B. bei Ödipus menschliches Wissen, das seinem Wesen und seiner Natur nach endlich ist, als allwissend aufführt, ein Organisches, das sich aorgisch – unbegrenzt, grenzenlos – vorstellt. Oder in der Antigone (»MEIN Zeus«): Ein Aorgisches, Unendliches wird als ein privater Gott, der nur Antigone zugehört, vorgestellt und damit wird ein Aorgisches in die engen Grenzen des Organischen gepresst. In Sophokles' *Antigone* steht einfach nur »Zeus«, nicht »mein Zeus«, was bedeutet, dass Antigone Zeus zu innig liebt. Dies sind hybride Paarungen, denen nur Todgeweihtes entwachsen kann.

In diesem Sinn kann man die oben angeführte Stelle aus den *Anmerkungen zur Antigone* vom »ewig menschenfeindlichen Naturgang« relativieren: Hölderlin meint wohl nicht, dass aller Naturgang immer menschenfeindlich ist, er wird es nur im Kontext des metaphysischen Geschehens des Tragischen, und der Naturgang ist auch »nur« menschenfeindlich hinsichtlich seines Aspekts, dass es die Naturentwicklung nur gibt, sofern es den Tod des Einzelnen gibt. In diese Richtung deutet auch eine andere Stelle aus den *Anmerkungen zum Ödipus*, wo Hölderlin die Rolle des Teiresias beleuchtet:

»Er tritt ein in den Gang des Schiksaals, als Aufseher über die Naturmacht, die tragisch, den Menschen seiner Lebenssphäre, dem Mittelpunkte seines inneren Lebens in eine andere Welt entrükt und in die exzentrische Welt der Todten reißt.«[13]

Auch hier ist die Naturmacht mit dem Göttlichen enggeführt, denn es ist ein Gott, der den Menschen auf exzentrische Bahnen des Todes reißt. Im Tragischen verhält sich der Gott/Zeus genau umgekehrt zu seinem »normalen« Verhalten. Bezüglich der Menschheit verhält sich das Göttliche/Zeus so, dass es die »menschenfeindliche« Tendenz der Naturmacht aufhält oder sogar entschiedener zur Erde zwingt. Bezüglich eines einzelnen Menschen, nämlich des tragischen Helden, geht der Gott/Zeus genau umgekehrt vor: Um für die Menschheit ein bemerkbares Exempel zu statuieren, reißt er einen Menschen aus seiner natürlichen Welt heraus, in die Welt der Toten. Wieso hat Zeus die Möglichkeit dazu, in die Welt der Toten zu reißen? Wo sein eigentliches Wesen doch darin besteht, den menschenfeindlichen Naturgang aufzuhalten. Das ist möglich, weil eines der Momente des Göttlichen/Zeus eben auch darin besteht, Naturmacht, d.h. menschenfeindlicher Gang in den Tod, zu sein. Insofern hat Zeus zwei gegenstrebige Tendenzen, einerseits ist er Naturmacht, andererseits hält er die Natur – im natürlichen Gang in den Tod – auf.

Offenbar muss unter den veränderten historisch metaphysischen Verhältnissen die Gottesdarstellung in der Tragödie der Antike und derjenigen der Moderne aber anders sein. In der Moderne kann man aufgrund ihrer Vermitteltheit und Indirektheit sowie wegen des neuartigen Zeus, der verstärkt zur Erde zwingt, nicht mehr damit rechnen, dass ein Wort unmittelbare leibliche, faktische Wirkung hat. Das war bei den Griechen der Antike so, das Wort wirkt dort auf den »sinnlicheren Körper«, bei uns wirkt das Wort zwar auch auf den Körper, aber auf den »geistigeren Körper«. D.h., in jedem Fall – ob Griechisch oder Hesperisch – besteht im Tragischen ein spezifisches Leib-Seele-Verhältnis, das durch das »Wort«, d.h. durch den Gesamtsinn der Tragödie bestimmt wird. Hölderlin sagt hier nicht, dass wir Modernen nur geistig sind, sondern er spricht vom »geistigeren« Körper bei uns und dem »sinnlicheren« Körper bei den Griechen. Das bedeutet, wir modernen Hesperier deuten den Körper mehr vom Geist her, die Griechen verstanden den Körper mehr vom Sinnlichen her. In der intellektualisierten Moderne verbleibt das Wort selbst da, wo es sich auf den Körper bezieht, in seiner intellektuellen Sphäre, denn es versteht den Körper vom Geist her, es ist daher »unmittelbarer«, Geistiges wirkt auf Geistiges. Anders bei den Griechen, paradoxerweise ist dort das tragische Leib-Seele-Verhältnis mittelbarer, eben weil sie den Körper sinnlicher deuten. – Dass die Griechen den Körper mittelbarer, vermittelter vorstellten, wenn sie ihn sinnlicher interpretieren, ist also aus der Perspektive der modernen Hesperier gesagt; aus der Perspektive der Griechen selbst mag die sinnliche Vorstellung des Körpers natürlich unmittelbarer gewesen sein. – Mit dem »Wort« meint Hölderlin hier den einheitlichen, die ganze Tragödie durchziehenden Sinn, analog wie er beim Empedokles vom Grund sprach.[14]

Wie soll man sich nun genau erklären, dass der moderne Zeus den menschenfeindlichen Naturgang entschiedener zur Erde zwingt? In der zweiten Fassung von *Stimme des Volks* heißt es:

Denn selbstvergessen, allzubereit den Wunsch
Der Götter zu erfüllen, ergreift zu gern
Was sterblich ist, wenn offnen Augs auf
Eigenen Pfaden es einmal wandelt,

Ins All zurük die kürzeste Bahn; so stürzt
Der Strom hinab, er suchet die Ruh, es reißt,
Es ziehet wider Willen ihn, von
Klippe zu Klippe den Steuerlosen

Das wunderbare Sehnen dem Abgrund zu;
Das Ungebundne reizet und Völker auch
Ergreifft die Todeslust und kühne
Städte, nachdem sie versucht das Beste,

Von Jahr zu Jahr forttreibend das Werk, sie hat
Ein heilig Ende troffen; die Erde grünt
Und stille vor den Sternen liegt, den
Betenden gleich, in den Sand geworfen

Freiwillig überwunden die lange Kunst
Vor jenen Unnachahmbaren da; er selbst,
Der Mensch, mit eigner Hand zerbrach, die
Hohen zu ehren, sein Werk der Künstler.[15]

Ganze Völker sind also von Todeslust ergriffen (auch in der zweiten Fassung von *Der Einzige* sprach Hölderlin von der »Todeslust der Völker«), einer Lust am Aorgischen, Ungebundenen, so wie auch Ströme eine elementare Sehnsucht nach dem Abgrund haben, Künstler zerstören ihre Werke, um die Hohen zu ehren. Wenn Hölderlin hier sagt, dass es der Wille der Götter ist, den die Sterblichen mit ihrer Todeslust erfüllen wollen, darf man das jedoch nicht als Konflikt zum eigentlicheren Zeus aus den *Antigone-Anmerkungen* sehen, der ja die Todeslust aufhält, indem er zur Erde zwingt. Denn in *Stimme des Volks* ist die Todeslust der Völker nicht selbst der Wille der Götter, sondern es ist die Methode, mit der Sterbliche meinen, dem Willen der Götter am allerleichtesten nachkommen zu können; der Mensch ist dann »selbstvergessen«, »allzubereit«, es ist nur »die kürzeste Bahn«. Die Todeslust ist hier also in gewissem Sinne durch das Endliche selbst verschuldet. Ein Unterschied liegt dennoch vor, denn in den *Antigone-Anmerkungen* ist es der Naturgang selbst, der – in bestimmter Hinsicht – menschenfeindlich ist und einen Todestrieb »in die andere Welt« hat. Vielleicht steht hier auch Hölderlins eigene Erfahrung mit dem Tod Susette Gontards im Hintergrund.

Dass wir »unter dem eigentlicheren Zeus stehen«, muss man wohl so interpretieren, dass es sich um einen modernen Zeus handelt, den die Gegenwart Hölderlins (bewusst oder unbewusst) »anbetet«. Kurz vor der hier zitierten Passage führte Hölderlin im zweiten Abschnitt der *Anmerkungen zur Antigone* über die der Gegenwart angemessenere Übersetzung von griechischen Tragödien und griechischen Namen aus, dass man z. B. den Namen Zeus besser vermeidet, und auch in diesem Kontext erwähnt Hölderlin Zeus' Tätigkeit, das Todesstreben der Welt aufzuhalten:

»Sie zählete dem Vater der Zeit
Die Stundenschläge, die goldnen.«
statt: verwaltete dem Zevs das goldenströmende Werden. Um es unserer Vorstellungsart mehr zu nähern. Im Bestimmteren oder Unbestimm-

> teren muß wohl Zevs gesagt werden. Im Ernste lieber: Vater der Zeit oder Vater der Erde, weil sein Karakter ist, der ewigen Tendenz entgegen, das Streben aus dieser Welt in die andre zu kehren zu einem Streben aus einer andern Welt in diese. Wir müssen die Mythe nemlich überall beweisbarer darstellen. Das goldenströmende Werden bedeutet wohl die Stralen des Lichts, die auch dem Zevs gehören, in sofern die Zeit, die bezeichnet wird, durch solche Stralen berechenbarer ist. Das ist sie aber immer, wenn die Zeit im Leiden gezählt wird, weil dann das Gemüth vielmehr dem Wandel der Zeit mitfühlend folget, und so den einfachen Stundengang begreift, nicht aber der Verstand von Gegenwart auf Zukunft schließt.«[16]

Auch der »eigentlichere Zeus«, oder der modernen Weltsicht angemessener: der »Vater der Zeit«, tritt in der Tragödie für das Bewusstsein zerstörerisch auf. Hölderlin beschreibt den Prozess tragischer Bewusstseinszerstörung, denn obgleich Zeus die Jenseitstendenz in eine Diesseitstendenz wendet, zeigt sich der Gott dennoch in der Gestalt des Todes eines tragischen Helden, den er erwählt hat, damit in einer Zeit der Götterferne das Gedächtnis der Himmlischen nicht aus- oder verlorengeht. Es handelt sich also nicht um den traditionellen christlichen Gott, der uns rettet oder von unseren Sünden befreit, er führt sie uns in unendlichen Gegensätzen antinomisch vor Augen, damit er nicht von uns vergessen wird, es geht dem Gott dabei also um sich selbst. Den Höhepunkt des Tragischen beschreibt Hölderlin:

> »Der kühnste Moment eines Taglaufs oder Kunstwerks ist, wo der Geist der Zeit oder Natur, das Himmlische, was den Menschen ergreift, und der Gegenstand, für welchen er sich interessirt, am wildesten gegeneinander stehen, […] In diesem Momente muß der Mensch sich am meisten festhalten, deswegen steht er auch da am offensten in seinem Karakter.
>
> Das tragischmäßige Zeitmatte, dessen Object dem Herzen doch nicht eigentlich interessant ist, folgt dem reißenden Zeitgeist am unmäßigsten, und dieser erscheint dann wild, nicht, daß er die Menschen schonte, wie ein Geist am Tage, sondern er ist schonungslos, als Geist der ewig lebenden ungeschriebenen Wildniß und der Totenwelt. […]
>
> Wohl der höchste Zug an der Antigonä. Der erhabene Spott, so fern heiliger Wahnsinn höchste menschliche Erscheinung, und hier mehr

> Seele als Sprache ist, übertrifft alle ihre übrigen Äußerungen; und es ist auch nöthig, so im Superlative von der Schönheit zu sprechen, weil die Haltung unter anderem auch auf dem Superlative von menschlichem Geist und heroischer Virtuosität beruht.
> Es ist ein großer Behelf der geheimarbeitenden Seele, daß sie auf dem höchsten Bewußtseyn dem Bewußtseyn ausweicht, und ehe sie wirklich der gegenwärtige Gott ergreift, mit kühnem und oft sogar blasphemischem Worte diesem begegnet, und so die heilige lebende Möglichkeit des Geistes erhält.«[17]

Vielfach geht Hölderlin in den *Anmerkungen zur Antigone* sowie in denen zum *Ödipus* auf das Problem des Bewusstseins ein. Die geheimarbeitende Seele, d. h., die unbewussten Schutzmechanismen der Seele kulminieren in der θεία μανία, also gerade nicht in einem ›Sich-selbst-setzen des Ichs‹ (Fichte), auch nicht in einem ›Ich denke‹, das alle meine Vorstellungen muss begleiten können‹ (Kant) oder einem ›Bewusstsein, das Subjekt und Objekt in der Vorstellung aufeinander bezieht und von einander unterscheidet‹ (Reinhold) oder in einem ›*cogito, ergo sum*‹ (Descartes). Die geistige Enge der Bewusstseins- und Transzendentalphilosophie wird in der Bewährungsprobe, nämlich in der Begegnung mit dem Gott deutlich. Daher spricht Hölderlin hier vom Superlativ, denn der göttliche Wahnsinn ist höchste Bewusstseinserscheinung, und er hat im Rahmen der Tragödie auch noch ästhetische Valenz, daher ist er höchste Schönheitserscheinung. Wenn ein Gott anwesend ist, herrscht andere Klarheit, als ein Weiser je enthüllen kann. Im heiligen Wahnsinn als höchster Bewusstseinsform liegt natürlich auch der Rückbezug auf den heiligen Platon und dessen Bestimmung der μανία als Geschenk der Götter im *Phaidros.*[18] Insofern kann man sagen, dass die Tragödienkonzeption Hölderlins eine Überwindung der Transzendentalphilosophie vor dem Richterstuhl des »eigentlicheren Zeus« ist.[19]

Dass Hölderlin die Transzendentalphilosophie inklusive ihrer Umdeutung des Christentums nach seinem intensiven Studium der Texte Kants, Reinholds, Schillers und besonders durch sein persönliches Studium bei Fichte auch hier, im Kontext der Tragödienanmerkungen, vor Augen hatte, ist klar. Radikal und abgelöst von der Natur und dem konkreten Leben stellt die Transzendentalphilosophie – insbesondere diejenige Fichtes – Regeln, Gesetze, den kategorischen Imperativ und Ordnungen für das Diesseits, die Erfahrung und die sittliche Wirklichkeit auf, die letztlich in Hölderlins Sicht a) der komplexen Innigkeit des konkreten Lebens nicht angemessen sind, b) die Natur in ihrem menschenfeindlichen Weg und den Todestrieb nicht berücksichtigen – in gewissem Sinne sogar unfreiwilliger Ausdruck des Letzteren sind – sowie c) die onto-kosmo-theologische Grundlage von Bewusstsein ausblenden. Durch letztlich intelligible Ordnung soll dort die Natur beherrscht werden. Fichte deutet das sinnlich Mannigfaltige als das Materiale der Pflicht, d. h., die sinnliche Welt ist nur dazu da, um unsere Sittlichkeit, also das Gesetz des kategorischen Imperativs, realisieren zu können; die Philo-sophie wird ihm zur Wissenschaftslehre, Weisheit und Liebe entfallen hier also in gewisser Weise; Gott deutet Fichte als das Einheit stiftende Prinzip der sittlichen Welt, er ist identisch mit dem kategorischen Imperativ; bei Kant ist die sittliche Freiheit nichts anderes als die Befolgung des Sittengesetzes aus Pflicht, nach Kant sind wir der intellektuellen Anschauung unfähig und haben als Erkenntnisquellen nur Urteile des Verstandes und Sinnesdaten zu akzeptieren.

Die transzendentalphilosophische Bestimmung des Diesseits durch eine jenseitige Intelligibilität ist in der Moderne durch Reflexion bedingt. Denn wie Hölderlin in den *Anmerkungen zur Antigone* ausführt und dabei ähnliche Gedanken wie im ersten Böhlendorff-Brief äußert: Den Griechen fehlt es von ihrem Ursprung, ihrer Natur her, sich selbst erfassen zu können; ihnen fehlten also die Reflexion und die bewusste Distanz. Ihnen ist vielmehr die unmittelbare Existenz, die Faktizität, das Feuer zu eigen. Diese Faktizität eines unmittelbaren Daseins drückt sich bei den Griechen in ihrer Leiblichkeit, dem »sinnlicheren Körper« als »Athletentugend« aus.[20] – »Athletentugend« steht geradezu im Gegensatz zu der von Fichte vollzogenen transzendentalphilosophischen Deduktion des Leibes, wie sie in der *Grundlage des Naturrechts* (1796/97) durchgeführt wird.[21] Jedenfalls war der geistige Horizont, in dem Fichte dort den Leib mittels transzendentaler Argumente deduziert, Hölderlin geläufig. In den §§ 4 – 5 aus Fichtes *Naturrecht* wird der Leib als eine notwendige Bedingung aufgewiesen, damit sich intersubjektiv ein individuelles Selbstbewusstsein setzen kann; der Leib ist nicht an sich selbst schon tugendhaft, sondern er ist ein bloß materielles Instrument, damit sich Sittlichkeit und Selbstbewusstsein im Recht als äußerer Freiheit realisieren können; in Hölderlins Worten handelt es sich dabei um einen »geistigeren Körper«. –

Durch die hesperisch moderne Weltsicht werden uns die antiken Griechen unverständlich, das verdeutlicht Hölderlin an der für uns paradoxen Erscheinungsweise antiker Tugend. Im obigen Zitat führte er ja aus: »Deswegen hat der Grieche auch mehr Geschik und Athletentugend, und muß diß, so paradox uns die Helden der Iliade erscheinen mögen, als eigentlichen Vorzug und als ernstliche Tugend haben.«[22] Unter den Bedingungen der Moderne würden die rach- und ehrsüchtigen, listigen, verschlagenen, brutal tödlichen, brandschatzenden, blutrünstigen Helden Agamemnon, Odysseus, Achill, Menelaos, Paris, Priamos und Hektor wohl nicht so hoch angesehen sein. In der Leiblichkeit der Hellenen klingt auch noch die dem Goldenen Zeitalter des Kronos eigene größere Nähe zur Natur an, jenseits von modernem Gut und Böse.

Die antik griechische Weltsicht war gegenüber der Moderne insofern anders, »als ihre Haupttendenz ist, sich fassen zu können, weil darin ihre Schwäche lag, da hingegen die Haupttendenz in den Vorstellungsarten unserer Zeit ist, etwas treffen zu können, Geschick zu haben, da das Schicksaallose, das δυσμορον, unsere Schwäche ist.«[23] Offensichtlich haben die Griechen ihre Schwäche, sich nicht selbst erfassen zu können, ausgleichen wollen, indem sie Fasslichkeit betonten, daher war das γνῶθι σεαυτόν, Selbsterkenntnis ihnen heilige Regel; wir dagegen wollen unsere Schwäche, die Schicksallosigkeit, un- oder gar widerschicksalhaft zu sein – so kann man das δύσ-μορον wohl am besten übersetzen –, ausgleichen, indem wir uns darin üben, etwas zu treffen, Geschicklichkeit üben. Es ist schon sehr intrikat, dass Hölderlin gerade an der Stelle, bei der es doch darum geht, das Wesen der Hesperier zu beschreiben, zu einem griechischen Wort greift! Mit dem Etwas-treffen-können meint Hölderlin also, analog zum griechischen Sich-fassen-können, etwas, das wir Modernen bereits tun, aus-üben, nicht etwas, das noch gar nicht von uns praktiziert würde. Wir sind schon längst un-geschickt und versuchen trefflich zu sein. So ist es ein Beispiel für dieses Etwas-treffen-Können, wenn Hölderlin die griechischen Namen der Mythologie modern umändert, um ihr Wesen für uns Moderne deutlich zu treffen. Es ist z. B. auch treffend, wenn er Zeus »Vater der Zeit« nennt.

Schon bei den antiken Griechen sind die Nähe zum Geschick/Schicksal und die Natürlichkeit jedoch brüchig geworden, eben weil sie die Haupttendenz hatten, ihre Schwäche auszugleichen; die Herrschaft von ihrem antiken Zeus zeigt dies an, denn die artifizielle Selbstbezüglichkeit und die Gesetzgebung von Zeus fördern die Reflexion und die Differenz. Insofern wird die Natürlichkeit der Griechen durch ihren Trieb zur Reflexion überdeckt. Verstärkt gilt das für unser Zeitalter des »eigentlicheren Zeus«, der noch mehr Gesetze und noch weniger die Naturnähe hat. Wir vertiefen unsere Schicksallosigkeit, weil wir durch die Vermittlung der Reflexion und durch die Vermittlung der Gesetze zu existieren versuchen. Wir haben kein Geschick/Schicksal, weil wir versuchen, alles durch reflexive Kontrolle zu beherrschen, wir treffen nicht, wir kalkulieren, deshalb kann uns auch scheinbar nichts mehr zustoßen. Die Versuche, sich dem Schicksal zu entfremden, sind menschliche Versuche, den »eigentlicheren Zeus« zu imitieren. Schon der antike Zeus möchte mit dem Gesetz ordnen und damit eine gewisse Schicksalsferne erreichen.

Der moderne »eigentlichere Zeus« hat gegenüber dem antiken eine veränderte Aufgabe. Bei den Griechen war der Kunsttrieb, die Darstellungsgabe gefährlich, denn sie hinderte sie daran, zurückzukehren zu ihrem Eigenen, dem leidenschaftlichen Feuer, daher versuchte Zeus, sie durch ein Innehalten auf ihrem Weg »von dieser Welt in die andere«, d. h. in erstarrend tote Ordnung, zu retten. Das gelang Zeus offenbar nicht, denn Griechenland, das schönste, ging zugrunde. Die Griechen sind also nicht im Stande gewesen, ihre Entwicklung mit dem freien Gebrauch des Eigenen zu vollenden. Bei den Hesperiern ist einerseits die Gefahr das leidenschaftliche Feuer, in dem wir uns zu verlieren drohen, und nicht zur Ordnung, von der wir ausgingen, zurückzugelangen, um sie frei zu gebrauchen. Andererseits sind wir umgekehrt in Gefahr, uns im Irrglauben zu verlieren, wir könnten mit Kalkül das Schicksal bezwingen. Wenn der eigentlichere Zeus uns also retten will, muss er nicht nur zum Innehalten auf unserem Weg »von dieser Welt in die andere« anhalten, d. h. den Todestrieb bekämpfen, der aus einem Zuviel an leidenschaftlichem Feuer entfacht wird, sondern er muss uns auch von der entgegengesetzten Seite, wo Erstarrung droht, entschiedener zur Erde zwingen, d. h. zu einem *geordneten Leben* leiten. Denn wir modernen Hesperier haben im Prinzip zwei Probleme: Einerseits haben wir erstarrende Ordnung als

Nationelles angeboren und andererseits ein pathetisches Feuer, das bei uns – weil es nur erlernt ist – nicht recht eine unmittelbare Leidenschaft ist. Letzteres macht sich in oberflächlicher Emotionalität und pathetischer Sentimentalität bemerkbar; gegenwärtige Popmusik trieft ja nur so von Pseudogefühlen.

Historisch gesehen bildet in Hölderlins Zeit die Transzendentalphilosophie als höchste philosophische Leistung der Neuzeit die Essenz des hesperischen Zeitgeistes. Zeus richtet in gewissem Sinne die Transzendentalphilosophie. Muss laut Kant der »stolze Name einer Ontologie [...] dem bescheidenen, einer bloßen Analytik des reinen Verstandes, Platz machen«,[24] so kehrt Hölderlin das Verhältnis um, denn das Organische kann sich nicht selbst begründen, es setzt ein Aorgisches voraus. »Eigentlicher« ist der Zeus der hesperischen Gegenwart, weil zwar schon der antike Zeus die »nothwendige Willkür« bildet, aber die Selbstermächtigung des transzendentalen, endlichen Subjekts in der Moderne wesentlich mehr Willkür und Dezisionismus enthält, als die Transzendentalphilosophie selbst wahrhaben will – trotz aller Betonung der Notwendigkeit dieses Aktes und des Szientismus bei Kant, Reinhold und Fichte. In gewissem Sinn imitiert die Transzendentalphilosophie »notwendige Willkür«, will sich selbst zu einer Art modernem Zeus aufschwingen, ohne eine ontologische Grundlage zu berücksichtigen.

Der Grund von Wissenschaftlichkeit, Gesetz und Notwendigkeit bei Fichte ist letztlich die Selbstsetzung des Ich. Dass Ge*setz* aus Setzung folgt, zeigt eine notwendige Willkür. Die würde auch Hölderlin nicht bestreiten wollen, er würde aber sicherlich davor warnen, so zu tun, als gäbe es im System menschlicher Wissenschaft keinen Dezisionismus, der bei Fichte aber eigentlich das letzte Wort hat. – Auch wenn Wittgenstein von der Lebensform als einem nicht weiter begründbaren Boden spricht und sagt, dass wir der Regel letztlich »blind« folgen, zeigt sich der Dezisionismus, die »nothwendige Willkür«, als eine der zutiefst verankerten Lebensformen in der europäischen Moderne. –

In der transzendentalen Selbstsetzung des reinen Ich spiegelt sich auf intellektueller Ebene eine gewisse Befangenheit in der ›Notdurft‹, nämlich in der ganz konkreten Notwendigkeit der empirischen Selbsterhaltung. Dies ist in Hölderlins Sicht der Freiheit des Geistes nicht angemessen, denn diese ist über die Notdurft erhaben. Notdürftige Selbsterhaltung ist damit verbunden, andere Selbstsetzungen zu verdrängen, sich gegen sie in Kampf und Konkurrenz zu behaupten, was den Zwang der Unfreiheit mit sich führt. Diese Art »unglücklichen Bewusstseins« spiegelt sich in den tragischen Helden, wie Hölderlin in den *Anmerkungen zum Ödipus* und zur *Antigone* darlegt. Besonders an Ödipus wird dies deutlich. Ödipus wird zum tragischen Helden, weil er eine Selbstüberhebung, ein *nefas* vollzieht, indem er den Orakelspruch nicht als allgemeines Gesetz deutet, sondern es willkürlich zu sehr auf eine Person, nämlich auf sich selbst bezieht. Hölderlins Darstellung der Bewusstseinslage des Ödipus liest sich wie eine Analyse des modernen unglücklichen Bewusstseins, das *à la* Fichte in einen transzendentalen Don-Quijotismus führt:

> »[...] In der gleich darauf folgenden Scene spricht aber, in zorniger Ahnung, der Geist des Oedipus, alles wissend, das *nefas* eigentlich aus, indem er das allgemeine Gebot argwöhnisch ins Besondere deutet, und auf einen Mörder des Lajos anwendet, und dann auch die Sünde als unendlich nimmt. [...]
>
> Daher, im nachfolgenden Gespräche mit Tiresias, die wunderbare zornige Neugier, weil das Wissen, wenn es seine Schranke durchrissen hat, wie trunken in seiner herrlichen harmonischen Form, die doch bleiben kann, vorerst, sich selbst reizt, mehr zu wissen, als es tragen oder fassen kann.
>
> Daher in der Scene mit Kreon nachher der Argwohn, weil der unbändige, und von traurigen Geheimnissen beladene Gedanke unsicher wird, und der treue gewisse Geist im zornigen Unmaas leidet, das, zerstöhrungsfroh, der reißenden Zeit nur folgt.
>
> Daher, in der Mitte des Stüks, in den Reden mit Jokasta die traurige Ruhe, das Blöde, der mitleidswerthe naive Irrtum des gewaltigen Mannes, wo er Jokasten vom vermeintlichen Geburtsort und von Polybos erzählet, den er umzubringen fürchtet, weil er sein Vater sey, und Meropen, die er fliehen will, um nicht sie, die seine Mutter sey, zu heurathen, den Worten des Tiresias nach, da dieser doch ihm sagte, er sey des Lajos Mörder und dieser sey sein Vater. [...]
>
> Daher dann im Anfange der zweiten Hälfte, in der Scene mit dem Korinthischen Boten, da er zum Leben wieder versucht wird, das verzweifelnde Ringen, zu sich selbst zu kommen, das niedertretende fast schaamlose Streben, seiner mächtig zu werden, das närrischwilde Nachsuchen nach einem Bewußtseyn. [...]

Zulezt herrscht in den Reden vorzüglich das geisteskranke Fragen nach einem Bewußtseyn.«[25]

Der sprachliche Ausdruck Hölderlins ist beeindruckend, das vielfach wiederholte »Daher« an den Absatzanfängen unterstreicht immer mehr, wie sehr das *nefas*, die eigentliche »Sünde« von Ödipus, der Schlüssel zum Verständnis der ganzen Tragödie ist. Dass Ödipus den Vater tötet, die Mutter heiratet und mit ihr in Blutschande lebt, spielt nur eine Nebenrolle, es dient höchstens dazu, dass Ödipus von seinem eigentlichen Problem abgelenkt wird, eine göttliche Weisung auf sich persönlich zu beziehen. Wenn Hölderlin hier zur Bezeichnung der tragischen Schuld des Ödipus das Wort »Sünde« heranzieht, hat dies natürlich einerseits die Funktion, die hellenische Weltsicht der modernen hesperischen anzunähern, zugleich zeigt diese christliche Kategorie aber auch, wie sehr er das Moderne in Ödipus sieht. Ödipus ist die hellenische Vorwegnahme von Fichtes hesperisch transzendentalem Don-Quijotismus. Zeus bringt sich mit dessen tragischem Schicksal in die Erinnerung der Menschen.

Geschick bedeutet nicht nur, dass das Ich sich seines Kontrollzwanges entäußern muss und etwas ihm Zustoßendes zu akzeptieren lernen sollte, also dass ihm etwas ›geschickt‹ wird, sondern zugleich auch, sich ›geschickt‹ zu verhalten, nämlich die Möglichkeiten und Steigerungen der eigenen Lebensqualität durch die Bereicherung mit fremden Lebensformen, auch der göttlichen, zu begreifen und mit Geschicklichkeit herauszufinden, wie eine Pluralität von divergenten Lebensformen miteinander existieren kann. Diese Art des Geschicks zeigt sich in Hölderlins Versuch, die griechische Mythologie mit dem Christentum zu vereinigen, wenn er Christus als letzten griechischen Halbgott deutet (*Der Einzige*, *Friedensfeier*, *Patmos* etc.). Solche harmonischen Vereinigungen bestehen nicht darin, dass die zu vereinigenden Differenzen nivelliert werden und man am Ende eine nichtssagende Pseudotoleranz und einen undifferenzierten Religionsbrei produziert, denn nach Hölderlin geht es gerade darum, in der geschickhaften Transzendierung der Notdurft die jeweiligen Eigentümlichkeiten der Momente herauszustellen. Nur so wird die höhere Einheit »unendlicher«, also mehr Möglichkeiten produzierend. Daher hebt Hölderlin auch an Christus hervor, dass sein Eigentümliches eine besonders radikale Form der Liebe ist und dass es gerade diese

Liebe ist, die erforderlich macht, dass Christus mehrere Götter, eben auch die griechischen Götter braucht; nur Einen zu lieben und nicht alle, wäre unchristlich.[26]

X. Über-Setzen und Ver-Dichtung des Seins in der Tragödie

Offensichtlich ist auch schon Hölderlins »Übersetzung« der Tragödien *Ödipus* und *Antigone* von Sophokles in die deutsche Sprache ein Teil des Projekts der abendländischen Wendung – ebenfalls natürlich die Übersetzungen von Pindar –, denn in Hölderlins Übersetzung werden die antiken Vorstellungen den gegenwärtigen Vorstellungsarten auf kongeniale Weise angenähert.[1] Mit dieser Annäherung ist nicht bloß eine Aktualisierung, ein *Update* gemeint, das wäre für einen Denker-Dichter, wie Hölderlin einer ist, zu wenig, eine zu unwürdige Aufgabe, denn eine Akkommodation an die Mode der Zeit würde dem Ewigkeitsrang im Geschick der Göttlichen, der sich in den antiken Tragödien ausspricht, nicht gerecht werden können, und auch nicht der Norm, dass die Dichter das stiften, was bleibt; ein solches *Update* wäre geradezu ein Sakrileg. Es geht Hölderlin in den Tragödienübersetzungen vielmehr um eine kongeniale Mitdichtung des antiken Stoffes; das Weiterleben der Himmlischen soll für uns unter den Bedingungen der Moderne trotz des Wechsels der Zeiten, trotz unserer »exzentrischen Bahn« und trotz der Nacht der Götter im Abendland erfahrbar gemacht werden. Insofern sind Hölderlins Übersetzungen als ›Arbeit am neuen Mythos‹ zugleich Beiträge zum Geschick, zur Überwindung von Einseitigkeit, blinder Selbsterhaltung und Notdurft; nur diese Überwindung kann der freien Pluralität des lebendigen Geistes, der z. B. in einem neuartigen Polytheismus seinen Ausdruck findet, den Raum aus der Erstarrung verschaffen.

Der selbständige Dichter-Denker hat eine entscheidende Vermittlerposition zwischen den Himmlischen und den Menschen einzunehmen, eine Vermittlerposition, die auch tragisch enden kann, nämlich dann, wenn der Dichter dem Feuer der Himmlischen zu nah kommt. Daher ist die Übersetzung hier nicht nur eine technisch präzise Übertragung aus einer Sprache in die andere, sondern sie bildet zugleich eine lebendige Mitte, die selbst Teil des göttlichen Geschicks ist; die Sprache hat hier auch einen schützenden Charakter, sie zeigt und verhüllt das Göttliche. Ohne den Dichter ist man hier »*Lost in Translation*«; Übersetzung von Geistigem, die nicht um ihre mythologische Mission weiß, verwandelt sich in einen technischen Kalkül, bei dem das wesentliche Sein, über das gesprochen wird, unausgesprochen bleibt. Sprache kann ohne diese Schicht computationalistisch, als eine Art symbolisches, informationsverarbeitendes Rechnen verstanden werden. An einem solchen computationalistischen Verständnis der Sprache wird die Nacht der Götter aber besonders deutlich. Der sprachliche Gehalt spielt dort keine Rolle mehr, Sprache wird auf Grammatik und Technik der Kommunikation reduziert, die nur eine abbildende Funktion hat.

Auch in Hölderlins eigenem Sprachverständnis hat die Sprache einen solchen Aspekt des Kalküls,[2] es gibt eine *Verfahrungsweise des poetischen Geistes*, und diese besteht auch in kalkulierenden Verfahren, diese Sprachkalküle haben besonders die Griechen beherrscht. Am Anfang der *Anmerkungen zum Ödipus* spricht Hölderlin der griechischen Dichtung den gesetzlichen Kalkül zu und sieht es als Desiderat seiner Gegenwartsdichtung in Deutschland, keinen solchen ausgebildet zu haben.[3] Das wirft auch ein neues Licht auf das Verhältnis von Pathos/Feuer/Leidenschaft, den alten Griechen angeboren, nationell, und der Klarheit der Darstellung, die ihnen antinationell war und die sie sich in ihrer Kulturentwicklung haben anlernen müssen, und den Hesperiern/Deutschen, denen die klare Darstellungsgabe angeboren und das Feuer/Pathos/Leidenschaft antinationell ist. Offenbar macht Hölderlins Vorwurf, in seiner Gegenwart mangele es der Dichtung an Kalkül und mechanischer Gesetzmäßigkeit, nur dann Sinn, wenn man die gegenwärtigen Hesperier/Deutschen nicht simplifizierend als Formalisten ohne jegliches Pathos/Feuer deutet. In der Kulturentwicklung Hesperiens muss eine Verleidenschaftlichung durchaus eingetreten sein, denn sie haben offenbar ihr Angeborenes, Nationelles (die Klarheit der Darstellung) vergessen, wie die Griechen ihr Nationelles über den erlernten Kulturregeln vergessen hatten. Doch bei den Hesperiern ist aufgrund ihrer angeborenen Darstellungs- und Formalisierungsgabe das Pathos zu einem oberflächlich Pathetischen verkommen.

Die Sprache hat neben ihrer semiotischen, anzeigenden und berechenbaren Funktion eine ontologische – und damit mythologische – Dimension. In diesem Raum stiften die Dichter das Bleibende. Das Sein erhält in der Sprache des Dichters, im Ge-*dicht*, einen soliden und autonomen Dichtegrad; Sprache ist nicht nur abbildend, repräsentationalistisch, sondern auch seinsstiftend, aber erst dort, wo die Sprache in ihr Wesen gelangt, nämlich im Gedicht bzw. im Gesang. Im Gedicht versammelt und verdichtet sich Sein.

– Schon Heidegger hatte Dichtung bei Hölderlin als »worthafte Stiftung des Seins« bestimmt.[4] Nur von diesem Dichtungsbegriff her wird klar, weshalb die Sprache das »Haus des Seins« sein kann. Das hat auch dann Konsequenzen für unser Verständnis von Sprache, wenn man Heideggers Bestimmung des Seins nicht mitmacht: Will man die Sprache analysieren, dann kann man zwar von einer *ordinary language* ausgehen, darf dabei aber nicht stehen bleiben, sonst würde man wohl bei der Einsicht enden, dass Sprache computationalistisch oder ein berechnender Kalkül sei. Eine Sprachanalyse, die in diesem Untersuchungsresultat einer *ordinary-language*-Philosophie gipfelt, muss notwendigerweise zu dieser Einsicht kommen, denn sie beginnt ja eigentlich schon mit der Voraussetzung, dass Sprache instrumentell ist, d.h. als technisches Mittel der Verständigung dient. Das ist aber offenbar ein Zirkelschluss, denn man geht von einem instrumentellen, technischen und utilitaristischen Bild aus und langt mit dem Schlagwort des Computationalismus der Sprache auch genau dort wieder an. Man muss also von der Sprachanalyse zur Bestimmung der Sprache übergehen. Die Transformation, die Metamorphose des Gesprächs/Sprache zum Gedicht/Gesang, welche Sein verdichtend stiftet, ist nicht mehr in den Kategorien der Nützlichkeit zu fassen. Das zeigt sich z.B. dort, wo das Gedicht den tragischen Tod eines Helden thematisiert, das ist nicht nützlich. Es wäre lächerlich und würde von Unverständnis zeugen, würde man deuten, dass uns der Dichter nützen will, indem er uns eine Tragödie vorführt, da er uns warnen möchte, damit wir es besser machen. Das Tragische ist unvermeidbar, es stellt sich gar nicht die Situation eines Nützlichkeitskalküls, was am besten und mit den geringsten Schäden für uns zu wählen wäre. –

Die Vermittlung des Himmlischen für uns Menschen stellt die Dichter in die Nähe der Halbgötter, unterhalb der Halbgötter findet sich der Dichter den Gefahren des ihn versengenden himmlischen Feuers besonders unmittelbar ausgesetzt. Komprimiert kommt das himmlische Feuer in dem Bild des blitzeschleudernden Zeus zum Ausdruck, denn im Blitz ist das Feuer übermächtig und gebündelt enthalten.

In dem Gedichtfragment *Wie wenn am Feiertage* ... von Ende 1799 spricht Hölderlin die Rolle des Dichters pointiert aus:

Doch uns gebührt es, unter Gottes Gewittern,
Ihr Dichter! mit entblößtem Haupte zu stehen,
Des Vaters Stral, ihn selbst, mit eigner Hand
Zu fassen und dem Volk ins Lied
Gehüllt die himmlische Gaabe zu reichen.
Denn sind nur reinen Herzens,
Wie Kinder, wir, sind schuldlos unsere Hände,

Des Vaters Stral, der reine versengt es nicht
Und tieferschüttert, die Leiden des Stärkeren
Mitleidend, bleibt in den hochherstürzenden Stürmen
Des Gottes, wenn er nahet, das Herz doch fest.[5]

Hieran wird deutlich, inwiefern Hölderlin das Dichten selbst dichtet – auch diesen Sachverhalt hebt bekanntlich ganz besonders Heidegger hervor.[6] Nur der Reine kann dichten, ohne am göttlichen Feuer zu verbrennen. Die Dichtung des Dichtens ist der eigentliche Kontext der abendländischen Wendung. Im Hintergrund der Verse von *Wie wenn am Feiertage* ... klingt auch Aristoteles' Tragödiendefinition an, nach der beim Zuschauer durch die mitleidenden Affekte von »Jammer und Schauder« (ἔλεος και φόβος) eine Katharsis (κάθαρσις), eine Reinigung vollzogen werden soll. Nur verlegt Hölderlin dieses tragische Geschehen insbesondere in den Dichter selbst und nicht (nur) in den Rezipienten des Kunstwerks – oder wie Goethe in die handelnden Personen. Der Dichter erträgt Erschütterung und Mitleid nur dadurch, dass er schon rein ist, er wird also nicht erst gereinigt, sondern weil er schon rein ist, kann er wahrhaftig mitleiden mit dem »Stärkeren«, d.h. dem tragischen Helden. Die Aufgabe der Tragödie ist auch nicht, wie bei Aristoteles, als Mäßigung der Affekte beim Zuschauer therapeutisch gedacht, sondern Hölderlin wandelt die Tragödiendefinition von Aristoteles dahin gehend ab, dass es im Gegenteil darum geht, den Geist des Rezipienten zu reizen:

»... aber ein tieferes Schicksal und eine edle Seele [die Seele des Rezipienten ist gemeint; Einf. R.S.] geleitet auch einen solchen Sterbenden

[Protagonist, tragischer Held einer Dichtung; Einf. R.S.] unter Furcht und Mitleiden, und hält den Geist im Grimm empor«.[7]

Auch hier tauchen wieder die aristotelisch eingefärbten Affekte »Furcht und Mitleid« auf, doch es wird betont, dass es nicht um eine Affektreinigung oder um Mäßigung der Affekte beim Rezipienten geht, sondern vielmehr darum, den »Geist im Grimm empor zu halten«. Das bedeutet: Durch das tragische Schicksal ergrimmt, empört sich der Rezipient über die Behandlung des Menschen durch die Götter, und gerade dadurch bleiben die Göttlichen in der Erinnerung der Menschen. – Hölderlin nimmt einen Aspekt der Tragödientheorie Nietzsches vorweg, der das Tragische und damit die Kunst insgesamt als Stimulans des Lebens begreift, und er folgt nicht der Traditionslinie Platons, wo Kunst die Leidenschaften insgesamt ruhigstellen soll, oder Aristoteles', wo sie der Mäßigung der Leidenschaften dient, oder gar Augustins, der die unsittlichen Theaterstücke gleich ganz verbieten will, oder Schopenhauers, dem die Kunst zum Quietiv des Willens und des Lebens gerät. In diesem Fall ist Hölderlin also kein Platoniker. – Hinsichtlich des Dichters der Tragödie geht es ihm offenbar nicht um eine therapeutische Maßnahme, denn er legt nur Wert darauf, dass der Dichter angesichts der gefährlichen Nähe der Götter ein festes Herz behält, ob dies dem Herzen gut oder schlecht bekommt, ist für das Geschick der göttlichen Fügung offenbar irrelevant. In Bruchstück Nr. 71 dichtet Hölderlin:

Wir aber sind
Gemeinen gleich,
Die, gleich
Edeln Gott versuchet, ein Verbot
Ist aber, deß sich rühmen. Ein Herz sieht aber
Helden. Mein ist
Die Rede vom Vaterland. Das neide
Mir keiner. Auch so machet
Das Recht des Zimmermannes
Das Kreuz.[8]

An dieser Analogie (»Auch so…«) von Zimmermann und Dichter wird die Rolle des Dichters deutlich: Er ist wie ein Handwerker, der

Geschick hat, ein Werk fertigstellt und – so deutet es Beißner – mit einem Kreuz oder einem anderen Zeichen sein Gedicht signiert (»Das Recht des Zimmermanns…«), so fertigt der Dichter vaterländische Gesänge.[9] Man kann dieses Bruchstück jedoch auch anders und radikaler deuten, denn die Wahl von Zimmermann und Kreuz kann nicht zufällig sein. Wenn Hölderlin hier vom »Vaterländischen« als seiner genuinen Dichtungsart spricht und dann sagt, »das neide mir keiner«, ist das nicht als eine Bekundung von Stolz zu deuten, sondern vielmehr als eine Warnung, man soll und braucht nicht neidisch darauf zu sein, dass Hölderlin vaterländisch dichten muss. So wie ein Zimmermann das Kreuz fertigte, an dem Jesus starb, und damit in eine tragische Situation geriet, muss der Dichter vaterländisch singen. Das bedeutet, er nähert sich dem Göttlichen, spricht es zwar in der Verhüllung des Gesanges aus, aber er spricht es eben aus und gerät damit in dessen gefährliche, riskante Nähe.

Die Aktualität der abendländischen Wendung besteht für Hölderlin darin, das Leben der Himmlischen unter den Bedingungen der Moderne wach zu halten, und mit der Metamorphose der griechischen Götter gelingt es ihm, »das Land der Seele mit den Griechen zu suchen«. Die Bedingungen der Moderne stehen den Himmlischen aber besonders unteilnehmend und egoistisch gegenüber, da die Moderne sich gerade durch das Prinzip der Selbstbezüglichkeit und des Selbstbewusstseins definiert. Ein übermächtiges Herrschen der Göttlichen kann ein solches sich auf sich selbst zentrierendes Zeitalter nicht dulden. Diese Tendenz des Menschen, sich aus dem Ganzen der Natur auszuklinken, ist nicht nur der abendländischen Moderne zu eigen, dort herrscht diese Tendenz der Selbstbezüglichkeit zwar besonders, aber es gab sie auch schon in der Antike; trotz des damaligen Göttertages sondert sich der Mensch aus der Ganzheit von Himmlischen, Titanen, Halbgöttern, Menschen, Tieren und Pflanzen ab, also der nur in einer Totalempfindung zu erlebenden Natur. Hölderlin sieht daher Mensch und Natur von Anfang an auf einem entgegengesetzten Weg, der bereits mit den olympischen Göttern seinen Anfang nimmt; schon wenn Zeus/Jupiter Kronos/Saturn in den Orkus verbannt, macht sich das Prinzip des Einzelwillens und Eigenwillens gegen die Totalempfindung und den Gemeinwillen geltend. In den *Anmerkungen zur Antigone* führt Hölderlin aus:

»[...] wie überall Schiksaal der unschuldigen Natur, die überall in ihrer Virtuosität in eben dem Grade ins Allzuorganische gehet, wie der Mensch sich dem Aorgischen nähert, in heroischeren Verhältnissen, und Gemüthsbewegungen. Und Niobe ist dann auch recht eigentlich das Bild des frühen Genies.

»Sie zählete dem Vater der Zeit
Die Stundenschläge, die goldnen.«
Statt: verwaltete dem Zevs das goldenströmende Werden. Um es unserer Vorstellungsart mehr zu nähern. Im Bestimmteren oder Unbestimmteren muß wohl Zevs gesagt werden. Im Ernste lieber: Vater der Zeit oder: Vater der Erde, weil sein Karakter ist, der ewigen Tendenz entgegen, ›das Streben aus dieser Welt in die andre‹ zu kehren ›zu einem Streben aus einer andern Welt in diese‹. Wir müssen die Mythe überall beweisbarer darstellen.«[10]

Diese geradezu tropisch dichte Stelle ist folgendermaßen zu entschlüsseln: Die unschuldige Natur hat eine Tendenz, sich in das »Allzuorganische«, also in eines ihrer Momente, zu verlieren. Die Natur ist zwar eigentlich und ursprünglich aorgisch, d.h. mit Eigenschaften wie unbegreiflich, unfühlend, unbegrenzt, unendlich zu charakterisieren, aber sie hat in sich auch die Kraft, die Tapferkeit und das Geschick bzw. die kräftige Geschicklichkeit – dies meint wohl die »Virtuosität« –, sich in die spezifischere Einheit eines Organismus zu verlieren oder zu übersetzen. Umgekehrt hat der von sich her gesehen organische Mensch, d.h. der durch Bewusstsein, Regel- und Gesetzmäßigkeit, Selbständigkeit, Ichheit, Künstlichkeit und Ordnung charakterisierte Mensch die Tendenz zum Aorgischen. Besonderheit, Regelhaftigkeit und Bestimmtheit, die dem Menschen in dieser Welt eigentümlich sind, werden bei dieser Tendenz, auf das Ganze zu gehen, transzendiert. Jeweils haben Natur und Mensch eine zu ihrem entsprechenden Gegenteil tendierende Kraft. Das Schicksal der Natur ist es also, eine bestimmte gesetzmäßige Form annehmen zu müssen, eine Form, die aber noch Spuren ihrer Herkunft aus dem Aorgischen der anfänglichen Natur in sich trägt. Das zeigt sich z.B. sogar am Menschen als einem Produkt der Evolution der Natur. Er geht zwar aus der Natur hervor, kann sich ihr aber auch entgegensetzen. Aufgrund der Spur des Ganzen im Besonderen hat jedes Besondere – z.B. auch der Mensch als Produkt der Natur – die Tendenz, sich selbst zu transzendieren, d.h., jedes Besondere in dieser Welt ist in seiner Endlichkeit der Vernichtung anheimgegeben und verweist damit auf eine andere, jenseitige Welt. Daher spricht Hölderlin hier von einer »ewigen Tendenz [...], das Streben aus dieser Welt in die andere«.[11]

Wenn man im Hintergrund Kants Begriffs des Organismus aus der *Kritik der Urteilskraft* – die Hölderlin sehr genau studiert und exzerpiert hat – hinzunimmt, dann bedeutet dies: Die Natur geht im Organismus in einer solchen Wechselseitigkeit und Ganzheitlichkeit auf, in der alle Teile Funktionen des Ganzen und das Ganze wiederum eine Funktion der Teile ist. Diese Wechselseitigkeit nivelliert aber zugunsten der Ganzheit die spezifischeren Einzelheiten, d.h., die Individualitäten werden in den Dienst des Ganzen gestellt; daher ist diese organische Seinsweise das Schicksal der Natur und daher wird sie »*allzu*organisch«. So kann das Leben eines einzelnen Tieres im Gattungsprozess der Natur nicht als ein Selbstzweck oder als ein wahrhaft selbstgenügsames Ganzes erscheinen, sondern z.B. nur als ein Mittel zur Gattungserhaltung; das Einzellebewesen wird in den biologischen Gesetzmäßigkeiten aufgehoben. Diese Tendenz zum »Allzuorganischen« kippt um in ein Aorgisches, in Entindividualisierung; der Tod des Einzelnen ist die Konsequenz dieser Tendenz.

Umgekehrt dazu verhält sich der vereinzelte Mensch: Er ist zwar von sich selbst her auf absichtliche Verbesonderung und sogar Vereinzelung aus, sich in der Individuation zu einem spezifischen Selbstzweck aus dem Ganzen herauszustellen und sich Regeln, Satzungen etc. selbst aufzuerlegen – deswegen hat der Mensch die Tendenz zum immer »Organischeren« –, doch zugleich hat er auch wieder die Tendenz, sich aus seiner begrifflichen Beschränktheit und Bestimmtheit herauszulösen und aorgisch zu werden. Dies ist ein »Zurück zur Natur«, das den Menschen im Aorgischen, also in der Unbegrenztheit der Natur, aufhebt, doch durchaus kein Rousseau'sches »Zurück zur Natur« (das ja ohnehin nur eine verfehlende Simplifizierung von Rousseaus Gedanke ist). Diese Selbsttranszendierung geschieht in »heroischen Verhältnissen«, d.h. in der tragischen Tötung des Individuums. Hölderlin geht es darum, dass nur beide Tendenzen zusammen ein wahrhaft Ganzes ausmachen können; insofern sind beide Tendenzen zwar gegenwendig, doch beide notwendig, weil eine allein immer unvollständig sein müsste.

Hölderlin führt im obigen Zitat dann die Beispiele von Niobe und Danaë als tragischen Schicksalsgenossinnen von Antigone an, um dies zu klären. Danaë steht hinter Hölderlins Selbstzitat aus seiner Übersetzung »›Sie zählete dem Vater der Zeit / Die Stundenschläge, die goldnen.‹«. Hier besteht meiner Meinung nach eine Überhebung darin, dem Vater der Zeit, Zeus, die Zeit in menschlicher Form, eben in Stundenzählung, vorzurechnen und zuzumessen.[12] Dass Verhältnisse des Menschen im Tragischen aorgischer und damit auch »heroisch« werden, sieht man am Schicksal der »phrygischen Niobe«. In dem Moment, da sich Niobe in ihrer selbstbezüglichen Individualität als Mutter von 14 Kindern mit der Titanin Leto messen will und ihr Maß zu dem der Himmlischen erheben möchte, wird sie aorgisch; d.h., indem Niobe ihre spezifische Existenzform zu einem allgemeinen Gesetz erheben möchte, schlägt dieses in Gesetzlosigkeit um. – Dahinter steckt das Problem, dass der Wille eines Einzelnen selbst nicht Gesetz sein kann. – Niobe war also der Hybris verfallen, indem sie sich über die Titanin Leto lustig machte, diese habe – von Zeus – nur zwei Kinder – Apoll und Artemis –, wogegen sie mit 14 Kindern siebenmal so fruchtbar sei. Die Götter rächen sich bekanntlich für diese Hybris schrecklich, denn Leto bat ihre Zwillinge Apoll und Artemis um Hilfe, welche die 14 Kinder mit Pfeilen töteten – ein solch massenhafter Kindermord ist auch nicht gerade eine sittliche Meisterleistung von Apoll und Artemis... – Niobe erstarrt jedenfalls vor Schreck und Grauen und verwandelt sich in eine stets weinende Steinsäule, die vom Wind nach Phrygien gebracht wird. Diese Erstarrung ist es, die Hölderlin im Bild der Wüste festhält: Wer in seiner Fruchtbarkeit vermessen wird, wird so aorgisch, dass er erstarrt. Wenn Hölderlin hier Niobe als »Bild des frühen *Genies*« bezeichnet, dann zeigt das, wie sehr er bei seiner Idee des Tragischen Platons Bestimmungen zum künstlerischen Enthusiasmus aus dem *Phaidros* vor Augen hat.

Bei dem Beispiel der Danaë liegt – wie besonders klar Karl Reinhard herausgearbeitet hat – ein (produktives) Missverständnis von Hölderlin vor.[13] Bei Sophokles geht es darum, dass Danaë, nachdem ihr Vater Akrisios sie wegen eines Orakelspruchs in einem Verlies hatte einsperren lassen, von Zeus in der Gestalt eines goldenen Regens/Samens befruchtet wird; diese Regenfruchtbarkeit und den Samen des Zeus übersetzt Hölderlin als »Werden«; um dieses goldene

Werden wiederum unserem modernen hesperischen Verständnis deutlicher machen zu können, wird aus dem Werden »Stundenschläge«. – Die natürlich die Alten mit ihren Sonnen- und Wasseruhren und ohne z. B. Kirchtürme auch nicht kennen konnten. – Daran zeigt sich zwar, wie weit Hölderlin von Sophokles nicht nur in den *Anmerkungen*, sondern schon in der Übersetzung mitunter entfernt ist; aber das ist irrelevant, schließlich ist es ein wesentliches Ziel der »abendländischen Wendung«, zu erlernen, durch das Fremde Eigenes frei zu gebrauchen. Es geht hier also vielmehr darum, die modernen Stundenschläge als willkürliche Zeiteinteilung zu begreifen, als darum, antike Regenfruchtbarkeit philologisch korrekt zu übertragen. Gemeinsam ist Antigone, Niobe und Danaë jedenfalls das steinerne Gefängnis.

Die heroische Überheblichkeit und Selbstbezüglichkeit des Menschen wird bei Niobe natürlich besonders deutlich, denn offenbar führt die Selbstbezüglichkeit des Menschen (dessen Organisches), wenn sie nicht in das Aorgische der Natur harmonisch eingefügt ist, sondern sich das Aorgische unterwerfen will, in den Tod, in die Versteinerung, in die Erstarrung, ins Unlebendige, die Wüste. Das Irdische hat also in sich die Tendenz zur Transzendenz, zum Verlassen der diesseitigen Welt, eine Art Willen zum Tod, den Todestrieb. In der Selbstüberhebung – Niobe war die Tochter von Tantalos, dessen kannibalische Herausforderung der Götter schon von diesen verflucht wurde – liegt Zorn; und im Zorn geschieht eine selbstzerstörerische Umkehr dessen, was eigentlich das Organische, Regelhafte bewirken sollte.

Im hymnischen Entwurf *An die Madonna* (von 1801/02) dichtet Hölderlin:

Denn gut sind Sazungen, aber
Wie Drachenzähne, schneiden sie
Und tödten das Leben, wenn im Zorne sie schärft
Ein Geringer oder ein König.[14]

Nach Hölderlin stemmt sich Zeus der Transzendenz-Tendenz entgegen, indem er mit seinen Gesetzen und seiner Herrschaft über die Welt Transzendierendes immanent verweltlichen will. Zeus ist der Versuch, Göttliches innerweltlich festzustellen; daher ist Zeus »Vater der Erde«, »Vater der Zeit«. Doch selbst der Fürst des Festes unterliegt dem Schicksalsgesetz, sich im Akt der Verweltlichung in der Zeit erfahren zu müssen. Trotzdem darf der Unterschied zwischen Göttern und Menschen nicht nivelliert werden. Der göttlichen Macht gegenüber überhebt sich nämlich Niobe, wenn sie ihre Fruchtbarkeit gegenüber der göttlichen Fruchtbarkeit, weltimmanent Transzendentes zu realisieren, als fruchtbarer aufrechnen will. Niobe ist vermessen, weil sie sich in ihrer irdischen Zeitlichkeit – die in der Empfängnis von 14 Kindern erfasst ist – letztlich mit dem »Vater der Zeit« messen will, denn Zeus ist ja der Vater der Kinder Letos.

Im Anschluss an das Bild Niobes, das dazu dient, die gegenwendige Tendenz von Natur und Mensch darzustellen, hebt Hölderlin die Aufgabe des Künstlers in der abendländischen Wendung hervor, aus der Erstarrung zu dichten. Die abendländische Wendung besteht darin, einen Weg zu weisen, wie sich kulturanthropologisch und in geschichtlichem Übergang Fremdes und Eigenes zueinander in Wechselwirkung setzen lassen; der Kern des Tragischen besteht laut den *Anmerkungen zur Antigone* in etwas, das der moderne hesperische Dichterübersetzer gegenüber dem antiken Stück nicht verändern sollte:

> »Wohl die Art, wie in der Mitte sich die Zeit wendet, ist nicht wohl veränderlich, so auch nicht wohl, wie ein Karakter der kategorischen Zeit kategorisch folget, und wie es vom griechischen zum hesperischen gehet, hingegen der heilige Nahmen, unter welchem das Höchste gefühlt wird oder geschiehet.«[15]

Die Vorstellungen/Namen der Götter sind durch den Dichter der Vorstellungsart der Moderne anzunähern. Das geschieht z.B. dadurch, dass Hölderlin die antike Bezeichnung »Zeus« mit »Vater der Zeit« oder »Vater der Erde« wiedergibt oder die antike Poesie des »goldenströmenden Werdens« durch »goldene Stundenschläge« ersetzt oder die tragische Schuld als »Sünde« bezeichnet. Was der moderne Dichterübersetzer jedoch unangetastet lassen sollte, ist die Zeitenwende in der Mitte des tragischen Stückes, das würde nämlich das ästhetische Gleichgewicht zwischen den beiden Teilen der Tragödie stören. Mit dieser Zeitenwende in der Mitte spielt Hölderlin auf die im ersten Abschnitt der *Anmerkungen zum Ödipus*[16] und im ersten Abschnitt der *Anmerkungen zur Antigone*[17] gemachten Berechnungen über die Rhythmik des Vorstellungswechsels an, der sich je nach Tragödie eher beschleunigen oder verlangsamen kann. Dieser Vorstellungsrhythmus wird durch die Zäsur (die jeweiligen Reden von Teiresias) strukturiert. Dabei handelt es sich um das »kalkulable Gesetz«, dem die poetische Logik eines Theaterstückes folgt. Die Zeitenwende zu versetzen, wäre ein zu großer, zu sehr die poetisch-ästhetische Struktur und Balance des Stückes verändernder, evtl. sogar zerstörender Eingriff.

Ebenso muss neben dieser formalen Unveränderlichkeit in inhaltlicher Hinsicht auf den Charakter der Hauptperson Rücksicht genommen werden, wie dieser der »kategorischen Zeit kategorisch folgt«. Das bedeutet wohl, die Hauptpersonen der Tragödie sind einem Zeitgeschehen ausgesetzt. Dass die Zeit hier als »kategorisch« bezeichnet wird, deutet an, die Zeit ist hier einfach, grundlegend, unmittelbar, unbedingt. Das Folgen ist ebenfalls kategorisch. D. h., die Hauptperson folgt dem entschieden unmittelbaren Charakter der Zeit (Zeitgeist, Zeitgeschehen) auf entschieden unmittelbare Weise; der Zeitgeist kristallisiert sich paradigmatisch im Charakter der tragischen Person. Das bedeutet, dass im Tragischen die Zeit selbst in ihrer momentanen Präsenz gefühlt wird, denn im tragischen Leiden wird durch den Verstand keine Zukunft evoziert. Die Zeit selbst ist tragisch erlebbar:

> »Das ist sie aber immer, wenn die Zeit im Leiden gezählt wird, weil dann das Gemüth vielmehr dem Wandel der Zeit mitfühlend folget, und so den einfachen Stundenschlag begreift, nicht aber der Verstand von Gegenwart auf die Zukunft schließt.«[18]

Im Tragischen ist die leidende Passivität so groß, dass man nicht mehr vor der Gegenwart in eine Konstruktion der Zukunft ausweichen kann. Von dieser tragischen Zeitlichkeit des Helden der Tragödie ist die Zeitempfindung der Gesellschaft zu unterscheiden, in der der Held bzw. die Heldin lebt: »Das tragischmäßige Zeitmatte, [...], folgt dem reißenden Zeitgeist am unmäßigsten«.[19] – Im Hintergrund hört man den Anklang an die ›Todeslust der Völker‹. – Das »tragischmäßige Zeitmatte« meint hier nicht ein gelangweiltes Nichtstun, sondern vielmehr ein sehr aufgeregtes, engagiertes Getriebe, es handelt sich um eine – mit einem Wort Heideggers – uneigentliche, hektische Geschäftigkeit des »man«; »matt« ist dieses Getriebene nur hinsichtlich seiner Blindheit für das Wesentliche. Die Polis, in der Ödipus und Antigone jeweils leben, ist »tragisch-mä(ü)ßig«; diesen Gesellschaften steht nämlich jeweils eine grundlegende Umwandlung bevor bzw. diese Gesellschaften befinden sich mitten in solchen Umbrüchen. Hier ereignet sich also jeweils eine vaterländische Umkehr.

Ebenfalls darf der moderne Dichterübersetzer nicht ändern, »wie es vom Griechischen zum Hesperischen geht«.[20] Offenbar ist dieser Griechenland-Hesperien-Gang etwas, das Hölderlin in der antiken Tragödie selbst findet. – Es ist nicht ganz klar, ob es etwas ist, das er spezifisch in der *Antigone* ausmacht, oder ob das auch im *Ödipus* der Fall ist. Da aber auch die beiden anderen nicht zu ändernden Charakteristika der Tragödie wie auch das veränderbare Element (die heiligen Namen) in beiden Tragödien zu finden sind, liegt der Schluss nahe, dass ebenso der Griechenland-Hesperien-Gang in beiden Tragödien zu finden ist; evtl. ist dieses Element dann sogar in allen gelungenen Tragödien zu finden. – Man kann nun den Interpretationsansatz verfolgen, dass Hölderlin diese Bemerkung aus dem zweiten Abschnitt der *Anmerkungen zur Antigone* eigentlich allererst im dritten Abschnitt vertieft, der sich nicht nur mit der Tragödie als Schauspiel, sondern auch mit dem Tragischen als metaphysischem Seinsgeschehen beschäftigt. Man kann aber schon hier festhalten, dass mit diesem Gang vom Griechischen zum Hesperischen im zweiten Abschnitt noch ein bloß spezifisch dramenimmanenter Aspekt gemeint sein muss, denn das ist die begrenzte Thematik dieses Abschnitts: eine genaue Analyse der dramatischen Mittel der Tragödie. Daher kann man weiterhin hier rekonstruierend sagen, dass Hölderlin an dieser Stelle wohl mit dem »Griechischen« (analog zum ersten Böhlendorff Brief) Pathos und Leidenschaft vor Augen hat, also die tragische Paarung von Gott und Mensch, und mit dem »Hesperischen« Ordnung und Darstellungsgabe, also die gereinigte Scheidung der Gegensätze, die Trennung für das Bewusstsein, das nun durch das tragische Leid seinen ihm angemessenen Ort einsieht. Diese Deutung lässt sich zugegebenermaßen nicht eindeutig am kryptischen Text Hölderlins klar beweisen, aber sie stimmt doch organisch mit anderen Äußerungen zusammen.

Wie gesagt, besteht der Charakter von Zeus darin, sich gegen die Tendenz der Natur zu wenden. Im Hintergrund kann man hier wieder an Hölderlins Gedicht *Natur und Kunst – Saturn und Jupiter* denken. Jupiters, Zeus', Kunstherrschaft wendet sich auch dort gegen Saturn, Kronos, Natur; zwar kann man nicht einfach Kronos mit dem Aorgischen und Zeus mit dem Organischen gleichsetzen, aber Nähen gibt es zwischen diesen. Jupiter ist der Herrscher der antiken Götterwelt, d. h., er herrscht am Göttertag, also in derjenigen Zeit, in der die Götter eben nicht transzendent im Jenseits leben, sondern in der sie in der Epiphanie, im Diesseits, in unserer Welt geoffenbart existierten. Daher ist sein Charakter »der ewigen Tendenz entgegen, das Streben aus dieser Welt in die andre zu kehren zu einem Streben aus einer andern Welt in diese«. Zeus – gleich ob unter den Bedingungen des antiken Hellas oder des modernen Hesperiens – hat immer die Tendenz, die Transzendenz des Göttlichen aufzuheben und es durch kunstfertige Ordnung weltimmanent zu machen. Insofern vollzieht Zeus gegenüber seinem Vater, der Natur eine Kehre, eine Wende in der Zeit. Diese Tendenz zur Diesseitigkeit, zur Aufhebung der Transzendenz des Göttlichen kommt insbesondere dem hesperischen Bedürfnis nach Präzision und Klarheit entgegen, denn unter den Bedingungen der Moderne entsteht das Postulat, die Mythe »überall beweisbarer« darzustellen. Hier macht sich wieder die junonische Klarheit und Nüchternheit als Grundzug der Moderne geltend.

Die Hellenen hatten noch den Schwung des ursprünglichen Feuers, die ganze Kraft der Natur, und mussten dieses begrenzen, ähnlich wie Zeus mit Gesetz und Herrschaft die Kraft der Natur und die heilige Dämmerung aufzuklären hatte. Daher bedürfen die Griechen in ihrer kulturellen Entwicklung des Strebens nach Klarheit, und darin wurden sie so geübt und solche Meister, weil sie darauf besonderes Gewicht legten und darüber das ihnen Eigentümliche, das himmlische Feuer und heilige Pathos, vergaßen. Umgekehrt ist es bei uns Hesperiern, denn wir drohen schon von uns aus, in Klarheit und Darstellungsgabe zu erstarren, zu versteinern – die zementierende Tendenz der Niobe ist bei den Hesperiern geradezu deren »Natur«. Daher müssen wir reziprok zu den Hellenen danach streben, uns mehr vom himmlischen Feuer zu eigen zu machen, um hierdurch – wie Hölderlin es nennt – lebendiges Geschick zu haben. Aus der Erstarrung führt das »Geschick«, also die Kombination von Geschicklichkeit und der Fähigkeit, sich etwas Höheres, Geistiges schicken und zustoßen zu lassen.

XI. Zeit als Sein: Gegenwart in tragischer Einung

Wenn Hölderlin Zeus als »Vater der Zeit« bezeichnet, dann meint dies nicht, dass er seinem Kind, der Zeit, äußerlich gegenüberstünde; in *Natur und Kunst oder Saturn und Jupiter* bezeichnet Hölderlin Zeus ausdrücklich selbst auch als »Sohn der Zeit«; offenbar muss man Zeus jeweils in anderer Hinsicht als Vater oder als Sohn der Zeit denken, um triviale Widersprüche zu vermeiden. – In der Mythologie der Griechen wäre es problematisch, Kronos (Κρόνος) mit Chronos (Χρόνος), der Zeit oder dem Gott der Zeit schlechthin und jederzeit zu identifizieren; in vorsokratischer und spätantiker Zeit findet sich die Identifizierung, zwischenzeitlich werden sie jedoch unterschieden. Auch bei Goethe findet sich bekanntlich z. B. in *An Schwager Kronos* die Identifikation.[1] Damit wäre es zwar leicht, Zeus als »Sohn der Zeit« zu verstehen, man könnte ihn dann aber nicht mehr als »Vater der Zeit« begreifen. – Es ist vielmehr gemeint, dass Zeus seine Macht in Gesetzen und seine Herrschaft in der Zeit entfaltet und insofern Herr(scher) (in) der Zeit ist. Gleich*zeitig* ist Zeus einerseits innerzeitig, so z. B. im olympischen Götter*tag* der antiken Griechen, er ist zugleich aber auch derjenige, durch den die Zeit überhaupt erst als solche unmittelbar erlebt werden kann, in dieser Hinsicht ist er Vater der Zeit, er gibt uns die Möglichkeit, die Zeit selbst zu erleben; darin kulminiert der Sinn des Tragischen. Gäbe es nämlich keine gesetzmäßige Erfüllung der Zeit, wäre die Zeit selbst auch nicht zu erleben. Das bloße Verfließen der Zeit ohne etwas Regelmäßiges darin, das erlebt wird, wäre für uns nichts. – Diese Einsicht liegt schon dem Zeitkonzept in Platons *Timaios* und Aristoteles' *Physik* zugrunde. – Vermittelt über Innerzeitiges, Bewegtes, kann uns die Zeit, als Maß der Bewegung, erlebbar gemacht werden. Das Gesetz und die Herrschaft, die Zeit in Anspruch nehmen und regelhaft erfüllen, machen die Zeit allererst erlebbar:

> »Das goldenströmende Werden bedeutet wohl die Stralen des Lichts, die auch dem Zevs gehören, insofern die Zeit, die bezeichnet wird, durch solche Stralen berechenbarer wird. Das ist sie aber immer, wenn die Zeit im Leiden gezählt wird, weil dann das Gemüth vielmehr dem Wandel

der Zeit mitfühlend folget, und so den einfachen Stundengang begreift, nicht aber der Verstand von der Gegenwart auf die Zukunft schließt.«[2]

Mit den Strahlen des Lichts sind wohl die täglichen Sonnenstrahlen gemeint, nicht die Blitze des Zeus, denn diese sind gerade unberechenbar. Die Zeit ist »berechenbarer«, d. h., in ihrem Verfließen und Werden wird sie für uns nachvollziehbarer, wenn uns ein Leid ereilt. Offenbar ist zwischen einer erlebten Gemütszeit und einer durch den Verstand konstituierten Zeitlichkeit zu unterscheiden; Letztere entsteht, wenn von einer Gegenwart auf die Zukunft *geschlossen* wird. – Analog kann man wohl auch von einer Verstandeszeit sprechen, in der von der Gegenwart auf die Vergangenheit geschlossen wird. – Dieser abstrakten Verstandeszeit steht die konkrete Zeit des Gemüts gegenüber, die im Leid das Vergehen und den Fluss der Zeit selbst gegenwärtig erlebt. In dieser fühlend erlebten Gegenwart ereignet sich das Tragische. Die Passivität des Leidens verbindet uns mit dem Sein und reißt uns aus aktiv konstituierten Synthesen. – Von hier aus kann man eine Kritik an einem Aspekt der Zeitkonzeption aus Heideggers *Sein und Zeit* deuten; dort ist die Zukunft die grundlegende Ekstase der Zeitlichkeit,[3] mit Hölderlin kann man dagegen einen existenziellen Vorrang der Gegenwart betonen, sofern diese von tragischem Leid erfüllt ist und die Zeitlichkeit selbst erlebt wird. Natürlich ist nicht jede Gegenwart tragisch, sondern nur diejenige, in der die Zeit selbst auf leidende Weise erlebt wird. – Hölderlin verknüpft damit die Zeit mit dem Phänomen des Tragischen. Sowohl in den *Anmerkungen zum Ödipus* als auch in denen zur *Antigone* verknüpft er das Tragische als metaphysisches Geschehen mit der Zeit bzw. mit der Gegenwärtigkeit als grundlegender Zeiterfahrung. Daher muss nun ein genauer Blick auf das Verhältnis von Sein und Zeit in den *Anmerkungen zum Ödipus* geworfen werden.

Wie gesehen ist beim »späten« Hölderlin charakteristisch, dass sich die Einung von Gott und Mensch, sofern sie in der Geschichtszeit geschieht, zerstörerisch, wild, hasserfüllt, entgrenzend, ungeheuerlich, im Zorn, überfordernd und daher mit gewisser Notwendigkeit tragisch vollzieht:

»Die Darstellung des Tragischen beruht vorzüglich darauf, daß das Ungeheure, wie der Gott und der Mensch sich paart, und gränzenlos die

Naturmacht und des Menschen Innerstes im Zorn Eins wird, dadurch sich begreift, daß das gränzenlose Eineswerden durch gränzenloses Scheiden sich reiniget.«[4]

Die Reinigung im Zorn ist wohl auch eine Transformation der aristotelischen Katharsis in der Tragödie. Bei Hölderlin findet die Reinigung des Menschen durch die Trennung vom Göttlichen statt. Das darf aber nicht einfach eine willkürliche Ausblendung des Göttlichen sein, sondern es muss ein Sich-Einbrennen der ontologischen Differenz zwischen Göttlichem und Menschen sein. Dieser Höhepunkt des tragischen Geschehens erscheint uns als Wahnsinn, weil er alle menschliche Besonderung und egoistische Klugheit transzendiert; in jenem Moment der Einung dämmert reines Sein auf, das das bestimmende, utilitaristische und funktionelle Grenzenziehen des Menschen durchbricht. In diesem reinen Sein ohne menschliche Besonderung erscheint nichts mehr, was in der Zeit oder im Raum ist, vielmehr wird die Zeit selbst als bloßes Sein erlebt.

In den *Anmerkungen zur Antigone* hieß es über die Erlebbarkeit der Zeit selbst:

»Das ist sie aber immer, wenn die Zeit im Leiden gezählt wird, weil dann das Gemüth vielmehr dem Wandel der Zeit mitfühlend folget, und so den einfachen Stundengang begreift, nicht aber der Verstand von Gegenwart auf die Zukunft schließt.
Weil aber dieses vesteste Bleiben vor der wandelnden Zeit diß heroische Eremitenleben das höchste Bewußtseyn wirklich ist, motiviert sich dadurch der folgende Chor, als reinste Allgemeinheit und als eigentlichster Gesichtspunkt, wo das Ganze aufgefaßt werden muß.«[5]

Parallel heißt es in den *Anmerkungen zum Ödipus:*

»In solchem Momente vergißt der Mensch sich und den Gott, und kehret, freilich heiliger Weise, wie ein Verräther sich um. – In der äußersten Gränze des Leidens bestehet nemlich nichts mehr, als die Bedingungen der Zeit oder des Raums.
In dieser vergißt sich der Mensch, weil er ganz im Moment ist; der Gott, weil er nichts als Zeit ist; und beides ist untreu, die Zeit, weil sie in solchem Momente sich kategorisch wendet, und Anfang und Ende sich in ihr schlechterdings nicht reimen läßt; der Mensch, weil er in diesem

Momente der kategorischen Umkehr folgen muß, hiermit im Folgenden schlechterdings nicht dem Anfänglichen gleichen kann.«[6]

Schiller hatte in seinen *Briefen über die ästhetische Erziehung* den Gedanken, dass mit der Schönheit die »Zeit in der Zeit aufgehoben« wird.[7] Bei Schiller geschieht diese Aufhebung der Zeit dadurch, dass eine spezifisch ästhetische Allgemeingültigkeit erscheint – also in die Zeit tritt, die aber die zeitliche Gültigkeit, in der Singularität des Hier und Jetzt präsent zu sein, überbietet, also die Zeit überschreitet. Bei Schiller ist es die Freiheit als sittliche Idee, aufgrund welcher die Zeit in der Zeit transzendiert wird. Hölderlin hatte – geäußert in einem Brief an Niethammer vom 24. Februar 1796 – einen leider nicht realisierten Plan, *Neue Briefe über die ästhetische Erziehung des Menschen* zu schreiben;[8] die Betonung liegt hier auf »Neue«, weil er die Notwendigkeit einer Kritik an Schiller sah, denn letztlich ist es in Hölderlins Verständnis eine Herabwürdigung der Schönheit, wenn sie einer sittlichen Idee als Erscheinungsmedium dient. Es ist nach Hölderlin laut dem erwähnten Brief an Niethammer – also nachdem er in Jena durch Fichtes Wissenschaftslehre und zahlreiche Gespräche mit Freunden (z. B. mit Sinclair; bezüglich Schellings sagt er: »Wir sprachen nicht immer accordierend miteinander«[9]) verwirrt war – notwendig, »den Widerstreit zwischen dem Subject und dem Object, zwischen unserem Selbst und der Welt« in intellektueller Anschauung der Schönheit zu überwinden, »ohne daß unsere praktische Vernunft zu Hilfe kommen müßte«.[10] Für Hölderlin hat im Unterschied zu Schiller die Freiheit im καλόν ihren spezifischen Ort; das Ideal der Schönheit bildet den »höchsten Grund von allem«, der in der Vernunft grundgelegt ist.[11] Das Schönheitsideal ist ein unbedingtes Gebot der Vernunft, alle Gegensätze und Widersprüche zu vereinigen.

Spezifischere Grundsätze der Vernunft (wie z. B. Gesetze des Handelns oder des Denkens, das Streben nach einem Absoluten oder das Streben nach Beschränkung/Bestimmtheit) sind lediglich spezifizierende Anwendungen des Ideals der Schönheit. Werden diese spezifischeren Vernunftgrundsätze wiederum in einem Resultat fixiert, erhält man die Begriffe des Verstandes (z. B. Substanz, Akzidens, Ursache, Wirkung, Pflicht, Recht[12]). Wenngleich Hölderlin hiermit über Schiller und Fichte hinausgeht, so spricht er in dieser Zeit doch immer noch in der vermögenspsychologischen Terminologie des transzendentalen Idealismus. In seiner späteren Reflexion des Tragischen, in den *Anmerkungen zum Ödipus* und zur *Antigone*, geht er offenbar noch weiter über Fichte und Schiller hinaus, denn bei ihm wird die Zeit auf das Schöne in einem noch engeren Sinne als in Schillers transzendentalem Ansatz bezogen, nämlich indem das Schöne in seiner äußersten Form, dem Tragischen, nichts anderes als die pure Zeit selbst ist. Das ist ein radikaler Schritt, der von einem transzendentalen Verständnis der Zeit, wie es bei Schiller oder Fichte (Zeit ist ein Produkt der schwebenden Einbildungskraft) zu finden ist, zu einem ontologischen Zeitverständnis übergeht. Im Moment des Tragischen werden Gott und Mensch zur Zeit, darin vereinigen sie sich, die Zeit ist ursprüngliche Einigung der sonst völlig Ungleichartigen.

Die Zeit selbst wird in den *Anmerkungen zum Ödipus* und zur *Antigone* im Moment des tragischen Leidens erlebt und darin werden Pläne für die Zukunft oder Erinnerungen an eine erfüllte Vergangenheit transzendiert, der Mensch wird ganz zum Moment und zum Fluss der Momente ineinander, d.h., der mit tragisch schwerem Leid Geschlagene ist nicht mehr zwischen Vergangenheit und Zukunft eingespannt, sondern er vergisst Zukunft und Vergangenheit, er ist nun reine, sich kontinuierlich erneuernde und verfließende Gegenwart. In einem Moment extremen Leidens fühlen wir nicht mehr dieses oder jenes, was in der Zeit ist, wir fühlen keinen spezifischen Inhalt mehr, intendieren nichts, wir denken nicht daran, woher dieses Leiden aus der Vergangenheit zu uns kam, wir denken auch nicht darüber nach, wie sich das nun in der Zukunft auswirken wird, welchen Nutzen wir daraus ziehen können oder welche Pläne wir schmieden könnten.[13] Der tragische Schmerz, das wahrhaft schwere Leid – wie es z.B. Ödipus bei Sophokles erlebt, wenn er erkennt, dass er den Vater ermordet und die Mutter geheiratet hat – bannt den tragischen Helden in den Moment, er fühlt (und wir fühlen es mit ihm) nur noch das Fühlen selbst, den Schmerz als solchen; es ist die bloße Existenz, das pure Sein in der Zeit selbst, das gefühlt wird. In der Terminologie von *Urtheil und Seyn:* Wir sind vom Ur-teil zum Sein übergegangen. – In dieser Hinsicht kann Heideggers treffliche Exemplifikation eines solchen Zustands mit dem Phänomen der Angst, die uns als eine existenzielle Befindlichkeit vor unser bloßes Daßsein und das nackte In-der-Welt-sein wirft, herangezogen werden; allerdings, wie schon bemerkt, würde Hölderlin kritisieren, dass wir in der Angst nicht von der Zukünftigkeit, sondern von der bloßen Gegenwart her erleben, denn aus Hölderlins Sicht wäre zum Vorlauf auf die Zukunft schon wieder der Verstand mit seinen aktiven Synthesen am Werk.[14] – Dadurch drängt sich zumindest für den außenstehenden Betrachter, d.h. für den Rezipienten des Kunstwerks, die Sinnfrage auf: Welchen Sinn hat die Existenz, wenn sie solches Leiden auferlegt oder doch zumindest zulässt? Das Aufgehen des tragischen Helden in diesem Moment ist die Überwindung menschlicher Besonderung, »der Mensch vergisst sich« und wird ganz zum ihn umgebenden Geschick, er fügt sich in sein Sein. Mit Worten des späten Heidegger: Das Ereignis einer Fügung ins Seins lichtet sich.

Auf der anderen Seite wird nach Hölderlin der Gott im tragischen Moment selbst zur Zeit, nämlich jenes pure Zeit-Sein; »Gott, weil er nichts als Zeit ist«.[15] Das Sein Gottes als Zeit bedeutet aber, dass er sich trotz seiner Anwesenheit entzieht, denn er ist genauso wie die Zeit in jedem Moment schon beim nächsten Moment. Daher ist der Zeitgott untreu, wendet sich ab; »die Zeit [die Gott im tragischen Moment ist, ist dem tragisch geschlagenen Menschen gegenüber untreu; Einf. R. S.], weil sie in solchem Momente sich kategorisch wendet, und Anfang und Ende sich in ihr schlechterdings nicht reimen läßt«.[16] Indem die Zeit *ist*, gegenwärtig da ist, vergeht sie schon wieder. In der Gegenwart sind Sein und Nichtsein zeitlich vereint. Die Zeit aus der Gegenwart betrachtet, ist die einfache Einheit von Sein und Nichtsein; aufgrund dieser Einfachheit spricht Hölderlin davon, dass sich die Zeit kategorisch, d.h. einfach und unmittelbar wendet. Zwischen Sein und Nichtsein gibt es in der Einheit der Gegenwart keine vermittelnden Stufen.

Insofern bezeichnet Hölderlin in einer scheinbaren Paradoxie diesen tragischen Moment der Einung von Gott und Mensch als »Untreue«.[17] Die Untreue weist wieder auf die Umdeutung der aristotelischen Katharsis hin. Es ist ein geradezu dialektisches Verhältnis von Einung und Scheidung, wenn sich »das gränzenlose Eineswerden durch gränzenloses Scheiden [...] reiniget«. Die Einung ermöglicht das Erleiden der Differenz von Mensch und Gott; der Mensch steht so weit unter dem Gott, dass er sein eigenes Wesen als Mensch vergessen, sich selbst untreu werden muss. Der Mensch als ganzer geht eben nicht im Moment der Gegenwart auf, er hat auch Vergangenheit und

Zukunft, aber diese sind im tragischen Ereignis wie vergessen, sich selbst gegenüber wird der Mensch untreu und ist wie Gott – nur noch Zeit. In dieser Untreue gegen sich selbst ist das Moment des Nichtseins, das Nichts enthalten.

Die Untreue in der Einung besteht in Folgendem: Wenn der Gott dem Menschen im puren tragischen Leid nur noch als Sein und Zeit erscheint, dann ist er eben nicht mehr derjenige Andere, das Göttliche gegenüber dem Menschen, sondern Mensch und Gott sind im Zeit-Sein eines, d.h., sie sind gegenüber ihrer gegenseitigen Andersheit andere geworden, sie sind sich selbst also untreu geworden, weil sie geworden sind, was sie sind, reine Zeit, was aber durch Innerzeitiges immer wieder überdeckt wurde, weil »man« sich mit etwas in der Zeit beschäftigte, aber nicht mit der Zeit selbst. Das leidende Zeitsein wendet sich aber von allen spezifischen innerzeitigen Affektionen und von der mit anderem erfüllten Zeit ab. Das Innerzeitige, das, was die Zeit als Form erfüllt, verschwindet und die bloße Zeit als Flussform bleibt zurück, dies ist eine kategorische, d.h. einfache Wendung hin zur Zeit selbst.

Die Wendung auf die Zeit hin ist kategorisch, d.h. einfach, unmittelbar, weil alle Bedingungen, unter denen die Zeit gesehen wird, fallen gelassen sind, eine einfache Umkehr in die Zeit findet statt. Die kategorische Wendung auf die Zeit und in der Zeit selbst besteht in ihrem kontinuierlichen Werden, in das sich Held und Gott fügen. Ein Übergang von »müßiger Zeit« zur Seinszeit ist vollzogen. Insofern ist auch der zur Zeit gewordene Gott »untreu«, denn er ist nun nicht mehr dieses oder jenes, er ist kein Seiendes mehr, das dem Menschen gegenüber gestellt ist, sondern er ist die alles umfassende und sich fließend wandelnde Zeit selbst, daher lassen sich »Anfang und Ende« nicht zusammen»reimen«. D.h., dem Dichter gehen im Höhepunkt des schweren Leids die Worte aus, er muss dies als Höhepunkt der Tragödie annehmen und kann nun nur noch den Niedergang des Helden schildern. Die Sukzession von bestimmten Inhalten in der Zeit, die in einer Prozessualität von einem Anfangs- zu einem Endstadium, also in einem phasenweisen Werden von etwas in der Zeit besteht, verschwindet im höchsten Moment des Tragischen und kehrt danach in der Form der Schilderung der Konsequenzen aus dem Tragischen wieder. Dem Menschen wird durch den Moment des Leides die Dehnung und das Werden der Zeit selbst erlebbar.

Wie gesagt ist aber auch der Mensch »untreu« in der Einung, denn die zum Sein erhobene Zeit der Leere tragischen Leids enthält keine seiner menschlichen Besonderheiten mehr, er ist nicht mehr der, der er war. Paradox gesagt: Doppelte »Untreue« vereint die beiden Untreuen, es ist Gott und Mensch eben gemeinsam, dass sie sich selbst untreu sind, wenn sie dem jeweils anderen begegnen, indem sie Zeit werden.

Die Identität des menschlichen Selbstbewusstseins besteht darin, sich als selbigen im Durchgang durch einen Prozess zu wissen, sich von anderem zu unterscheiden, ja sogar sich von sich selbst zu trennen, um dann wieder reflexiv auf sich zurückzukommen und sich mit sich zu identifizieren.[18] Doch das Trennen und nachträgliche Sich-auf-sich-Beziehen wird in der Leere und Passivität des puren Seinserlebens bzw. Seinserleidens aufgehoben, man kann sich dann nicht mehr abgrenzen und sich nachträglich erinnern. So ändert Ödipus nach dem tragischen Geschick seine Identität, er sticht sich selbst die Augen aus, wird zu einem anderen. Ödipus 2 ist Ödipus 1 untreu geworden, deckt aber dessen eigentliches Wesen dadurch umso klarer auf, nämlich dass er als sinnlich Sehender blind und als Blinder Seher ist. – Das berühmte Wort Kants über Anschauungen und Begriffe abwandelnd, kann man sagen, Ödipus exemplifiziere, dass sinnliche Anschauungen ohne geistiges Sehen blind sind (= Ödipus 1) und geistiges Sehen ohne sinnliche Anschauung leer bleibt (= Ödipus 2; der zwar geistig sehend geworden ist, aber wegen seiner sinnlichen Blindheit Antigone als seine Führerin braucht). Das ist wohl der Sinn, wenn Hölderlin über die Untreue des Menschen im Tragischen ausführt: Untreu sei »der Mensch, weil er in diesem Momente der kategorischen Umkehr folgen muß, hiermit im Folgenden schlechterdings nicht dem Anfänglichen gleichen kann«.[19] – So erklärt sich Hölderlins scheinbar paradoxe Redeweise von der Untreue im tragischen Moment der Einung.

Jene Untreue hat man wohl auch noch im Kreuzestod von Christus zu sehen. Hölderlin deutet ja Christus neben Dionysos und Herakles synkretistisch als letzten der olympischen Halbgötter. Wenn Christus den Kreuzestod stirbt und ausruft: »Mein Gott, mein Gott, warum hast du mich verlassen?«,[20] fügt sich dies organisch in Hölderlins Tragödien-Konzeption: »in müßiger Zeit, der Gott und der Mensch, damit der Weltlauf keine Lüke hat und das Gedächtniß der Himmlischen nicht ausgehet, in der allvergessenden Form der Untreue sich mittheilt, denn göttliche Untreue ist am besten zu behalten«.[21]

Es ist dennoch nur konsequent und hebt Hölderlins Konzepte von abendländischer Wendung und tragischer Einung von Gott und Mensch nicht auf, wenn eine Versöhnung und Liebe in der Vergeistigung Christi auch nach Hölderlin besteht, denn diese geschieht als Gabe Gottes nach der Kreuzigung, also in der Terminologie der Tragödientheorie in der Reinigung nach grenzenlosem Eineswerden und grenzenlosem Scheiden. Man könnte die Integration von Christus (*Friedensfeier*, *Der Einzige*, *Patmos*) in die abendländische Wendung und in die Tragödientheorie Hölderlins als eine Schwierigkeit in seinem Konzept tragisch-zorniger Einung von Gott und Mensch sehen, denn mit Christus tritt eine alles versöhnende und geistig-vermittelte Liebe auf, zu der die direkte Einung im Zorn in merkwürdigem Konflikt zu stehen scheint. Ich deute jedoch, dass sich Hölderlin mit Christus als tragischem Helden/Halbgott eine wichtige Verbindungsinstanz für die Entwicklung von Hellas zu Hesperien dichtet. Die Geistigkeit und Liebesvermittlung, für die Christus steht, ist der letztmögliche Schritt, den die Götter in Hellas noch gehen konnten, denn wie bei den anderen Halbgöttern sind in Jesus Christus mit den zwei Naturen Mensch und Gott vereint und sie scheiden sich offenbar am Kreuz in äußerstem Zorn, wir nachkommenden Hesperier vergessen diese Untreue Gott-Vaters, sogar seinen eigenen Sohn dem Tod und der Zeit anheimgegeben zu haben, nicht. Aber Christus konnte seine Liebesmission nicht beenden – das war ja das Problem bei der *Friedensfeier*, weshalb sich dort das lyrische Ich fragen musste, ob es Christus überhaupt zur Friedensfeier einladen darf. Für Hölderlin ist also die Mission Christi in der Menschenwelt nicht vollendet; erst wenn die Zeit vorüber ist, gilt das Liebesgesetz. Man kann deuten, dass es der antike Zeus ist, der nach der Kreuzigung seine Blitze letztmals schleudert, und dann der »eigentlichere Zeus« hinter der Geschichte waltet und die Hesperier in ihrer Götternacht »entschiedener zur Erde« zurück zwingen muss. Das geschieht aus einer Dialektik des tragischen Geschehens heraus. Denn einerseits ist göttliche Untreue am besten zu behalten, sie brennt sich dem Menschen ein. Andererseits hat sie eben zur Folge, dass Gott am Kreuz stirbt, nicht mehr da ist; »Gott ist tot« findet sich prägnant bei Luther, Hegel und Nietzsche. Die Zwickmühle des Göttlichen folgt also aus der Untreue; zwar ist sie am besten zu behalten, wird sie aber durch die Abwendung Gottes von den Menschen erreicht, können diese sich umso leichter in eine Götternacht hineinphantasieren, denn die äußerste Konsequenz der göttlichen Untreue besteht eben darin, dass die Götter nicht mehr da sind.

Die besondere Art, auf die in Jesus Christus Gott und Mensch geeint sind, ist zwar eine versöhnende Liebe, aber doch eine Versöhnung, die in menschlicher Gestalt nicht weiter existieren kann, sondern des Durchgangs durch den tragisch zornigen Tod bedarf, um sich reinigen zu können, und erst am Ende der Zeiten erreicht und vollendet wird. Mit dem oben zitierten Ausruf Christi am Kreuz dokumentiert sich die völlige Gottverlassenheit des Menschen, die als Götternacht nach dem Tode Christi anbricht, denn offenbar ist Gott nicht nur den Menschen untreu geworden, sondern sogar sich selbst. Die vermittelte Geistigkeit, für die Christus steht, deutet auch schon auf das reflexionssüchtige Hesperien hin.

Aufgrund der Untreue und Identitätsänderung im Moment des tragischen Geschicks wird natürlich der Dichter ein umso wichtigerer Mittler, denn dieses Geschick zu berichten, kann nicht Sache der Helden/Halbgötter selbst sein, deren Bewusstsein wird ja bis zum Wahnsinn oder bis zum Tod zerrüttet; auch die Götter können nach der Tragödie nicht dieselben bleiben.

XII. Das Tödlichfaktische der Hellenen und die Aufgabe der Hesperier, Geschick zu haben. Die *Antigone*-Anmerkungen und der zweite Böhlendorff-Brief

Bezüglich des Zusammenhangs von Tragischem, der Einung von Mensch und Gott sowie der Bewusstseinszerstörung verweist Hölderlin in den *Anmerkungen zur Antigone* auf genau jene im vorangehenden Kapitel gedeutete Stelle aus seinen *Anmerkungen zum Ödipus* zurück. Er schildert hier seine Perspektive auf das um die Dimension des Christentums erweiterte Tragische, und er bezieht das Einungsgeschehen auf das mythisch-historische Geschick der »vaterländischen Wendung«. In den beiden vorangehenden Kapiteln war aber noch nicht genau geklärt, worin das Vaterländische in diesem Passus der *Anmerkungen zur Antigone* besteht und wie es mit dem Unterschied der Körperlichkeit von Hesperischem und Hellenischem zusammenhängt. Hölderlin sagte nach der Darstellung der Einung von Gott und Mensch:

> »Deswegen, wie schon in den Anmerkungen zum Oedipus berührt ist, die dialogische Form, und der Chor im Gegensazze mit dieser, deswegen die gefährliche Form, in den Auftritten, die, nach griechischer Art, nothwendig factisch in dem Sinne ausgehet, daß das Wort mittelbarer factisch wird, indem es den sinnlicheren Körper ergreift; nach unserer Zeit und Vorstellungsart, unmittelbarer, indem es den geistigeren Körper ergreift. Das griechischtragische Wort ist tödlichfactisch, weil der Leib, den es ergreifet, wirklich tödtet. [...] Deswegen hat der Grieche auch mehr Geschik und Athletentugend, und muß diß, so paradox uns die Helden der Iliade erscheinen mögen, als eigentlichen Vorzug und als ernstliche Tugend haben. Bei uns ist diß mehr der Schiklichkeit subordinirt. Und so auch sind die griechischen Vorstellungsarten und poëtischen Formen mehr den vaterländischen subordiniert.
> Und so ist wohl das tödlichfactische, der wirkliche Mord aus Worten, mehr als eigenthümlich griechische und einer vaterländischeren Kunstform subordinirte Kunstform zu betrachten. Eine vaterländische mag, wie wohl beweislich ist, mehr tötendfactisches als tötlichfactisches

> Wort seyn; nicht eigentlich mit Mord oder Tod endigen, weil doch hieran das Tragische muß gefaßt werden, sondern mehr im Geschmake des Oedipus auf Kolonos, so daß das Wort aus begeistertem Munde schreklich ist, und tödtet, nicht griechisch faßlich, in atletischem und plastischem Geiste, wo das Wort den Körper ergreift, daß dieser tödtet.«[1]

Hier geht es offenbar um die Schwierigkeit, wie das Wort faktisch wird. Dass das Wort faktisch wird, ist Griechen und Hesperiern gemeinsam, es ist also ein generelles Phänomen in Geschichte und Tragödie, dass ein Sinn wirkliche Bedeutung erlangt und etwas konkret verändert. Dies kann aber offenbar entweder mittelbar oder unmittelbar geschehen. Das Wort bedeutet in diesem Zusammenhang, wie bereits in vorhergehenden Kapiteln gesehen, die Gesamtbedeutung, z. B. den Sinn einer jeweiligen Tragödie, ihren *Logos.* Die Faktizität des Wortes bildet dessen konkrete Wirkung, das, was das Wort mit dem Menschen macht. In diesem Faktischen ist also das lateinische *facere*/machen mitzuhören.[2]

Die Ausführung Hölderlins changiert zwischen der Bedeutung des wirkenden Wortes innerhalb einer Tragödie und in verschiedenen historischen Epochen, eben der griechischen und der modernen Art des Faktischwerdens eines Wortes. Das Wort als eine Gesamtbedeutung ist etwas Geistiges. Daher ist es mittelbarer, wenn es einen sinnlicher verstandenen Körper ergreift; dies ist griechische Art, weil Griechen den Körper sinnlicher, »plastischer« und »athletischer«, d.h. mehr von der Seite des Pathos und der Leidenschaft begriffen haben. Moderne Hesperier begreifen den Körper dagegen geistiger, gemäß ihres Paradigmas der Reflexion, daher ist die Wirkung des geistigen Wortes auf einen geistiger verstandenen Körper unmittelbarer, weil hier Geistiges auf Geistiges wirkt.

Die Bedeutung der »Athletentugend« besteht darin, dass der Leib selbst unmittelbarer Bedeutungsträger eines Schicksals ist; er ist nicht, wie es die moderne Philosophie seit Descartes deutet, in einem Substanzdualismus von der *res cogitans* getrennt, er ist es auch nicht als bloßes sinnliches Symbol für Geistiges, sondern die Sinnlichkeit selbst ist hier schon Sinn. Für die »Athletentugend« stand sicherlich auch Pindars Verherrlichung der Athleten in den Olympischen und Pythischen Oden Pate, die Hölderlin bekanntlich teilweise selbst übersetzt hat.[3] In Pindars Siegesliedern fließen Tugendhaftigkeit und

Körperlichkeit der Ringer, Wagenlenker, Reiter, Fünfkämpfer, Läufer und Waffenläufer zusammen; dies ist als eine gedichtete Sportphilosophie zu begreifen, die Hölderlin über das antike Griechentum insgesamt verbreitet sieht, denn die Athletentugend verortet er in den *Antigone-Anmerkungen* ja auch bei den Helden der *Ilias*, also z. B. bei Achill und Hektor. Hölderlin vergleicht daher auch die Personen der Tragödien mit Athleten:

> »Die Gruppierung solcher Personen, ist, wie in der Antigonä, mit einem Kampfspiele von Läufern zu vergleichen, wo der, welcher zuerst schwer Othem holt und sich am Gegner stößt, verloren hat, da man das Ringen im Oedipus mit einem Faustkampf, das im Ajax mit einem Fechterspiele vergleichen kann.«[4]

Analog zu einem Wettlauf verliert entweder Antigone oder Kreon, je nachdem, wer zuerst außer Atem ist.

Im zweiten Brief an Böhlendorff, ebenfalls nach der Frankreichreise geschrieben, wahrscheinlich im November 1802, jedenfalls nach einem geistigen Zusammenbruch, führt Hölderlin über seine Erlebnisse mit den Menschen in Südfrankreich aus:

> »Das Athletische der südlichen Menschen, in den Ruinen des antiquen Geistes, machte mich mit dem eigentlichen Wesen der Griechen bekannter; ich lernte ihre Natur und ihre Weisheit kennen, ihren Körper, die Art, wie sie in ihrem Klima wuchsen, und die Regel, womit sie den übermüthigen Genius vor des Elements Gewalt behüteten.
> Diß bestimmte ihre Popularität, ihre Art, fremde Naturen anzunehmen und sich ihnen mitzutheilen, darum haben sie ihr Eigentümlichindividuelles, das lebendig erscheint, so fern der höchste Verstand im griechischen Sinne Reflexionskraft ist, und diß wird uns begreiflich, wenn wir den heroischen Körper der Griechen begreifen; sie ist Zärtlichkeit, wie unsere Popularität.
> Der Anblik der Antiquen hat mir einen Eindruck gegeben, der mir nicht allein die Griechen verständlicher macht, sondern überhaupt das Höchste der Kunst, die auch in der höchsten Bewegung und Phänomenalisierung der Begriffe und alles Ernstlichgemeinten dennoch alles stehend und für sich selbst erhält, so daß die Sicherheit in diesem Sinne die höchste Art des Zeichens ist.«[5]

Sicherlich sind hier zahlreiche Gedankensprünge nicht mehr zu entschlüsseln, die wohl von dem Schlag Apolls herrühren, den Hölderlin auf der Frankreichreise erlitten hat, denn im selben Brief an Böhlendorff führt er über seine Erlebnisse in Frankreich aus:

> »Das gewaltige Element, das Feuer des Himmels und die Stille der Menschen, ihr Leben in der Natur, und ihre Eingeschränktheit und Zufriedenheit, hat mich beständig ergriffen, und wie man Helden nachspricht, kann ich wohl sagen, daß mich Apollo geschlagen.«[6]

Wie ein tragischer Held wurde Hölderlin also selbst von Apoll geschlagen, wohl vom »Feuer des Himmels«, dem »gewaltigen Element«. Auch in Hölderlins eigener Gegenwart, der Götternacht, sind für den Teilnehmenden die Götter durchaus präsent und sorgen mit Wahnsinn dafür, dass das Gedächtnis der Himmlischen nicht ausgeht. Aber soviel kann aus diesem zweiten Böhlendorff-Brief klärend für die »Athletentugend« aus den *Anmerkungen zur Antigone* herausgezogen werden: Für Hölderlin sind sowohl antike Skulpturen, die z.B. mythologische Helden und Athleten, eben »heroische Körper« darstellen, als auch die Einwohner Südfrankreichs ein Bild der Hellenen (in *Andenken*, vom Frühjahr 1803, erwähnt Hölderlin die »braunen Frauen«, die er auf seiner Reise sah).[7] Antike Skulpturen und der Anblick zeitgenössischer Südfranzosen mischen sich auf eigentümliche Weise.

Insofern kann man Hölderlins Südfrankreichreise als seine eigene konsequent selbst gelebte Durch- und Weiterführung einer abendländischen Wendung begreifen, denn er bricht auf ins Fremde der »griechischen« Lebensform, um nach der Rückkehr das Eigene noch freier gebrauchen zu können. – Diese Freiheit des Eigenen ist auch noch in den spätesten Turmgedichten anwesend. – Erst die Südfrankreichreise macht ihm das Höchste der Kunst verständlicher, sie klärt für Hölderlin also nicht nur die Antike, sondern die Kunst überhaupt. Dieses Höchste der Kunst besteht in wirklicher ästhetischer Freiheit, nämlich darin, eine Idee sinnlich (= »Phänomenalisierung der Begriffe«) und zugleich selbständig (= »stehend und für sich selbst«) darzustellen. – Diese »Phänomenalisierung des Begriffs« ist analog zu dem Faktischwerden des Wortes in den *Anmerkungen zur Antigone* zu verstehen, nur dass es dort um das spezifischere

Problem geht, wie ein solches wirkendes Wort tödlich bzw. tötend sein kann, d. h., wie dies im Rahmen einer Tragödie wirkt. –

In dieser Art der Selbstgenügsamkeit eines Kunstwerkes beweist sich die Meisterschaft des Künstlers (= »Sicherheit«), nämlich dass er in der Lage ist, in die unselbständige Kette der sinnlichen Erscheinungen und Phänomene eine solche Erscheinung einzufügen, die Unabhängigkeit darstellt. Der Meister verfügt über die Geschicklichkeit, in den Wechsel Bleibendes einzubilden; »Was bleibet aber, stiften die Dichter.«[8] Z. B. ist der in antiken Skulpturen dargestellte Körper der Hellenen die »Phänomenalisierung« eines Begriffs, d. h., der Leib erhält unmittelbar selbst Bedeutung, dort ist der Geist unmittelbarer, d. h. näher – es ist nicht wie bei den Hesperiern der Moderne, die mit der Leib-Seele-Dualität den Leib nur als indirektes Zeichen für eine hinter ihm liegende Bedeutung deuten können –.[9] Im hellenischen Leib fallen Zeichen, Bedeutung und Materialität zusammen; was wohl in Pindars Siegesliedern auf die Athletenwettkämpfer besonders deutlich wird. Aber dieser Zusammenhang bleibt für Hölderlin nicht nur »graue Theorie«, denn er hatte diesen Eindruck eines bedeutenden Leibes offenbar auch aus dem Anblick südfranzösischer Menschen gewonnen. Wie schon angedeutet, in *Andenken* dichtet Hölderlin über die »braunen Frauen«, die im März an der Tag- und Nachtgleiche zu einer Feier gehen, und dass er mit den Menschen aus Bordeaux ein Gespräch über die »Tage der Lieb« geführt hat, während »einwiegende Lüfte« »von goldenen Träumen schwer« über sie hinwegziehen. In diesem Gedicht beschreibt Hölderlin offenbar in auch biographischer Absicht seine eigene abendländische Wendung, die dort zum dichterischen Ereignis wird, d. h., das Fremde wird frei im Eigenen eines vaterländischen Gesangs gebraucht.[10] Auch der im zweiten Böhlendorff-Brief geschilderte Schlag durch Apoll ist Teil dieser selbst erlebten »abendländischen Wendung«, denn der antike Gott ist Hölderlin selbst begegnet und verändert seine Natursicht der deutschen Heimat. Was Hölderlin im zweiten Böhlendorff-Brief weiter ausführt:

> »Die heimathliche Natur ergreift mich auch um so mächtiger, je mehr ich sie studire. Das Gewitter, nicht blos in seiner höchsten Erscheinung, sondern in eben dieser Ansicht, als Macht und als Gestalt, in den übrigen Formen des Himmels, das Licht in seinem Wirken, nationell und als

> Prinzip und Schiksaalsweise bildend, daß uns etwas heilig ist, sein Drang im Kommen und Gehen, das Karakteristische der Wälder und das Zusammentreffen in einer Gegend von verschiedenen Karakteren der Natur, daß alle heiligen Orte der Erde zusammen sind um einen Ort und das philosophische Licht um mein Fenster ist jetzt meine Freude; daß ich behalten möge, wie ich gekommen bin, bis hieher!«[11]

Man kann deuten, dass Hölderlin in seiner eigenen abendländischen Wende, also während seiner Frankreichreise und mit dem Schlag Apolls eine metaphysische Topographie neu gelernt hat. Die Abwendung vom transzendentalphilosophischen Apriori hin zu einem metaphysischen Konkretismus hatte Hölderlin zwar schon zuvor, nach seiner Zeit im ›tyrannischen Schacht‹ der Wissenschaftslehre von Jena vollzogen, doch nun, nach der Frankreichreise, erkennt er, dass »alle heiligen Orte der Erde zusammen sind um einen Ort« und das Licht selbst ist philosophisch und seine Freude. Der metaphysische Konkretismus wird also hier nochmals radikalisiert. Hölderlins Argument gegen ein abstraktes Apriori war die Bestimmung der Wechselwirkung, nun wird diese offenbar auch konsequent auf den Raum angewandt: In jedem Ort der Erde sind alle heiligen Orte anwesend. Die Erscheinungen der Natur (Gewitter, Himmel, Licht, Wälder) sind direkte Phänomenalisierungen der metaphysischen Kräfte. Das gilt für Hölderlins heimatliche Natur Deutschlands ebenso wie für das gegenwärtige Frankreich und für die antike Natur Griechenlands. Der Raum trennt nicht, er vereint das Heilige.

Der vorletzte zitierte Passus aus dem zweiten Brief an Böhlendorff über die »Popularität der Griechen« ist offenbar eine direkte Bezugnahme auf die Theorie der abendländischen Wendung, denn Hölderlin spricht dort über »ihre [der Griechen; Einf. R.S.] Art fremde Naturen anzunehmen«. Die »Popularität«, d.h. der vaterländisch-volkstümliche Geist von Hellas, entschlüsselt sich uns, indem wir ihre Leiblichkeit, ihren heroischen Körper begreifen, und zwar als »Zärtlichkeit«. Hier hat man wohl neben Pindars Oden auch an antike Statuen und an die »braunen Frauen« zu denken. Und hier steht wohl der »höchste Verstand« für das Genie, d.h. den Künstler, der – kantisch formuliert – mit ästhetischer Urteilskraft (= »Reflexionskraft«) das Abbild eines Gottes oder eines Athleten in einem Marmorleib erschafft. – Diese Reflexionskraft achteten die Griechen besonders hoch, eben weil sie ihnen mangelte und sie sich in ihr besonders zu üben hatten. – Die an zahlreichen antiken Skulpturen zu beobachtende Durchtrainiertheit und Athletik ist selbst bedeutend, sie steht nicht für eine moderne Körperkontrolle (das wäre ein »geistigerer Körper«), sondern vielmehr für die griechische Lebensform, für das Wachstum angesichts spezifischer klimatischer Verhältnisse und elementarischer Gewalten. Indem man nun aus diesen Notwendigkeiten für die Bildung eines widerstandsfähig-robusten Körpers z. B. Olympische Spiele entwickelt, geht man spielerisch, d. h. künstlerisch und damit »zärtlich«, mit dem Notwendigen um, d. h., man hat Geschick. Ich deute Hölderlins Worte über die spezifische Popularität der antiken Hellenen im Licht der Panhellenischen Sportwettkämpfe, also der Olympischen, Pythischen, Isthmischen und Nemeischen Spiele, denn dies erklärt ebenfalls, weshalb er davon sprechen kann, dass diese »Popularität« »fremde Naturen annehmen und sich ihnen mitteilen« kann. Schon die Olympischen Spiele der Antike waren eine Art abendländische Wendung. Es erklärt auch die »Zärtlichkeit« dieser Art hellenischer Popularität, denn während der Olympischen Spiele ruhen Kriegshandlungen und unter Fremden findet ein friedlicher Wettstreit statt. – Man muss hierbei natürlich etwas naiv sein und bewusst die machtpolitischen und ökonomischen Interessen ausblenden, die natürlich schon die antiken Griechen bei ihren Olympischen Spielen verfolgten. – Im Unterschied dazu ist unsere hesperische Popularität die Popularität (»Diß bestimmte ihre [d. h. der Griechen; Einf. R.S.] Popularität, [...] sie ist Zärtlichkeit, wie unsere Popularität.«), d. h., unsere vaterländisch-volkstümliche Lebensform ist Aufklärung, die Klarheit und Allgemeinverständlichkeit, Gleichheit und Brüderlichkeit, wie sie sich z. B. in Kants Bestimmung der Publizität in *Was ist Aufklärung?* findet.[12]

Offenbar verschlingen sich in Hölderlins Rückblick auf die Erlebnisse der Reise durch Südfrankreich der Anblick konkreter Menschen mit dem antiken Hellenentum und eine spezifische Kunstbetrachtung. Das Höchste der Kunst besteht darin, in der Versinnlichung einer Bedeutung in Raum und Zeit (= »höchste Bewegung und Phänomenaliserung der Begriffe«) dennoch Distinktion (= »alles stehend und für sich selbst«) zu erreichen. – Dies ist es auch, was in der Tragödie geschieht, das faktische Wort ist dort allerdings tötend-tödlich. – Ein Wort Musils abwandelnd kann man sagen, dass für

Hölderlin das Höchste der Kunst in »Genauigkeit und Seele«, d.h. in der Genauigkeit der Erscheinung einer Seele besteht; das ist wohl gemeint, wenn Hölderlin davon spricht, dass trotz der Bewegtheit und Phänomenalisierung der Begriffe alles stehend und für sich selbst bleiben solle, d.h., Distinktion in der Bewegtheit bedeutet eine Meisterschaft in der Kunst.

Wie gesehen rückt Hölderlin Christus in die Nähe der olympischen Götter, besonders in die Nähe der Halbgötter Dionysos und Herakles und insofern als Jesus Christus Fleisch gewordener Gott ist, kann man ihn auch mit einigem Recht in die Kette der »Phänomenalisierungen des Begriffs« einreihen. Damit strebt der Dichter eine Vereinigung von antikem Polytheismus und Christentum an. Christus wird ihm zu dem »stillen Genius«, der zwar den antiken Göttertag abschließt und vollendet, der aber auch nach der Nacht der Götter als »Fackelschwinger des Höchsten« wiederkehrt und ebenfalls zu der zukünftigen *Friedensfeier* eingeladen wird.

Die »abendländische Wendung« strebt danach, die angemessene Dichtungsform zu finden, die jene erneute Epiphanie und Phänomenalisierung des Begriffs allerdings in Hölderlins eigener Gegenwart, vorerst aber noch ihre Erwartung, besingen kann. Insofern darf man nicht die olympischen Götter nur der Antike/Hellas zuordnen oder Hesperien/Moderne nur mit Christus verbinden, denn Christus ist – wie Hölderlin in den Gedichten *Patmos* und *Der Einzige* dichtet – noch eine Erscheinung des antiken Göttertages. Wir dürfen unser Nationelles/Eigenes weder einfach von den Griechen übernehmen noch in einer bloß abstrakten Entgegensetzung von antikem Polytheismus und christlichem Monotheismus sehen, sondern müssen einen eigenständigen »nationellen Gesang« entwickeln, in dem die Erscheinung Gottes unserer vermittelteren Vorstellungsart angemessener ist. Der Gegensatz von Antike und Moderne ist also eher in der Direktheit/Indirektheit des Seins der Götter und ihrer Abwesenheit zu erblicken sowie in der Direktheit/Indirektheit der menschlichen Existenzweise. Bei den Griechen herrscht das Faktische, unmittelbar Leiblichere vor. Der letzte erscheinende hellenische Gott, Christus, nimmt die höhere Vermitteltheit der Moderne aber bereits vorweg und nimmt auf sie mit seinem Vorwissen Rücksicht, indem er mittelbarer erscheint. Hölderlins Gegenwart ist durch Indirektheit von reflektierter Kritik und Abwesenheit der Götter in der Philosophie Kants und Fichtes geprägt. Wie Hölderlin in den *Anmerkungen zur Antigone* sagt, ist es eben unsere Schwäche, schicksallos zu sein. Denn wenn man alles deduzieren und kalkulieren kann, fehlt ein wesentlicher Aspekt des Geschicks, die Schickung, die neben der Schicklichkeit und der Geschicklichkeit die dreifache Bedeutung des menschlichen Geschicks ausmacht.

Resümee

Hölderlins sog. »abendländische Wendung« beschreibt, dass man das Eigene von einer fremden Kultur her in Freiheit erlernen soll und dass dieser Lernprozess zwischen den Polen Pathos/Leidenschaft und Fasslichkeit/Deutlichkeit geschieht. Unter den Bedingungen der Gegenwart, also in Deutschland/Hesperien, haben wir Geschick und ursprüngliches Feuer zu lernen. D.h., wir haben zu lernen, dass man mit reflexiver Distanzierung vom Leben, z.B. grammatischer Sprachspielanalyse und Künstlicher Intelligenz, nicht alles beherrschen kann. Und zwar können wir das von den antiken Griechen lernen, weil sie genau dies auch versucht haben und daran gescheitert sind.

Die Reflexion, die Sprachspielanalyse und die Herrschaft des Verstandes haben ihre eigenen Grenzen, und wie wir derzeit an unseren globalen Krisen sehr gut sehen, führt sich z.B. eine Herrschaft des Utilitarismus *ad absurdum*, denn sie wendet sich gegen sich selbst; die Herrschaft der Nützlichkeit ist ziemlich unnützlich geworden, weil sie sich monopolisiert hat und alle anderen Lebensformen nur nach deren Nützlichkeit bewertet. Genau der Fehler, den Hölderlin im Monotheismus analysiert, kann also auch hinsichtlich der Monopolisierung einer Lebensform, die alle anderen unterdrückt, festgestellt werden.

Gegen Hölderlins Deutung des Christentums kann man vielleicht einwenden, dass er hier eine unzulässige Vermischung der Religionen vornimmt. Er verbindet Monotheismus und Polytheismus in einer aus traditioneller Sicht problematischen Weise. Problematisch ist diese Synthese aber nur aus der Perspektive einer spezifischen Theologie mit einer das Göttliche in ausschließenden Disjunktionen denkenden Logik. Mir scheint Hölderlin mit seiner Synthese der Religionen aber zu Recht auf die destruktive Seite religiöser Einstellungen mit Ausschließlichkeitsanspruch hinzuweisen. Diese Destruktivität kann natürlich auch den »religiösen« Einstellungen des Atheismus und dem einseitigen Szientismus unserer Tage attestiert werden, denn diese haben auch eine Ausschließlichkeitsseite, da sie nicht nur alles Göttliche ausschließen und mit einem die Freiheit religiöser Selbstbestimmung negierenden Anspruch auftreten, sondern zumeist auch durch fehlende Bildung auffallen und dadurch, dass Traditionen geistiger Lebensformen von ihnen destruiert werden. Insofern wäre Hölderlins synkretistischer Polytheismus eine gute Kur in Zeiten wiederkehrender Religiosität.

Es gibt aber auch ein Problem des Göttlichen beim späten Hölderlin: Denn wenn eine Einung von Gott und Mensch in der griechischen Antike und auch in der Moderne für den einzelnen Menschen notwendigerweise zerstörerisch und tragisch endet, weil das endliche Bewusstsein des Menschen durch die Einung mit dem Göttlichen gesprengt wird, dann ist eine solche Einung eben *immer* tragisch; also muss eigentlich auch diejenige des kommenden Göttertages für den einzelnen Menschen zerstörerisch verlaufen. Wie die in der *Friedensfeier* konzipierte Allversöhnung möglich ist, bleibt angesichts dieser Einsicht ein umso größeres mythologisches Mysterium. Wenn also der neue Göttertag eigentlich und prinzipiell menschlich nicht erlebbar ist, muss man ihn sich dann als ein exklusives Geschehen für einen »Übermenschen« – allerdings nicht im Sinne Nietzsches – denken? Geschieht mit der Wandlung des Menschen, der dann offenbar transformiert sein müsste, um Göttliches aufnehmen zu können, dann aber nicht die Aufhebung der Allversöhnung, denn der endlich begrenzte Mensch ist es dann offenbar nicht mehr, der an der Allversöhnung teilnimmt. Wie kann es dann aber noch eine *All*-versöhnung sein, wenn der endliche und autonome Mensch fehlt? Diese Sprache der Stille verstehen wir (noch) nicht, selbst wenn wir schon Hölderlins Gesang vernehmen.

Erstaunlicherweise sieht Robert Musil in einigen Aphorismen aus dem Konvolut *Germany* – zwischen 1934–36 geschrieben – das Verhältnis von Übersetzung sowie eigener und fremder Nation ganz ähnlich wie Hölderlin:

> »*Wir als Übersetzervolk.* Man leitet unsere Aufgeschlossenheit davon ab und manchmal auch ein mystisches Psychologem. Aber gibt es nicht auch eine handfeste und nüchterne Erklärung, die wir soeben erleben?! Der deutschen Literatur mangelt es nicht an bedeutenden Männern, aber es kommen immer wieder die anderen über sie. Meine Altersgenossen und ihre unmittelbaren Anrainer haben sich selbst an der skandinavischen, russischen, französischen Literatur entdecken müssen, weil die

> deutsche Tradition so ihren eigenen Geist verloren hatte. Unseren Nachfolgern wird es wieder so ergehen!
> *Wie sagt Lichtenberg?* ›Mich dünkt, der Deutsche hat seine Stärke vorzüglich in Originalwerken, worin ihm schon ein sonderbarer Kopf vorgearbeitet hat; oder mit anderen Worten: er besitzt die Kunst, durch Nachahmen original zu werden, in der größten Vollkommenheit. Er besitzt eine Empfindlichkeit, augenblicklich die Formen zu haschen, und kann sein Murki aus allen Tönen spielen, die ihm ein ausländischer Originalkopf angibt.‹ Vor rund 150 Jahren! Und wie auf Im- und Expressionismus abgesehen!
> Ist das ein Erbstück? Ich glaube es ist der Mangel am Eines-aufs-andere-Baun, die völlig geistlose Tradierung unserer Literatur. Wir sind bedeutend, aber wir wissen nichts davon! [...]
> *Internationalität der Kunst.* Ist es so oder nicht? Daß die Kunst immer an der Berührung günstiger nationaler Umstände mit einer andersnationalen Überlieferung entstanden ist. Griechenland. Renaissance. Deutsch-französische Gotik. Die ›Moderne‹. Der Geist (Fortschritt, die Kunst dem Wesen nach) ist nur international; national ist das Hegende und das Einengende (Besondere).«[1]

Trotz aller Ähnlichkeit gibt es offenbar eine zentrale Abweichung Musils gegenüber dem Konzept von Hölderlin, denn nach Musil ist der Geist international. Das müsste aber eigentlich auch Hölderlin so sehen, denn wenn er den Geist auf der Seite von Hellas und auf der von Hesperiern findet, kann der Geist nicht etwas spezifisch Nationales sein, sondern es muss eine die Nationen übergreifende Geistigkeit geben. – Wie gesehen, deutet Hölderlin ja auch das Orientalische und das Asiatische als Ursprung des Griechischen, die Kulturentwicklung von Hesperien bleibt auch nicht nur bei Deutschland und Frankreich stehen, sondern geht dank *Kolomb* nach Amerika weiter (»alle heiligen Orte der Erde zusammen sind um einen Ort«). – Das bedeutet natürlich nicht, dass der Geist sich nicht in nationalen Spezifikationen modifizieren kann, aber es zeigt, dass der Geist in gewissem Sinne immer ein Fremder, ein Wanderer im Schubert'schen Sinn ist. Die bleibende und sich steigernde Fremdheit des Geistes verdeutlicht sich in der deutschen Dichtung nach Shoa und Holocaust besonders in den Werken von Celan und Bachmann. Ingeborg Bachmann dichtet in diesem Sinn geradezu als ein Postulat, dass sich das »Deutsche« fremder werden muss:

Mirjam

Woher hast du dein dunkles Haar genommen,
den süßen Namen mit dem Mandelton?
Nicht weil du jung bist, glänzt du so von Morgen –
dein Land ist Morgen, tausend Jahre schon.

Versprich uns Jericho, weck auf den Psalter,
die Jordanquelle gib aus deiner Hand
und laß die Mörder überrascht versteinen
und einen Augenblick dein zweites Land!

An jede Steinbrust rühr und tu das Wunder,
daß auch den Stein die Träne überrinnt.
Und laß dich taufen mit dem heißen Wasser.
Bleib uns nur fremd, bis wir uns fremder sind.

Oft wird ein Schnee in deine Wiege fallen.
Unter den Kufen wird ein Eiston sein.
Doch wenn du tief schläfst, ist die Welt bezwungen.
Das rote Meer zieht seine Wasser ein![2]

Wenn man also einige problematische Aspekte des Nationalen bei Hölderlin und die zuvor genannten theologischen Probleme einklammert, zeigt sich das Produktive in Hölderlins mythologischer Hermeneutik: Sie ist in der Lage, die »Disziplinen« Theologie, Religionsgeschichte, Geschichtswissenschaft, Altphilologie, Semantik, Germanistik, Kulturanthropologie, Philosophie und Dichtung miteinander in einen fruchtbaren Dialog zu bringen, der uns lehren kann, das Eigene und die Pluralität der Lebensformen weder zu über- noch zu unterschätzen, sondern in, mit und aus Freiheit zu gebrauchen. Freiheit entwickelt sich aber weder im Rahmen monopolistischer Geltungsansprüche noch im Rahmen völliger Gleichgültigkeit, sie entwickelt sich unter den Bedingungen von Zeit und Geschichte vielmehr in der Übersetzung mannigfach differenzierter Lebensformen, in der Einheit von »notwendiger Willkür«, d.h. begrenzter Freiheit, und sprachlichem Streben nach »Genauigkeit und Seele«.

Anmerkungen

1 Friedrich Gottlieb Klopstock *Ausgewählte Werke*, (Hrsg.) Karl August Schleiden, Darmstadt 1969, S. 180.

2 Friedrich Schiller *Briefe über die ästhetische Erziehung*, Nr. 9, in: ders. *Sämtliche Werke*, (Hrsg.) G. Fricke u. H.G. Göpfert, München ^{9}1993 Bd. V, S. 593.

3 Claude Lévi-Strauss *Traurige Tropen*, Frankfurt a.M. 2012, S. 378.

4 Ingeborg Bachmann *Mirjam*, in: dies. *Sämtliche Gedichte*, München/Zürich 1999, S. 165.

5 Hölderlin wird im Folgenden nach der Großen Stuttgarter Ausgabe (= StA) zitiert: Friedrich Hölderlin *Sämtliche Werke*, (Hrsg.) Friedrich Beißner, VIII Bde., Stuttgart 1946 – 1985; hier StA II/1, 337.

Einleitung

1 Gegen die Deutungen von Wilhelm Michel *Hölderlins abendländische Wendung*, Jena 1923, der Hölderlin gar zum »deutschen Führer« (S. 18) machte, wendet sich zu Recht Wolfgang Janke *Archaischer Gesang. Pindar – Hölderlin – Rilke. Werke und Wahrheit*, Würzburg 2005, S. 135 ff. Michel deutet, Hölderlin habe sich mit der abendländischen Wendung vom klassischen Ideal der antiken Griechen dem Christentum und besonders einem nationalistischen Deutschtum und von einem »schwärmerischen Pantheismus« einem abendländisch-christlichen Weltbild zugewandt. Dagegen betont Janke (a.a.O., S. 137): »Das Orientalisch-Griechische und das Hesperisch-Vaterländische stehen einander gar nicht kontradiktorisch feindlich gegenüber, so dass der Aufgang des einen der Untergang des anderen wäre. Ihr Sprachgeist wandert und bewegt sich vielmehr vom Eigenen ins Fremde, um aus der Distanz des Fremden das übermächtige Eigene frei gebrauchen und ›schicklich‹ gestalten zu können.« Einen – freilich nicht mehr national chauvinistischen – Nachklang der Deutung von Michel findet man noch in Stephan Wackwitz *Friedrich Hölderlin*, Stuttgart 1997, S. 137, 143, der betont, mit der vaterländischen Umkehr sei bei Hölderlin eine Abkehr von der Antike und eine Hinwendung zum Abendländischen verbunden; gleichwohl sieht auch Wackwitz, dass z.B. für die späten Hymnen Hölderlins Pindar ein wichtiges Vorbild bleibt; dass dies nicht recht zusammengeht, wird von ihm aber nicht näher reflektiert. Die erste Kritik an Michels Deutung findet sich in Walter Hof *Zur Frage einer späten ›Wendung‹ oder ›Umkehr‹ Hölderlins*, in: Hölderlin-Jahrbuch 11 (1958 – 1960), S. 120 – 159. Zu Recht verweist Hof darauf, dass sich schon in früheren Entwicklungsphasen von Hölderlins Dichtungs-Denken Ansätze zu den späteren Gedankengängen finden und man daher eigentlich weniger von einer Wendung oder Umkehr als von einer Vertiefung sprechen sollte. Gleichwohl ist die »vaterländische Sangart« des späten Hölderlin mit einer Zuwendung zu im Abendland beheimateten Themenkreisen verbunden. Ich denke, dass man

»abendländische Wendung«, »vaterländische Umkehr« und »vaterländische Sangart« in Hölderlins Spätwerk deutlich unterscheiden sollte. Die abendländische Wendung findet sich als Terminus so nicht bei Hölderlin, beschreibt jedoch sehr gut, dass er sich in dieser Schaffensphase (1800–1804/06) einerseits ein neuartiges Bild der Antike erarbeitet – er kehrt sich also nicht von der Antike ab, sondern vertieft seine Deutung – und dass er andererseits seine Gegenwart, die ihn umgebende Natur sowie die Mythologie Hesperiens (bes. Deutschlands) neuartig reflektiert. Beides setzt er in ein spezifisches Verhältnis, welches die abendländische Wendung von Hellas zu Hesperien ausmacht und ein sowohl geschichtliches als auch metaphysisches Gesamtgeschehen bildet. »Vaterländische Umkehr«, manchmal auch »vaterländische Revolution«, bezeichnet dagegen einen geschichtlichen Veränderungsprozess, der innerhalb ein und derselben Nation geschieht, z.B. durch kulturelle oder politische Umwälzungen. Die »vaterländische Sangart« ist eine neuartige, von Hölderlin in seinen späten Werken geschaffene Form der Dichtung, die die abendländische Wendung im Gedicht verarbeitet. Lawrance Ryan *»Vaterländisch und natürlich, eigentlich originell«: Hölderlins Briefe an Böhlendorff*, in: Hölderlin-Jahrbuch 34 (2004–2005), S. 246–276, betont die Kontinuität von Hölderlins Konzeption eines spezifischen Verhältnisses von Griechenland und Deutschland von der frühen Schaffensperiode über den *Hyperion* bis hin zu den späten *Vaterländischen Gesängen*, den späteren Briefen sowie den *Anmerkungen zum Ödipus* und denen zur *Antigone*. Die späten Böhlendorff Briefe bringen somit nur eine grundsätzliche Vertiefung der geschichtsphilosophischen Gedanken Hölderlins auf den Begriff. Die Kontinuität zu betonen ist sicherlich korrekt, aber wesentliche Unterschiede und eine grundsätzlich neuartige, freiere Auffassung des Hesperischen beim späten Hölderlin dürfen deswegen nicht nivelliert werden. Dass Christus eine wichtigere Rolle spielt, die Göttin Germania eine metaphysische, friedenstiftende und allseits beratende Rolle bekommt, Rousseau ein Halbgott ist, der Rhein zum metaphysischen Fluss wird, eine Vereinigung von Göttlichem und Menschlichem im Zorn geschehen kann, die Transzendentalphilosophie mit ihrem spezifischen Apriorismus kritischer, ablehnender gesehen wird, die Metaphysik äußerst konkret und prägnant wird, sind sicherlich neuartige Aspekte in Hölderlins spätem Denken und Dichten – die natürlich auch Ryan sieht –. Diese neuartigen Aspekte in der Bestimmung von Hesperien bzw. Hölderlins gegenwärtigem Deutschland verändern auch seine Sicht auf die Griechen und damit natürlich auch den Zusammenhang von Hellas und Hesperien.

2 Schon Jochen Schmidt *Hölderlins geschichts-philosophische Hymnen »Friedensfeier« »Der Einzige« »Patmos«*, Darmstadt 1990, S. 281ff., deutet, dass Hölderlins Dichtung eine ästhetische Hermeneutik ist. Zum zeitgeschichtlichen Kontext der Interdisziplinarität vgl. Jürgen Stolzenberg *Subjektivität und Leben. Zum Verhältnis von Philosophie, Religion und Ästhetik um 1800*, in: (Hrsg.) W. Braungart, G. Fuchs, M. Koch *Ästhetische und religiöse Erfahrungen der Jahrhundertwenden. I: um 1800*, Paderborn 1997, S. 61–81.

3 In: Hermann F. Weiss *Ein unbekannter Brief Friedrich Hölderlins an Johann Gottfried Ebel vom Jahre 1799*, in: Hölderlin-Jahrbuch 31 (1998 – 1999), S. 7 – 33, hier S. 21.

4 StA II/1, 53.

5 Vgl. Willard van Orman Quine *Wort und Gegenstand*, Stuttgart 1998, § 15, S. 129; vgl. auch § 17, wo sich Quine ausdrücklich dem Behaviorismus Skinners anschließt, um den Vorgang des Spracherlernens zu erklären. Interessant ist dabei, dass bereits – mit den Worten Wittgensteins – das »Abrichten« und »Regelfolgen«, welches die Erzieher beim Kind während des Prozesses des Spracherlernens implementieren, eine bestimmte kulturelle Praxis voraussetzt. Hölderlin würde dies wohl als die ordnungsliebende Grundtendenz des Abendlandes beschreiben. Dass nach Quine die eigene Sprache im Übersetzen eines Feldforschers, der sich anschickt, eine Dschungelsprache zu verstehen, den Ausgangs- und Referenzpunkt des Verstehens bildet, zeigt eine Passage wie die folgende: »Hypothesen muss man sich nämlich erst einmal ausdenken, und der typische Fall des Ausdenkens ist der, dass der Sprachforscher einer funktionalen Entsprechung zwischen einem einzelnen Bestandteil eines übersetzten ganzen Eingeborenensatzes und einem Wort gewahr wird, das einen Bestandteil der Übersetzung dieses Satzes darstellt. Nur auf diese Weise lässt sich erklären, wie man jemals darauf kommt, eine Redewendung der Eingeborenen als Pluralbildung, als Identitätsprädikat › = ‹, als kategorische Kopula oder irgendeinen anderen Teil unseres heimischen Apparats der Bezeichnung von Gegenständen radikal ins Deutsche/Englische zu übersetzen. Überhaupt gelingt es dem Sprachforscher nur durch derartige unmittelbare Projektion vorgängiger Sprachgewohnheiten, in der Eingeborenensprache allgemeine Termini ausfindig zu machen oder diese, nachdem er sie gefunden hat, zu seinen eigenen in Entsprechung zu setzen. Reizbedeutungen reichen nicht einmal aus, um festzustellen, welche Wörter – falls überhaupt – Termini sind, und erst recht nicht, um festzustellen, welche Termini umfangsgleich sind.« (A.a.O., § 15, S. 132 f.) Es fragt sich natürlich, ob »Projektion« tatsächlich überhaupt zum Verstehen des Anderen/Fremden führt oder ob es nicht vielmehr die Erkenntnis der Gründe ist, weshalb eine jeweilige Projektion gerade nicht funktionierte, die die Erkenntnis des Anderen ermöglichen sollte. Projektionen verähnlichen und nivellieren.

6 Ludwig Wittgenstein *Philosophische Untersuchungen*, § 32, Frankfurt a.M. 2003, S. 32.

7 Vgl. zu dieser Weiterentwicklung des augustinischen Ansatzes in Wittgensteins *PU*, §§ 5 – 7, 14 f.

8 Vgl. hierzu die vorzügliche Studie von Michael Forster *Wittgenstein on the Arbitrariness of Grammar*, Princeton UP 2005.

9 In dieser Richtung deutet den späten Wittgenstein auch Stanley Cavell *The Claim of Reason. Wittgenstein, Skepticism, Morality, and Truth*, Oxford 1979; dt. *Der Anspruch der Vernunft. Wittgenstein, Skeptizismus, Moral und Tragödie*, Frankfurt a.M. 2006, 225: »Im Philosophieren muss ich mir meine eigene Sprache und mein eignes Leben vorstellen. Ich verlange, dass die Kriterien meiner Kultur ausgebreitet werden, damit ich sie meinen Worten und meinem Leben gegen-

überstellen kann, so wie ich sie aufnehme und wie ich sie mir vorstellen mag, und zugleich um meine Worte und mein Leben, so wie ich sie aufnehme, dem Leben gegenüberzustellen, das die Worte meiner Kultur für mich vorstellen mögen: um die Kultur sich selbst an den Nahtstellen gegenüberzustellen, an denen sie sich in mir begegnet.« Beeindruckend klar ist hieran, dass Cavell die Aktivität des Philosophierens in der Frage, wie Kultur/Sprache gebildet wird, selbstreferentiell mitberücksichtigt. Cavell sieht die Klärung der Entstehung von Konvention als zentrales Problem des späten Wittgenstein. Für Wittgenstein bestehe Rationalität geradezu darin, einer Regel folgen zu können. Dabei seien Konventionen nicht einfach willkürliche, schnell veränderliche Festlegungen, vielmehr weisen sie eine Stabilität sozialer Praxis auf. Hierzu ist einschränkend zu sagen, dass nicht jedes Regelfolgen und nicht jede Konvention *per se* rational sind; denn freilich ist es oft rational, einer Regel nicht zu folgen. Manchmal folgt man dann vielleicht auch nur einer anderen Regel; revolutionäre Paradigmenwechsel *à la* Kuhn in den Wissenschaften oder in der Politik zeigen das. Zugleich wird deutlich, dass Hölderlins »abendländische Wende« die Frage des Sprach- und Kulturlernens auf höherer Ebene thematisiert, nämlich nachdem auf erster Ebene Konvention erlernt wurde.

10 Vgl. Wittgenstein *PU*, §§ 217, vgl. auch 241, 355.

11 Daran wird deutlich, dass Hölderlins »abendländische Wendung« zwischen antikem Griechenland und modernem Deutschland natürlich auch vor dem literarischen Hintergrund der seit dem Ende des 17. Jahrhunderts einsetzenden *›Querelle des Anciens et des Modernes‹* zu sehen ist. Vgl. hierzu Hans Robert Jauß *Ästhetische Normen und geschichtliche Reflexion in der ›Querelle des Anciens et des Modernes‹*, in: (Hrsg.) Ch. Perrault *Parallèle des Anciens et des Modernes*, München 1964, S. 8–64, sowie Manfred Fuhrmann *Die ›Querelle des Anciens et des Modernes‹, der Nationalismus und die deutsche Klassik*, in: *Deutschlands kulturelle Entfaltung. Die Neubestimmung des Menschen*, (Hrsg.) B. Fabian, München 1980, S. 49–67, sowie Beda Allemann *Hölderlin zwischen Antike und Moderne*, in: Hölderlin-Jahrbuch 24 (1984/1985), S. 29–62.

12 Vgl. Wolfram Hogrebe *Riskante Lebensnähe. Die szenische Existenz des Menschen*, Berlin 2009, S. 50 ff.; das Szenische als einen notwendigen und vorgängigen »Eigenspielraum des Existierens« beschreibt Hogrebe auch folgendermaßen:

> »Es handelt sich immer um ein Szenisches, das wir auf Schritt und Tritt mitnehmen. Der Eigenspielraum bleibt konstant, selbst wenn sich die Szenen ändern. Das Szenische ist insofern keine Form des Gegenwärtigens (Form der Anschauung), sondern das Ereignis seiner ›aufgehellten‹ Möglichkeit, wie sie ›vor Ort‹ realisiert wird.« (A.a.O., S. 99 f.)

Diese Spielräume lassen sich phänomenologisch wohl durch das präreflexive *cogito à la* Sartre oder (in leiblicher Perspektive) durch die Reduktion auf die Primordialsphäre bei Husserl weiter aufhellen. In transzendentalphilosophischer Hinsicht ist hier Fichtes Konzeption eines reinen Übergehens vom Bestimmbaren zum Bestimmten passend (vgl. Fichte *Wissenschaftslehre nova methodo; Nachschrift Krause 1798/99*; (Hrsg.) E. Fuchs, Hamburg 1994, S. 37 ff.). Dabei handelt es sich um eine ideale Tätigkeit, die in einem virtuellen Übergehen besteht, woraus

Zeit, Raum, Sinnlichkeit und Leiblichkeit allererst entstehen sollen. Jedenfalls liegt ganz auf der Linie Hölderlins, dass das »Szenische« – wie es Hogrebe entwirft – in seiner medialen Seinsweise weder auf der Subjekt- noch auf der Objektseite und auch weder auf Seiten der Aktivität noch der Passivität zu verbuchen ist; es ist eine Art ursprünglich öffnendes Inter-esse.

13 Heraklit sagt bezüglich der um wahre Gründe unbekümmerten Anhänger des Dionysoskultes: »Wäre es nicht Dionysos, dem zu Ehren sie die Prozession begehen und das den Schamgliedern gewidmete Lied singen, so geschähe das Unverschämteste. Dionysos, dem zu Ehren sie sich wie Verrückte und Rasende benehmen, ist ja derselbe wie Hades.« (DK 22 B 15; auch in: *Die Vorsokratiker*, (Hrsg.) J. Mansfeld, Stuttgart 1991, Fragment 23, S. 251). Klarer ist derselbe Gedanke so bei Heraklit ausgedrückt: »Dasselbe ist: lebendig und tot und wach und schlafend und jung und alt. Denn dieses ist umschlagend (μεταπεσόντα) in jenes und jenes umschlagend in dieses.« (DK 22 B 88; a.a.O., Fr. 67, S. 265). Mit dem Wortspiel βιός = Bogen und βίος = Leben drückt Heraklit denselben Gedanken in (DK 22 B 48; a.a.O., Fr. 53, S. 261) aus: »Des Bogens Name ist also Leben, sein Werk Tod.« Es ist wohlbekannt und eindeutig, dass Hölderlins einstrophige Kurzode *Lebenslauf* (vgl. StA I/1, 247) sowie natürlich auch die vierstrophige Fassung von *Lebenslauf* (vgl. StA II/1, 22) auf dieses berühmte Fragment Bezug nehmen.

14 Wittgenstein *PU*, § 206, 135.

15 Wittgenstein *PU*, § 199, 133.

16 Lawrence Ryan *Hölderlins Antigone. »Wie es vom griechischen zum hesperischen gehet«*, in: *Jenseits des Idealismus – Hölderlins letzte Homburger Jahre (1804–1806)*, (Hrsg.) Christoph Jamme und Otto Pöggeler, Bonn 1988, S. 103–121, betont zu Recht (bes. S. 104), dass mit der »vaterländischen Umkehr« im Rahmen von Hölderlins Tragödienkonzeption nicht gemeint ist, dass eine Wendung zum Vaterländischen geschieht, sondern dass sich in dem jeweils Vaterländischen der verschiedenen Lebensformen von Hellas und Hesperien jeweils eine Wendung ereignet, nämlich im Verhältnis von Leidenschaft (Sinnlichkeit/Pathos) zur klärenden sprachlichen Reflexion. Die Wendung geschieht also zwischen Leidenschaft und Klarheit, man kann von dem einen oder dem anderen Pol ausgehen.

17 Wittgenstein *PU*, Teil II, in: ders. *Werkausgabe*, Bd. 1, 568.

18 Wittgenstein sagt damit nicht, dass man den Anderen mit seiner Innensphäre prinzipiell nicht verstehen kann, er sagt nur, dass der Andere rätselhaft erscheinen kann. Damit ist einfach gemeint, dass es zwar Lebensformen gibt, in denen sich eine sprachliche Öffentlichkeit ausprägt und selbst die Sprachspiele der Innerlichkeit von Subjekten intersubjektiv in bestimmten öffentlichen Sprachspielen vermittelt sind und verstanden werden können, aber der Andere verliert dadurch trotzdem nicht eine gewisse Rätselhaftigkeit. Diese ergibt sich aus dem Unterschied von Lebensform zu Lebensform und aus den öffentlich erlernten Sprachspielen der Innerlichkeit.

19 StA III, 536.

20 Dass Quine in seinem Konzept des Bezeichnens von Gegenständen durch Worte innerhalb des Spracherwerbs die Induktion voraussetzt und nicht eigens begründet, dass und mit welchem Recht es geschieht, wird an einer Wendung wie der folgenden deutlich: »Oder: Da der Lernprozess eine implizite Induktion des Subjekts in Bezug auf den Sprachgebrauch der Gesellschaft ist, …« (a.a.O., § 26, S. 223).

21 Vgl. insgesamt zur Möglichkeit einer nachkantischen Ontologie die differenzierten und weiterführenden Studien von Markus Gabriel *Transcendental Ontology: Essays on German Idealism*, New York/London 2011.

22 Vgl. Hölderlins Brief an Böhlendorff, wahrscheinlich November 1802; StA VI/1, 432.

23 Vgl. Wolfram Hogrebe *Riskante Lebensnähe. Die szenische Existenz des Menschen*, Berlin 2009.

24 Die weite Verbreitung dieser europäisch-amerikanischen abendländischen Wendung lässt sich z. B. schon in den Wildwestromanen Karl Mays beobachten, der sozusagen »das Land der Indianer mit der Seele sucht«, oder in Dvořáks 9. Symphonie *Aus der Neuen Welt.*

25 Eine abendländische Wendung ist aus europäisch-chinesischer Perspektive an Werken wie dem Chinesischen Teehaus von Friedrich dem Großen im Park von Sanssouci oder in musikalischer Hinsicht an Mahlers *Lied von der Erde* erkennbar.

26 Im engsten Sinne einer »abendländischen Wendung« von Hölderlin kann die erfolgreiche Zusammenarbeit zwischen Griechenland und Deutschland bei der Fußball-Europameisterschaft 2004 gesehen werden, als Otto Rehhagel die Griechen zum Sieg führte. Eine Wendung ins verballhornt Komische erfuhr die Kehre von Hellas zu Hesperien schon in Grimmelshausens *Simplicissimus* (III/3 ff.), wo sich ein phantasierender deutscher Dichter für Jupiter hält, der einen »teutschen Helden« erschaffen wird, welcher die gesamte Welt retten, sie mittels eines Parlaments beherrschen und zu »teutschen Tugenden« befreien wird… Wenngleich Goethes Sicht des antiken Griechenlands von derjenigen Hölderlins abweicht, kann man doch beim späten Goethe des *Faust II* eine größere Nähe zu dem Antikenbild Hölderlins feststellen. Ansätze einer »abendländischen Wendung« Goethes sind darin auszumachen, dass sich der deutsche mittelalterliche Faust bei seiner Zeitreise in die Antike in Helena verliebt, mit ihr den Sohn Euphorion zeugt (freilich eine nicht lange lebende Synthese aus Hellas und Hesperien) und die griechische Helena in das Mittelalter mitnimmt. Dort lernt Helena z. B. den »hesperischen« gereimten Vers, den sie zuvor in antiker Sprechweise natürlich nicht kannte (vgl. V. 9369 – 9380). In der Antike fühlt sich bekanntlich Mephisto deplaziert, weil es ihm als mittelalterlich-nordischem Teufel dort gar zu sinnlich und lustvoll zugeht. Auch in der Gegenüberstellung der Klassischen Walpurgisnacht mit der Walpurgisnacht auf dem Blocksberg aus *Faust I* ist eine abendländische Wendung zu erblicken. Mit der Ermordung von Philemon und Baucis bricht Faust seine abendländische Wendung allerdings abrupt ab. Mit Nietzsches und Heideggers intensiver Beschäftigung mit der vorsokratischen Philosophie liegen ebenfalls »abendländische Wendungen« in Hölderlins Sinne vor. Nietz-

sches Dionysisches und seine Nähe zu Heraklit bilden genau solche Annäherungen an die »dunkle« Seite der Antike, die Hölderlin als eine Suche des Modernen nach Geschick, Feuer und Leidenschaft bezeichnet. Es ist dann natürlich bedenklich, wenn Heidegger trotz seines theoretischen Aufbruchs in die Fremdheit der Vorsokratiker letztlich immer »in der Provinz bleibt« (vgl. Martin Heidegger *Schöpferische Landschaft: Warum bleiben wir in der Provinz?*, in: ders. GA Abt. I, Bd. 13, *Aus der Erfahrung des Denkens (1910 – 1976)*, (Hrsg.) Hermann Heidegger, Frankfurt a.M. [2]2002, S. 9 – 14). 1962 und 1967 hatte Heidegger ja tatsächlich Pauschalreisen nach Griechenland getätigt. Aus seinen Reiseberichten kann man allerdings entnehmen, dass ihn die Gegenwart und das Touristische so sehr abgestoßen haben, dass er meist nur Hölderlin lesend auf dem Schiff verweilte (vgl. hierzu GA Abt. III, Bd. 75, *Zu Hölderlin – Griechenlandreisen*, (Hrsg.) Curd Ochwadt, Frankfurt a.M. 2000, S. 213 – 273). Die 1933 in *Warum bleiben wir in der Provinz?* gelieferte Begründung für die Zurückweisung des Rufs nach Berlin hebt ja nicht die Freiheit im Eigenen durch Aufnahme des Fremden hervor oder erarbeitet sie sich; auch nicht die Angst, zum Aushängeschild der Nationalsozialisten zu werden, ist Motivation, in der Provinz zu bleiben, sondern es ist der Einschluss im Bäuerlichen – mit schönem Biss und den üblichen Schimpftiraden wird dieser Zug Heideggers trefflich von Thomas Bernhard in *Alte Meister* als betulich sentimentaler Ökokitsch kommentiert. Das sagt natürlich nichts Inhaltliches über die tiefsinnigen philosophischen Einsichten Heideggers zu den Vorsokratikern und zu Hölderlin aus.

I. Zeitenwende und Untergang des Vaterlandes – Anfänge und Formen ›abendländischer Wendung‹

1 StA II/1, 83.

2 Vgl. Wolfram Hogrebe *Hölderlins mantischer Empirismus*, in: *Natur, Kunst, Freiheit. Deutsche Klassik und Romantik aus gegenwärtiger Sicht*, (Hrsg.) Marek J. Siemek, Fichte-Studien-Supplementa Bd. 10, Amsterdam 1998, S. 109 – 124.

3 A.a.O., S. 116. Vgl. hierzu auch Ulrich Port *»Die Schönheit der Natur erbeuten«. Problemgeschichtliche Untersuchungen zum ästhetischen Modell von Hölderlins »Hyperion«*, Würzburg 1996, S. 24 ff., der in den Vorstufen des *Hyperion* die unterschiedlichen Relationen von Mensch/Subjekt und Natur differenziert gegeneinander abgrenzt.

4 Hogrebe a.a.O., S. 116.

5 Vgl. Lawrence Ryan *Hölderlins »Hyperion«. Exzentrische Bahn und Dichterberuf*, Stuttgart 1965, S. 1 ff. Ryan betont zu Recht, die vorherrschende Sicht, dieser Roman habe hauptsächlich lyrischen Charakter, sei problematisch, vielmehr handelt es sich eben um einen Roman, der mit den genuinen Mitteln des Romans die Entwicklung des Protagonisten hin zu einem Dichter nachvollzieht.

6 StA II/1, 258; in einer Variante zu Vers 33 ersetzt Hölderlin die »Blätter« durch »Bücher«, vgl. StA II/2, 894.

7 StA II/1, 223 ff.

8 Vgl. hierzu Jochen Schmidt *Der Begriff des Zorns in Hölderlins Spätwerk*, in: Hölderlin-Jahrbuch 15 (1967 – 1968), S. 128 – 157, bes. S. 149 ff.

9 Vgl. zum Thema Ulrich Gaier *Hölderlins vaterländische Sangart*, in: Hölderlin-Jahrbuch 25 (1986 – 1987), S. 12 – 59. Gaier belegt (a.a.O., S. 19), dass Hölderlin, wenn er vom Vaterländischen oder Nationellen geographisch konkret spricht, »Suevia«, das württembergische Land, das Rhein-Main-Gebiet, Frankfurt, Stuttgart u. ä., vor Augen hatte, spricht er in politischer Hinsicht vom Vaterländischen, hat er, z. B. im *Hyperion*, eine »heilige Theokratie des Schönen« und ein territoriales Kleingebiet als Freistaat im Sinn, hier waren die Schweiz und die Blütezeit Griechenlands mit lose wechselnden Bündnissen von kleinen selbständigen Einheiten ein Vorbild (a.a.O., S. 22).

10 Vgl. hierzu z. B. Alexander Honold *»Der scheinet aber fast / Rükwärts zu gehen«. Zur kulturgeographischen Bedeutung der ›Ister‹-Hymne*, in: Hölderlin-Jahrbuch 32 (2000 – 2001), S. 175 – 197, sowie Anke Bennholdt-Thomsen *Antike und Moderne in der Landschaft des Spätwerks*, in: Hölderlin-Jahrbuch 33 (2002 – 2003), S. 145 – 152, und Ulrich Gaier *»Unter Gottes Gewittern«: Klimaerscheinungen als Erfahrung und Mythos*, in: Hölderlin-Jahrbuch 35 (2006 – 2007), S 169 – 196. Hölderlins Topographie erhellend ist auch Rudolf Pannwitz *Hölderlins Erdkarte*, in: *Hölderlin. Beiträge zu seinem Verständnis in unserem Jahrhundert*, (Hrsg.) Alfred Kelletat, Tübingen 1961, S. 276 – 286.

11 Jene Fehldeutung ist z. B. bei Wilhelm Michel *Hölderlins abendländische Wendung*, Jena 1923, S. 5 – 53, gegeben; er deutet Hölderlins Entwicklung von der frühen Phase (mehr oder weniger blinde Antikenverehrung und Kritik am »Deutschtum«) zum mittleren Hölderlin (erste Erkenntnis der historisch-politischen Mission Deutschlands aufgrund der Einsicht in den gerechtfertigten Untergang der antiken griechischen Kultur) hin zur späten Periode mit einem nationalistisch-christlichen Begriff von deutscher Überlegenheit und Weltbefreiungsaufgabe. Zwar sei diese späte Phase 1804 im Wahnsinn geendet, doch die Entwicklung zuvor sei eine vitalistische Genesung vom Klassizismus *à la* Winckelmann. Michels Narrativ hat offenbar nichts mit Hölderlin zu tun, sondern ist eine auf den Ersten Weltkrieg reagierende, oft nietzscheanisierende propagandistische Vereinnahmung.

12 Dies ist der Titel in der neueren Forschung zu Hölderlin und in neueren Editionen. In der Großen Stuttgarter Ausgabe ist dieser Aufsatz noch mit *Das Werden im Vergehen* betitelt; vgl. StA IV/1, 282 – 287; er ist um August/September 1799 entstanden und gehört in den Kontext des *Empedokles*-Projekts, genauer in den Kontext von *Grund zum Empedokles*.

13 Helmut Hühn *Mnemosyne. Zeit und Erinnerung in Hölderlins Denken*, Stuttgart/Weimar 1997, S. 127.

14 StA IV/1, 282. Vgl. hierzu Johann Kreuzer *Erinnerung. Zum Zusammenhang von Hölderlins theoretischen Fragmenten »Das untergehende Vaterland…« und »Wenn der Dichter einmal des Geistes mächtig ist…«*, Königstein/Ts. 1985.

15 Es ist daher nicht korrekt, wenn Meta Corssen *Die Tragödie als Begegnung zwischen Gott und Mensch. Hölderlins Sophokles Deutung*, in: Hölderlin-Jahrbuch

3 (1948 – 1949), S. 139 – 187, bes. S. 143 f., in ihrer sonst vorzüglichen Studie den Moment des Übergangs von einer Welt in eine andere mit der »Welt aller Welten« geradehin identifiziert. Im Moment des Übergangs wird nur die Welt aller Welten besonders deutlich empfindbar. Auch der Deutung von Volker Rühle *Verdichtete Zeit. Schöpferische Konsequenz und geschichtliche Erfahrung im Blick auf Hölderlin*, München 2010, S. 177 – 199, schließe ich mich nicht an, da er deutet, es gebe nach Hölderlin gar keine gegenüber dem Übergehen und Werden invariante Welt oder Zeit, wir befänden uns immer schon und ausschließlich im Übergangsmodus. Das scheint mir einerseits nicht an Hölderlins Text belegbar, denn Hölderlin spricht ganz im Gegensatz selbst von der »Welt aller Welten, das Alles in Allen, das immer ist«, also zeitinvariant, und andererseits führt ein bloßes Vergehen und Werden zu einem völligen Relativismus; Rühle spricht daher auch von einem »unabsehbar offenen, sich unablässig verändernden ›Ganzen‹« (a.a.O., S. 185). Die Zeitvorstellung von Rühle scheint mir geprägt von Bergsons Zeitkonzeption, die offenbar nicht einfach auf Hölderlin übertragbar ist. Rühles Argument gegen eine zeitinvariante bzw. allzeitliche »Welt aller Welten«, auf deren Grund sich die Veränderung abspielt, ist denn auch, dass dies einen gewissen Rationalismus voraussetzt und ein Grund der Zeit eine unberechtigte Zeitenthobenheit impliziere. Wenn Hölderlin jedoch z. B. vom »Grund zum Empedokles« spricht, scheint er mit dem Begriff des Grundes kein Problem zu haben, häufiger findet sich bei ihm auch die »Ewigkeit«.

16 Bei dem Untergang eines Vaterlandes steht natürlich auch die konkrete politische Situation der Französischen Revolution im Hintergrund sowie Hölderlins Austausch in der Frankfurter und Homburger Zeit über politische Themen mit Hegel; vgl. dazu Otto Pöggeler *Politik aus dem Abseits. Hegel und der Homburger Freundeskreis*, in: *Homburg vor der Höhe in der deutschen Geistesgeschichte. Studien zum Freundeskreis um Hegel und Hölderlin*, (Hrsg.) Ch. Jamme und O. Pöggeler, Stuttgart 1981, S. 67 – 98, bes. S. 85 ff.

17 Volker Rühle *Verdichtete Zeit. Schöpferische Konsequenz und geschichtliche Erfahrung im Blick auf Hölderlin*, München 2010, S. 185, sagt einerseits, Hölderlin wähle die Sprache nicht nur als Analogie zum untergehenden Vaterland bzw. zum Moment des Übergangs sowie zum »Alles in Allem«, sondern es »ist auch die Sprache als ein »Alles in Allem« zu denken«, kurz darauf bezeichnet er sie andererseits doch wieder als »Analogie« (a.a.O.) und sagt dann, Sprachliches und Werden/Alles in Allem entsprechen sich genau (a.a.O.). Das klärt das Verhältnis jedoch nicht ganz luzid auf, ist aber in Rühles interessanter Argumentation wichtig, denn diese besagt, dass Hölderlin mit seiner geschichtsphilosophischen Idee vom untergehenden Vaterland die poetologische Sprachanalyse vom Wechsel der Töne weiterentwickelt (vgl. a.a.O., S. 185 ff., ähnlich bereits Ulrich Gaier *Hölderlins vaterländische Sangart*, in: Hölderlin-Jahrbuch 25 (1986 – 1987), S. 12 – 59, bes. S. 32).

18 StA IV/1, 283.

19 StA IV/1, 282.

20 StA IV/1, 282 f.

21 StA IV/1, 283.

22 StA IV/1, 284.

23 StA IV/1, 276 f.

24 StA IV/1, 277.

25 Vgl. StA IV/1, 280.

26 Vgl. StA IV/1, 278.

27 StA IV/1, 277.

28 StA IV/1, 277.

29 StA IV/1, 279.

30 StA IV/1, 280.

31 StA IV/1, 281.

32 StA VI/1, 300 f.

33 Sehr detailliert und kenntnisreich hat die Diskussionen des Frankfurter bzw. Homburger Freundeskreises rekonstruiert: Hannelore Hegel *Isaak von Sinclair zwischen Fichte, Hölderlin und Hegel. Ein Beitrag zur Entstehungsgeschichte der idealistischen Philosophie*, Frankfurt a.M. 1971, S. 46 – 101. Herausragend auch: Christoph Jamme *»Ein ungelehrtes Buch.« Die philosophische Gemeinschaft zwischen Hölderlin und Hegel in Frankfurt 1797 – 1800*, Bonn 1983. Zu den beiden Aufenthalten Hölderlins in Homburg 1798 – 1800 und 1804 – 1806 vgl. Jochen Schmidt *Hölderlin in Bad Homburg*, Frankfurt a.M. 2007.

34 Vgl. hierzu Ludwig Strauß *Jacob Zwilling und sein Nachlaß*, in: Euphorion 29, Stuttgart 1928, S. 368 – 396, bes. 387 f.

35 Es ist interessant, dass Fichte in den Jahren zwischen 1796 – 1799 die Darstellungsmethode seiner Wissenschaftslehre gegenüber der Grundlagenversion von 1794/95 modifiziert und nun eine *Wissenschaftslehre nova methodo* vorträgt, die nicht mehr mit dem absoluten Ich beginnt, sondern von einem konkreten, wirklichen Ich bzw. Selbstbewusstsein ihren Ausgang nimmt. Ob dies aber auf einen Einfluss durch die Jenaer Gespräche mit Hölderlin zurückgeht, wäre einerseits spekulativ, Fichte erwähnt dies nirgends, und andererseits würde es den Einfluss Hölderlins auf Fichte wohl überschätzen. Darüber hinaus äußert Hölderlin diese Kritik am reinen Apriori erst Ende 1798, er hätte denselben Gedanken also schon in seiner Jenaer Studienzeit gehabt haben müssen.

36 Pierre Bertaux *Friedrich Hölderlin*, Frankfurt a.M. 1978, versucht bekanntlich, die These der »geistigen Umnachtung« des Dichters zu entkräften. Hölderlin habe nur eine Geisteskrankheit simuliert, um nicht als Revolutionär angeklagt zu werden. Erst durch die klinische Behandlung in Tübingen sei er geistig geschädigt worden. Ähnlich neuerdings, aber mit medizinischen Mitteln Reinhard Horowski *Hölderlin war nicht verrückt – Eine Streitschrift*, Tübingen 2017; der die These vertritt, dass Hölderlin, nachdem er von Homburg nach Tübingen überwiesen wurde, allererst durch die Fehlbehandlung mit Quecksilberchlorid krank gemacht wurde; er versucht auch, die These zu widerlegen, Hölderlin habe an Schizophrenie gelitten. Sehr präzise und doch dezent und ohne voyeuristischen Blick behandelt das Thema bereits Walter Müller-Seidel *Hölderlin in Homburg. Sein Spätwerk im Kontext seiner Krankheit*, in: *Homburg vor der Höhe in der deutschen Geistesgeschichte: Studien zum Freundeskreis um Hegel und*

Hölderlin, (Hrsg.) Christoph Jamme und Otto Pöggeler, Stuttgart 1981, S. 161–188. Wie Dietrich von Engelhardt *Friedrich Hölderlins Geisteskrankheit in der Perspektive der Medizin und Philosophie um 1800*, in: Hölderlin-Jahrbuch 38 (2012–2013), S. 199–224, darlegt, geht die Hölderlin-Forschung mittlerweile allerdings mehrheitlich davon aus, dass der Dichter tatsächlich geisteskrank war, es war wohl eine katatone Schizophrenie. Allerdings trat die Krankheit in der Zeit nach der Frankreichreise zwischen 1802/03 und 1806 offenbar schubweise auf und Phasen äußerster geistiger Klarheit und solche der Verwirrung wechselten sich ab. Vgl. auch: *War Hölderlin nicht psychisch, sondern organisch krank?*, in: Hölderlin-Jahrbuch 36 (2008–2009), S. 303–318.

37 *Andenken*, StA II/1, 189.

38 Vgl. Jochen Schmidt *Hölderlins geschichtsphilosophische Hymnen »Friedensfeier« »Der Einzige« »Patmos«*, Darmstadt 1990.

39 Vgl. J. Schmidt, a.a.O., S. 6. ff.

40 Vgl. J. Schmidt, a.a.O., S. 6. ff.

41 Vgl. zu Hölderlins unterschiedlichem Freundschaftsverhältnis zu Schelling und zu Hegel: Johann Kreuzer *Hölderlin im Gespräch mit Hegel und Schelling*, in: Hölderlin-Jahrbuch 31 (1998–1999), S. 51–72. Vgl. auch Michael Franz *Schelling und Hölderlin – ihre schwierige Freundschaft und der Unterschied ihrer philosophischen Position um 1796*, in: a.a.O., S. 75–98, und vgl. auch Dieter Henrich *Hegel und Hölderlin*, in: ders.: *Hegel im Kontext*, Berlin [5]2010, S. 9–40, sowie ders.: *Historische Voraussetzungen von Hegels System*, in: a.a.O., S. 41–72.

42 StA II/1, 145. Vgl. zur Interpretation dieses Gedichts: Wolfgang Binder *Die Rhein-Hymne*, in ders.: *Friedrich Hölderlin*, (Hrsg.) Elisabeth Binder u. Klaus Weimar, Frankfurt a.M. 1987, S. 201–229.

43 StA VI/1, 381 f. Dass die StA hier Christian Gottfried Schütz als Adressaten von Hölderlins Brief nennt, beruht auf einem Fehler; vgl. Heinz Härtel *Ein Briefwechsel Hölderlins mit Mehmel*, in: *Text. Kritische Beiträge* 6, Frankfurt a.M. 2000, S. 141–150, und Hans Gerhard Steimer *Dokumente zu Mehmels Einladung und Hölderlins Antwortentwurf*, in: a.a.O., S. 151–172, sowie Lawrence Ryan *»Vaterländisch und natürlich, eigentlich originell«: Hölderlins Briefe an Böhlendorff*, in: Hölderlin-Jahrbuch 34 (2004–2005), S. 261.

44 Die Datierung des zitierten Briefentwurfs von Adolf Beck auf Winter 1799/1800 in StA VI/2, 1001, ist also aufgrund der neueren Erkenntnisse überholt, vgl. die vorangehende Fußnote. Vor Becks Datierung wurde der Briefentwurf allerdings ebenfalls fälschlich auf 1801 datiert und damit in direkte Nähe der Böhlendorff-Briefe Hölderlins und somit auch im Kontext der »abendländischen Wendung« gesehen. Doch inhaltlich geht es Hölderlin in diesem Briefentwurf an Mehmel eben nicht darum, das Verhältnis von Griechenland und Deutschland zu bestimmen, und auch nicht um die Schwierigkeit, den vergangenen griechischen Geist aus der Perspektive der Gegenwart erfassen zu können, sondern er betrachtet den griechischen Dichtungsgeist noch als etwas, das man direkt erfassen und beurteilen kann. Auch die Unmöglichkeit, dass Gott und Mensch Eines werden können, widerspricht der direkten Einswerdung von Gott und Mensch im Zorn,

die Hölderlin in den *Anmerkungen zum Ödipus* und zur *Antigone* als das eigentlich Tragische hervorhebt.

45 StA II/1, 228.

46 StA II/1, 172.

47 StA II/1, 338. In der *Vorstufe einer späteren Fassung* von *Patmos* heißt es bezüglich der Geschichtsperiode der Götternacht nach dem Tod Christi ganz ähnlich:

Manchem ward
Sein Vaterland ein kleiner Raum
Doch furchtbar wahrhaft ists, wie da und dort
Unendlich hin zerstört das Lebende Gott. (StA II/1, 176)

Aufgrund dieser Ähnlichkeit kann man wohl vermuten, dass Bruchstück Nr. 74 in den Kontext von *Patmos* gehört. In der ersten Fassung von *Patmos* steht übrigens noch abgemilderter statt »zerstört« »zerstreut« (StA II/1, 168). Das ist vielleicht auch eine Anspielung auf die Partikularisierung der Völker bei der babylonischen Sprachverwirrung als göttliche Reaktion auf den Turmbau zu Babel.

48 Vgl. hierzu Meta Corssen *Die Tragödie als Begegnung zwischen Gott und Mensch. Hölderlins Sophokles-Deutung*, in: Hölderlin-Jahrbuch 3 (1948 – 1949), S. 139 – 187.

49 Zur abendländischen Wendung vor dem Hintergrund des *Empedokles*-Projekts vgl. die differenzierten Ausführungen von Ernst Mögel *Natur als Revolution. Hölderlins Empedokles-Tragödie*, Stuttgart, Weimar 1994, S. 136 ff. u. 191 – 213.

50 StA II/1, 325.

51 StA II/1, 170.

52 StA II/1, 195.

53 StA VI/1, 300 f.

54 Vgl. hierzu Rainer Schäfer *Sein der Sprache und Sprache des Seins – Gadamers Hermeneutik und seine kritische Rezeption von Hegels Lehre vom spekulativen Satz*, in: Existentia, International Journal of Philosophy XVII (2007), S. 71 – 101.

55 StA II/1, 372. Allerdings gehört dieser Entwurf in die Kategorie des »Zweifelhaften«, denn es ist unklar, wie weit Wilhelm Waiblinger das Stück modifiziert hat; er hatte nach seinen Angaben Papiere Hölderlins vorliegen und diese in seinen eigenen Roman *Phaëton* eingearbeitet (vgl. StA II/2, 991).

II. Freiheit im Eigenen als ›abendländische Wendung‹ im ersten Böhlendorff-Brief und die Kolonie des Geistes in der Überarbeitung von *Brod und Wein*

1 StA VI/1, 425 f.

2 Hölderlin meint also auch mit der Prägung: »das eigentliche nationelle wird im Fortschritt der Bildung immer der geringere Vorzug werden« nicht, dass in der dritten Stufe der abendländischen Wendung das Nationelle unwichtig werde. In dieser Richtung scheint es Walter Hof *Zur Frage einer späten ›Wendung‹ oder ›Umkehr‹ Hölderlins*, in: Hölderlin-Jahrbuch 11 (1958 – 1960), S. 120 – 159, bes. S. 126, 129, 133, zu deuten; er sagt, das Nationelle sei »nur in zweiter Linie«, als »zweitberechtigt«, »nebenbei« zu pflegen. »[...] so kann doch keine Rede davon sein, dass auf der dritten Stufe der Geistesentwicklung eine ausgleichende Rückkehr aus dem Fremden ins Nationelle erfolgte [...]« (a.a.O., S. 135). Aufgrund dieser Unterbewertung kommt Hof zu der paradoxen Einschätzung, das »Vaterländische«, d.h. das Ziel der Bildungsentwicklung, bestehe geradezu im Antinationellen (vgl. a.a.O., S. 134). Das ist sicherlich zu viel der Dialektik Hegels in Hölderlin hineininterpretiert, und es führt zu völlig verwirrenden Resultaten:

> »das Fremde ist das Eigene, insofern es vorzugsweise aufgegeben ist, das Eigene ist das Fremde, insofern es als das Gegebene viel weniger bewusst gemacht und bewusst gehandhabt werden kann. Zum Nichtich, dem Fremden, gehört als Mitgabe das, was für uns Aufgabe ist, als Aufgabe das, was für uns Mitgabe ist. Die Dialektik des Eigen- wie des Fremdseins hat also auch dies Ergebnis: Fremdsein heißt nicht einfach Anderssein, sondern sich im Sein wie in der Aufgabe umgekehrt verhalten. So findet man erst auf der dritten Stufe zu klarer Erkenntnis des Ich hin (und damit natürlich auch des Nichtich), insofern bringt sie eine Rückkehr ins Eigene.« (A.a.O., S. 135).

Abgesehen davon, dass hier der Kommentar noch komplizierter ist als die zu kommentierende Stelle, ist dies ein falsches Resultat, ohne Anhalt im Text.

3 Johann Winckelmann *Sämtliche Werke*, (Hrsg.) J. Eiselein, Donaueschingen 1825, Bd. I, S. 8; vgl. hierzu Peter Szondi *Überwindung des Klassizismus. Der Brief an Böhlendorff vom 4. Dezember 1801*, in: ders.: *Schriften*, Bd. I, Frankfurt a.M. 1970, S. 95 – 118; ihm schließt sich auch Wolfgang Janke *Archaischer Gesang. Pindar – Hölderlin – Rilke. Werke und Wahrheit*, Würzburg 2005, S. 136, an; auch Lawrence Ryan *Hölderlins Antigone. »Wie es vom griechischen zum hesperischen gehet«*, in: *Jenseits des Idealismus – Hölderlins letzte Homburger Jahre (1804 – 1806)*, (Hrsg.) Christoph Jamme und Otto Pöggeler, Bonn 1988, S. 103 – 121, bes. S. 104, betont, dass Hölderlin sich damit vom klassizistischen Ideal abwendet.

4 Szondi, a.a.O., S. 363.

5 Vgl. Martin Heidegger *Hölderlins Hymne »Andenken«*, in ders.: GA Abt. II., Bd. 52, (Hrsg.) Curd Ochwadt, Frankfurt a.M. 1982, S. 140 – 150, bes. S. 140f.

6 Vgl. Szondi a.a.O., S. 358ff.

7 Vgl. Heidegger *»Andenken«*, in: ders. *Erläuterungen zu Hölderlins Dichtung*, in: ders. *Erläuterungen zu Hölderlins Dichtung*, in: GA Abt. I, Bd. 4, (Hrsg.) F.-W. von Herrmann, Frankfurt a.M. 1981, S. 83.

8 Vgl. Norbert von Hellingrath *Hölderlin Sämtliche Werke. Historisch-kritische Ausgabe*, begonnen durch Norbert von Hellingrath, fortgeführt durch Friedrich Seebass und Ludwig von Pigenot, Berlin 1923 und 1943, Bd. V, 2. A., S. 363, und Friedrich Beißner *Hölderlins Übersetzungen aus dem Griechischen*,

Stuttgart [2]1961, S. 38 (die erste Auflage war 1933 erschienen, in der zweiten sind diese Ausführungen zu unserem Kontext unverändert).

9 Vgl. Theodor W. Adorno *Parataxis. Zur späten Lyrik Hölderlins*, in: ders. *Noten zur Literatur III*, Frankfurt a.M. 1965, S. 167f., Ulrich Gaier *Hölderlins vaterländische Sangart*, in: Hölderlin-Jahrbuch 25 (1986 – 1987), S. 29, Fußnote 84, und Walter Bröcker *Neue Hölderlin Literatur*, in: Philosophische Rundschau 3 (1955), S. 4ff., sowie ders.: *Auferstehung der mythischen Welt in der Dichtung Hölderlins*, in: ders. *Das was kommt, gesehen von Nietzsche und Hölderlin*, Pfüllingen 1963. Bei Ulrich Gaier werden das (szondische) Synthesemodell und das (heideggersche) Dreistufenmodell allerdings sehr eng geführt, denn z.B. in Ulrich Gaiers *Hölderlins vaterländischer Gesang ›Andenken‹*, in: Hölderlin-Jahrbuch 26 (1988 – 1989), S. 175 – 201, bildet die Rückkehr in die Heimat und der dann dort auszuführende freie Gebrauch des Eigenen durchaus eine eigenständige dritte Phase (vgl. a.a.O., S. 179, 190f., 195). Das ist sicherlich nicht als Inkonsequenz Gaiers zu deuten, sondern zeigt vielmehr, dass die Synthese aus Fremdem und Eigenem tatsächlich eine dritte, selbständige Stufe des geistigen Entwicklungsprozesses ist.

10 Vgl. Walter Hof *Zur Frage einer späten ›Wendung‹ oder ›Umkehr‹ Hölderlins*, in: Hölderlin-Jahrbuch 11 (1958 – 1960), S. 120 – 159.

11 Vgl. Paul Böckmann *Hölderlin und seine Götter*, München 1935, S. 368ff.

12 In diesem Kontext ist die Differenzierung von Ulrich Gaier *Hölderlins vaterländische Sangart*, in: Hölderlin-Jahrbuch 25 (1986 – 1987), S. 12 – 59, bes. S. 24ff., zwischen Vaterländischem und Nationellem sehr einleuchtend und aufschlussreich. Gaier sieht das Nationelle als das anfängliche Regelfolgen, das Vaterländische ist dagegen dasjenige, welches die abendländische Wendung durchlaufen hat, also das Nationelle, das durch ein Fremdes (Fremdnationelles) ergänzt wurde und damit zur Befreiung von beidem geführt hat.

13 StA II/1, 220.

14 Szondi, a.a.O., S. 405.

15 StA V, 271.

16 Beda Allemann *Hölderlin zwischen Antike und Moderne*, in: Hölderlin-Jahrbuch 24 (1984 – 1985), S. 44, wendet sich gegen den Begriff der »abendländischen Wendung« im Rahmen seiner Untersuchung der »vaterländischen Umkehr«; diese sei so radikal und umfassend, dass von einer bloßen Ab- oder Zuwendung nicht gesprochen werden könne und daher die »abendländische Wendung« Hölderlins Gedanken verfehle. Das ist aber offenbar eine Vermischung zweier völlig unterschiedener Themen und Problemhorizonte bei Hölderlin; selbst Michel, der die Terminologie von der »abendländischen Wendung« prägte, meinte damit nicht die in den *Antigone-* und *Ödipus-Anmerkungen* beschriebene »vaterländische Umkehr«.

17 Es ist von daher den sonst brillanten Ausführungen zum Vaterländischen bei Hölderlin von Ulrich Gaier *Hölderlins vaterländische Sangart*, in: Hölderlin-Jahrbuch 25 (1986 – 1987), S. 51, nicht ganz zuzustimmen, wenn er schreibt: »Vaterländisch ist diese Poetik, weil sie anstrebt, den Geist, der allen gemein und

jedem eigen ist, als einigendes Prinzip in den sphärischen Welten, in denen die Menschen sich befinden, auf eine ihrer nationellen Eigentümlichkeit angemessene Weise zur erfahrbaren Erscheinung und Wirkung zu bringen und die »vaterländische Umkehr [...] aller Vorstellungsarten und Formen« hervorzubringen.« Das Vaterländische selbst wird von Gaier mittelbar abgeleitet aus dem Geistprinzip; dieses extrapoliert er aus Hölderlins Aufsatz *Über die Verfahrungsweise des poetischen Geistes* korrekt, wendet diesen Geistbegriff dann jedoch an, um das Vaterländische zu rekonstruieren, und überträgt dies offenbar auch auf die »vaterländische Umkehr«. Die »vaterländische Umkehr« selbst muss jedoch, wie das oben wiedergegebene Zitat Hölderlins belegt, kein Einungsgeschehen sein, zumal wenn sie in einer gewaltsamen Revolution oder einem Rückfall in Wildnis besteht. Offenbar gibt es subtile Bedeutungsunterschiede im »Vaterländischen« je nachdem, ob Hölderlin es im Rahmen eines Gedichts, einer poetologischen Selbstverständigung oder der späten Tragödientheorie verwendet.

18 StA VI/1, 434.

19 Lawrence Ryan *»Vaterländisch und natürlich, eigentlich originell«: Hölderlins Briefe an Böhlendorff*, in: Hölderlin-Jahrbuch 34 (2004–2005), S. 246–276, bes. S 260, verweist in diesem Kontext auf eine Stelle aus dem *Hyperion* (vgl. StA III, 82), um das Orientalische näher als machtvoll und durch Glanz zu Boden werfend sowie als brennende Hitze zu bestimmen. Das passt natürlich sehr gut zu Hölderlins späterer Äußerung, dass den Griechen ursprünglich das Feuer zu eigen war. Doch der Verweis auf die Stelle aus dem *Hyperion* ist auch problematisch, denn dort führt Hölderlin das Orientalische als Gegensatz zum Griechischen ein. Er betont dort die Unfreiheit und den despotischen Machtanspruch, der das Orientalische im Gegensatz zum Freiheitlichen der Griechen charakterisiert. Dort ist das Orientalische »ein schauerhaft Räthsel« – hier hat Hölderlin vielleicht die Sphinx vor Augen (?) –, die »stumme finstre Isis ist sein [des Ägypters; Einf. R.S.] Erstes und Leztes, eine leere Unendlichkeit und da heraus ist nie Vernünftiges gekommen. Auch aus dem erhabensten Nichts wird Nichts geboren.« (A.a.O.) Wenn also der spätere Hölderlin dieses Orientalische meinte, würde das bedeuten, die Griechen sind gescheitert, weil sie nicht zur leeren Unendlichkeit, zum Nihilismus und zur Unfreiheit zurückkehrten. Wenn Hölderlin hier sagt, aus erhabenstem Nichts entsteht Nichts, scheint mir das auch noch weiter zu gehen und mit einer Anspielung auf das *»ex nihilo nihil fit«* sogar eine Inkohärenz des Orientalischen anzuzeigen, die zu seiner unmittelbaren Selbstaufhebung führt. Das kann also nicht Hölderlins Meinung sein, es wäre schlicht inkohärent. Man muss daher wohl davon ausgehen, dass Hölderlin gegenüber der Zeit des *Hyperion* ein verändertes Bild des Orientalischen gewonnen hat, oder dass er in seiner späteren Zeit nur das Charakteristikum der Hitze, Sonne, des Feuers als das Orientalische sah und andere der früheren Charakteristika nicht mehr gelten ließ.

20 Sehr differenziert deutet es Karl Reinhardt *Hölderlin und Sophokles*, in: *Hölderlin. Beiträge zu seinem Verständnis in unserem Jahrhundert*, (Hrsg.) Alfred Kelletat, Tübingen 1961, S. 287–303, bes. S. 293 ff.:

> »Nur wäre freilich nichts verkehrter als bei Hölderlins »Orientalischem« an das zu denken, was uns Heutigen dabei einfällt: ans Iranische, Sumerische,

Indische, den fernen Osten, Palästina … Geschweige an das Exotische. »Abend« und »Orient« sind für Hölderlin die Extreme, zwischen denen das Weltgeschehen schwingt […]. Vor allem bedeutet »Orient« die Urheimat des Dionysischen, das heißt der gottbegeisterten ekstatischen Verkündigung und Erweckung *katexochén.* […] »Orientalischer« also, das bedeutet: ursprünglicher, stärker, trächtiger, inspirierter, freier, ungebundener, »fremder«, »unkonventioneller«, unklassischer, unapollinischer, unmittelbarer, dionysischer, naiver, ekstatischer, gottnäher – Urwort und Urfreier.«

21 StA II/1, 22.

22 In der Anwendung dieses Gedankengangs Hölderlins auf den hesperischen Bildungsweg ist es unklar, wenn Meta Corssen *Die Tragödie als Begegnung zwischen Gott und Mensch. Hölderlins Sophokles-Deutung*, in: Hölderlin-Jahrbuch 3 (1948 – 1949), S. 181, schreibt:

> »Es wird immer zuerst die Fähigkeit entwickelt, die uns nicht von der Natur gegeben ist – »das eigentlich Nationelle«, sagte Hölderlin im Brief an Böhlendorff, »wird im Fortschritt der Bildung immer der geringere Vorzug werden« – daher suchen wir die Begegnung mit dem Schicksal, das in uns die große Leidenschaft erwachen lässt; aber wir müssen uns anstrengen um von den Griechen die Nüchternheit und Klarheit zu lernen, die wir gerade weil sie in unserer Natur angelegt ist, nicht entwickelt haben, und in der wir, weil wir ärmer sind an Pathos und Feuer, sie nie werden erreichen können.«

Das scheint mir eine unklare Vermischung, denn danach sind die Hesperier/Modernen a) arm an Pathos und Feuer und b) verfügen wir auch nicht über Nüchternheit und Klarheit. Der Gedanke Hölderlins legt aber doch eher nahe, dass wir genügend Nüchternheit und Klarheit (als Nationelles/Angeborenes) besitzen, und darum von den Griechen das Feuer lernen sollten, um bereichert mit dem Feuer der Leidenschaft unsere nüchterne Darstellungsgabe frei gebrauchen zu können.

23 Heidegger *»Andenken«*, in ders.: *Erläuterungen zu Hölderlins Dichtung*, in: GA I, Bd. 4, (Hrsg.) F.-W. von Herrmann, Frankfurt a.M. 1981, S. 88. Merkwürdigerweise findet sich die Freiheit durchaus an einer Parallelstelle in Heideggers Hölderlin-Vorlesung vom Wintersemester 1941/42, vgl. ders. *Hölderlins Hymne »Andenken«*, in GA Abt. II, Bd. 52, (Hrsg.) Curd Ochwadt, Frankfurt a.M. 1982, S. 145, wo Heidegger ausführt:

> »Damit der Gebrauch des Eigenen ein freier werden soll, muss das Eigene offen sein für das, was ihm zugewiesen. Die Klarheit der Darstellung findet nicht und niemals zu sich selbst, solange sie sich als leeres Vermögen im Unbestimmten und Beliebigen nur einübt. Not ist, daß dieses Eigene, die Klarheit der Darstellung, sich bestimmen lässt, durch das, was die Darstellung fordert. Die Klarheit kommt nur ins Freie, wenn sie am Dunkeln sich misst, sich erprüft und erfüllt und so erst reif wird. Das Freie besteht nicht im Ungehinderten des Beliebens eines Grundlosen. Freiheit ist Offenheit zum Ursprünglichen und Anfänglichen.«

Zwar ist die Offenheit ein wesentlicher Aspekt von Freiheit, doch ist diese bei Heidegger als Nötigung zum Zugewiesenen und als Sich-bestimmen-lassen dann doch wieder sehr beschränkt.

24 StA II/1, 220.

25 StA I/1, 247.

26 StA II/1, 165.

27 StA II/2, 608.

28 Ein differenziertes Standardwerk und sehr kenntnisreich ist hierzu die Darstellung von Wolfram Groddeck *Hölderlins Elegie ›Brod und Wein‹ oder ›Die Nacht‹*, Frankfurt a.M. 2012, darin wird nicht nur *Brod und Wein* Vers für Vers genauestens untersucht, sondern auch die Überarbeitungen philologisch korrekt dekonstruiert. Eine Kurzform zum in unserem Zusammenhang Relevanten findet sich in: ders. *Zu Hölderlins später Umgestaltung der neunten Strophe von ›Brod und Wein‹*, in: *Unterwegs zu Hölderlin. Studien zu Werk und Poetik*, (Hrsg.) Sabine Döring und Johann Kreuzer, Oldenburg 2015, S. 69 – 95.

29 Vgl. hierzu auch Martin Heidegger *Hölderlins Hymne »Der Ister«* (Vorlesung Sommersemester 1942), in: ders. GA Abt II, Bd. 53, (Hrsg.) Walter Biemel, Frankfurt a.M. 1984, S. 161, der an dieser Stelle einen Bedeutungsunterschied zwischen Anfang und Quelle sieht, da Hölderlin keine leere Wiederholung sagen wolle. Das ergibt sich aber so nicht aus dem Text, bei Heidegger folgt dies eher aus dem Kontext seiner Vorlesung vom Sommersemester 1942, die in den Zusammenhang der Vorlesungen zu Hölderlins Stromgedichten gehört. Heidegger intendiert zu zeigen, dass der Geist ständig an der Quelle ist. Doch diese Zeilen sind Ergänzung zu *Brod und Wein*.

30 Es ist daher nicht ganz einleuchtend, wenn Heidegger deutet, Hölderlin meine mit dem »Beseeler« sich selbst, vgl. ders. *Hölderlins Hymne »Der Ister«*, in: ders. GA Abt II, Bd. 53, (Hrsg.) Walter Biemel, Frankfurt a.M. 1984, S. 170: »Hölderlin ist der vom Gott des Lichts Geschlagene. Er *ist* auf der Rückkehr von der Wanderung zum »Feuer«. Er ist der »verschmachtete Beseeler«.« Diese biographische Deutung mag verführerisch sein, ist aber unstimmig, weil unsere Blumen und Wälder dem Beseeler Kolonie sind, er muss also in Deutschland in der Fremde/Kolonie sein. Diese Bewegungsrichtung hatte Heidegger vollständig fehlgedeutet, er las in den zitierten Versen einen Gang von Deutschland nach Griechenland – welches dann die Kolonie wäre – und wieder zurück nach Deutschland. Vgl. ders. *Hölderlins Hymne »Andenken«* (Vorlesung Wintersemester 1941/42), in: ders. GA Abt. II, Bd. 52, (Hrsg.) Curd Ochwadt, Frankfurt a. M. 1982, S. 191. Dort wird deutlich, dass Heidegger den Geist bei den Blumen und schattigen Wäldern wieder zurück in der Heimat sieht. Auch hier hält Heidegger den »Beseeler« für den Dichter selbst.

31 Das unterscheidet sich von der Deutung bei Wolfram Groddek *Zu Hölderlins später Umgestaltung der neunten Strophe von ›Brod und Wein‹*, in: *Unterwegs zu Hölderlin. Studien zu Werk und Poetik*, (Hrsg.) Sabine Döring und Johann Kreuzer, Oldenburg 2015, S. 81; er deutet (im Anschluss an Hans Pyritz *Zum Fortgang der Stuttgarter Hölderlin-Ausgabe*, in: Hölderlin-Jahrbuch 7 (1953),

S. 102, und Jochen Schmidt *Hölderlins Elegie ›Brod und Wein‹. Die Entwicklung des hymnischen Stils in der elegischen Dichtung*, Berlin 1968, S. 201) an und sagt, die Bewegung des Geistes gehe nur von Ost nach West, sie kenne keine Rückkehr in den Osten. Abgesehen davon, dass man im Osten ankommt, wenn man immer weiter in den Westen fortschreitet, würde dies ein sich verstärkendes Vergessen des Geistes in immer neuen Kolonien bedeuten. Bei Alexander dem Großen war es schließlich auch der expansive Fortgang in immer neue Kolonien, der letztlich zu einem Zusammenbruch Griechenlands führte.

32 Beda Allemann *Hölderlin und Heidegger*, Zürich 1956, S. 167 ff.

33 Friedrich Beißner *Hölderlins Übersetzungen aus dem Griechischen*, Stuttgart [2]1961, S. 157 ff.

34 Peter Szondi *Überwindung des Klassizismus. Der Brief an Böhlendorff vom 4. Dezember 1801*, in: ders. *Schriften I*, Frankfurt a.M. 1970, S. 354 f.

35 Beda Allemann *Hölderlin zwischen Antike und Abendland*, in: Hölderlin-Jahrbuch 24 (1984 – 1985), S. 29 – 62, bes. S. 58 ff.

36 Vgl. Jochen Schmidt *Hölderlins Elegie ›Brod und Wein‹. Die Entwicklung des hymnischen Stils in der elegischen Dichtung*, Berlin 1968, S. 205.

37 Beda Allemann *Hölderlin und Heidegger*, Zürich 1956, S. 173.

38 Heidegger *»Andenken«*, in: ders. *Erläuterungen zu Hölderlins Dichtung*, in: ders. GA I, Bd. 4, (Hrsg.) F.-W. von Herrmann, Frankfurt a.M. 1981, S. 86.

39 A.a.O., S. 86. Auch in Heidegger *Hölderlins Hymne »Der Ister«*, in: ders. GA Abt II, Bd. 53, (Hrsg.) Walter Biemel, Frankfurt a.M. 1984, S. 164, deutet er die *Liebe* des Geistes zur Kolonie mit Anklang an Nietzsche: »Liebe ist der wesentliche Wille zum Wesentlichen.«

40 Vgl. Wolfgang Janke *Archaischer Gesang. Pindar – Hölderlin – Rilke. Werke und Wahrheit*, Würzburg 2005, S. 141, sowie Hans-Georg Gadamer *Hölderlin und das Zukünftige*, in: ders. *Kleine Schriften II*, Tübingen 1976, S. 45 – 63, bes. S. 52.

41 StA II/1, 95.

42 Trefflich führt Wolfram Groddek *Zu Hölderlins später Umgestaltung der neunten Strophe von ›Brod und Wein‹*, in: *Unterwegs zu Hölderlin. Studien zu Werk und Poetik*, (Hrsg.) Sabine Döring und Johann Kreuzer, Oldenburg 2015, S. 77, aus:

> »Zunächst ist »Hesperien« eine geographische Bezeichnung für den ›Westen‹, für das ›Abendland‹. Dabei ist dieser Begriff »Hesperien«, der zunächst einmal gleichbedeutend mit »Elysium« ist, selber wieder dynamisch expansiv: Er meinte zunächst »Italien«, das ja von Griechenland aus gesehen westlich liegt, dann auch Spanien und das ganze Mitteleuropa, und schließlich das, was wir heute mit der »westlichen Welt« meinen – einschließlich Amerika. Mit der geographischen Begriffserweiterung geschieht aber auch eine zeitlich-historische, indem »Hesperien« das Abendland als eine spätere Kulturepoche vom Mittelalter bis jetzt bezeichnet.«

43 Vgl. hierzu Rainer Schäfer *Die Wandlungen des Dionysischen bei Nietzsche*, in: Nietzsche-Studien 40 (2011), S. 178 – 202.

44 Martin Heidegger *Hölderlins Hymne »Andenken«*, in: ders. GA Abt. II, Bd. 52, (Hrsg.) Curd Ochwadt, Frankfurt a.M. 1982, S. 174.

45 Heidegger a.a.O., S. 145. Ähnlich unfrei stellt es Heidegger in der *Ister*-Vorlesung vom Sommersemester 1942 dar, vgl. ders. *Hölderlins Hymne »Der Ister«*, in: ders. GA Abt II, Bd. 53, (Hrsg.) Walter Biemel, Frankfurt a.M. 1984, S. 169, das »Feuer vom Himmel« »müssen die Deutschen erfahren lernen, um in der Betroffenheit durch das Feuer in die rechte Aneignung ihrer eigenen Darstellungsgabe gezwungen zu werden.«

46 StA V, 269.

III. Transzendentaler Don-Quijotismus – Hölderlins Abkehr von der Transzendentalphilosophie

1 Vgl. Max Stirner *Der Einzige und sein Eigentum*, Leipzig 1845, (wieder abgedruckt: (Hrsg.) Ahlrich Meyer, Stuttgart 1981); vgl. hierzu auch Rainer Schäfer *Das Gesetz des Eigners – Freiheit bei Max Stirner*, in: Der Einzige, Jahrbuch der Max Stirner Gesellschaft 6 (2013), S. 114 – 129, sowie insgesamt zur Problematik ders.: *Ich-Welten. Erkenntnis, Urteil und Identität aus der egologischen Differenz von Leibniz bis Davidson*, Münster 2012.

2 Vgl. hierzu Kleists Brief an Wilhelmine von Zenge vom 22. März 1801; in: ders. *Sämtliche Werke und Briefe*, (Hrsg.) S. Streller, Frankfurt a.M. 1986, Bd. IV, S. 200. Die »grünen Gläser« bilden ein Indiz in der Kleistforschung, um nach dem genauen Ausgangspunkt für die sog. Kant-Krise zu suchen. Schon Cassirer *Idee und Gestalt*, Berlin 1921, darin: *Heinrich von Kleist und die Kantische Philosophie*, S. 153 – 200, bringt Fichtes *Bestimmung des Menschen* als Ausgangspunkt für Kleist ins Spiel; ebenso sind Reinhold, Kiesewetter und Charles de Villers genannt worden. Einleuchtend ist die Deutung bei Jochen Schmidt *Heinrich von Kleist. Die Dramen und Erzählungen in ihrer Epoche*, Darmstadt [3]2011, S. 12 – 16; er vertritt die These, es handle sich im Brief an Wilhelmine von Zenge um eine Inszenierung Kleists, um keinen wissenschaftlichen oder bürgerlichen Beruf ergreifen zu müssen. Diese biographische Deutung hebt natürlich für die Dramen und Erzählungen Kleists nicht die Wichtigkeit der Sein-Schein-Problematik auf. Dass Kleist sein Leben als Tragödie inszeniert, ist jedenfalls sehr plausibel.

3 Vgl. zu der Thematik, dass Fichte mit seinem Idealismus keinen subjektivistischen Psychologismus konzipierte: Rainer Schäfer *Johann Gottlieb Fichtes ›Grundlage der gesamten Wissenschaftslehre‹ von 1794*, Darmstadt 2006; vgl. ebenso die glänzende Darstellung von Frederick Beiser *German Idealism: The Struggle Against Subjectivism, 1781 – 1801*, Harvard UP 2002.

4 Schillers Brief an Goethe vom 28. Oktober 1794; in: Schiller *Werke und Briefe*, (Hrsg.) G. Kurscheidt, Frankfurt a.M. 2002, Bd. 11, Briefe 1772 – 1795, S. 751.

5 Vgl. Platon *Rep.*, 518 c-d; 521 c.

6 StA IV/1, 216f. In neueren Editionen ist der Text mit *Seyn Urtheil Möglichkeit* oder auch mit *Seyn Urtheil Modalität* betitelt. Vgl. zum Thema die differenzierte Studie von Dieter Henrich *Der Grund im Bewusstsein. Untersuchungen zu Hölderlins Denken (1794–1795)*, Stuttgart 1992; sowie ders. *Hölderlin über Urteil und Sein. Eine Studie zur Entwicklungsgeschichte des Idealismus*; in: Hölderlin-Jahrbuch 14 (1965/66), S. 73–96, sowie H. Bachmaier *Theoretische Aporie und tragische Negativität*; in: *Hölderlin. Transzendentale Reflexion der Poesie*, (Hrsg.) H. Bachmaier, Th. Horst, P. Reisinger, Stuttgart 1979, bes. S. 85–128. Vgl. auch Michael Franz *Hölderlins Logik. Zum Grundriss von ›Seyn Urtheil Möglichkeit‹*, in: Hölderlin-Jahrbuch 25 (1986–1987), S. 93–124.

7 StA IV/1, 216. Teilweise ist das wörtlich Reinholds Satz des Bewusstseins: »Man ist, durch das Bewussteyn genöthiget, darüber einig, daß zu jeder Vorstellung ein vorstellendes Subjekt, und ein vorgestelltes Objekt gehöre, welche Beyde von der Vorstellung, zu der sie gehören, unterschieden werden müssen.« (Karl Leonhard Reinhold *Versuch einer neuen Theorie des menschlichen Vorstellungsvermögens (1789)*, in: ders. *Gesammelte Schriften*, (Hrsg.) M. Bondeli, Basel 2013, Bd. 1, § VII, S. 128. Analog und etwas klarer ist die Formulierung dieses obersten Grundsatzes der Philosophie in: ders. *Über das Fundament des philosophischen Wissens*, Jena 1791, S. 78: »Durch keinen Vernunftschluss, sondern durch blosse Reflexion über die Thatsache des Bewusstseyns, das heisst, durch Vergleichung desjenigen, was im Bewusstseyn vorgeht, wissen wir: dass die Vorstellung im Bewusstseyn durch das Subjekt vom Objekt und Subjekt unterschieden und auf beyde bezogen werde.« Die Zirkularitätsproblematik in Reinholds Konzeption ist deutlich: »bloße Reflexion« leistet einen Akt des Vergleichs, dies ist offenbar bereits ein Bewusstseinsakt, dieser soll nun die Grundtatsache des Bewusstseins erklären, d.h., Bewusstsein erklärt Bewusstsein. Mit Reinhold kann man aus der Not dieses Zirkels eine Tugend machen: Die Unausweichlichkeit, Bewusstsein durch Bewusstsein zu erklären, zeigt die Unhintergehbarkeit von Bewusstsein; dass es eben tatsächlich Fundament allen Wissens ist, impliziert, dass auch nur es selbst das Wissen über sich erklären kann.

8 Vgl. zu Hölderlins Fichte-Kritik in *Urtheil und Seyn* Dieter Henrich *Der Grund im Bewusstsein. Untersuchungen zu Hölderlins Denken (1794–1795)*, Stuttgart 1992, S. 40–48.

9 Vgl. auch hierzu Dieter Henrich *Der Grund im Bewusstsein. Untersuchungen zu Hölderlins Denken (1794/95)*, Stuttgart 1992, bes. S. 558–591; Henrich rekonstruiert einleuchtend das »Seyn« als Einheitsgrund, der den verschiedenen wissenden Weltbezügen der Subjektivität vorausgeht, denn alles Wissen setzt als korrelatives ein Korrelationen ermöglichendes Einfaches voraus. Dieses im Singular und als Substantiv gemeinte »Sein« kann natürlich nicht aus der gewöhnlichen Verwendung des »seins« als Verb oder als die Existenz eines Individuums, das unter einen Begriff fällt, rekonstruiert werden. Sofern Sein im substantivischen und singulären Sinn eine eigene Bedeutung hat und von »sein« als Verb und

Existenz unterschieden werden muss, kann Hölderlins Sein natürlich auch nicht mit den Mitteln der Sprachanalyse von »sein«/existieren kritisiert werden, letzteres folgt aus Wissensbezügen bzw. erläutert unser Seinsverständnis, sofern es im Wissen mitthematisch ist, und dieses greift zu kurz, um das spekulativ gedachte Sein überhaupt thematisieren zu können. Das legt offen, dass Hölderlins ontologischer Grund des Bewusstseins selbst gegenüber dem Bewusstsein transzendent ist. Vgl. auch Jürgen Stolzenberg *Selbstbewusstsein. Ein Problem der Philosophie nach Kant. Zum Verhältnis Reinhold – Hölderlin – Fichte*, in: Revue Internationale de Philosophie, Sondernr. 197 (1996), S. 461 – 482, der sehr einleuchtend argumentiert, dass Hölderlin Fichtes Ichphilosophie vermittelt durch Reinholds Theorie des Selbstbewusstseins versteht. Vgl. auch Wolfgang Janke *Hölderlin und Fichte*, in: *Transzendentalphilosophie als System. Die Auseinandersetzung zwischen 1794 und 1806*, (Hrsg.) A. Mues, Hamburg 1989, S. 294 – 312; sowie Violetta Waibel *Hölderlin und Fichte 1794 – 1800*, Paderborn 2000, und Andreas Graeser *Hölderlin über Urteil und Sein*, in: Freiburger Zeitschrift für Philosophie und Theologie 38 (1991), S. 111 – 128. Zur intellektuellen Anschauung bei Fichte vgl. die grundlegende Studie von Jürgen Stolzenberg *Fichtes Begriff der intellektuellen Anschauung. Die Entwicklung in den Wissenschaftslehren von 1793/94 bis 1801/02*, Stuttgart 1986. Bezüglich Hölderlins Sein und intellektueller Anschauung als transzendent gegenüber dem Bewusstsein kommt Johannes Brachtendorf *Hölderlins eigene Philosophie? Zur Frage der Abhängigkeit seiner Gedanken von Fichtes System*, in: Zeitschrift für philosophische Forschung 52 (1998), S. 383 – 405, bes. deutlich zusammengefasst S. 404, zu einer anderen Einschätzung als Henrich und den ihm Folgenden. Nach Brachtendorf ist Hölderlins »Seyn« durchaus ein bewusstseinsimmanentes Prinzip in Fichtes Sinn, keine bewusstseinstranszendente Instanz; hierfür kann sich Brachtendorf auf Hölderlins Brief an Hegel vom 26. Januar 1795 (vgl. StA VI/1, 155) berufen, in dem Hölderlin vor dem Dogmatismus und der Transzendenz warnt, die sich ergeben, sollte man über das Bewusstsein als Prinzip hinaus wollen. Merkwürdigerweise ist aber an dieser Briefstelle gerade Hölderlins Verdacht, Fichte wolle mit seinem absoluten Ich über das Bewusstsein hinaus. Damit hat Brachtendorf natürlich durchaus einen Punkt getroffen; daher ist wohl zwischen Hölderlins Fichte-Kritik einerseits und seinem eigenen Konzept von Transzendenz bzw. einem transzendenten Grund des Bewusstseins andererseits stärker zu unterscheiden. Einerseits kann Hölderlin berechtigterweise an Fichte kritisieren, dass dieser einerseits konsequenter Kantianer sein will und dennoch andererseits scheinbar mit seinem absoluten Ich über das (endliche) Bewusstsein hinausgehen will, Fichte also seinen eigenen Kriterien einer Transzendentalphilosophie widerspricht. Und andererseits muss in Hölderlins eigenem philosophischen Ansatz nicht jede Transzendenz einen Dogmatismus bedeuten, denn wie *Urtheil und Seyn* zeigt, ergibt sich aus der internen Differenz des Ich selbst jener Überschritt zum Sein als einer vorgängigen Einfachheit, die Teilung und Teilbarkeit erklärbar macht. Diese Transzendenz hat also im Bewusstsein ihren Grund und ist damit nicht dogmatisch, nicht einfach eine unbegründete Setzung.

10 StA IV/1, 216.

11 A.a.O., 216f.

12 Vgl. Platon *Soph.*, 251d ff., 254d ff.

13 Das scheint mir gegen die subtile und sehr bedenkenswerte Deutung von Volker Rühle *Verdichtete Zeit. Schöpferische Konsequenz und geschichtliche Erfahrung im Blick auf Hölderlin*, München 2010, Kap. I/4: *Die Immanenz des Absoluten und die Genese des poetischen Zeitproblems: ›Seyn Urtheil Modalität‹ und der ›Hyperion‹-Roman*, S. 71–93, zu sprechen. Rühle deutet im Ausgang von Hölderlins Spinoza-Lessing-Jacobi-Rezeption, dass das Absolute bei Hölderlin ein immanentes Absolutes sei, welches jede Form von Transzendenz ausschließt. Daher – ähnlich wie die oben bereits erwähnte Deutung von Brachtendorf, aber sich weiter von Fichtes Ich-Philosophie entfernend –, deutet Rühle, kann das »Sein im eigentlichen Sinne« nicht im Gegensatz zu den Entgegensetzungen des Bewusstseins und Urteils gesehen werden, es würde sonst ja selbst wieder im Gegensatz stehen. Diese schon an Hegels Frankfurter Fragmente – wohl auch an Zwilling, also eher in die Frankfurter und Homburger Phase gehörenden Gedankengänge Hölderlins – gemahnende und durchaus einleuchtende Argumentation hat zur Konsequenz, dass das »Sein« sich (auch) *in* den Gegensätzen des Urteils und des Bewusstseins artikuliert, diesem nicht äußerlich gegenübersteht. »Sein« sei keine Verbindung von Subjekt und Objekt, die beiden »übergeordnet oder vorausgesetzt« sei, vielmehr sei es eine Verbindung, die sich in Subjekt und Objekt als ganze und ungeteilte jeweils vollständig ausdrückt und differenziert (a. a.O., S. 81). – Abgesehen davon, dass dies dem Text von Hölderlins *Urtheil und Seyn* geradezu widerspricht, wäre »Sein« ja dann doch geteilt; selbst wenn es sich jeweils in Subjekt oder Objekt als Ganzes differenziert, wäre es dennoch grundlegender in Subjekt und Objekt geteilt. – S. 82 geht Rühle dann konsequent weiter und sagt, dass die Einheit der intellektuellen Anschauung bzw. des »Seins« ohne die Differenzierungen und Urteilungen gar nicht möglich wäre; das Absolute ist vom Entgegengesetzten »abhängig«, es schließt die Differenzierungen und das Urteil ein, nicht aus (vgl. S. 84), dieses bilde einen schöpferischen Akt des Seins, dass es sich ur-teilt. Rühle bezieht diese Deutung eines sich schöpferisch urteilenden Seins dann auch auf den Abschnitt über die Modalkategorien aus *Urtheil und Seyn* und gewinnt daraus eine Verzeitlichung von Seins-Urteilung in der Wirklichkeit (vgl. S. 84ff.). – Dies hat jedoch die Schwierigkeit, die Modalitätskategorie »Wirklichkeit« mit »Sein« zu identifizieren, was so – auch nach Hölderlins eigenen Gedanken – natürlich nicht stimmen kann, weil z.B. Wirklichkeit der Möglichkeit entgegengesetzt ist und damit das Sein wiederum in Gegensatz zu etwas gesetzt wäre, was auch nach Rühles eigenen Vorgaben aber ja gerade nicht geschehen darf, soll das Sein ein immanentes Absolutes sein. Mir scheint es eher so zu sein, dass das Verhältnis des »Seins« zu den einzelnen Modalitätskategorien Möglichkeit, Wirklichkeit, Notwendigkeit in Hölderlins Entwurfsskizze eines von Gattung und Art ist; ähnlich wie sich bei Kant »Modalität« (Sein im weiteren Sinne) als Bezeichnung einer ganzen Klasse von Kategorien zu den einzelnen Modalitätskategorien verhält. – Insgesamt hat Rühle damit sicherlich einen bedenkenswerten Punkt, wenn man von einem immanenten Absoluten ausgeht, macht jedoch vieles aus Hölderlins Jenaer Periode und der Schaffensphase des

Hyperion zu einer Vorwegnahme des späten, reifen Hegel. Vielfach widerspricht Rühles Deutung auch einfach dem, was Hölderlin in der Skizze *Urtheil und Seyn* selbst sagt.

14 Die Lebendigkeit des Seins hebt auch hervor Michael Franz *Schelling und Hölderlin – ihre schwierige Freundschaft und der Unterschied ihrer philosophischen Position um 1796*, in: Hölderlin-Jahrbuch 31 (1998 – 1999), S. 95: »Das erste in Hölderlins Schema ist vor-bewußt. Es erhält den Namen ›Seyn‹ in jenem ›einzigen Sinn des Worts‹, der mit seiner Verwendung für Existenzaussagen einerseits oder für Aussagen über Substanzen andererseits nichts zu tun hat. Der ›einzige Sinn‹ des Wortes ›Sein‹, den Hölderlin hervorhebt, besteht nämlich in dem Einssein, besteht darin, ›Eines zu seyn mit Allem, was lebt‹. Für Hölderlin heißt ›Sein‹, nicht Objekt-sein, sondern Einig-sein ›mit Allem, was lebt‹, d.h. lebendig sein. ›Seyn‹ bedeutet also ›Lebendig-sein‹. Bzw. ›Lebendig-sein‹ ist jener emphatische Sinn, den Hölderlin für seinen Ausdruck ›Seyn‹ in Anspruch nehmen will. Wichtig für den Unterschied zu Schellings Anfangsgröße, der Identität des göttlichen Selbstbewußtseins: Hölderlins ›Seyn‹ ist kein ›bewußt-sein‹.« Allerdings ist es ein subtiles Problem, wenn Franz hier sagt, dass Hölderlins Sein nichts mit demjenigen Sein zu tun hat, das in »Aussagen über Substanzen« seine Verwendung findet. Franz hat wohl ein Urteil wie »Der Tisch existiert« vor Augen. Doch wenn Hölderlin in Franz' Zitat selbst sagt, dass Sein in allem, was lebt, als Einheit an*wesend* ist, dann ist bei lebendigen Substanzen natürlich die Aussage »Susette Gontard lebt.« oder »Angela Merkel lebt.« eine korrekte Verwendung von Lebendig-Eines-Sein in einer Aussage über eine Substanz. Auch wenn Hölderlin in *Urtheil und Seyn* sagt, dass dem Sein ein Wesen zukommt, das nicht durch Trennung verletzt werden darf, scheint er Sein essentiell, d.h. als eigenständige Substanz, aufzufassen. Wenn das jedoch korrekt ist, kann man durchaus wahre Substanzaussagen über das Sein machen oder über Seiendes, das am Sein teilhat. Doch das hat problematische Konsequenzen, denn dann kann Sein zum Gegenstand von Urteilen werden. Urteil und Sein schließen sich aber nach Hölderlin aus.

15 *Hyperions Schicksaalslied*, StA I/1, 265.

16 Vgl. z.B.: Fichtes Rezension *Aenesidemus, oder über die Fundamente der von dem Hrn. Prof. Reinhold in Jena gelieferten Elementar-Philosophie. 1794*, in: ders. GA I/2, S. 48, vgl. auch *Zweite Einleitung in die Wissenschaftslehre im Versuch einer neuen Darstellung der Wissenschaftslehre von 1797/98*, in: GA I/4, S. 216ff., 224ff., 265f.

17 Nähere Ausführungen zur intellektuellen Anschauung macht Hölderlin im Entwurf *Über den Unterschied der Dichtarten*, StA IV/1, 267f.

18 Dass es zwischen Hölderlin und Schelling bei Begegnungen zu Meinungsverschiedenheiten kam, belegen Hölderlins Briefe an Niethammer vom 22. Dezember 1795 und vom 24. Februar 1796, StA VI/1, 191 und 203; zu den Meinungsverschiedenheiten zwischen Hölderlin und Schelling vgl. auch den Brief an die Mutter vom 1. September 1798, StA VI/1, 280. Vgl. hierzu Christoph Jamme *»Ein ungelehrtes Buch.« Die philosophische Gemeinschaft zwischen Hölderlin und Hegel in Frankfurt 1797–1800*, Bonn 1983, S. 115, sowie Johann Kreuzer *Hölderlin im Gespräch mit Hegel und Schelling*, in: Hölderlin-Jahrbuch 31 (1998 –

1999), S. 51–72. Vgl. auch Michael Franz *Schelling und Hölderlin – ihre schwierige Freundschaft und der Unterschied ihrer philosophischen Position um 1796*, in: a.a.O., S. 75–98.

19 Vgl. hierzu z.B. Schellings Brief an Hegel vom 4. Februar 1795; in: *Briefe von und an Hegel*, (Hrsg.) J. Hoffmeister, Bd. 1, 1785–1812, Hamburg 1961, S. 22. Vgl. zum Thema auch: Rainer Schäfer *Transzendental-kritischer und metaphysischer Idealismus in den frühen Konzeptionen Fichtes und Schellings*, in: *Aufklärungen.* Festschrift für Klaus Düsing, (Hrsg.) K. Engelhard, Berlin 2002, 91–112, sowie: ders.: *Die Gigantomachie von Idealismus und Realismus in Schellings und Fichtes Frühphilosophie*; in: Hegel-Studien Beiheft 56 (2012); *Metaphysik und Metaphysikkritik in der Klassischen Deutschen Philosophie*, (Hrsg.) Myriam Gerhard, Annette Sell, Lu De Vos, S. 79–109.

20 Vgl. zu dieser Kritik Hölderlins an Schelling: Dieter Henrich *Der Grund im Bewusstsein. Untersuchungen zu Hölderlins Denken (1794–1795)*, Stuttgart 1992, S. 126–135.

21 Schelling *Vom Ich als Princip der Philosophie oder über das Unbedingte im menschlichen Wissen*, in: ders. *Historisch-kritische Ausgabe* [= AA], (Hrsg.) H.M. Baumgartner u. W.G. Jacobs, H. Krings, H. Zeltner, Stuttgart 1976 ff., Bd. I/2, S. 99.

22 Schelling *Philosophische Briefe über Dogmatismus und Kritizismus*, AA, I/3, S. 59 f.

23 StA III, 186.

24 So sieht es bereits Wolfram Hogrebe *Hölderlins mantischer Empirismus*, in: *Natur, Kunst, Freiheit. Deutsche Klassik und Romantik aus gegenwärtiger Sicht*, (Hrsg.) Marek J. Siemek, = Fichte-Studien-Supplementa Bd. 10, Amsterdam 1998, S. 109–124, bes. S. 116 f.

25 Vgl. Hölderlins Brief an Hegel vom 26. Januar 1795, StA VI/1, 155: Fichtes absolutes Ich ist »noch auffallender transcendent, als wenn die bisherigen Metaphysiker über das Daseyn der Welt hinaus wollten«.

26 Zu Hölderlins Platonismus vgl. Ulrich Port *»Die Schönheit der Natur erbeuten«. Problemgeschichtliche Untersuchungen zum ästhetischen Modell von Hölderlins »Hyperion«*, Würzburg 1996, S. 61 ff., sowie Klaus Düsing *Ästhetischer Platonismus bei Hölderlin und Hegel*, in: *Homburg vor der Höhe in der deutschen Geistesgeschichte. Studien zum Freundeskreis um Hegel und Hölderlin*, (Hrsg.) Christoph Jamme und Otto Pöggeler, Stuttgart 1981, S. 101–117.

27 Vgl. StA III, 236.

28 Vgl. Heraklit Fragment, DK 22 B 10, in: *Die Vorsokratiker*, Bd. I, (Hrsg.) J. Mansfeld, Stuttgart 1991, S. 259.

29 StA III, 236 f. Wenn Hölderlin hier ausführt, dass mit der Schönheit Sein präsent ist – und in seiner Diotima war es für Hölderlin tatsächlich gegenwärtig –, dann spricht dies dagegen, wie Johann Kreuzer *Hölderlin im Gespräch mit Hegel und Schelling*, in: Hölderlin-Jahrbuch 31 (1998–1999), S. 65, Sein und Einheit bloß »als regulative Idee in der Sphäre empirischer Endlichkeit in negativer Präsenz« zu deuten. Das Schönheits-Sein ist bei Hölderlin positive Realpräsenz in Geschichte und empirischer Wirklichkeit, darin geht er über Kant hinaus; das

impliziert natürlich nicht, dass alles in Geschichte und Wirklichkeit das wahre schöne Sein ist.

30 Vgl. Jacobi *Werke*, Bd. IV, 2, S. 39f.; vgl. hierzu auch Hölderlins *Jacobi-Exzerpt* in StA IV/1, 207ff., vgl. hierzu Margarethe Wegenast *Hölderlins Spinoza-Rezeption und ihre Bedeutung für die Konzeption des »Hyperion«*, Berlin/Boston ²2013.

31 Vgl. hierzu Panagiotis Thanassas *Die erste »zweite Fahrt«. Sein des Seienden und Erscheinen der Welt bei Parmenides*, München 1997, sowie ders. *Parmenides, Cosmos, and Being. A Philosophical Interpretation*, Milwaukee 2007; der zwischen einer monistischen Ontologie (Sein) und dem veränderlichen Seienden (das Ontische) in Parmenides' Lehrgedicht differenziert.

32 StA III, 81, vgl. auch 83, wo Hölderlin das ἓν διαφέρον ἑαυτῷ als »Ideal der Schönheit« bezeichnet. Die Sinnstiftung des Einen in sich unterschiedenen für den *Hyperion* als Roman hat Lawrence Ryan *Hölderlins »Hyperion«. Exzentrische Bahn und Dichterberuf*, Stuttgart 1965, S. 104 – 156, sehr klar herausgearbeitet.

33 Vgl. Platon *Symp.*, 187 a.

34 Platon *Rep.*, 509 b. Besonders erhellend ist die Darlegung von Hölderlins Platonismus im *Hyperion* bei Ulrich Port *»Die Schönheit der Natur erbeuten«. Problemgeschichtliche Untersuchungen zum ästhetischen Modell von Hölderlins »Hyperion«*, Würzburg 1996, S. 61ff., der auch deutlich macht, dass Hölderlin Platon durch die Brille von Winckelmann las.

35 StA III, 9.

36 Vgl. zu Hölderlins Studium in Jena bei Fichte: Ulrich Gaier, Valérie Lawitschka, Wolfgang Rapp, Violetta Waibel *Das »Jenaische Project« Wintersemester 1794/95*; in: *Hölderlin Texturen 2*, (Hrsg.) Hölderlin-Gesellschaft Tübingen, Tübingen 1995, S. 100 – 126.

37 StA VI/1, 139.

38 StA VII/2, 19. Jene titanenhafte Wirkung Fichtes kommt auch in der Einschätzung in einem Brief von Hölderlins Freund Isaak von Sinclair an Franz Wilhelm Jung vom 26. März 1795 zum Ausdruck: Fichtes Philosophie »ist im eigentlichen Sinn des Wortes eine Feuertaufe. Ihre Hauptzüge sind, daß sie unausgesetzte Tätigkeit, ewigen Kampf heischt, niemals Ruhe erlaubt und immer zum Ziel nicht Glückseligkeit, sondern Gerechtigkeit vorsetzt. Aus den Tiefen menschlicher Erkenntnis steigt er empor und sagt: Ruhe und Glückseligkeit sind nicht Worte des Menschen, zum Kampf, zum Streben, zum Unendlichen sind wir bestimmt.« Zitiert nach: Hannelore Hegel *Isaak von Sinclair zwischen Fichte, Hölderlin und Hegel. Ein Beitrag zur Entstehungsgeschichte der idealistischen Philosophie*, Frankfurt a.M. 1971, S. 24.

39 StA VI/1, 155.

40 Vgl. StA VI/2, 725.

41 Vgl. Fichte GA I/2, 279 – 282.

42 StA VI/1, 202 f.

43 StA VI/1, 302 ff.

44 StA VI/1, 306 f.

45 Brief an Neuffer vom 3. Juli 1799, StA VI/1, 339.

46 Vgl. StA IV/1, 228 – 273. Es ist Sieglinde Grimm »*Vollendung im Wechsel*«. *Hölderlins Verfahrungsweise des poetischen Geistes als poetologische Antwort auf Fichtes Subjektphilosophie*, Tübingen/Basel 1997, S. 116, nicht zuzustimmen, dass bei Hölderlin die einander wechselseitig bedingenden Teile (z. B. Form, Materie) demjenigen entsprechen, was bei Fichte mit dem absoluten Ich des 1. Paragraphen der *Grundlage der gesamten Wissenschaftslehre* gemeint ist. Hölderlin lehnt, wie gesehen, ein absolutes Ich als inkohärent ab; dann wird er wohl kaum in seiner *Verfahrungsweise des poetischen Geistes* ein Analogon dazu aufstellen. Allerdings betont Grimm zu Recht, dass Hölderlin mit seiner Konzeption des Seins als untrennbarer Einheit den egologischen Seinsbegriff Fichtes kritisiert (vgl. a.a.O., S. 224 ff.). Grimm ist wiederum nicht zuzustimmen, wenn sie über das Zugleichsein der Teile und den Wechsel der Teile in Hölderlins *Verfahrungsweise* schreibt: »Dieses Bedingungsverhältnis ähnelt dem der Komponenten von Ich und Nicht-Ich, die sich in Fichtes ›absolutem Ich‹ gegenseitig beschränken.« (a.a. O.) Dem liegt ein Missverständnis von Fichtes absolutem Ich zugrunde, sofern damit das Ich des 1. Paragraphen gemeint sein sollte, denn in diesem gibt es gar keine voneinander unterschiedenen Teile, es ist einfache Selbstidentität, »Ich = Ich«, auf beiden Seiten der Gleichung steht genau dasselbe; ein Nicht-Ich ist im absoluten Ich nicht gesetzt. Sollte Grimm mit dem absoluten Ich jedoch das Ich meinen, das sich aus den ersten drei Paragraphen der *Grundlage* insgesamt zusammensetzt, dann ist das insofern problematisch, als das Ich, das dem Nicht-Ich entgegengesetzt ist, eben das limitierte Ich ist, gerade kein absolutes Ich. Erst im 5. Paragraphen (= *Praktischer Teil der Wissenschaftslehre*) scheint Fichte seine eigene Konzeption eines absoluten Ich zu verändern und postuliert rückwirkend eine Differenz im absoluten Ich (vgl. GA I/2, S. 388), wozu er aufgrund des zuvor von ihm Explizierten aber nicht berechtigt ist; es führt auch zu der Inkohärenz, dass in reiner Identität Differenz gesetzt wäre.

47 StA VI/1, 348.

48 StA VI/1, 419.

49 StA VI/1, 422.

3. *Natur und Kunst oder Saturn und Jupiter*

50 Vgl. StA II, 37 f.

51 StA II/1, 37 f.

52 Vgl. hierzu Paul Böckmann *Hölderlin und seine Götter*, München 1935, S. 312.

53 Vgl. hierzu Benno von Wiese *Hölderlins mythische Tragödie ›Der Tod des Empedokles‹ und ihre Bedeutung im Rahmen seines Zeitalters*, in: ders. *Die deutsche Tragödie von Lessing bis Hebbel*, Hamburg [8]1973, S. 345 – 379, und Friedrich Beißner *Hölderlins Trauerspiel ›Der Tod des Empedokles‹ in seinen drei Fassungen*, in ders. *Hölderlin. Reden und Aufsätze*, Weimar 1961, S. 67 – 91.

54 StA IV, 152 ff.

55 Vgl. hierzu Hans Schwerte *Aorgisch*, in: Germanisch-Romanische Monatsschrift, N.F. III (1953), S. 29 – 38.

56 Nach Anaximander ist das ἄπειρον (Unendliches, Unbegrenztes, Unbestimmtes) dasjenige, woraus das Seiende entsteht und wohin es wiederum vergeht, gemäß der Notwendigkeit, ανάγκη, und Gerechtigkeit. Die Seienden zahlen damit einander Buße für die Ungerechtigkeit, die sie sich gemäß der Ordnung der Zeit angetan haben; vgl. *Die Vorsokratiker* Bd. I, (Hrsg.) J. Mansfeld, Stuttgart 1991, S. 73. Vgl. hierzu Wolfgang Schadewaldt *Die Anfänge der Philosophie bei den Griechen. Tübinger Vorlesungen*, Bd. 1, Frankfurt a.M. 1978, S. 242 – 244.

IV. Christus und seine Brüder in der Endzeit von Hellas: *Der Einzige*

1 Vgl. StA III, 532.

2 Vgl. StA VIII, 293. Cori Mackrodt *Aufbrechende Schrift. Textgenetische Lektüren von Friedrich Hölderlins ›Der Einzige‹*, Würzburg 2007; S. 9, datiert die dritte Fassung von *Der Einzige* auf 1805.

3 StA II/1, 163.

4 StA II/1, 162.

5 Vgl. hierzu die glänzende Darstellung bei Jochen Schmidt *Zur Funktion synkretistischer Mythologie in Hölderlins Dichtung ›Der Einzige‹ (Erste Fassung)*, in: Hölderlin-Jahrbuch 25 (1986 – 1987), S. 176 – 212; nach Schmidt thematisiert Hölderlin in *Der Einzige* geradezu seine innere Spannung und die Scham, die er empfindet, wenn er Christus, Dionysos und Herakles synkretistisch miteinander vergleicht, und er strebe eine Plausibilisierung bzw. Synthesis mit dem Vergleich an, bei der es darum geht, die Einheit der drei Halbgötter darin aufzuweisen, dass sie, alle ein schreckliches, tragisches Ende nehmend, als Verweltlichungen des Göttlichen, des Höchsten fungieren. Schmidt weist auch zu Recht darauf hin, dass Hölderlin mit den Schlussversen so weit geht, auch den Dichter selbst in die Reihe der tragischen Helden-Halbgötter einzureihen, denn auch der Dichter hat die Aufgabe, das Göttliche in der Welt darzustellen. Vgl. auch Johann Kreuzer *Philosophische Hintergründe der Christus-Hymne ›Der Einzige‹*, in: Hölderlin-Jahrbuch 32 (2000 – 2001), S. 69 – 104. Kreuzer weist (a.a.O., S. 77 ff., u.a. gegen Jochen Schmidt) darauf hin, dass mit der Liebe von Christus keine »treppenweise«,

d.h. durch unterschiedliche Stufen vermittelte Begegnung von Göttern und Menschen geschieht, sondern eine direktere Einheit von Göttlichem und Menschlichem in der Doppelnatur von Jesus Christus vorliegt. – Da Hölderlin Dionysos und Herakles aber auch als Halbgötter sieht, kann man nicht sagen, dass jene Doppelnatur ein Alleinstellungsmerkmal von Christus sei. – Kreuzer interpretiert, dass gerade durch diesen Gegensatz zum antik-neuplatonischen Hypostasen-Vermittlungsmodell (»treppenweise«) Christus zum Ende/Vollender werde. Kreuzer sieht dies als Parallele zu Hegels Deutung des Christentums mit dessen Gegensatz zur Antike in den Frankfurter Manuskripten. Das »treppenweise«, auf das sich Kreuzer bezieht, entstammt einer Erweiterung der 7. Strophe, die Hölderlin in die erste Fassung von *Der Einzige* eingefügt hat. Sie lautet:

Und weiß nicht alles. Immer stehet irgend
[Ein] Eins zwischen Menschen und ihm.
Und treppenweise steiget
Der Himmlische nieder. (StA II/2, 745)

Das besagt jedoch offenbar, dass die stufenartige Vermittlung gerade korrekt die Vermittlung des Himmlischen wiedergibt. Kreuzer hebt auch Augustinus als Quelle für die christliche Deutung der Trinität bei Hölderlin hervor. Tatsächlich erwähnt die zweite Fassung von *Der Einzige* kryptisch-fragmentarisch:

Und Kriegsgetön, und Geschichte der Helden unterhält,
hartnäckig Geschik,
Die Sonne Christi, Gärten der Büßenden, und
Der Pilgrime Wandern und der Völker ihn, und des Wächters
Gesang und die Schrift
Des Barden oder Afrikaners. (StA II/1, 159)

Der »Afrikaner« ist vielleicht tatsächlich ein Hinweis auf Augustinus, der »Barde« evtl. auf Klopstock. Insgesamt scheint mir jedoch, dass diese Verse Hölderlins eine Art aufzählendes und vorläufiges *Brainstorming* sind, das er offenbar noch ausarbeiten wollte. Man kann daraus kaum weitreichende philosophische Hintergründe genau rekonstruieren, auch nicht Hölderlins Sicht der Trinität. Ein weiteres philosophisches Motiv macht Kreuzer bei dem Vers:

Und freilich weiß
Ich der dich zeugte, dein Vater ist
Derselbe. (StA II/1, 163)

aus der dritten Fassung von *Der Einzige* aus. Ebenfalls mit Bezug zu Augustinus deutet Kreuzer, Hölderlin verweise hier auf eine produktiv göttliche Form von Selbigkeit, eine kreative Identität. Man kann diese Deutungen Kreuzers wohl auch problematisch sehen, da der späte Hölderlin eben vor allem eine Kontinuität zwischen den antiken Halbgöttern und Christus sieht. Nachdem Hölderlin in der ersten Fassung von *Der Einzige* seine Liebe zu den antiken Göttern beschrieben hat, heißt es: »Noch Einen such ich, den / Ich liebe *unter euch*, / Wo ihr *den lezten eures Geschlechts*…« (StA II/1, 154; Hervorh. R.S.); das ist eine eindeutige Einreihung in die griechische Götterwelt und keine Entgegensetzung. Der Bezug zu Augustins Trinitätsdenken ist m. E. auch deswegen problematisch, weil sich gerade dieses u.a. aus neuplatonischen Motiven speist, also in dieser Hinsicht nicht nur einen Gegensatz zur Antike bildet. Kreuzer kann in diesem Kontext jedoch auf einen Vers aus der zweiten Fassung verweisen:

Es entbrennt aber sein Zorn; daß nemlich
Das Zeichen die Erde berührt, allmählich
Aus Augen gekommen, als an einer Leiter. (StA II/1, 159)

Die Leiter deutet Kreuzer als Sinnbild indirekt stufenweiser Vermittlung. Das gibt der Text jedoch so deutlich nicht her, man kann es auch so deuten, dass der Zorn des göttlichen Vaters von Dionysos, Herakles und Christus entbrennt, weil generell die Menschen nicht mehr sehen, dass seine göttlichen Zeichen tatsächlich die Erde berühren, und die Menschen nur noch auf die Leiter nach oben hin blicken, um dort etwas zu sehen, aber die eigentliche Bedeutung, dass die Leiter mit der Erde verbunden ist, auf ihr steht, übersehen wird. Letztlich ist auch Kreuzers Deutung des oben angeführten »Derselbe« als göttlich kreativer Identität aus der dritten Fassung problematisch, weil es Hölderlin an dieser Stelle ganz einfach und sehr konkret darum geht, zu beschreiben, wie Dionysos, Herakles und Christus Brüder sein können, sie sind eben alle vom selben Vater gezeugt. Würde die Selbigkeit eine göttliche Kreativitätsidentität bezeichnen, gälte sie also genauso für Dionysos und Herakles.

6 StA II/1, 154.

7 StA II/1, 155.

8 StA II/1, 158.

9 StA II/1, 162 f.

10 Dort heißt es: »Und kühn bekenn' ich, du bist Bruder auch des Eviers, der / Die Todeslust der Völker aufhält und zerreißet den Fallstrik«. Meta Corssen *Die Tragödie als Begegnung zwischen Gott und Mensch. Hölderlins Sophokles Deutung*, in Hölderlin-Jahrbuch 3 (1948 – 1949), S. 184 f., deutet dies – auch im Unterschied zu Jochen Schmidt – anders, nach ihr ist es der »höchste Gott« bzw. Christus bzw. der »Vater der Erde«, der die Todeslust der Völker aufhält und den Fallstrick zerreißt. Das scheint mir problematisch, durch das Relativpronomen liegt es nahe, jene Tätigkeiten auf den Evier, d. h. Dionysos, zu beziehen. Alternativ kann man sie höchstens auf Christus beziehen, aber der ist nicht identisch mit dem höchsten Gott und auch nicht mit dem »Vater der Erde«, was Corssen an dieser Stelle aber sagt.

11 StA II/1, 164.

12 StA II/2, 752.

13 So macht es fälschlicherweise Wolfgang Janke *Archaischer Gesang. Pindar – Hölderlin – Rilke. Werke und Wahrheit*, Würzburg 2005, S. 107.

14 Vgl. Jochen Schmidt *Zur Funktion synkretistischer Mythologie in Hölderlins Dichtung ›Der Einzige‹ (Erste Fassung)*, in: Hölderlin-Jahrbuch 25 (1986 – 1987), S. 176 – 212.

15 Es ist daher in dieser Hinsicht nicht der sonst sehr differenzierten, erkenntnisreichen und verdienstvoll nah an Hölderlins Handschrift orientierten Studie von Cori Mackrodt *Aufbrechende Schrift. Textgenetische Lektüren von Friedrich Hölderlins ›Der Einzige‹*, Würzburg 2007, S. 24, zuzustimmen, wenn sie

eine der Hauptthesen ihres Buchs folgendermaßen erläutert: »Sie besagt, dass die Nennung des Namens Christus weder eine Hinwendung Hölderlins zum Christentum markiert noch als »synkretistische Mythologie« beschrieben werden kann, sondern das Ergebnis der Auseinandersetzung der zuvor ineinander geblendeten Doppelfiguration Christus/Dionysos ist.« Sie wendet sich damit auch gegen die Deutung Schmidts. Aber a) auch die »Doppelfiguration Christus/Dionysos« ist doch wohl ein Synkretismus. Und b) es ist wohl nicht sinnvoll, gegen den Text von *Der Einzige* abzustreiten, dass es dort um drei göttliche Wesen geht, Herakles wird ausdrücklich genannt (ebenso Apoll und Zeus in der 1. Strophe). Ihn kann man doch nicht ignorieren, was aber geschieht, wenn man annimmt, in *Der Einzige* gehe es Hölderlin hauptsächlich um die Auseinandersetzung mit der von ihm selbst kreierten Doppelfigur Christus/Dionysos. Es wird auch nicht ganz klar bei Mackrodt, was die Auseinandersetzung genau bedeutet; nimmt Hölderlin den Synkretismus Christus/Dionysos zurück? Oder baut er ihn radikaler aus? Letzteres kann eigentlich nicht sein, denn dann würde der Vergleich von Christus und Dionysos in *Der Einzige* keinen Sinn mehr machen, wenn es sich ohnehin um den (mehr oder weniger) selben handelt. Die These, dass mit *Der Einzige* keine Hinwendung zum Christentum vorliegt, ist einleuchtend, allerdings vor dem Hintergrund, dass sich Hölderlin Christus zuwendet. Interessant ist, dass Jochen Schmidt *Hölderlins geschichtsphilosophische Hymnen »Friedensfeier« »Der Einzige« »Patmos«*, Darmstadt 1990, S. 1 ff., den Synkretismus, Christus als antiken Halbgott zu deuten, in der Perspektive der Aufklärung sieht, die die verschiedenen Religionen miteinander auszusöhnen trachtet; analog zur Ring-Parabel von Lessing. Schon Hans-Georg Gadamer *Hölderlin und die Antike*, in: ders. *Kleine Schriften II*, Tübingen 1967, S. 59 ff., betont natürlich zu Recht, es sei ein provokanter Sinn gerade der Hymne *Der Einzige*, dass Christus seinen Einzigkeitsanspruch aufgeben soll; Christus muss der Versöhnungsfeier fernbleiben, solange er jenen Anspruch aufrecht erhält. Dies führt ebenfalls aus: Ernst Mögel *Natur als Revolution. Hölderlins Empedokles-Tragödie*, Stuttgart, Weimar 1994, S. 209 ff.; er betont, dass mit der Anerkennung des Polytheismus durch Christus eine »Versöhnung von Antike und Christentum als Ende des ›christlichen Abendlandes‹« geschieht. Diese Anspielung auf Spengler hat allerdings auch eine leichte Schiefe, denn Christus ist für Hölderlin eben auch selbst ein antiker Halbgott, der, wie man z. B. in der *Friedensfeier* sehen kann, sich dazu durchringen kann, andere Götter neben sich anzuerkennen, was zur Rettung des Abendlandes bzw. der gesamten Menschheit beiträgt, eben zur Friedensfeier. Man kann höchstens sagen, dass der neuartige Christus von Hölderlin zum Untergang des traditionellen Christentums im Abendland führt, weil dieses eben den simplifizierten Einzigkeitsanspruch stellt.

16 StA II/2, 753.

17 StA II/2, 753.

18 Wie zuvor bereits gesehen, rückt Hölderlin schon in dem hymnischen Entwurf *Einst hab ich die Muse gefragt …* (vgl. StA II/1, 220 f.) Herkules in die Nähe eines Fürsten und schreibt ihm die Führungsqualitäten eines Jagdfalken zu. Was vielleicht auch eine Eingrenzung der doch recht weiten Datierung dieses

Fragments zwischen 1800 und 1806 in StA zulässt. Denn der Gedanke zu Herakles/Herkules als Fürst legt eine zeitliche Nähe zur 3. Fassung von *Der Einzige* nahe. Die Entstehung von *Einst hab ich die Muse gefragt* ... könnte also auch in den Herbst 1803 fallen.

19 StA IV, 269.

20 Werner Hamacher *Parusie, Mauern. Mittelbarkeit und Zeitlichkeit, später Hölderlin*, in: Hölderlin-Jahrbuch 34 (2004 – 2005), S. 93 – 142, bes. S. 106 f.

21 A.a.O., S. 107.

22 A.a.O.

23 StA II/1, 155 f.

24 Jochen Schmidt *Zur Funktion synkretistischer Mythologie in Hölderlins Dichtung ›Der Einzige‹ (Erste Fassung)*, in: Hölderlin-Jahrbuch 25 (1986 – 1987), S. 176 – 212, bes. S. 202, Fußnote, wendet sich gegen eine Deutung Gadamers *Hölderlin und die Antike*, in: ders. *Kleinere Schriften II*, Tübingen 1979, S. 27 – 44, welcher *Der Einzige* und insbesondere dessen Anfangsstrophen auch in den Kontext der »abendländischen Wendung« bzw. des Klassizismusproblems rückt. Schmidt wendet ein (a.a.O., S. 202):

> »Dagegen zeigt ein Blick auf den weiteren Verlauf der Hymne *Der Einzige*, dass es in ihr keineswegs um die Opposition von Griechen und Hesperiern, von Fremdem und Eigenem geht und damit auch nicht um den Klassizismus als Problem des Selbstverlusts; vielmehr um den Gegensatz griechischer, glanzvoll diesseitiger Kultur zum pneumatischen Wesen Christi und der von ihm geprägten Geschichtsära.«

Ich denke jedoch, dass sich Gadamers Deutung hier sinnvoll verteidigen lässt und gar nicht in einem wirklichen Kontrast zu Schmidt steht, denn die Probleme der hesperischen Gegenwart sind Folgen der Götternacht, die sich aus dem Tod Christi ergeben. Selbstverständlich hat Schmidt Recht, dass es in *Der Einzige* um das christliche Ende Griechenlands geht, und genau dieses war es, was den Anfang des Hesperischen ausmacht und also eine einseitig auf geistige, intellektuelle Klarheit bedachte Kultur hervorbrachte. Da Christus ein griechischer Halbgott war, der sich, bei aller Ähnlichkeit mit den anderen griechischen Halbgöttern – Dionysos und Herakles –, doch auch von ihnen durch seine Pneumatizität unterscheidet, muss auch er in den Kontext des Eigenen-Fremden bzw. des Klassizismusproblems eingerückt gesehen werden. Einerseits ist Christus geschichtlich-theologischer Ursprung einer besonderen Geistigkeit, andererseits hat sich diese Geistestendenz in der geschichtlichen Entwicklung der Moderne eben vereinseitigt und zu intellektualistischen Idealismen geführt, deren Streben nach geistiger Klarheit des ursprünglichen Feuers ermangelt. Das hat wiederum für den Dichter zur Konsequenz, dass er, um Christus darzustellen, sich moderner Ausdrücke bedienen muss, um das Fremdantike in seiner Gestalt erfassen zu können.

V. Der Geist als Widersacher des ›absoluten Ich‹ – *Patmos:* Das lyrische Ich auf dem Weg in die Kolonie

1 StA II/2, 608.

2 Vgl. Friedrich Beißner *Hölderlins Übersetzungen aus dem Griechischen*, Stuttgart [2]1961, S. 158.

3 Vgl. StA I/1, 307.

4 Hans Pyritz *Zum Fortgang der Stuttgarter Hölderlin Ausgabe*, in: Hölderlin-Jahrbuch 7 (1953), S. 80 – 105, bes. S. 102.

5 Vgl. Heidegger *Hölderlins Hymne »Der Ister«*, in: ders. GA Abt II, Bd. 53, (Hrsg.) Walter Biemel, Frankfurt a.M. 1984, S. 164.

6 Vgl. zum Thema auch: Hans Joachim Kreutzer *Kolonie und Vaterland in Hölderlins später Lyrik*, in Hölderlin-Jahrbuch 22 (1980 – 1981), S. 18 – 46, der sehr zu Recht darauf aufmerksam macht, dass es eine Verengung darstellt, wenn man die Wanderung des Geistes nur als eine zwischen Hellas und Hesperien begreift, diese ist natürlich die im Zentrum der Geistesentwicklung stehende, aber topographisch und bedeutungsmäßig ist Hölderlins Wanderungsweg reicher. Es stehen auch noch Indien (der Geist kommt vom »Indus« her), Asien generell sowie der Orient und das statische Ägypten im Hintergrund, aus denen sich wiederum die Anfänge der Griechen speisen; darüber hinaus kann man aufgrund der Anklänge an Kolumbus auch noch an Amerika als ferneres Ziel denken.

7 StA II/1, 180.

8 StA II/1, 228.

9 StA II/1, 195.

10 Vgl. hierzu Friedrich Binder *Äther und Abgrund in Hölderlins Dichtung*, in: ders. *Friedrich Hölderlin*, Frankfurt a.M. 1987, S. 110 – 134.

11 Wie Werner Kirchner *Hölderlins Patmos-Hymne. Dem Landgrafen von Homburg überreichte Handschrift*, in: ders. *Hölderlin. Aufsätze zu seiner Homburger Zeit*, (Hrsg.) Alfred Kelletat, Göttingen 1967, S. 57 – 68, gezeigt hat, hatte Hölderlin davon erfahren, dass sich Landgraf Friedrich V. von Hessen-Homburg von Klopstock ein Gedicht in pietistischem Geiste gegen die Aufklärungskritik gewünscht hatte, dieser dem nicht nachkommen konnte und Hölderlin mit *Patmos* diesem Wunsch zu entsprechen suchte. Hölderlin traf wohl im Herbst 1802 beim Reichstag in Regensburg mit dem Landgrafen zusammen und erfuhr von dessen Wunsch. Friedrich erhielt dann zu seinem Geburtstag am 30. 1. 1803 das Widmungsexemplar von *Patmos*. Zu diesem Zusammenhang vgl. auch Luigi Reitani *Patmos. Bericht über die Arbeitsgruppe in Konstanz am 13. Juni 2014*, in: Hölderlin-Jahrbuch 39 (2014 – 2015), S. 79 – 90, bes. S. 86 ff.

12 Vgl. auch Bernadette Malinowski *»Das Heilige sei mein Wort«. Paradigmen prophetischer Dichtung von Klopstock bis Whitman*, Würzburg 2002, Kap. II 3: »Vieles wäre zu sagen davon«: Dichtung zwischen Auftrag und Resignation. Hölderlins *Patmos*-Hymne, S. 149 – 200 sowie dies. *Hölderlins prophetische Dichtung zwischen* imitatio *und* creatio, in: Hölderlin-Jahrbuch 39 (2014 – 2015),

S. 44 – 65, bes. S. 64 f. Sie deutet, dass sich in *Patmos* die Dichtung, das Dichten als Prophetie selbst thematisiere und Hölderlin damit eine Grenze der Dichtung als Erinnerungs-, Ausdrucks- und Verstehenspotential erreiche, bei der Prophetie in das Tragische umzukippen drohe. Dabei sei das Vergessen als unvermeidlich und fundamental für den Menschen katastrophisch. Dichterisches Schreiben könne nur transitorisch durch den Geist des Buchstabens jenen schon im Wesen des Göttlichen angelegten Erinnerungsverlust aufheben, er schlage jedoch mit voller Wucht wieder zu, indem auch der Erinnerungsversuch der Dichtung wieder ein Vergessen impliziere. Meiner Einschätzung nach ist Hölderlin da optimistischer, denn: »Wo aber Gefahr ist, wächst / Das Rettende auch.«

13 StA II/1, 165 f.

14 Das unterscheidet sich von der Deutung von Bernhard Böschenstein *Hölderlins Rheinhymne*, Zürich 1959, S. 7 – 10, sowie: ders. *›Patmos‹ im Überblick. Konzentrierte Rückschau auf die Arbeitsgruppe des 1. Juni 2012*, in: Hölderlin-Jahrbuch 38 (2012 – 2013), S. 141 – 145, bes. S. 141 f. Er deutet, die Gefahr entspringe gerade der Nähe Gottes. Das Rettende besteht dann in der Mittelbarkeit, welche die Nähe durch Brückenschläge mildert. Diese Deutung scheint mir ebenfalls möglich und ist plausibel. Mit Bezug auf Böschenstein deutet es auch so: Wolfgang Binder *Hölderlins Patmos-Hymne*, in: Hölderlin-Jahrbuch 15 (1967 – 1968), S. 92 – 127, bes. S. 100. Man kann dann weiterhin die am Ende des Gedichts anklingende Bibelinterpretation gemäß der Schrift, die »festen Buchstab« und gute Deutung erfordert, als solche Mittelbarkeit und Gefahrenmilderung deuten. Wenn Böschenstein allerdings dann ausführt, dass in den folgenden Strophen nach dem Tod Christi in der Götternacht ein »schmerzhaft vermisster Zusammenhang« mit Gott thematisiert werde, dann steht das doch etwas schief dazu, dass die Nähe Gottes die hier thematisierte Gefahr ist; weshalb sollten die Menschen eine gefährliche Nähe suchen und diese schmerzlich vermissen? Dass die Nähe des Gottes gefährlich ist, passt natürlich insbesondere sehr gut zu Hölderlins Ausführungen zur Tragödie. Es sei also unbestritten, dass es bei Hölderlin Gefahr gibt, die aus der Nähe Gottes erwächst, nur muss dahinter keine allgemeine Gesetzlichkeit stehen. Wenn Binder (a.a.O., S. 100 f.) die Nähe und schwierige Fassbarkeit Gottes am Exempel der Jünger, die Christus von Angesicht zu Angesicht sahen, ausführt, dann ist es eben schief, dass dieser Schönste, der immer nur von Liebe und Güte spricht, für sie so gefährlich war. Einleuchtend führt Binder (a.a.O.) auch aus, dass es gerade die Nähe Gottes ist, die ihn so schwer fassbar macht, nur was man mit einer gewissen Distanz überblicken könne, könne man auch fassen.

15 Karlheinz Stierle *Dichtung und Auftrag. Hölderlins Patmos-Hymne*, in: Hölderlin-Jahrbuch 22 (1980 – 1981), S. 47 – 68, bes. S. 49 ff., deutet die Differenz von Nähe und Ferne als das zentrale Thema von *Patmos*. Jochen Schmidt *Hölderlins geschichtsphilosophische Hymnen »Friedensfeier« »Der Einzige« »Patmos«*, Darmstadt 1990, S. 205 f., deutet die »Liebsten« in Bezug auf die »Söhne [...] all«, des Gottvaters aus Strophe 14, Vers 206 f.; dies wären dann z. B. die Halbgötter Dionysos, Christus und Herakles. Allerdings müssen die »Liebsten« vom Anfang

nicht notwendigerweise nur solche Himmlischen sein, es können auch einfache Menschen oder z. B. die Jünger Christi gemeint sein.

16 StA II/1, 173 *Vorstufe einer späteren Fassung*, gleichlautend im *Bruchstück der späteren Fassung*, a.a.O., 179, sowie *Ansätze zur letzten Fassung*, a.a.O., 184.

17 StA II/1, 173. Versteht man den ersten Satz »Voll Güt ist.« elliptisch, dann fehlt Gott als das zentrale Satzsubjekt. Daher ist eine vorgeschlagene Interpretation tiefsinnig und sehr gut, die besagt, dass mit der Ellipse die schwierige Fassbarkeit Gottes »ausgedrückt« ist; so in: Luigi Reitani *Patmos. Bericht über die Arbeitsgruppe in Konstanz am 13. Juni 2014*, in: Hölderlin-Jahrbuch 39 (2014 – 2015), S. 89.

18 StA II/1, 179 und 184.

19 StA II/1, 173.

20 StA II/1, 179 und 184.

21 StA II/1, 167 f.

22 StA VI/1, 432 f.

23 Vgl. Jochen Schmidt *Hölderlins geschichtsphilosophische Hymnen »Friedensfeier« »Der Einzige« »Patmos«*, Darmstadt 1990, S. 189 ff.

24 StA II/1, 168. Sehr erhellend und tiefblickend hat Wolfgang Binder *Hölderlins Patmos-Hymne*, in: Hölderlin-Jahrbuch 15 (1967 – 1968), S. 125 ff., nachgewiesen, wie genial und präzise *Patmos* symmetrisch um diese Mitte des Gedichts mit der Zeitbestimmung in Vers 113 herum komponiert ist und wie sich wie konzentrische Kreise im Wasser Hölderlins Verse vor und nach dieser Mitte entsprechen. Also z. B. V. 111 entspricht V. 115; V. 80 entspricht V. 147; V. 38 spiegelt V. 189 und V. 31 V. 196. Diese Symmetrie um die Mittelachse macht Binder als generelles Kompositionsprinzip bei Hölderlin aus und kann es auch bei *Brod und Wein*, der *Friedensfeier* und bis zurück in die frühe Jugendlyrik Hölderlins nachweisen. Ähnlich wie eine komplizierte Fugenkomposition Bachs – die sich auch dem Rezipienten nicht unmittelbar erschließt – habe Hölderlin dies »*soli Deo gloria*« gemacht.

25 StA II/1, 185; ähnlich im *Bruchstück der späteren Fassung*, a.a.O., 181.

26 StA II/1, 181; ähnlich in *Ansätze zur letzten Fassung*, a.a.O., 185 f.

27 StA II/1, 168 f. Die letzte dieser Strophen deutet Wolfgang Binder *Hölderlins Patmos-Hymne*, in: Hölderlin-Jahrbuch 15 (1967 – 1968), S. 111, sehr einleuchtend als vier Zeichen der gottlosen Zeit: es geht 1. um den Tod Christi, 2. um die Spaltung der Kirche und Glaubenskämpfe aller Art (die vom Zeitgeist ergriffenen »Tempel«), 3. um Atheismus (»die Ehre des Halbgotts und der Seinen verwehet«) sowie 4. um den Zorn Gottes. Beim dritten Themenfeld kann man vielleicht auch einen Nachklang des Atheismusstreits von 1799 – 1800 heraushören, der dazu führte, dass Fichte in Jena seine Professur aufgab, weil er die These vertreten hatte, Gott sei nichts als die im kategorischen Imperativ angedeutete Synthesis der moralischen Subjekte.

28 Jochen Schmidt *Hölderlins geschichtsphilosophische Hymnen »Friedensfeier« »Der Einzige« »Patmos«*, Darmstadt 1990, S. 237 ff.

29 Hegel *Frühe Schriften*, in: Gesammelte Werke, Bd. I, S. 345 (in der Ausgabe TWA, unter dem Titel *Die Positivität der christlichen Religion*, Bd. 1, S. 182).

30 StA II/1, 169 f.

31 Mt 3, 12.

32 Mk 4, 1 ff. Sehr präzise hat Bernadette Malinowski *»Das Heilige sei mein Wort«. Paradigmen prophetischer Dichtung von Klopstock bis Whitman*, Würzburg 2002, Kap. II 3: *»Vieles wäre zu sagen davon«: Dichtung zwischen Auftrag und Resignation. Hölderlins Patmos-Hymne*, S. 180 ff., die Synthese von Sämann- und Worflergleichnis gedeutet. Sie verdeutlicht, dass Christus in Gleichnissen sprechen muss, bis nach der Götternacht und ab dem Jüngsten Gericht Göttliches gerade heraus gesagt werden kann, und dass Hölderlin dies für den Dichter ebenso sieht. Malinkowskis Konsequenz daraus ist, die *Patmos*-Hymne – gegen die Deutung Schmidts – nicht so sehr als idealistische Geschichtsmetaphysik zu lesen, das sei sie natürlich auch, aber es sei vielmehr der Schwerpunkt von Hölderlins Intention, die Krise des Dichters angesichts einer Geschichtlichkeit darzustellen, die durch das Christentum pneumatisch-geistiger und damit unplastischer wird. Die Plastizität der Antike war für die Bildlichkeit der Dichtung geeigneter, mit dem geschichtlich zunehmenden Vergeistigungsprozess des Christentums werde jedoch diese Bildlichkeit fragwürdig und stürze den Dichter in eine Krise (vgl. a.a.O., S. 179, Anm. 92). Die geschichtsmetaphysische Bestandsaufnahme einer Vergeistigung durch das Christentum scheint mir korrekt, doch die Konsequenz, dass dies als existentielle Krise des Dichtens zu empfinden sei, ist problematisch, denn Hölderlin/Christus sagt: »Und *nicht ein Übel ists*, wenn einiges / Verloren gehet und von der Rede / Verhallet der lebendige Laut« und es ist eine »Freude«, in dieser Götternacht zu wohnen.

33 Mk 4, 15 f.

34 Mk 4, 11.

35 Mk 4, 9; und wörtlich nochmals wiederholend a.a.O., 23; auch in Mk 8, 18 kritisiert Jesus seine Jünger, sie hätten Ohren, und hören nicht, Augen, und sehen nicht.

36 Anders und ebenfalls plausibel deutet es Wolfgang Binder *Hölderlins Patmos-Hymne*, in: Hölderlin-Jahrbuch 15 (1967–1968), S. 114. Er sieht die Ewigkeit Gottes durch diese Verse nicht tangiert, der Wille Gottes ist ewig, nur seine Wirkungskraft könne sich besser beim Menschen im zeitlichen Werden entfalten. Gott wolle, dass Zeit sei, damit sein Wirken möglich werde. Das bezieht also das »Nicht alles zumal« auf das Resultat des göttlichen Willens, man kann es aber durchaus auch so lesen, dass das »Nicht alles zumal« die Willensstruktur des Höchsten beschreibt. Denn bei der Deutung Binders bleibt die Frage, weshalb Gott dann die Welt so eingerichtet/gewollt hat, dass sich seine Wirkungen nur diskursiv entfalten können.

37 Vgl. Hegel *Grundlinien der Philosophie des Rechts*, in: GW Bd. 14/1, § 340.

38 Man muss hier nicht so weit gehen wie Wolfgang Binder *Hölderlins Patmos-Hymne*, in: Hölderlin-Jahrbuch 15 (1967–1968), S. 116: »Wird sie [menschliche Autonomie; Einf. R.S.] behauptet, dann »gilt Menschliches unter

Menschen nicht mehr«. Humanität gedeiht nur, wo der Mensch den Autonomieverzicht leistet und sich dem unterwirft, der mehr ist als er. Indessen ist Autonomie ohnehin ein Wahn«. Sollte Binder mit Autonomie spezifisch eine absolute Selbstmächtigkeit, die alles für sich beansprucht, meinen, dann trifft seine Aussage sicherlich Hölderlins Ansicht, sollte aber menschliche Freiheit in Grenzen und mit zumindest relativer Selbstbestimmung als »Wahn« gesehen werden, dann ist diese fatalistische Schicksalsgläubigkeit nicht in Hölderlins Sinn, denn dass wir trotz der Eingebundenheit in höhere Zusammenhänge frei sind, betont er immer wieder. Am Ende der Zeiten sind für Hölderlin sogar alle hierarchischen Unter- und Überordnungen aufgegeben. Freiheit leugnet Hölderlin also ganz und gar nicht ab. Es wäre auch selbstwidersprüchlich, den Autonomieverzicht anzumahnen, denn man muss dabei aus Freiheit die Freiheit aufgeben, man muss also doch frei gewesen sein, um diese Aufgabe zu vollbringen.

39 StA II/1, 171 f.

40 So erwähnt Hölderlin in *Bruchstücke einer späteren Fassung:* »Und jezt / Möcht' ich die Fahrt der Edelleute nach / Jerusalem, und das Leiden irrend in Canossa, / Und den Heinrich singen.«

41 StA II/1, 186; ähnlich auch in *Bruchstücke der späteren Fassung*, a.a.O., 181.

42 Vgl. hierzu Ulrich Gaier *Hölderlins vaterländische Sangart*, in: Hölderlin-Jahrbuch 25 (1986–87), S. 12–59.

43 Es ist unbefriedigend, wenn Wolfgang Binder *Hölderlins Patmos-Hymne*, in: Hölderlin-Jahrbuch 15 (1967–1968), S. 122, dies mit der besonders patriotischen Haltung des Landgrafen erklärt.

VI. Die Geistigkeit des Fürsten des Festes in der *Friedensfeier*

1 Die erste Konzeption fällt in das Frühjahr 1801, die drei Fassungen der Vorstufe *Versöhnender der du nimmergeglaubt ...* (StA II/1, 130–137) fallen eben in diese Zeit; die endgültige Fassung der *Friedensfeier* ist dann wahrscheinlich im Herbst 1802 komponiert und noch später erfolgte die Reinschrift (vgl. die Ausführungen Beißners in StA III, 548).

2 StA III, 533.

3 Vgl. Jochen Schmidt *Hölderlins geschichtsphilosophische Hymnen. »Friedensfeier« »Der Einzige« »Patmos«*, Darmstadt 1990, S. 15.

4 Nach Wolfgang Binder *›Friedensfeier‹*, in: *Hölderlin. Beiträge zu seinem Verständnis in unserem Jahrhundert*, (Hrsg.) Alfred Kelletat, Tübingen 1961, S. 353, ist es der Gott der Zeit, d.h. Jupiter/Zeus, der das Fest ausrichtet, nachdem dieser sein Tagwerk vollbracht hat. Das geht jedoch nicht gut mit der 9. Strophe zusammen, in der das lyrische Ich die Götter, Heiligen und Seligen zur Einkehr in den Festsaal aufruft, der in »unserem Hauße« und bei »unser[em] Geschlecht« steht. Ähnlich kritisiert schon Beißner in seinen Anmerkungen; vgl. StA V, 549.

5 Zu den Anklängen der späten Hymnen Hölderlins an Bibelstellen generell und direkten Bibelzitaten in der *Friedensfeier* speziell (bes. zu Jesaja 9,5 f.; »Friedensfürst«, der in christlicher Deutung auf Jesus Christus als den ersehnten Messias bezogen wird, und zu den Korintherbriefen von Paulus und zu der »Paulinischen Friedenslehre« sowie zu den Bezügen zur Patristik, bes. Origenes und dessen ἀποκατάστασις πάντων, also der Allversöhnung am Ende der Zeiten) vgl. Jochen Schmidt *Hölderlins geschichtsphilosophische Hymnen. »Friedensfeier« »Der Einzige« »Patmos«*, Darmstadt 1990, z.B. S. 18, 29, 76, 92.

6 StA II/1, 165.

7 Vgl. Beda Allemann *Hölderlins Friedensfeier*, Pfüllingen 1955, vgl. ebenso ders. *Hölderlin zwischen Antike und Moderne*, in: Hölderlin-Jahrbuch 24 (1984 – 1985), S. 29 – 62, bes. S. 60 f.

8 Vgl. Karl Kerényi *Geistiger Weg Europas. Fünf Vorträge über Freud, Jung, Heidegger, Thomas Mann, Hofmannsthal, Rilke, Homer und Hölderlin*, Zürich 1955, S. 72 – 99.

9 Vgl. Friedrich Beißner in: StA V, 547 ff.

10 Vgl. Walter Hof *Zu Hölderlins ›Friedensfeier‹*, in: Wirkendes Wort 6 (1955/56), S. 82 – 92, bes. S. 90 ff.

11 Vgl. Walter Bröcker *Neue Hölderlin Literatur*, in: Philosophische Rundschau 3 (1955), S. 1 – 14.

12 Vgl. Heinrich Buhr *Der Fürst des Fests. Anmerkungen zur Auslegung der Hölderlinschen Hymne Friedensfeier*, in: Zeitschrift für Theologie und Kirche 52 (1955), S. 360 – 397.

13 Vgl. Wolfgang Binder *Hölderlins ›Friedensfeier‹*, in: Deutsche Vierteljahresschrift für Literaturwissenschaft 30 (1956), S. 295 – 328, mit kleineren Änderungen wieder abgedruckt als *›Friedensfeier‹*, in: *Hölderlin. Beiträge zu seinem Verständnis in unserem Jahrhundert*, (Hrsg.) Alfred Kelletat, Tübingen 1961, S. 342 – 370, dort bes. S. 352 ff.

14 Vgl. Friedrich Beißners Anmerkungen in: StA V, 556.

15 StA III, 534.

16 StA III, 534 f.

17 StA III, 535.

18 StA III, 535 f.

19 Wenn Hölderlin in der zweiten Strophe davon spricht, dass der Fürst des Festes ins Ausland gegangen war und dieses in Heldenzügen und der Menschenwelt bestand, und wenn er weiterhin zum beginnenden Friedensfest aus dem Ausland zurückkehrt, diese Rückkehr aber doch zu einem Fest geschieht, das bei den Menschen stattfindet und von diesen ausgerichtet wird (vgl. 9. Strophe, Verse 109 – 116), dann ist Gott doch eigentlich noch immer im Ausland, eben bei den Menschen, so kann man darin eine problematische Komposition erblicken. Man muss natürlich zugeben, dass am Ende der Zeit die Menschen sich auch verändert haben werden und dieses Ausland nicht mehr wirkliche Fremde für Gott ist.

20 Vgl. zum Bezug auf Platons *Timaios* 28 c – 29 b, und auf das dort konzipierte Verhältnis von Ewigkeit und Zeit als beweglichem Abbild der Ewigkeit

Jochen Schmidt *Hölderlins geschichtsphilosophische Hymnen. »Friedensfeier« »Der Einzige« »Patmos«*, Darmstadt 1990, S. 44 ff.

21 StA III, 536 ff.

22 Vgl. Heidegger *Hölderlin und das Wesen der Dichtung*, in: ders. *Erläuterungen zu Hölderlins Dichtung*, in: GA Abt. I, Bd. 4, (Hrsg.) F.-W. von Herrmann, Frankfurt a.M. 1981, S. 38 ff. Heidegger interpretiert allerdings die Zeilen: »Viel hat erfahren der Mensch. / Der Himmlischen viele genannt, / Seit ein Gespräch wir sind / Und hören können voneinander.«, aus *Versöhnender, der du nimmergeglaubt*. Dass dies eine Vorstufe zur *Friedensfeier* ist, konnte Heidegger damals, als er 1936 den Vortrag hielt, natürlich nicht wissen, weil die *Friedensfeier* erst 1954 entdeckt wurde. In diesem Vortrag versucht Heidegger in nach wie vor sehr bedenkenswerter Weise das Wesen der Dichtung bzw. der Dichtung Hölderlins darzustellen. Hierbei macht er fünf Aspekte aus, die Hölderlins Dichtung kennzeichnen: 1. die Unschuld und Heiterkeit der Dichtung, 2. die Gefährlichkeit dichterischen Sprechens, 3. die Ontologie der Sprach-Dichtung, 4. den Bleibendes stiftenden Charakter der Dichtung und 5. das dichterische Wohnen des Menschen auf der Erde. Zusammengenommen ist das tatsächlich eine sehr Vieles treffende Charakterisierung. Nur dass bei Heidegger das erste Moment merkwürdig unklar bleibt; er beschreibt Dichtung in dieser Hinsicht als heiteres Spiel, wirkungs- und harmlose Einbildung. Das trifft Hölderlin nicht wirklich, viel eher hätte Heidegger passend zu seiner eigenen Intention wohl den Übergang vom Gespräch zum Gesang, wie er hier in der *Friedensfeier* auftritt, geltend machen können. Die Heiterkeit und Unschuld des Gesanges und die Reinheit des Sängers als *Telos* der Menschheit bestimmen das Dichten hinsichtlich des ersten Aspekts wesentlich besser. Des Weiteren beruft sich Heidegger, um seine ontologische Deutung Hölderlins klarzumachen, auf den Schluss von *Andenken:* »Was bleibet aber, stiften die Dichter« (StA II/1, 189). Bei Heidegger ist dies eine Seinsstiftung, quasi – ein anderes Wort Heideggers abwandelnd – das Gedicht als bleibendes »Haus des Seins«. Das scheint mir aber weit über Hölderlins ontologisches »Konzept« hinauszugehen, denn Hölderlin meint mit jenem Vers nicht, dass der Dichter ein Sein (oder gar das Sein) hervorbringt. Vielmehr verleiht der Dichter einem Ereignis im Sein mit der Sprache eine bleibende Erinnerungsmöglichkeit. So wie ohne die Gedichte Pindars die einzelnen Athleten z. B. der antiken Olympischen, Pythischen, Isthmischen oder Nemeischen Spiele längst vergessen wären. Freilich ist die erinnernde Existenz im Gedicht auch nicht bloß ein blasses Nachbild einer davon unabhängigen Wirklichkeit, vielmehr ist die Wirklichkeit im Gedicht eine eigentümliche eigene Seinsweise, die sich aber im umfassenderen Sein abspielt. In dieser Hinsicht kann man sagen, dass Heidegger aus Hölderlins Sicht letztlich mit dieser Deutung noch immer dem idealistischen Subjektivitätsparadigma verhaftet bleibt. Es wäre für Hölderlin ein *nefas*, würde der Dichter das Sein stiften oder hervorbringen, denn dann müsste er ja auch das Sein der Himmlischen und der Götter hervorbringen. Allerdings kommt der Dichter beim späten Hölderlin in die Nähe tragischer Helden, weil er die Götter und Himmlischen ins Gedicht eingehüllt auslegen und in Erinnerung halten und ihnen daher besonders nahekommen muss. Doch das bedeutet eben das tragische Moment, dass die Götter ihn dann für

seine Nähe zum Sein bestrafen; das tun sie aber, weil er eben keiner von ihnen ist und ihm keine solche Seinsmächtigkeit zukommt. Heidegger deutet denn auch den Dichter schlechthin und sein Wesen (d.h. Hölderlin, weil dieser *das* Paradigma des Dichters ist) geradezu als Halbgott; vgl. ders. *Hölderlins Hymne »Der Ister«*, in: ders. GA Abt II, Bd. 53, (Hrsg.) Walter Biemel, Frankfurt a.M. 1984, S. 173.

23 Das macht einen interessanten Aspekt der Friedensfeier-Deutung bei Wolfgang Binder *›Friedensfeier‹*, in: *Hölderlin. Beiträge zu seinem Verständnis in unserem Jahrhundert*, (Hrsg.) Alfred Kelletat, Tübingen 1961, S. 344, problematisch. Binder deutet, dass das Gedicht *Friedensfeier* performativen Charakter hat, in das Friedensfest sei der Akt der Dichtung Hölderlins einbezogen, die Dichtung trage zur Friedenfeier bei. Wenn wir aber erst »bald« Gesang sind, dann steht diese Aktualität der Feier noch aus, noch sind wir Gespräch.

24 Daher deute ich diesen wesentlichen Punkt der *Friedensfeier* anders als Jochen Schmidt *Hölderlins geschichtsphilosophische Hymnen. »Friedensfeier« »Der Einzige« »Patmos«*, Darmstadt 1990, S. 81 ff. Er deutet Hölderlins Geschichtskonzeption analog zu Schellings und Hegels idealistischer Geschichtsphilosophie; Geschichtsprozess ist permanente und vollständige Offenbarung Gottes. Diese idealistische Identifikation von Geschichte bzw. der gesamten Geschichte mit Gott, scheint mir aber nicht Hölderlins Pointe zu sein; zwar steht Gott der Geschichte nicht äußerlich gegenüber, aber er hat bei Hölderlin mit der anfänglichen Einfalt und dem Friedensfest – paradox formuliert – eine Vor- und eine Nachgeschichte gegenüber der menschlichen Geschichte, die zwischen jenen beiden liegt, so wie der Meister sein Werk vollendet und es sich objektivierend gegenüberstellt nicht mit seinem Werk identisch ist. Wenn erst nach der Geschichtszeit der Gesang beginnt, scheint mir das ebenfalls essentiell für die Seligen und die Götter, sie haben also in der Geschichte nicht ihr ganzes Wesen offenbart, sind nicht mit ihr identisch. Der Fürst des Festes kann im »Ausland« mit dem Tagwerk gar nicht sein Wesen erreicht haben, denn erst auf dem Fest ist der Fürst des *Festes* in seinem Wesen angekommen, was wäre er ohne Fest? Eben »nur« ein Fürst, er müsste wieder Herrschaft anwenden, die braucht er aber auf dem Fest nicht mehr.

VII. Verhüllung des Göttlichen in *Versöhnender, der du nimmergeglaubt…*

1 Vgl. hierzu auch Emil Staiger *Das dunkle Licht*, in: *Hölderlin. Beiträge zu seinem Verständnis in unserem Jahrhundert*, (Hrsg.) Alfred Kelletat, Tübingen 1961, S. 326 – 332.

2 Die drei Fassungen des Fragment gebliebenen vaterländischen Gesangs *Versöhnender der du nimmergeglaubt …* sind Vorstudien zur *Friedensfeier* und können daher Aspekte erhellen, die dort unklar sind.

3 StA II/1, 134.

4 StA II/1, 131 f.

5 Xenophanes, in: *Die Vorsokratiker* Bd. I, (Hrsg.) J. Mansfeld, Stuttgart 1991, S. 225.

VIII. Geist und Geschichtsprozess – ›Todeslust‹ auf dem Weg zum Tragischen

1 Vgl. StA IV/1, 241 ff.

2 Vgl. zum Thema auch Wolfgang Binder *Vom Geist der Geschichte*, in: ders. *Friedrich Hölderlin*, (Hrsg.) Elisabeth Binder u. Klaus Weimar, Frankfurt a.M. 1987, S. 31–49.

3 Heraklit Fragmente, DK 22 B 32, B 67, B 10; in: *Die Vorsokratiker*, Bd. I, (Hrsg.) J. Mansfeld, Stuttgart 1991, S. 257 f., vgl. hierzu Wolfgang Schadewaldt *Die Anfänge der Philosophie bei den Griechen. Die Vorsokratiker und ihre Voraussetzungen. Tübinger Vorlesungen*, Bd. 1, Frankfurt a.M. 1978, S. 351–433, sowie Thomas Buchheim *Die Vorsokratiker. Ein philosophisches Porträt*, München 1994, S. 75–101.

4 StA II/1, 51.

5 Aus der Liste der in Hölderlins Besitz befindlichen philosophischen Bücher geht hervor, dass er z. B. neben Kants erster und dritter *Kritik*, Jacobis *Über die Lehre des Spinoza in Briefen an M. Mendelssohn* und Fichtes *Grundlage des Naturrechts* auch Schellings Frühwerk *Vom Ich als Princip der Philosophie* sowie dessen *Ideen zu einer Philosophie der Natur*, Schleiermachers *Über die Religion. Reden an die Gebildeten unter ihren Verächtern* besessen hat (vgl. StA VII/3, 390). Leider ist die Liste der in Hölderlins Besitz befindlichen Bücher unvollständig, die meisten Bücher Hölderlins – und er hat zahlreiche Bücher besessen – sind wohl bei der Übersiedlung von Homburg nach Tübingen im September 1806 verloren gegangen und wurden somit für die Bücherliste, die anlässlich einer Versteigerung von Hölderlins Büchern angefertigt wurde, nicht mehr erfasst (vgl. a.a.O., 392).

6 StA II/1, 110.

7 StA V, 290.

8 StA V, 290.

9 Vgl. hierzu Lawrence Ryan *Hölderlins Antigone. »Wie es vom griechischen zum hesperischen gehet«*, in: *Jenseits des Idealismus – Hölderlins letzte Homburger Jahre (1804–1806)*, (Hrsg.) Christoph Jamme und Otto Pöggeler, Bonn 1988, S. 103–121, bes. S. 108 ff. Vgl. auch Meta Corssen *Die Tragödie als Begegnung zwischen Gott und Mensch. Hölderlins Sophokles-Deutung*, in: Hölderlin-Jahrbuch 3 (1948–1949), S. 185 f., deutet die Gestalt der Antigone so, dass sie in Hölderlins Sicht der Beginn einer neuen Art von Religiosität ist, nämlich der christlichen; daher schreibe Hölderlin auch an dieser Stelle, »wie es vom griechischen zum hesperischen gehet«. Das scheint mir deswegen problematisch, weil sich Antigone gerade mit Zeus identifiziert und der tragische Konflikt mit Kreon sich zuspitzt, da sich Kreon ebenfalls auf Zeus beruft (völlig zu Recht sieht das Corssen an anderer

Stelle ihrer Studie natürlich ebenfalls, vgl. a.a.O., S. 170f.) und es also ein und derselbe Gott ist, der von den beiden unterschiedlich gedeutet wird. In Hölderlins Sicht besteht die tragische Verfehlung Antigones doch darin, sich zu innig mit ihrem Zeus zu vereinen (»MEIN Zeus«). Und dieser Zeus ist sicherlich nicht als Vorklang auf den christlichen Gott zu deuten. Corssen deutet (a.a.O., S. 170) weiterhin, Antigone verehre Zeus auf hesperische (d.h. christliche) Art und Kreon auf hellenische. Auch das scheint mir problematisch, denn wenn Antigone dem Hesperischen entspricht, dem die nüchterne Darstellungsgabe angeboren ist, und Kreon dem Hellenischen, ihm also das ursprüngliche Feuer und die Leidenschaft angeboren ist, dann ergibt sich daraus eine nicht einleuchtende Verkehrung. Wenn sich z.B. Kreon auf die öffentlichen Gesetze beruft, ist das doch eher hesperisch.

10 Vgl. Hegel *Phänomenologie des Geistes*, in: GW 9, 255ff. und 381ff.

11 StA V, 267.

12 Vgl. Platon *Phaidros*, 243 e – 245 a und 249 d – 250 a.

13 Vgl. den zweiten Brief an Böhlendorff, wohl vom November 1802; StA VI, 432.

14 StA V, 199.

IX. Die Tragödie als Untergang des Bewusstseins – Kant und Fichte vor dem Richterstuhl des Zeus

1 Die Begeisterung und Hochschätzung von Norbert von Hellingrath in seiner *Vorrede* von 1913 zum 5. Band seiner Hölderlin-Ausgabe zu den *Anmerkungen zum Ödipus* und zur *Antigone* ist nach wie vor inspirierend:

> »Daß diese Wiedergeburt griechischen Rausches nicht nur Hinreißung und traumhaftes Erfassen war, sondern klare Erkenntnis und bewußter Wille, zeigen, wenn es zu zeigen auch nötig war, die Anmerkungen die Hölderlin seiner Sophoklesübersetzung beifügte, ein Denkmal jener Nüchternheit, die er das »Maaß der Begeisterung« nennt. Ein kühner Versuch für eigentlich der rechnenden Vernunft sich entziehende Dinge einen Ausdruck zu finden, der sie fast widerrechtlich bis ganz nahe ans Gebiet wissenschaftlichen Geistes mit sich reißt; Hölderlins bedeutendstes theoretisches Werk und wohl das Wichtigste was über die Tragödie gesagt worden ist. Wie es einige Mühe kosten mag in die fremde Sprache und Welt der Übersetzungen sich zu finden, so ist es wohl auch einiger Mühe wert in diese nicht minder unbetretene Gedankenwelt einzudringen und man lasse sich nicht durch die erste dunkle Wendung zurückschrecken.«

Wieder abgedruckt in: Norbert von Hellingrath *Vorreden zu der der historisch-kritischen Ausgabe der sämtlichen Werke Hölderlins*, in: *Hölderlin. Beiträge zu seinem Verständnis in unserem Jahrhundert*, (Hrsg.) Alfred Kelletat, Tübingen 1961, S. 30.

2 StA V, 269f. Schon häufiger ist bemerkt worden, dass Hölderlins Rückverweise in den *Anmerkungen zur Antigone* auf seine *Anmerkungen zum Ödipus* belegen, dass er diese nach jenen verfasst haben muss. Vgl. zu den *Anmerkungen zum Ödipus* und denen zur *Antigone* auch: Karl Reinhardt *Hölderlin und Sophokles*, in: *Hölderlin. Beiträge zu seinem Verständnis in unserem Jahrhundert*, (Hrsg.) Alfred Kelletat, Tübingen 1961, S. 287–303, Wolfgang Binder *Hölderlin und Sophokles*, in: ders. *Friedrich Hölderlin*, (Hrsg.) Elisabeth Binder u. Klaus Weimar, Frankfurt a.M. 1987, S. 178–200, und Friedrich Beißner *Hölderlins Übersetzungen aus dem Griechischen*, Stuttgart [2]1961, sowie Joshua Billings *Genealogy of the Tragic. Greek Tragedy and German Philosophy*, Ch. 7: *Hölderlin's Sophocles: Tragedy and Paradox*, Princeton UP, 2014, S. 189–221.

3 Erhellend ist auch die Deutung der Stelle von Ulrich Gaier *Hölderlins vaterländische Sangart*, in: Hölderlin-Jahrbuch 25 (1986–1987), S. 47; er sieht bei den Griechen, denen das »Feuer vom Himmel« angeboren ist, eine Tendenz zum »menschenfeindlichen Naturgang« in die »wilde Welt der Todten«; vor diesem schützt die Griechen ihr Bildungstrieb, der nach Nüchternheit strebt, hinzu kommt die Hilfe von Zeus, der sie durch sein »Innehalten« und seine Ordnungskraft vom vorzeitigen Untergang abhält. Anders sei es bei den Hesperiern, bei diesen ist die Nüchternheit angeboren, sie haben daher eine Tendenz zu Kälte und »träger Ruhe« (a.a.O., S. 48), ihr Bildungstrieb tendiere zum »Hinwegjauchzen von dieser Erde«. Daher habe der »eigentlichere Zeus« der Hesperier eine größere Aufgabe als der antike bei den Griechen, denn er müsse die sich verstärkenden Tendenzen – Ruhe- und Jenseitssehnsucht – »entschiedener zur Erde zwingen«. Bei den Griechen seien die beiden entgegengesetzten Tendenzen ausgleichend, bei den Hesperiern seien sie zerreißend bis ins Extrem. Vgl. zum Thema auch Klaus Düsing *Die Theorie der Tragödie bei Hölderlin und Hegel*, in: *Jenseits des Idealismus. Hölderlins letzte Homburger Jahre (1804–1806)*, (Hrsg.) Christoph Jamme und Otto Pöggeler, Bonn 1988, S. 55–82.

4 Vgl. StA V, 197: »In der gleich darauf folgenden Scene spricht aber, in zorniger Ahnung, der Geist des Oedipus, alles wissend, das *nefas* eigentlich aus, [...].«

5 StA V, 241.

6 StA V, 196. Außerordentlich subtil und präzise zu Hölderlins Integration von Gesetzmäßigkeit, Ordnung und Technik in die Tragödie ist die Untersuchung von Monika Kasper *»Das Gesez von allen der König«. Hölderlins Anmerkungen zum Oedipus und zur Antigon*, Würzburg 2000.

7 Ganz ähnlich sieht es auch schon Wolfgang Binder *Hölderlin und Sophokles*, in: ders. *Friedrich Hölderlin*, (Hrsg.) Elisabeth Binder u. Klaus Weimar, Frankfurt a.M. 1987, S. 178–200, bes. S. 185f.; er legt den Zusammenhang hervorragend aus:

> »In den *Antigone-Anmerkungen* finden sich die schwer verständlichen Sätze über den »eigentlicheren Zeus«, unter dem wir Hesperier stehen. Hölderlin nennt ihn so, weil er uns ins Eigene zurückführt. Unser Aufbruch ins große Schicksal, der freilich noch bevorsteht, birgt nämlich die Gefahr, dass wir, wenn wir einmal diese Bahn betreten haben, immer kühner und ekstatischer wer-

dend, zuletzt auf der anderen Seite ins Maßlose und nicht mehr Kontrollierte hinaustaumeln – ein Gedanke, dessen Richtigkeit wir leider erlebt haben. Hölderlins fromme Einbildungskraft bewahrt uns vor dieser Gefahr. An der Stelle nämlich, wo die Erde, d.h. der Raum des gestaltbaren Daseins, aufhört und die aorgische »Wildnis« beginnt, steht Zeus und gebietet uns Halt. Denn er ist der Gott, der allen »menschenfeindlichen … Weg in die andere Welt entschiedener zur Erde zwinget«. Deshalb gibt Hölderlin seinen Namen mit »Vater der Erde« oder »Vater der Zeit« wieder, wofür er sich eigens rechtfertigt. Für uns also spielt Zeus die Rolle eines Grenzgottes. Nicht für die Griechen. Sie kamen ja von dort, aus jener exzentrischen Sphäre, und suchten die Erde, die Gestalt und die Klarheit. Als sie uns entgegen, die Grenze überschritten, erfüllten sie nur den Willen des Zeus. Aber später, drüben, bei uns, da, wo das Maß in die Erstarrung und die Gestalt in »tote Ordnungen« übergeht, da war kein Gott, der sie gleichsam umgedreht hätte; »erbärmlich ging das Griechenland, das schönste, zu Grunde«. Die Griechen standen also unter dem uneigentlicheren Zeus, der sie zwar ins Fremde entließ, aber nicht ins Eigene zurückbog.«

Dennoch gibt es hier eine gewisse Verkehrung: Binder sagt einerseits, der hesperische Aufbruch ins große Schicksal stehe noch bevor, andererseits sagt er – wahrscheinlich mit Anspielung auf die Zeit des Nationalsozialismus –, wir Hesperier seien (auf dem Weg ins große Schicksal) ins Maßlose und Unkontrollierte hinausgetaumelt. Dann müssten wir Hesperier aber schon den Weg angetreten haben. Der eigentlichere Zeus muss dann als Grenzgott auch versagt haben, denn er hat offenbar keinen Einhalt geboten. Es ist natürlich zu viel der Ehre, jene Zeit in den Aufbruch – oder auch nur als Aufbruchsversuch – Hesperiens ins große Schicksal einzubeziehen (was man Binder an dieser Stelle auch nicht unterstellen sollte). Die Götterferne war dort am dunkelsten.

8 Beda Allemann *Hölderlin zwischen Antike und Moderne*, in: Hölderlin-Jahrbuch 24 (1984–1985), S. 54f., sieht in dem »menschenfeindlichen Naturgang« einen neuartigen, eben menschenfeindlichen Naturbegriff beim späten Hölderlin, der im Gegensatz zum früheren, wesentlich harmonischeren Naturbegriff stehe. Einen Kontrast zwischen dem kosmologisch-harmonischen Naturbegriff z.B. des *Hyperion* und der Dichtung bis 1803 einerseits und dem *Grund zum Empedokles*, den *Anmerkungen zum Ödipus* und zur *Antigone* sowie in der Dichtung nach 1803 andererseits ist sicherlich festzustellen. In den zuerst genannten Werken ist die Natur schön, verjüngend, die Seele des Menschen aufrichtend, vollendend, konstruktiv, verlebendigend, elementarisch, überpersönliche Lebendigkeit. In den zuletzt genannten Werken ist die Natur für Hölderlin brüchiger, widersprüchlicher, opaker, wüster und zugleich von größerer Wildheit, das Aorgische tritt stärker heraus. Einen Übergang im Naturbegriff Hölderlins bildet hier wohl das *Empedokles*-Projekt und die zugehörigen theoretischen Texte. Es ist aber wohl zu einsinnig, die Natur beim späten Hölderlin nur als »menschenfeindlich« zu sehen, denn sie behält als komplexe Konkretion auch noch eine Vielzahl anderer Aspekte, die bereits für Hölderlins früheren Naturbegriff galten, so ist sie z.B. immer noch verlebendigend, überpersönlich, elementarisch, voll-

endend. Diese Aspekte arbeitet sehr zu recht heraus Paul Böckmann *Hölderlins Naturglaube*, in: *Hölderlin. Beiträge zu seinem Verständnis in unserem Jahrhundert*, (Hrsg.) Alfred Kelletat, Tübingen 1961, S. 248 – 262, vgl. ebenfalls Stefan Büttner *Natur – Ein Grundwort Hölderlins*, in: Hölderlin-Jahrbuch 26 (1988 – 1989), S. 224 – 247, und Anke Bennholdt-Thomsen *Dissonanzen in der späten Naturauffassung Hölderlins*, in: Hölderlin-Jahrbuch 30 (1996 – 1997), S. 15 – 41. Besonders erhellend zu Hölderlins frühem Naturbegriff ist Ulrich Port *»Die Schönheit der Natur erbeuten«. Problemgeschichtliche Untersuchungen zu Hölderlins »Hyperion«*, Würzburg 1996, der auch die antiidealistischen Aspekte in dem Gedanken verdeutlicht, dass die Natur selbst, von sich aus, eben nicht durch das erlebende Subjekt verliehen, bereits das Schöne ist.

9 StA V, 201.

10 StA II/2, 669.

11 Vgl. Schelling *Über das Wesen der menschlichen Freiheit* (1809), (Hrsg.) Thomas Buchheim, Hamburg 1997, S. 30 ff.

12 Vgl. zu diesem Thema: Jochen Schmidt *Der Begriff des Zorns in Hölderlins Spätwerk*, in: Hölderlin-Jahrbuch 15 (1967 – 1968), S. 128 – 157.

13 StA V, 197.

14 Das wird deutlich, wenn Hölderlin kurz nach dem oben Zitierten sagt: »[…] vorzüglich aber besteht die tragische Darstellung in dem factischen Worte, das mehr Zusammenhang, als ausgesprochen, schiksaalsweise, vom Anfang bis zum Ende gehet […].« StA V, 270.

15 StA II/1, 51 f. Es lässt sich zwar nicht eindeutig am Text belegen, ist aber erhellend und plausibel, wenn Jochen Schmidt *Hölderlins später Widerruf in den Oden »Chiron«, »Blödigkeit« und »Ganymed«*, Tübingen 1978, S. 182 ff., das Gedicht *Stimme des Volks* in dieser Version im Kontext der entstehenden Romantik sieht. Gegen diese wende sich Hölderlin mit der dichterischen Analyse der Todeslust sowie der Selbstzerstörung des Kunstwerks durch den Künstler.

16 StA V, 269.

17 StA V, 266 f. Dass Hölderlin am Anfang dieses Zitats den Höhepunkt eines »Taglaufs oder Kunstwerks«, d. h. einer Tragödie, parallelisiert, liegt wohl auch an Aristoteles' Gedanken von der Einheit der Handlung einer Tragödie hinsichtlich von Ort und Zeit. Die zeitliche Einheit der Tragödie wird analog zur Bahn der Sonne begriffen. Zugleich zeigt es aber auch, dass Hölderlin seine Gedanken zum Tragischen nicht nur auf die Tragödiendichtung beschränkt für gültig hielt, sondern sie allgemeiner den All-tag beschreiben, ohne natürlich alltäglich zu sein.

18 Vgl. Platon *Phaidros*, 243 e–245 a und 249 d–250 a.

19 In dieser Hinsicht stimme ich nicht überein mit Gert Hofmann *Dionysos Archemythos. Hölderlins transzendentale Poiesis*, Tübingen/Basel 1996, S. 40 ff. Er deutet, beim späten Hölderlin sei Dionysos zentral. Unter Dionysos, oder in Hoffmanns Sinne genauer: unter dem Dionysos-Prinzip, versteht er eine kreative, spontane, kosmisch-geschichtliche Kraft, die selbst den Tod in ihre Kreation einbindet. Dies bezieht Hoffmann wiederum auf den Menschen, der laut Hölderlin transzendental-dionysisch verfasst sei. Um dies zu belegen, zieht Hoffmann u. a.

die Böhlendorff-Briefe heran, besonders den zweiten (laut diesem ist es aber gerade Apoll, unter dem die südfranzösischen Menschen leben und von dem sich der Dichter selbst geschlagen fühlt, nicht Dionysos) und Hölderlins *Anmerkungen zu Ödipus* und *zur Antigone* (wie sich zeigt, steht hier aber vielmehr Zeus im Mittelpunkt von Hölderlins Interesse). Auch die Beschreibung des Menschen als eines an Kants praktischer Vernunft orientierten, kreativ-dionysisch hervorbringenden will nicht recht einleuchten (vgl. a.a.O., S. 32ff.). Die Grenze zwischen Göttern und Menschen hervorzuheben, ist doch offenbar die Grundintention von Hölderlins Idee des Tragischen in den *Anmerkungen.* Überdies war Kant nun wirklich nicht dionysisch, und sein kategorischer Imperativ muss schon einige Umdeutung erleiden, um mit dem Dionysischen in Einklang gebracht zu werden. Ebenso ist schwierig nachzuvollziehen, wie es sein kann, dass sich Hölderlin mit seiner Götterkonzeption einerseits gegen den Idealismus wendet – dem ist freilich zuzustimmen – und andererseits einen Ansatz verfolgen kann, der in einer an Kants praktischer Vernunftspontaneität orientierten transzendentalen Praxis/Poiesis (so schon der Untertitel des Buchs) besteht. Praktische transzendentale Vernunft ist auch für Kant nicht ohne Idealismus zu haben. In Hofmanns Darstellung werden überdies die antike Götterauffassung, Kerénys – freilich einen Meilenstein darstellende – Studien zu den antiken Göttern und Heroen sowie Hölderlins eigene Auffassung der griechischen Götter stark vereint, böse Zungen würden sagen: vermischt.

20 Vgl. hierzu Kap. XII sowie vom Verf. *›Phänomenologisierung des Begriffs‹ – Der Transfer von Körperwissen in Hölderlins Idee der Athletentugend*; in: *Körperwissen: Transfer und Innovation*, (Hrsg.) Almut-Barbara Renger, Christoph Wulf, Jan Ole Bangen, Henriette Hanky, Berlin 2016; = Paragrana – Internationale Zeitschrift für Historische Anthropologie 25/1 (2016), S. 176 – 194.

21 Dieses Werk befand sich in Hölderlins Bücherbesitz (vgl. die Liste der Bücher des Dichters in: StA VII/3, 390); doch folgt daraus natürlich nicht, dass er die transzendentale Deduktion des Leibes als Negativfolie vor Augen hatte, als er die Athletentugend durchdachte.

22 StA V, 270.

23 StA V, 270. Vgl. hierzu auch Joshua Billings *Genealogy of the Tragic. Greek Tragedy and German Philosophy*, Princeton UP, 2014, S. 218.

24 Kant *Kritik der reinen Vernunft*, B 303.

25 StA V, 197.

26 Meta Corssen "Die Tragödie als Begegnung zwischen Gott und Mensch. Hölderlins Sophokles-Deutung", in: Hölderlin-Jahrbuch 3 (1948 – 1949), S. 139 – 187, legt zu Recht viel Wert auf die Betonung von Hölderlins Religiosität, doch deutet sie diejenige des späten Hölderlin zu traditionell christlich (vgl. a.a.O., S. 185f.), es gehe ihm darum, den griechischen polytheistischen Gottesbegriff durch den monotheistisch-christlichen zu ersetzen. Die Pointe von Hölderlins Version vom Einzigen ist es aber gerade, der Einzige nur durch die Bereicherung durch andere Götter sein zu können. Auch wenn Corssen Antigones Betonung der Liebe vor dem Hintergrund eines christlichen Liebesverständnisses sieht, das in die

hesperische Moderne aufbrechen will, ist das wohl zu vereinseitigend, weil natürlich für Hölderlin auch im Hellenischen die Liebe präsent ist

X. Über-Setzen und Ver-Dichtung des Seins in der Tragödie

1 Vgl. zur Übersetzung bei Hölderlin Wolfgang Binder *Hölderlin und Sophokles*, in: ders. *Friedrich Hölderlin*, (Hrsg.) Elisabeth Binder u. Klaus Weimar, Frankfurt a.M. 1987, S. 178 – 200, bes. S. 181; auch Binder rückt die Sophokles-Übersetzungen in den Kontext der »abendländischen Wendung«:

> »Solche Äußerungen und das oft bekundete Bewusstsein, einer Zeit des politischen und geistigen Umbruchs Antwort zu schulden, lassen den Schluss zu, Hölderlin habe Sophokles übersetzt, nicht um die deutsche Übersetzungsliteratur zu bereichern oder seine Übersetzungsfähigkeiten zu erweisen, sondern um sein eigenes Woher und Wohin besser zu begreifen, das ihm zugleich das Woher und Wohin seines Zeitalters war. Denn Übersetzen ist ein Übersetzen, hinüber ans Ufer der fremden Sprache, Denkart und Kultur, und dann – zurück – das Einbringen des Fremden, damit sich an ihm das Eigene erkenne.«

Bernhard Böschenstein *Gott und Mensch in den Chorliedern der Hölderlinschen »Antigone«. Eine Skizze*, in: *Jenseits des Idealismus. Hölderlins letzte Homburger Jahre (1804 – 1806)*, (Hrsg.) Christoph Jamme und Otto Pöggeler, Bonn 1988, S. 123 – 136, argumentiert zu Recht, dass oft in der Forschung Hölderlins Konzept des Übersetzens aus den *Anmerkungen zum Ödipus* und zur *Antigone* gewonnen und dann auf die Übersetzungen dieser Tragödien übertragen wird oder diese gar nicht mehr berücksichtigt werden, dass er aber umgekehrt zunächst Hölderlins Übersetzungen der Chorlieder aus der *Antigone* untersucht, um diese dann mit den *Anmerkungen* in Verbindung zu setzen. Dieses Verfahren ist a) konkreter, textnäher und b) ermöglicht es einen neuen, teils klärenden Blick auf unverständliche Stellen aus den *Anmerkungen*. Vgl. zum Thema auch: Wolfgang Schadewaldt *Hölderlins Übersetzung des Sophokles*, in: ders. *Hellas und Hesperien. Gesammelte Schriften zur Antike und zur neueren Literatur*, Bd. II, Zürich/Stuttgart [2]1970, S. 275 – 332.

2 Vgl. hierzu Ulrich Gaier *Der gesetzliche Kalkül. Hölderlins Dichtungslehre*, Tübingen 1962, sowie Gerhard Kurz *Mittelbarkeit und Vereinigung. Zum Verhältnis von Poesie, Reflexion und Revolution bei Hölderlin*, Stuttgart 1975; sowie: ders. *Poetische Logik. Zu Hölderlins »Anmerkungen« zu »Ödipus« und »Antigonae«*, in: *Jenseits des Idealismus. Hölderlins letzte Homburger Jahre (1804 – 1806)*, (Hrsg.) Christoph Jamme und Otto Pöggeler, Bonn 1988, S. 83 – 101. Die technischen Mittel der Versmaße und die technische Seite der Rhythmik in Hölderlins Gedichten untersucht: Wolfgang Binder *Hölderlins Verskunst*, in: ders. *Friedrich Hölderlin*, (Hrsg.) Elisabeth Binder u. Klaus Weimar, Frankfurt a.M. 1987, S. 82 – 109.

3 Vgl. StA V, 195f.

4 Vgl. Heidegger *Hölderlin und das Wesen der Dichtung*, in: ders. *Erläuterungen zu Hölderlins Dichtung*, in: GA Abt. I, Bd. 4, (Hrsg.) F.-W. von Herrmann, Frankfurt a.M. 1981, S. 38.

5 StA II/1, 119f.

6 Vgl. z.B. Heidegger *Hölderlin und das Wesen der Dichtung*, in: ders. *Erläuterungen zu Hölderlins Dichtung*, GA Abt. I, Bd. 4, (Hrsg.) F.-W. von Herrmann, Frankfurt a.M. 1981, S. 33 – 48.

7 Brief an Böhlendorff vom 4. Dezember 1801, StA VI/1, 457.

8 StA II/1, 337.

9 Vgl. StA II/2, 951.

10 StA V, 267f.

11 Meta Corssen *Die Tragödie als Begegnung zwischen Gott und Mensch. Hölderlins Sophokles Deutung*, in: Hölderlin-Jahrbuch 3 (1948 – 1949), S. 139 – 187, bes. S. 182f., deutet, dass Zeus hier in einem Vorklang christlich zu verstehen sei, weil er dieses Streben in die andere Welt umkehrt bzw. entschiedener zur Erde zwingt. Sie rückt diesen Zeus auch in die Nähe von Christus (a.a.O., S. 184) und betont damit eine Differenz zwischen dem Tragischen im Ödipus und demjenigen der Antigone; die Antigone sei hesperischer, der Ödipus griechischer. Gleichwohl führt Hölderlin über Zeus und das Göttliche im 3. Abschnitt der *Anmerkungen zur Antigone* (StA V, 269f.) aus, dass der Gott a) in der Tragödie in Gestalt des Todes präsent ist, er kann also nicht als christlicher Retter verstanden werden, b) ein Gott des Apostels, also ein christlicher Gott, mittelbarer ist als der griechische Gott in der Antigone, jener ist »höchster Verstand in höchstem Geiste«, dieser ergreift den Leib und wirkt tödlich-faktisch und c) betont Hölderlin Gemeinsamkeiten zwischen der *Ödipus*- und der *Antigone*-Tragödie. Der berühmte Satz »wie es vom griechischen zum hesperischen gehet« (StA V, 267) muss auch nicht nur auf die *Antigone*-Tragödie bezogen werden, denn Hölderlin zählt in diesem Absatz Charakteristika der Tragödie auf, z.B. auch die Wendung der Zeit in der Mitte der Tragödie, die in modernen Übersetzungen nicht umgeändert werden sollten. Daraus folgt, dass man auch schon im *Ödipus* den Weg vom Griechischen zum Hesperischen sehen kann.

12 Natürlich kann man dies kohärent auch anders deuten; so Bernhard Böschenstein *Hölderlins Antigone als Antitheos*, in: Hölderlin-Jahrbuch 39 (2014 – 2015), S. 9 – 21, bes. S. 16, der dies als Ergebenheit Danaës sieht.

13 Vgl. Karl Reinhardt *Hölderlin und Sophokles*, in: *Hölderlin. Beiträge zu seinem Verständnis in unserem Jahrhundert*, (Hrsg.) Alfred Kelletat, Tübingen 1961, S. 287 – 303, bes. S. 298ff.

14 StA II/1, 212. Vgl. zum Thema: Ulrich Port *Hölderlins hymnisches Fragment an / über die ›Madonna‹ – Beobachtungen, Thesen und Fragen zu den (literatur)historischen Kontexten des Gedichts*, in: Hölderlin-Jahrbuch 39 (2014 – 2015), S. 139 – 156.

15 StA V, 267.

16 Vgl. StA V, 196.

17 Vgl. StA V, 265.

18 StA V, 268.

19 StA V, 266. Problematisch ist hier an Hölderlins Ansicht, dass man sie nicht gut verallgemeinern kann. Es ist sicherlich nicht in jeder Tragödie der Fall, dass dem reißenden Zeitgeist (bzw. dem Geist der Zeit) unmäßig gefolgt wird.

20 Vgl. hierzu Lawrence Ryan *Hölderlins Antigone. »Wie es vom griechischen zum hesperischen gehet«*, in: *Jenseits des Idealismus. Hölderlins letzte Homburger Jahre (1804–1806)*, (Hrsg.) Christoph Jamme und Otto Pöggeler, Bonn 1988, S. 103–121. Ähnlich wie Meta Corssen *Die Tragödie als Begegnung zwischen Gott und Mensch. Hölderlins Sophokles Deutung*, in: Hölderlin-Jahrbuch 3 (1948–1949), S. 139–187, bes. S. 182 ff., sieht auch Ryan Antigone als betont hesperisch, d. h., Antigone beruft sich auf ihre innerliche Subjektivität, ihre Einkerkerung ist Vorklang hesperischer Bestattungsriten, sie ist geistiger, liebender; ähnlich deutet es auch Joshua Billings *Genealogy of the Tragic. Greek Tragedy and German Philosophy*, Ch. 7: *Hölderlin's Sophocles: Tragedy and Paradox*, Princeton UP, 2014, S. 208 ff., bes. S. 212. Ryan sagt aber zugleich auch, dass der Gang vom Griechischen zum Hesperischen konstant in Tragödien zu beobachten sei (vgl. a.a.O., z. B. S. 118), dass das Hesperische als Vollendung in der gesamten Geschichtsentwicklung und ebenso im vaterländischen Gesang, d. h. in Hölderlins späten Gedichten, zu beobachten sei. Abgesehen davon, dass mir hier – wie bereits früher dargelegt – einiges an den christlichen Tendenzen von Antigone als Überinterpretation erscheint, die sich nicht am Text belegen lässt, klärt dies das Spezielle der Phrase »wie es vom Griechischen zum Hesperischen geht« im zweiten Abschnitt der *Anmerkungen zur Antigone* aber auch nicht wirklich auf, denn man kann nicht gut entscheiden, wer z. B. in der *Antigone* welches Prinzip verkörpert. Ist Kreon der Hesperische, weil er geschriebenem öffentlichem Gesetz folgt? Antigone ist dann die Hellenische, weil sie ungeschriebenes Göttergesetz befolgt? Dem widerspräche, dass (mindestens geistig) Antigone gegen Kreon siegt, ihn überwindet; dann wäre das Griechische Resultat, und das widerspricht der Phrase Hölderlins offenkundig. Oder ist Antigone die Hesperische, weil sie innerlich, subjektivistisch, liebender ist? Kreon wäre dann der Hellenische? Dann müsste Kreon mit den hellenischen Charakteristika ausgestattet sein, nämlich mit ursprünglichem Pathos und der feurigen Leidenschaft, und Antigone mit dem Hesperischen, d. h. mit Klarheit und Darstellungsgabe. Das widerspricht aber der Charakterisierung dieser beiden im Stück und in Hölderlins *Anmerkungen*. Auch in der Deutung von Wolfgang Binder *Hölderlin und Sophokles*, in: ders. *Friedrich Hölderlin*, (Hrsg.) Elisabeth Binder u. Klaus Weimar, Frankfurt a.M. 1987, S. 178–200, bes. S. 200, zeigen sich ähnliche Schwierigkeiten. Er schreibt a.a.O., S. 199 f.:

> »[…] Diese Umkehr zeigt nun, wie es »vom Griechischen zum Hesperischen gehet«. Das kann bedeuten: von Antigone zu Kreon, da sie die griechische Ekstasis und er den hesperischen Doktrinarismus vertritt, der faktisch Sieger bleibt. Es kann aber auch bedeuten: von Kreon zu Antigone, da er das Ende der Griechen in schicksalloser Erstarrung, sie aber den hesperischen Aufbruch ins eigene Geschick versinnbildlicht, der geistig siegt und den nicht mehr vollzogenen Rückweg der Griechen anzeigt. Wie wir interpretieren, hängt von der Systemstelle ab, bei der wir einsetzen, und ist zuletzt gleichgültig. Nur darauf

kommt es an, dass Hölderlin im *Ödipus* das rein griechische Drama erkennt, weil einer die Flamme büßt, die er nicht zu bändigen vermochte, die *Antigone* aber auf dem Weg vom Griechischen zum Hesperischen sieht, weil sie nicht nur das Gedächtnis der Himmlischen wiederherstellt, sondern ineins damit die geistige Gestalt der Geschichte verändert.«

Die von Binder angesprochene Gleichgültigkeit der Richtung von Antigone zu Kreon oder umgekehrt scheint mir aber eine weniger gute Lösung des Problems, denn Hölderlin sagt eindeutig, dass es eine Bewegung vom Griechischen zum Hesperischen gibt, die der Übersetzerdichter nicht antasten darf, das lässt keinen Raum für so viel Beliebigkeit. Und wenn das Hesperische in der Antigone darin besteht, die Geschichte zu ändern und die Himmlischen in Erinnerung zu behalten, dann ist das eindeutig zu dürftig; schließlich haben das auch die Hellenen getan.

XI. Zeit als Sein: Gegenwart in tragischer Einung

1 Vgl. hierzu die Deutungen von Wolfgang Pehnt *Zeiterlebnis und Zeitdeutung in Goethes Lyrik*, Tübingen 1957, sowie Hermann August Korff *Goethe im Bildwandel seiner Lyrik*, Bd. 1, Leipzig 1958, S. 158ff., und David E. Wellbery *»Spude dich Kronos«. Zeitsemantik und poetologische Konzeption beim jungen Goethe*, in: (Hrsg.) Bernd Hamacher und Rüdiger Nutt-Kofoth *Johann Wolfgang von Goethe. Lyrik und Drama. Neue Wege der Forschung*, Darmstadt 2007, S. 76 – 98.

2 StA V, 268.

3 Vgl. hierzu besonders erhellend Friedrich-Wilhelm von Herrmann *Hermeneutische Phänomenologie des Daseins. Eine Erläuterung von »Sein und Zeit«*, 3 Bde., Frankfurt a.M. 1987ff., sowie: ders. *Heideggers »Grundprobleme der Phänomenologie«. Zur »Zweiten Hälfte« von »Sein und Zeit«*, Frankfurt a.M. 1991.

4 StA V, 201.

5 StA V, 268.

6 StA V, 202.

7 Vgl. Schiller *Briefe über die ästhetische Erziehung des Menschen*, 11. Brief; in: ders. *Sämtliche Werke*, (Hrsg.) G. Fricke u. H.G. Göpfert, Bd. V, München 1993, S. 603; vgl. zu den Zeitstrukturen des Vollzugs von Schönheit besonders vorzüglich die Arbeit von Wolfgang Janke *Die Zeit in der Zeit aufheben. Der transzendentale Weg in Schillers Philosophie der Schönheit*, in: Kant-Studien 58 (1967), S. 433 – 457. Vgl. auch vom Verf. *Schönheit als Methode und Gehalt in Schillers Ästhetik*, in: *Kunst, Metaphysik und Mythologie*, (Hrsg.) J. Halfwassen u. M. Gabriel, Heidelberg 2008, S. 351 – 369.

8 Vgl. StA VI/1, 203; Brief Nr. 117, vom 24. Februar 1796 an Niethammer.

9 StA VI/1, 203.

10 StA VI/1, 203.

11 Vgl. StA VI/1, 208; Brief Nr. 121, vom 2. Juni 1796 an den Bruder.

12 Vgl. StA VI/1, 209.

13 Dieser »Einbruch der Zeit in das [Theater-]Spiel« ist von ganz anderer Art als der von Carl Schmitt *Hamlet oder Hekuba. Der Einbruch der Zeit in das Spiel*, Stuttgart [5]2008, entworfene. Nach Schmitt (vgl. a.a.O., S. 33 ff.) sind es die reale Geschichtszeit und die wirklichen geschichtlichen Hintergründe, die in Shakespeares *Hamlet* zum Tragischen führen. Nach dieser Deutung bricht also die Wirklichkeit in die Fiktion des Stückes ein und es erhält allererst dadurch seine tragische Dimension, weil es uns von wirklichen Begebenheiten berichtet. Schmitt spricht sogar von der Unvereinbarkeit des Tragischen mit der fiktiven, freien Erfindung des Dichters (vgl. a.a.O., S. 47 ff.). Dies wird – falls diese Deutung für *Hamlet* zutreffend sein sollte – sicherlich nicht allen Tragödien gerecht, denn nicht jede Tragödie wird allererst durch einen geschichtlichen Hintergrund existentiell relevant. Die fiktive Wirklichkeit in Tragödien kann ihre eigene virtuelle Valenz ausbilden. Mit der hier vorgelegten Deutung eines »Einbruchs der Zeit« in die Tragödie bei Hölderlin ist also nicht eine realistische Tendenz gemeint, sondern tatsächlich das Erleben der Zeitlichkeit selbst. Die Wirklichkeitstendenz bei Schmitt würde aus Hölderlins Sicht durchaus etwas Innerzeitiges bewusst machen, aber nicht so weit gehen, die Zeit selbst erlebbar zu machen. Indem Hölderlins Tragödientheorie konzipiert, dass sich das Tragische in jeweiligen (auch politischen) Umbruchzeiten in einem geschichtlichen Kontext ereignet, enthält er in gewissem Sinne den Gedanken Schmitts in aufgehobener Weise, denn bei Hölderlin können die geschichtlich-politischen Kontexte, in denen sich das eigentlich metaphysische tragische Geschehen der Begegnung von Gott und Mensch ereignet, durchaus auch fiktiv sein.

14 Vgl. Heidegger *Sein und Zeit*, Tübingen 1993, § 40.

15 StA V, 202.

16 StA V, 202.

17 StA V, 202. Vgl. zur »Untreue« in der Begegnung von Mensch und Gott die vorzügliche Darstellung von Meta Corssen *Die Tragödie als Begegnung zwischen Gott und Mensch. Hölderlins Sophokles-Deutung*, in: Hölderlin-Jahrbuch 3 (1948–1949), 139–187, bes. S. 153 ff.

18 Vgl. *Urtheil und Seyn*, StA IV, 216.

19 StA V, 202.

20 Mk. 15, 34.

21 StA V, 202.

XII. Das Tödlichfaktische der Hellenen und die Aufgabe der Hesperier, Geschick zu haben. Die *Antigone*-Anmerkungen und der zweite Böhlendorff-Brief

1 StA V, 269 f.

2 So bereits Joshua Billings *Genealogy of the Tragic. Greek Tragedy and German Philosophy*, Ch. 7: *Hölderlin's Sophocles: Tragedy and Paradox*, Princeton UP, 2014, S. 218.

3 Vgl. StA V, 281–292.

4 StA V, 271.

5 StA VI/1, 432 f.

6 StA VI/1, 432.

7 Vgl. *Andenken*, StA II/1, 188.

8 *Andenken*, StA II/1, 189.

9 Dass die Hellenen Körperlichkeit unmittelbarer erlebten, ist natürlich – wie die *Anmerkungen zur Antigone* verdeutlichen – schon aus der Sicht des modernen Hesperiers gesagt, aus der eigenen Sicht der Griechen haben sie wohl ein mittelbareres Verhältnis, denn Geistigeres wirkt auf Sinnlicheres.

10 Vgl. hierzu Dieter Henrich *Der Gang des Andenkens. Beobachtungen und Gedanken zu Hölderlins Gedicht*, Stuttgart 1986.

11 StA VI/1, 433.

12 Diese Deutung unterscheidet sich von jenen der StA und Heideggers, die wie Hellingrath vermuten, dass an dieser Stelle ein Wort ausgefallen sei, entweder durch Versehen Hölderlins oder des Abschreibers. Denn paraphrasierend kann man sich klar machen, dass Hölderlin hier sagt: »Die Popularität der Griechen war Zärtlichkeit und unsere Popularität ist Popularität.« Beides ist tatsächlich merkwürdig: ausgerechnet die antiken Griechen sollen zärtlich sein und dann auch noch die Tautologie bezüglich der Hesperier. Dem geht nach Otto Pöggeler *Einleitung. »Die engen Schranken unserer noch kinderähnlichen Kultur«*, in: *Jenseits des Idealismus. Hölderlins letzte Homburger Jahre (1804–1806)*, (Hrsg.) Christoph Jamme und Otto Pöggeler, Bonn 1988, S. 38 f. Pöggeler selbst deutet, dass Hölderlin vielleicht kein Fehler unterlaufen ist und kein Wort fehlt. Er bezieht die Popularität auf die Annahme fremder Kulturen und wie man sich ihnen mitteilen kann. Die Zärtlichkeit zeichne somit die Popularität als solche aus, und weil die Reflexionskraft die Begegnung mit dem Anderen mildere, komme die Zärtlichkeit besonders den Hesperiern zu. Zwar kommt diese Deutung ohne Konjektur aus, doch stimmt sie nicht mehr mit dem Text zusammen. Hölderlin macht an dieser Stelle keine Aussage über die Popularität als solche, sondern über die Differenz zwischen hellenischer und hesperischer Popularität (»Diß bestimmte *ihre* Popularität, *ihre* Art...«). Ich stimme Pöggeler zu, dass man hier keine Konjektur machen muss, dadurch ergibt sich allerdings zugegebenermaßen die Härte der Tautologie einer »populären Popularität« der Hesperier. Daher muss man hier zwei Bedeutungen von »populär« annehmen: Das Volkstümlich-Vaterländische (Nr. 1) der modernen Hesperier besteht in der aufklärungshaften Publizität (Nr. 2).

Resümee

1 Robert Musil *Literatur und Politik. Mit einer Neuedition ausgewählter politischer Schriften aus dem Nachlass*, (Hrsg.) Klaus Amann, Reinbek bei Hamburg 2007, S. 208 f.

2 Ingeborg Bachmann *Sämtliche Gedichte*, München/Zürich 1999, S. 165.

Literaturverzeichnis

Primärliteratur

Anaximander *Fragmente*, in: *Die Vorsokratiker* Bd. I, Hrsg. J. Mansfeld, Stuttgart 1991, S. 66–81.

Aristoteles *Poetik*, Hrsg. Manfred Fuhrmann, Stuttgart 1987.

Bachmann, Ingeborg *Sämtliche Gedichte*, München/Zürich 1999.

Fichte, Johann Gottlieb *Gesamtausgabe der Bayerischen Akademie der Wissenschaften*, Hrsg. Reinhard Lauth und Hans Jacob, Stuttgart-Bad Cannstatt 1965 ff.

– *Wissenschaftslehre nova methodo; Nachschrift Krause 1798/99*; Hrsg. E. Fuchs, Hamburg 1994.

Goethe, Johann Wolfgang von *Werke*, 14 Bde., Hrsg. Erich Trunz, (sog. *Hamburger Ausgabe*) München 1982 ff.

Grimmelshausen, Hans Jakob Christoffel von *Der abenteuerliche Simplicissimus*, Düsseldorf/Zürich 2003.

Hegel, Georg Wilhelm Friedrich *Gesammelte Werke*, in Verbindung mit der Deutschen Forschungsgemeinschaft hrsg. von der Nordrhein-Westfälischen Akademie der Wissenschaften, Hamburg 1968 ff.

– *Briefe von und an Hegel*, Hrsg. J. Hoffmeister, 4 Bde., Hamburg 1961.

Heraklit *Fragmente*, in: *Die Vorsokratiker*, Bd. I, Hrsg. J. Mansfeld, Stuttgart 1991, S. 244–283.

Hölderlin, Friedrich *Sämtliche Werke*, Hrsg. Friedrich Beißner, 8 Bde., Stuttgart 1946–1985 (sog. *Große Stuttgarter Ausgabe*, zitiert als StA).

– *Sämtliche Werke. Historisch-kritische Ausgabe*, begonnen durch Norbert von Hellingrath, fortgeführt durch Friedrich Seebass und Ludwig von Pigenot, Berlin 1923 und 1943.

Jacobi, Friedrich Heinrich *Werke*, 6 Bde., Leipzig 1821 ff.

Kant, Immanuel *Gesammelte Schriften*, hrsg. von der (Königlich) Preußischen (später Deutschen) Akademie der Wissenschaften, Berlin 1910 ff. (zitiert als AA; die *Kritik der reinen Vernunft* wird nach der 1. Auflage = A oder nach der zweiten Auflage = B zitiert).

Kleist, Heinrich von *Sämtliche Werke und Briefe*, Hrsg. S. Streller, Frankfurt a. M. 1986.

Klopstock, Friedrich Gottlieb *Ausgewählte Werke*, Hrsg. Karl August Schleiden, Darmstadt 1969.

Musil, Robert *Literatur und Politik. Mit einer Neuedition ausgewählter politischer Schriften aus dem Nachlass*, Hrsg. Klaus Amann, Reinbek bei Hamburg 2007.

Parmenides *Fragmente*, in: *Die Vorsokratiker* Bd. I, (Hrsg.) J. Mansfeld, Stuttgart 1991, S. 310–333.

Platon *Sämtliche Werke*, 6 Bde., übers. von F. Schleiermacher, Hamburg 1957 ff. zitiert wird jeweils der Dialogtitel mit der Paginierung von Henricus Stephanus, Paris 1578.
Quine, Willard van Orman *Wort und Gegenstand*, Stuttgart 1998.
Reinhold, Karl Leonhard *Über das Fundament des philosophischen Wissens*, Jena 1791.
– *Versuch einer neuen Theorie des menschlichen Vorstellungsvermögens* (1789), in: ders. *Gesammelte Schriften*, Bd. 1, Hrsg. M. Bondeli, Basel 2013.
Schelling, Friedrich Wilhelm Joseph *Historisch-kritische Ausgabe*, im Auftrag der Bayerischen Akademie der Wissenschaften, Hrsg. Hans Michael Baumgartner und Wilhelm G. Jacobs, Hermann Krings und Hermann Zeltner, Stuttgart-Bad Cannstatt 1976 ff. (zitiert als AA).
Schiller, Friedrich *Sämtliche Werke*, Hrsg. Gerhard Fricke und Herbert G. Göpfert, München [9]1993.
Stirner, Max *Der Einzige und sein Eigentum*, Leipzig 1845, wieder abgedruckt: Hrsg. Ahlrich Meyer, Stuttgart 1981.
Winckelmann, Johann Joachim *Sämtliche Werke*, 12 Bde., Hrsg. J. Eiselein, Donaueschingen 1825 – 29.
Wittgenstein, Ludwig *Philosophische Untersuchungen*, Frankfurt a.M. 2003.
Xenophanes *Fragmente*, in: *Die Vorsokratiker* Bd. I, Hrsg. J. Mansfeld, Stuttgart 1991, S. 214 – 229.

Sekundärliteratur

Adorno, Theodor W. *Parataxis. Zur späten Lyrik Hölderlins*, in: ders. *Noten zur Literatur*, Frankfurt a.M. 1974, S. 447 – 494.
Allemann, Beda *Hölderlin und Heidegger*, Zürich 1956.
– *Hölderlin zwischen Antike und Abendland*, in: Hölderlin-Jahrbuch 24 (1984 – 1985), S. 29 – 62.
– *Hölderlins Friedensfeier*, Pfüllingen 1955.
Bachmaier, Helmut *Theoretische Aporie und tragische Negativität*; in: *Hölderlin. Transzendentale Reflexion der Poesie*, Hrsg. H. Bachmaier, Th. Horst, P. Reisinger, Stuttgart 1979, S. 85 – 128.
Beiser, Frederick *German Idealism: The Struggle Against Subjectivism, 1781 – 1801*, Harvard UP 2002.
Beißner, Friedrich *Hölderlins Trauerspiel ›Der Tod des Empedokles‹ in seinen drei Fassungen*, in: ders. *Hölderlin. Reden und Aufsätze*, Weimar 1961, S. 67 – 91.
– *Hölderlins Übersetzungen aus dem Griechischen*, Stuttgart [2]1961.
Bennholdt-Thomsen, Anke *Dissonanzen in der späten Naturauffassung Hölderlins*, in: Hölderlin-Jahrbuch 30 (1996 – 1997), S. 15 – 41.

– *Antike und Moderne in der Landschaft des Spätwerks*, in: Hölderlin-Jahrbuch 33 (2002 – 2003), S. 145 – 152.

Bertaux, Pierre *Friedrich Hölderlin*, Frankfurt a.M. 1978.

Billings, Joshua *Genealogy of the Tragic. Greek Tragedy and German Philosophy*, Princeton UP, 2014.

Binder, Wolfgang *Friedrich Hölderlin*, Hrsg. Elisabeth Binder u. Klaus Weimar, Frankfurt a.M. 1987.

– *›Friedensfeier‹*, in: *Hölderlin. Beiträge zu seinem Verständnis in unserem Jahrhundert*, Hrsg. Alfred Kelletat, Tübingen 1961, S. 342 – 370.

– *Hölderlins ›Friedensfeier‹*, in: Deutsche Vierteljahresschrift für Literaturwissenschaft 30 (1956), S. 295 – 328.

– *Hölderlins Patmos-Hymne*, in: Hölderlin-Jahrbuch 15 (1967 – 1968), S. 92 – 127.

Böckmann, Paul *Hölderlin und seine Götter*, München 1935.

– *Hölderlins Naturglaube*, in: *Hölderlin. Beiträge zu seinem Verständnis in unserem Jahrhundert*, Hrsg. Alfred Kelletat, Tübingen 1961, S. 248 – 262.

Böschenstein, Bernhard *Hölderlins Rheinhymne*, Zürich 1959.

– *Gott und Mensch in den Chorliedern der Hölderlinschen »Antigone«. Eine Skizze*, in: *Jenseits des Idealismus. Hölderlins letzte Homburger Jahre (1804 – 1806)*, Hrsg. Christoph Jamme und Otto Pöggeler, Bonn 1988, S. 123 – 136.

– *Hölderlins Antigone als Antitheos*, in: Hölderlin-Jahrbuch 39 (2014 – 2015), S. 9 – 21.

– *›Patmos‹ im Überblick. Konzentrierte Rückschau auf die Arbeitsgruppe des 1. Juni 2012*, in: Hölderlin-Jahrbuch 38 (2012 – 2013), S. 141 – 145.

Brachtendorf, Johannes *Hölderlins eigene Philosophie? Zur Frage der Abhängigkeit seiner Gedanken von Fichtes System*, in: Zeitschrift für philosophische Forschung 52 (1998), S. 383 – 405.

Bröcker, Walter *Auferstehung der mythischen Welt in der Dichtung Hölderlins*, in: ders. *Das was kommt, gesehen von Nietzsche und Hölderlin*, Pfüllingen 1963.

– *Neue Hölderlin Literatur*, in: Philosophische Rundschau 3 (1955), S. 1 – 14.

Buchheim, Thomas *Die Vorsokratiker. Ein philosophisches Porträt*, München 1994.

Buhr, Heinrich *Der Fürst des Fests, Anmerkungen zur Auslegung der Hölderlinschen Hymne Friedensfeier*, in: Zeitschrift für Theologie und Kirche 52 (1955), S. 360 – 397.

Büttner, Stefan *Natur – Ein Grundwort Hölderlins*, in: Hölderlin-Jahrbuch 26 (1988 – 1989), S. 224 – 247.

Cassirer, Ernst *Heinrich von Kleist und die Kantische Philosophie*, in: *Idee und Gestalt*, Berlin 1921, S. 153 – 200.

Cavell, Stanley *The Claim of Reason. Wittgenstein, Skepticism, Morality, and Truth*, Oxford 1979; dt. *Der Anspruch der Vernunft. Wittgenstein, Skeptizismus, Moral und Tragödie*, Frankfurt a.M. 2006.

Corssen, Meta *Die Tragödie als Begegnung zwischen Gott und Mensch. Hölderlins Sophokles-Deutung*, in: Hölderlin-Jahrbuch 3 (1948 – 1949), S. 139 – 187.

Düsing, Klaus *Ästhetischer Platonismus bei Hölderlin und Hegel*, in: *Homburg vor der Höhe in der deutschen Geistesgeschichte. Studien zum Freundeskreis um Hegel und Hölderlin*, (Hrsg.) Christoph Jamme und Otto Pöggeler, Stuttgart 1981, S. 101 – 117.

– *Die Theorie der Tragödie bei Hölderlin und Hegel*, in: *Jenseits des Idealismus. Hölderlins letzte Homburger Jahre (1804 – 1806)*, Hrsg. Christoph Jamme und Otto Pöggeler, Bonn 1988, S. 55 – 82.

Engelhardt, Dietrich von *Friedrich Hölderlins Geisteskrankheit in der Perspektive der Medizin und Philosophie um 1800*, in: Hölderlin-Jahrbuch 38 (2012 – 2013) S. 199 – 224.

Forster, Michael *Wittgenstein on the Arbitrariness of Grammar*, Princeton UP 2005.

Franz, Michael *Hölderlins Logik. Zum Grundriss von ›Seyn Urtheil Möglichkeit‹*, in: Hölderlin-Jahrbuch 25 (1986 – 1987), S. 93 – 124.

– *Schelling und Hölderlin – ihre schwierige Freundschaft und der Unterschied ihrer philosophischen Position um 1796*, in: Hölderlin-Jahrbuch 31 (1998 – 1999), S. 75 – 98.

Fuhrmann, Manfred *Die ›Querelle des Anciens et des Modernes‹, der Nationalismus und die deutsche Klassik*, in: *Deutschlands kulturelle Entfaltung. Die Neubestimmung des Menschen*, Hrsg. B. Fabian, München 1980, S. 49 – 67.

Gabriel, Markus *Transcendental Ontology: Essays on German Idealism*, New York/London 2011.

Gadamer, Hans-Georg *Hölderlin und das Zukünftige*, in: ders. *Kleinere Schriften II*, Tübingen 1979, S. 45 – 63.

– *Hölderlin und die Antike*, in: ders. *Kleinere Schriften II*, Tübingen 1979, S. 27 – 44.

Gaier, Ulrich *»Unter Gottes Gewittern«: Klimaerscheinungen als Erfahrung und Mythos*, in: Hölderlin-Jahrbuch 35 (2006 – 2007), S 169 – 196.

– *Hölderlins vaterländische Sangart*, in: Hölderlin-Jahrbuch 25 (1986 – 1987), S. 12 – 59.

– *Hölderlins vaterländischer Gesang ›Andenken‹*, in: Hölderlin-Jahrbuch 26 (1988 – 1989), S. 175 – 201.

– *Der gesetzliche Kalkül. Hölderlins Dichtungslehre*, Tübingen 1962.

Gaier, Ulrich; Lawitschka, Valérie; Rapp, Wolfgang; Waibel, Violetta *Das »Jenaische Project« Wintersemester 1794/95*; in: *Hölderlin Texturen 2*, Hrsg. Hölderlin-Gesellschaft Tübingen, Tübingen 1995.

Graeser, Andreas *Hölderlin über Urteil und Sein*, in: Freiburger Zeitschrift für Philosophie und Theologie 38 (1991), S. 111 – 128.

Grimm, Sieglinde *»Vollendung im Wechsel«. Hölderlins »Verfahrungsweise des poetischen Geistes« als poetologische Antwort auf Fichtes Subjektphilosophie*, Tübingen/Basel 1997.

Groddeck, Wolfram *Hölderlins Elegie ›Brod und Wein‹ oder ›Die Nacht‹*, Frankfurt a.M. 2012.

– *Zu Hölderlins später Umgestaltung der neunten Strophe von ›Brod und Wein‹*, in: *Unterwegs zu Hölderlin. Studien zu Werk und Poetik*, Hrsg. Sabine Döring und Johann Kreuzer, Oldenburg 2015, S. 69 – 95.

Hamacher, Werner *Parusie, Mauern. Mittelbarkeit und Zeitlichkeit, später Hölderlin*, in: Hölderlin-Jahrbuch 34 (2004 – 2005), S. 93 – 142.

Härtel, Heinz *Ein Briefwechsel Hölderlins mit Mehmel*, in: *Text. Kritische Beiträge* 6, Frankfurt a.M. 2000, S. 141 – 150.

Hegel, Hannelore *Isaak von Sinclair zwischen Fichte, Hölderlin und Hegel. Ein Beitrag zur Entstehungsgeschichte der idealistischen Philosophie*, Frankfurt a.M. 1971.

Heidegger, Martin *Erläuterungen zu Hölderlins Dichtung*, in ders.: GA Abt. I, Bd. 4, Hrsg. F.-W. von Herrmann, Frankfurt a.M. 1981.

– *Hölderlins Hymne »Andenken«*, in ders.: GA Abt. II, Bd. 52, Hrsg. Curd Ochwadt, Frankfurt a.M. 1982.

– *Hölderlins Hymne »Der Ister«*, in: ders. GA Abt II, Bd. 53, Hrsg. Walter Biemel, Frankfurt a.M. 1984.

– *Schöpferische Landschaft: Warum bleiben wir in der Provinz?*, in: ders. GA Abt. I, Bd. 13, *Aus der Erfahrung des Denkens (1910 – 1976)*, Hrsg. Hermann Heidegger, Frankfurt a.M. [2]2002, S. 9 – 14.

– *Sein und Zeit*, Tübingen [17]1993.

Hellingrath, Norbert von *Vorreden zu der der historisch-kritischen Ausgabe der sämtlichen Werke Hölderlins*, in: *Hölderlin. Beiträge zu seinem Verständnis in unserem Jahrhundert*, Hrsg. Alfred Kelletat, Tübingen 1961, S. 18 – 30.

Henrich, Dieter *Der Gang des Andenkens. Beobachtungen und Gedanken zu Hölderlins Gedicht*, Stuttgart 1986.

– *Der Grund im Bewußtsein. Untersuchungen zu Hölderlins Denken (1794 – 1795)*, Stuttgart 1992.

– *Hegel im Kontext*, Berlin [5]2010.

– *Hölderlin über Urteil und Sein. Eine Studie zur Entwicklungsgeschichte des Idealismus*; in: Hölderlin-Jahrbuch 14 (1965/66), S. 73 – 96.

Herrmann, Friedrich-Wilhelm von *Heideggers »Grundprobleme der Phänomenologie«. Zur »Zweiten Hälfte« von »Sein und Zeit«*, Frankfurt a.M. 1991.

– *Hermeneutische Phänomenologie des Daseins. Eine Erläuterung von »Sein und Zeit«*, 3 Bde. Frankfurt a.M. 1987 ff.

Hof, Walter *Zu Hölderlins ›Friedensfeier‹*, in: Wirkendes Wort 6 (1955/56), S. 82 – 92.

– *Zur Frage einer späten ›Wendung‹ oder ›Umkehr‹ Hölderlins*, in: Hölderlin-Jahrbuch 11 (1958 – 1960), S. 120 – 159.

Hofmann, Gert *Dionysos Archemythos. Hölderlins transzendentale Poiesis*, Tübingen/Basel 1996.

Hogrebe, Wolfram *Hölderlins mantischer Empirismus*, in: *Natur, Kunst, Freiheit. Deutsche Klassik und Romantik aus gegenwärtiger Sicht*, (Hrsg.) Marek J. Siemek, = Fichte-Studien-Supplementa Bd. 10, Amsterdam 1998, S. 109 – 124.

– *Riskante Lebensnähe. Die szenische Existenz des Menschen*, Berlin 2009.

Honold, Alexander *»Der scheinet aber fast / Rükwärts zu gehen«. Zur kulturgeographischen Bedeutung der ›Ister‹-Hymne*, in: Hölderlin-Jahrbuch 32 (2000 – 2001), S. 175 – 197.

Horowski, Reinhard *Hölderlin war nicht verrückt – Eine Streitschrift*, Tübingen 2017.

Hühn, Helmut *Mnemosyne. Zeit und Erinnerung in Hölderlins Denken*, Stuttgart Weimar 1997.

Jamme, Christoph *»Ein ungelehrtes Buch.« Die philosophische Gemeinschaft zwischen Hölderlin und Hegel in Frankfurt 1797 – 1800*, Bonn 1983.

Janke, Wolfgang *Archaischer Gesang. Pindar – Hölderlin – Rilke. Werke und Wahrheit*, Würzburg 2005.

– *Die Zeit in der Zeit aufheben. Der transzendentale Weg in Schillers Philosophie der Schönheit*, in: Kant-Studien 58 (1967), S. 433 – 457.

– *Hölderlin und Fichte*, in: *Transzendentalphilosophie als System. Die Auseinandersetzung zwischen 1794 und 1806*, Hrsg. A. Mues, Hamburg 1989, S. 294 – 312.

Jauß, Hans Robert *Ästhetische Normen und geschichtliche Reflexion in der ›Querelle des Anciens et des Modernes‹*, in: *Parallèle des Anciens et des Modernes*, (Hrsg.) Ch. Perrault, München 1964, S. 8 – 64.

Kasper, Monika *»Das Gesez von allen der König«. Hölderlins Anmerkungen zum Oedipus und zur Antigonä*, Würzburg 2000.

Kerényi, Karl *Geistiger Weg Europas. Fünf Vorträge über Freud, Jung, Heidegger, Thomas Mann, Hofmannsthal, Rilke, Homer und Hölderlin*, Zürich 1955.

Kirchner, Werner *Hölderlins Patmos-Hymne. Dem Landgrafen von Homburg überreichte Handschrift*, in: ders. *Hölderlin. Aufsätze zu seiner Homburger Zeit*, Hrsg. Alfred Kelletat, Göttingen 1967, S. 57–68.

Korff, Hermann August *Goethe im Bildwandel seiner Lyrik*, 2 Bde., Leipzig 1958.

Kreutzer, Hans Joachim *Kolonie und Vaterland in Hölderlins später Lyrik*, in Hölderlin-Jahrbuch 22 (1980–1981), S. 18–46.

Kreuzer, Johann *Hölderlin im Gespräch mit Hegel und Schelling*, in: Hölderlin-Jahrbuch 31 (1998–1999), S. 51–72.

– *Philosophische Hintergründe der Christus-Hymne ›Der Einzige‹*, in: Hölderlin-Jahrbuch 32 (2000–2001), S. 69–104.

– *Erinnerung. Zum Zusammenhang von Hölderlins theoretischen Fragmenten »Das untergehende Vaterland…« und »Wenn der Dichter einmal des Geistes mächtig ist…«*, Königstein/Ts. 1985.

Kurz, Gerhard *Mittelbarkeit und Vereinigung. Zum Verhältnis von Poesie, Reflexion und Revolution bei Hölderlin*, Stuttgart 1975.

– *Poetische Logik. Zu Hölderlins »Anmerkungen« zu »Ödipus« und »Antigonae«*, in: *Jenseits des Idealismus. Hölderlins letzte Homburger Jahre (1804–1806)*, Hrsg. Christoph Jamme und Otto Pöggeler, Bonn 1988, S. 83–101.

Lévi-Strauss, Claude *Traurige Tropen*, Frankfurt a.M. 2012.

Mackrodt, Cori *Aufbrechende Schrift. Textgenetische Lektüren von Friedrich Hölderlins ›Der Einzige‹*, Würzburg 2007.

Malinowski, Bernadette *»Das Heilige sei mein Wort«. Paradigmen prophetischer Dichtung von Klopstock bis Whitman*, Würzburg 2002.

Michel, Wilhelm *Hölderlins abendländische Wendung*, Jena 1923.

Mögel, Ernst *Natur als Revolution. Hölderlins Empedokles-Tragödie*, Stuttgart/Weimar 1994.

Müller-Seidel, Walter *Hölderlin in Homburg. Sein Spätwerk im Kontext seiner Krankheit*, in: *Homburg vor der Höhe in der deutschen Geistesgeschichte: Studien zum Freundeskreis um Hegel und Hölderlin*, Hrsg. Christoph Jamme und Otto Pöggeler, Stuttgart 1981, S. 161–188.

Pannwitz, Rudolf *Hölderlins Erdkarte*, in: *Hölderlin. Beiträge zu seinem Verständnis in unserem Jahrhundert*, Hrsg. Alfred Kelletat, Tübingen 1961, S. 276–286.

Pehnt, Wolfgang *Zeiterlebnis und Zeitdeutung in Goethes Lyrik*, Tübingen 1957.

Pöggeler, Otto *Politik aus dem Abseits. Hegel und der Homburger Freundeskreis*, in: *Homburg vor der Höhe in der deutschen Geistesgeschichte. Studien zum Freundeskreis um Hegel und Hölderlin*, Hrsg. Ch. Jamme und O. Pöggeler, Stuttgart 1981, S. 67–98.

– *Einleitung. »Die engen Schranken unserer noch kinderähnlichen Kultur«*, in: *Jenseits des Idealismus. Hölderlins letzte Homburger Jahre (1804 – 1806)*, Hrsg. Christoph Jamme und Otto Pöggeler, Bonn 1988, S. 9 – 52.

Port, Ulrich *»Die Schönheit der Natur erbeuten«. Problemgeschichtliche Untersuchungen zum ästhetischen Modell von Hölderlins »Hyperion«*, Würzburg 1996.

– *»Vor dem Bilde der ewigeinigen Welt«. Zur Ikonologie der Landschaft in Hölderlins »Hyperion«*, in: Turm Vorträge 1997 – 2000, Hrsg. Hölderlin-Gesellschaft, Tübingen 2001, S. 34 – 52.

– *Der Ptolemäer. Über Hölderlins Landschaftskunst*, in: Hölderlin-Jahrbuch 33 (2002 – 2003), S. 35 – 78.

– *Geist und Pathos bei Hölderlin*, in: *Geist und Psyche. Klassische Modelle von Platon bis Freud und Damasio*, Hrsg. E. Düsing und H.-D. Klein, Würzburg 2008, S. 231 – 248.

– *Hölderlins hymnisches Fragment an / über die ›Madonna‹ – Beobachtungen, Thesen und Fragen zu den (literatur)historischen Kontexten des Gedichts*, in: Hölderlin-Jahrbuch 39 (2014 – 2015), S. 139 – 156.

Pyritz, Hans *Zum Fortgang der Stuttgarter Hölderlin Ausgabe*, in: Hölderlin-Jahrbuch 7 (1953), S. 80 – 105.

Reinhardt, Karl *Hölderlin und Sophokles*, in: *Hölderlin. Beiträge zu seinem Verständnis in unserem Jahrhundert*, Hrsg. Alfred Kelletat, Tübingen 1961, S. 287 – 303.

Reitani, Luigi *Patmos. Bericht über die Arbeitsgruppe in Konstanz am 13. Juni 2014*, in: Hölderlin-Jahrbuch 39 (2014 – 2015), S. 79 – 90.

Rühle, Volker *Verdichtete Zeit. Schöpferische Konsequenz und geschichtliche Erfahrung im Blick auf Hölderlin*, München 2010.

Ryan, Lawrence *Hölderlins »Hyperion«. Exzentrische Bahn und Dichterberuf*, Stuttgart 1965.

– *»Vaterländisch und natürlich, eigentlich originell«: Hölderlins Briefe an Böhlendorff*, in: Hölderlin-Jahrbuch 34 (2004 – 2005), S. 246 – 276.

– *Hölderlins Antigone. »Wie es vom griechischen zum hesperischen gehet«*, in: *Jenseits des Idealismus – Hölderlins letzte Homburger Jahre (1804 – 1806)*, Hrsg. Christoph Jamme und Otto Pöggeler, Bonn 1988, S. 103 – 121.

Schadewaldt, Wolfgang *Die Anfänge der Philosophie bei den Griechen. Die Vorsokratiker und ihre Voraussetzungen. Tübinger Vorlesungen*, Bd. 1, Frankfurt a.M. 1978.

– *Hölderlins Übersetzung des Sophokles*, in: ders. *Hellas und Hesperien. Gesammelte Schriften zur Antike und zur neueren Literatur*, Bd. II, Zürich/Stuttgart [2]1970, S. 275 – 332.

Schäfer, Rainer *Ich-Welten. Erkenntnis, Urteil und Identität aus der egologischen Differenz von Leibniz bis Davidson*, Münster 2012.

– *Johann Gottlieb Fichtes ›Grundlage der gesamten Wissenschaftslehre‹ von 1794*, Darmstadt 2006.

– *Die Dialektik und ihre besonderen Formen in Hegels Logik. Entwicklungsgeschichtliche und systematische Untersuchungen*, Hegel-Studien Beiheft 45, Hamburg 2001.

– *›Phänomenologisierung des Begriffs‹ – Der Transfer von Körperwissen in Hölderlins Idee der Athletentugend*; in: *Körperwissen: Transfer und Innovation*, Hrsg. Almut-Barbara Renger, Christoph Wulf, Jan Ole Bangen, Henriette Hanky, Berlin 2016; = Paragrana – Internationale Zeitschrift für Historische Anthropologie 25/1 (2016), S. 176 – 194.

– *Die Gigantomachie von Idealismus und Realismus in Schellings und Fichtes Frühphilosophie*; in: Hegel-Studien Beiheft 56 (2012); *Metaphysik und Metaphysikkritik in der Klassischen Deutschen Philosophie*, Hrsg. Myriam Gerhard, Annette Sell, Lu De Vos, S. 79 – 109.

– *Die Wandlungen des Dionysischen bei Nietzsche*, in: Nietzsche-Studien 40 (2011), S. 178 – 202.

– *Schönheit als Methode und Gehalt in Schillers Ästhetik*, in: *Kunst, Metaphysik und Mythologie*, Hrsg. Jens Halfwassen und Markus Gabriel, Heidelberg 2008, S. 351 – 369.

– *Transzendental-kritischer und metaphysischer Idealismus in den frühen Konzeptionen Fichtes und Schellings*, in: *Aufklärungen*. Festschrift für Klaus Düsing. Hrsg. K. Engelhard, Berlin 2002, 91 – 112.

– *Sein der Sprache und Sprache des Seins – Gadamers Hermeneutik und seine kritische Rezeption von Hegels Lehre vom spekulativen Satz*, in: Existentia, International Journal of Philosophy XVII (2007) S. 71 – 101.

– *Das Gesetz des Eigners – Freiheit bei Max Stirner*, in: Der Einzige, Jahrbuch der Max Stirner Gesellschaft 6 (2013), S. 114 – 129.

Schmidt, Jochen *Hölderlins Elegie »Brod und Wein«. Die Entwicklung des hymnischen Stils in der elegischen Dichtung*, Berlin 1968.

– *Hölderlins letzte Hymnen, »Andenken« und »Mnemosyne«*, Tübingen 1970.

– *Hölderlins später Widerruf in den Oden »Chiron«, »Blödigkeit« und »Ganymed«*, Tübingen 1978.

– *Hölderlins geschichtsphilosophische Hymnen »Friedensfeier« »Der Einzige« »Patmos«*, Darmstadt 1990.

– *Hölderlin in Bad Homburg*, Frankfurt a.M. 2007.

– *Der Begriff des Zorns in Hölderlins Spätwerk*, in: Hölderlin-Jahrbuch 15 (1967 – 1968), S. 128 – 157.

– *Zur Funktion synkretistischer Mythologie in Hölderlins Dichtung »Der Einzige« (Erste Fassung)*, in: Hölderlin-Jahrbuch 25 (1986 – 1987), S. 176 – 212.

– *Heinrich von Kleist. Die Dramen und Erzählungen in ihrer Epoche*, Darmstadt [3]2011.

Schmitt, Carl *Hamlet oder Hekuba. Der Einbruch der Zeit in das Spiel*, Stuttgart [5]2008.
Schwerte, Hans *Aorgisch*, in: Germanisch-Romanische Monatsschrift, N.F. III (1953), S. 29 – 38.
Staiger, Emil *Das dunkle Licht*, in: *Hölderlin. Beiträge zu seinem Verständnis in unserem Jahrhundert*, Hrsg. Alfred Kelletat, Tübingen 1961, S. 326 – 332.
Steimer, Hans Gerhard *Dokumente zu Mehmels Einladung und Hölderlins Antwortentwurf*, in: *Text. Kritische Beiträge* 6, Frankfurt a.M. 2000, S. 151 – 172.
Stierle, Karlheinz *Dichtung und Auftrag. Hölderlins Patmos-Hymne*, in: Hölderlin-Jahrbuch 22 (1980 – 1981), S. 47 – 68.
Stolzenberg, Jürgen *Fichtes Begriff der intellektuellen Anschauung. Die Entwicklung in den Wissenschaftslehren von 1793/94 bis 1801/02*, Stuttgart 1986.
– *Selbstbewusstsein. Ein Problem der Philosophie nach Kant. Zum Verhältnis Reinhold – Hölderlin – Fichte*, in: Revue Internationale de Philosophie, Sondernr. 197 (1996), S. 461 – 482.
– *Subjektivität und Leben. Zum Verhältnis von Philosophie, Religion und Ästhetik um 1800*, in: Hrsg. W. Braungart, G. Fuchs, M. Koch *Ästhetische und religiöse Erfahrungen der Jahrhundertwenden. I: um 1800*, Paderborn 1997, S. 61 – 81.
Strauß, Ludwig *Jacob Zwilling und sein Nachlaß*, in: Euphorion 29, Stuttgart 1928, S. 368 – 396.
Szondi, Peter *Überwindung des Klassizismus. Der Brief an Böhlendorff vom 4. Dezember 1801*, in: ders.: *Schriften*, Bd. I, Frankfurt a.M. 1970, S. 95 – 118.
Thanassas, Panagiotis *Die erste »zweite Fahrt«. Sein des Seienden und Erscheinen der Welt bei Parmenides*, München 1997.
– *Parmenides, Cosmos, and Being. A Philosophical Interpretation*, Milwaukee 2007.
Wackwitz, Stephan *Friedrich Hölderlin*, Stuttgart 1997.
Waibel, Violetta *Hölderlin und Fichte 1794 – 1800*, Paderborn 2000.
Wegenast, Margarethe *Hölderlins Spinoza-Rezeption und ihre Bedeutung für die Konzeption des »Hyperion«*, Berlin/Boston [2]2013.
Weiss, Hermann F. *Ein unbekannter Brief Friedrich Hölderlins an Johann Gottfried Ebel vom Jahre 1799*, in: Hölderlin-Jahrbuch 31 (1998 – 1999), S. 7 – 33.
Wellbery, David E. *»Spude dich Kronos«. Zeitsemantik und poetologische Konzeption beim jungen Goethe*, in: Hrsg. Bernd Hamacher und Rüdiger Nutt-Kofoth *Johann Wolfgang von Goethe. Lyrik und Drama. Neue Wege der Forschung*, Darmstadt 2007, S. 76 – 98.

Wiese, Benno von *Hölderlins mythische Tragödie ›Der Tod des Empedokles‹ und ihre Bedeutung im Rahmen seines Zeitalters*, in: ders. *Die deutsche Tragödie von Lessing bis Hebbel*, Hamburg [8]1973, S. 345 – 379.

PHILOSOPHISCHE BIBLIOTHEK

J. CHR. FR. HÖLDERLIN

Theoretische Schriften

Mit einer Einleitung und Anmerkungen
herausgegeben von JOHANN KREUZER
· PhB 509
· 2., durchgesehene und ergänzte Auflage 2020
· LXVI, 134 Seiten
ISBN 978-3-7873-3702-6 Kartoniert

Hölderlin war einer der wichtigsten Wegbereiter des deutschen Idealismus. Seine poetischen Arbeiten und theoretischen Überlegungen weisen jedoch auch schon über die Grenzen des idealistischen Systemgedankens hinaus. Die frühen Schriften wie seine Aufsätze, die Texte zur Theorie der Tragödie und die Pindar-Fragmente stellen den Versuch dar, sich mit den Mitteln der begrifflichen Reflexion des Anspruchs der poetischen Sprache zu versichern.

Die Wiedergabe der Texte erfolgt, abgesehen von einigen wenigen Ausnahmen, auf Grundlage der Frankfurter Ausgabe.